KB248035

제자Ⅱ

학생용

DISCIPLE
INTO THE WORD INTO THE WORLD

by Richard Byrd Wilke
　　Julia Kitchens Wilke

제자 Ⅱ
말씀 속으로 세상 속으로

학생용

초판 1쇄 2009년 11월 16일
　　3쇄 2015년 1월 26일

Richard B. Wilke, Julia K. Wilke 지음
유석종, 원달준 옮김

발 행 인 | 전용재
편 집 인 | 한만철

펴 낸 곳 | 도서출판 kmc
등록번호 | 제2-1607호
등록일자 | 1993년 9월 4일

(110-730) 서울특별시 종로구 세종대로 149 감리회관 16층
(재)기독교대한감리회 출판국

대표전화 | 02-399-2008, 02-399-4365(팩스)
홈페이지 | http://www.kmcmall.co.kr

디자인 · 인쇄 | 리더스 커뮤니케이션

값 15,000원

ISBN 978-89-8430-443-7 04230
　　　978-89-8430-435-2 (전 4권)

제자 Ⅱ

말씀 속으로 세상 속으로

DISCIPLE: INTO THE WORD INTO THE WORLD

Study Manual

kmc

차례

구약
성경 연구

신약
성경 연구

복된 여정을 계속하는 이들에게

먼저 함께 이 복된 여정을 계속하게 되어 기쁘고 감사합니다. 책을 펼쳐 보았을 때 가장 먼저 드는 느낌은 익숙함에서 오는 편안함일 것입니다. 몇 가지 새로운 것들이 생기긴 했지만 이 교재의 구성은 우리에게 낯설지 않습니다. 〈제자 : 성경 연구를 통한 제자 되기〉에서와 마찬가지로 하루에 30~45분간의 성경 연구와 1주일에 한 번 2시간 정도의 그룹 토의, 그리고 매일의 삶에서 하나님의 사역에 참여하려는 결단과 노력이 이 과정의 뿌리가 된다는 사실을 잊지 마십시오.

이 교재는 한글 개역개정판을 주로 사용합니다.

1권에서 '성경의 가르침' 이었던 부분은 '말씀 속으로', '제자의 모습' 은 '세상 속으로' 라고 표제를 붙였습니다.

매일 읽어야 하는 성경 말씀은 1권보다 줄었지만, 새로운 성경 연구의 기술을 배우고 실천함으로써 성경을 더 깊게 공부하게 될 것입니다.

성경을 읽으면서 깨달음이나 의문점들을 교재에 적을 때, 성경이 나에게 이 세상을 위해 무엇을 하라고 하는지를 포함시키십시오. 이것은 나중에 '세상 속에서의 하나님 말씀' 에서 사용하게 될 것입니다.

연결고리

이미 알고 있는 지식과 지금 읽고 있는 내용이 서로 연결되면 성경에 대한 이해가 깊어질 것입니다. 기억을 되살려 성경을 새롭게 이해하게 도와준 사람의 이름이나, 장소, 사건, 습관, 가르침들의 후원을 얻으면 순간적으로 새로운 통찰을 얻게 됩니다. 기본적인 성경 연구의 방법들을 배우고 실천하면 이러한 것을 연결시키는 능력이 점차 커질 것입니다.

매주 간단하고 짧은 성경 연구의 방법들을 제시하는데, 이것들은 특정한 한 본문만이 아니라 모든 본문에 적용할 수 있습니다. 각각의 방법들을 배우고 익혀 적용하는 훈련을 하십시오. 점차 한 본문에 여러 방법들을 사용하는 기술을 터득하여 성경을 더 깊이 이해할 수 있을 것입니다.

영성 훈련

영성 훈련을 실천하면 삶의 질서와 성경 말씀이 연결되고, 이는 다시 세상을 위한 봉사와 하나가 될 것입니다. 매주 제시된 영성 훈련은 그 주간의 성경 본문에서 비롯된 것입니다. 매일 묵상하고 실천하십시오.

♡ 안식일

안식일을 지키는 것은 하나님을 믿는 것이며, 우리 삶의 우선순위를 정하는 것입니다. 이 부분은 안식일을 어떻게 지켜야 할지를 알려 주는데, 이는 결국 나머지 6일을 어떻게 살아야 하는지를 결정하는 데 도움을 줄 것입니다. 안식일을 지키는 것이 새로운 율법주의는 아닙니다. 이는 쉼과 자유의 선물입니다.

⌂ 세상 속으로

이 부분은 크게 둘로 나눕니다. 먼저 이 세상에서 우리의 사역이 필요한 분야를 확인하고, 가능한 몇 가지 제안들을 할 것입니다. 이것으로 다양한 종류의 사역에 참여하게 될 것이지만, 매주 사회 참여를 위한 활동을 선택하라는 이야기가 아닙니다. 이 세상을 위한 사역에 헌신한다는 것은 성경이 제시하는 생활 방식을 택하는 것입니다. 이는 삶의 태도와 시각을 변화시키고, 섬기는 종으로서 세상으로 나아가게 합니다.

두 번째 부분은 '세상 속에서의 하나님 말씀' 입니다. 성경의 메시지를 요약하고, 그에 따른 자신의 응답과 헌신을 결정하는 부분입니다. '우리의 모습' 에 기술된 내용 중에 자신에게 적용되는 부분을 생각하면서, 사역을 위해 매일 적어 놓은 것들을 사용합니다.

구약 성경 연구

01 말씀하시는 하나님

하나님이 이르시되 빛이 있으라 하시니 빛이 있었고
빛이 하나님이 보시기에 좋았더라
(창세기 1:3~4)

☝ 우리의 모습

세상과 그 안에 있는 모든 것은 인간을 위해 창조되었습니다. 그래서 인간은 이것을 최대한 누리고, 삶을 즐기며, 자신에게 주어진 모든 것을 사용합니다.

☝ 내려놓기

성경 공부를 하기 전에 먼저 하나님께 기도를 드립니다. 아래의 시편 말씀이 좋은 길잡이가 될 것입니다.

> 내가 전심으로 여호와께 감사하오며 주의 모든 기이한 일들을 전하리이다 내가 주를 기뻐하고 즐거워하며 지존하신 주의 이름을 찬송하리니 (시편 9:1~2)

이번 주 기도 제목을 구체적으로 적어 기도합시다.

☝ 귀 기울이기

이번 주에는 모세오경을 공부합니다. 성경을 편 후에 각 책의 제목과 주요 주제를 살펴보십시오. 성경책에 실려 있는 모세오경에 대한 정보도 함께 읽어 보십시오.

창세기를 읽다 보면 놀랍고 어리둥절하게 하는 우주 앞에 경외감을 갖게 됩니다. 창세기 1~2장을 천천히 읽으면서 새로운 의미를 찾아보십시오. 마치 그림을 보는 것처럼 시편과 이사야의 구절들을 읽어 보기 바랍니다.

연결고리 : 하나님께서 내려 주실 은혜와 깨달음을 생각하면서 마음과 생각을 열고 성경 연구에 임하십시오.

D1 | 성경책에 실린 구약, 모세오경, 창세기, 출애굽기를 소개한 글들

D2 | 창세기 1:1~2:3(창조에 관한 제사장 문서, 안식일)
하나님이 어떤 분인지를 배우라.

D3 | 창세기 2:4~25(창조 이야기)
인간이 어떤 존재인지를 배우라.

D4 | 시편 104, 145편(창조주 찬양)

D5 | 시편 147편(하나님의 보살핌과 섭리)
이사야 40:12~31(창조주 하나님)

D6 | 교재 내용

🔥 말씀 속으로

우리는 지금 단순히 위대한 창조의 이야기 속으로, 창세기라는 장엄한 책으로만 들어가는 것이 아닙니다. 마음을 설레게 하는 창조 이야기로부터 약속의 땅으로 들어가기 위하여 요단 강변에 서 있는 히브리 족속의 이야기에 이르는 장대한 토라의 첫 페이지를 열고 있습니다.

성경의 처음 다섯 책은 영적이고 한 자 한 자를 주의 깊게 다루어야 하는 책으로 보아왔습니다. 모세오경을 '펜타튜크(Pentateuch)'라고 부르는데, '펜타'는 '다섯'이라는 숫자를 의미하고 '튜크'는 '책' 혹은 '두루마리'를 의미하므로, '다섯 권의 두루마리'라는 뜻입니다. 성경의 처음 다섯 책은 창세기, 출애굽기, 레위기, 민수기, 신명기입니다. 이 책들은 흔히 '율법서'라고 번역하지만, '토라'는 실제로 '교훈'이나 '가르침'으로 이해하는 것이 더 정확합니다. 전통적으로 율법서는 모세의 저작으로 보는데, 이는 모세의 율법과 그의 유력한 인물됨이 그 중심에 있기 때문입니다. 율법서는 유대인들의 사상과 삶의 기초를 제시합니다. 고대 랍비는 예언서나 시편을 자주 인용하였을 것입니다. 그러나 권위를 부여하고자 할 때는 모세의 교훈서인 토라를 택했을 것입니다. 토라는 유대교의 근본 원리와 근본 사상으로 되어 있고, 나머지는 모두 권위로 되었습니다. 어떤 유대 학자들은 구약의 나머지 부분이나 다른 문서들, 그리고 구전들은 단지 율법서를 잘 다듬은 것에 불과하다고 말하기까지 합니다.

토라의 기본 주제는 다음과 같습니다. 창조주이신 하나님은 족장들을 부르시어 그들이 만방의 복이 될 것과 가나안 땅을 약속하셨습니다. 이스라엘 백성이 이집트에서 번성하고 노예가 되었을 때에 은혜를 베푸셔서 속박에서 자유롭게 하셨고, 광야를 건너 이끌어 내셨습니다. 하나님은 계속해서 언약 공동체로서 어떻게 살아야 하는지를 가르치셨습니다. 그리고 광야에서 오랫동안 방황하게 한 후에 여호수아의 지휘 아래 있었던 그들에게 약속의 땅을 주셨습니다.

성경은 여러 가지 문학 형태를 사용하기에 이 주제가 언제나 쉽게 받아들여지지는 않습니다. 그러나 영적인 눈을 가진 독자들은 이 모든 것에 하나님의 은총과 역사의 신비함이 공존함을 꿰뚫어 볼 수 있습니다.

창세기 : 창조

두 개의 창조 이야기가 토라의 문을 활짝 열고 있습니다. 첫 번째 것은 신학적인 통찰로 장식되어 있으며, 잘 다듬어지고, 사려 깊으며 웅장한 것입니다. 두 번째 것은 세속적이고, 원시적이며, 유희적이긴 하지만 우리가 찾아야 할 진리를 암시하고 있습니다. 두 이야기가 서로 영향을 주면서 우리에게 풍부한 창조적, 섭리적 신앙을 제공합니다.

시작하는 문장은 '하나님이 천지를 창조하셨을 때'라고 번역할 수 있습니다. 여기서 하나님을 만납니다. 하나님이 계셨습니다. 하나님이 말씀하셨습니다. "하나님이 이르시되……" 그리고 그것이 이루어졌습니다. 하나님이 말씀하셨을 때 우주가 형성되고 성경이 시작되었습니다.(요 1:1~4를 보라.)

다른 문화에도 나름의 창조 기사가 있습니다. 바벨론 사람들에게는 선과 악이 싸운다는 이원론이 자리 잡고 있었습니다. 그러나 히브리 신앙은 하나님께서 모든 것을 창조하셨다고 선언합니다. 하나님께서 말씀하셨습니다. 하나님의 말씀 안에 권위와 능력이 있습니다.

나중에 종교와 철학자들이 악의 문제를 다루면서, 인간의 육체는 썩었고, 인간의 육적인 면에는 죄성이 있다고 정의를 내렸습니다. 그러나 창세기에서는 하나님께서 매일 창조된 질서가 '좋다'고 선언하셨습니다. 하나님의 말씀이 이것들을 존재하게 하였고, 하나님께서 그렇게 만드셨습니다.

하나님이 태양을 만드셨다는 것에 주목하십시오. 이집트에서는 사람들이 라(Ra, 태양신)를 숭배했습니다. 그러나 창세기는 태양은 신이 아니라 창조 질서의 한 부분이라고 말합니다. 또한 메소포타미아 사람들은 나나(Nanna, 월신)를 숭배했습니다. 그러나 성경은 달은 신이 아니라 주님의 말씀에 의해 공중에 놓인 것이라고 말합니다. 어떤 사람들은 별들(창 1:16)이 자신들의 운명을 결정한다고 생각했으나, 하나님의 말씀이 그것들을 하늘에 붙여 놓았습니다.

왜 동식물과 물고기들이 성경에 자세히 언급되었을까요? 왜냐하면 하나님이 창조 질서 안에, 그리고 창조 질서를 통하여 존재한다는 범신론(Pantheism)을 거부하기 때문입니다. 우주는 하나님이 아니며, 하나님은 그 안에 있는 단순한 힘이 아니라, 그것들을 창조하시고 보전하시는 분입니다. 그리고 창세기는 모든 나무와 산과 바람에 신이 있다는 정령론(Animism)도 거부합니다.

많은 신이 존재한다는 다신론(Polytheism) 역시 무너지는데, 이는 오직 한 분이신 거룩하고 전능하며 시간 이전에 계신 하나님이 모든 것을 창조하셨기 때문입니다. 옛날 사람들이 가장 무서워했던 바다짐승도 하나님에 비하면 아무것도 아니며 하나님의 주권 아래 있습니다.

창세기 1장 14절은 제사장들의 영향을 받은 것 같습니다. 태양과 달과 별들도 창조의 일부이기 때문에 우리는 언제 거룩한 날과 종교적인 축제를 행하여야 하는지를 알 수 있습니다.

인간은 어떠합니까? 하나님은 식물과 짐승을 만드신 후에 인간을 창조하셨습니다. 여섯째 날에 하나님의 형상을 따라 인간을 지으셨고, 권위가 부여되었고, 보기에 좋다고 선언하셨습니다. 그러나 ‘하나님의 형상(imago dei)’ 이라는 말은 많은 사람들을 고심하게 만듭니다. 도대체 그것은 무엇을 의미할까요?

어떤 사람들은 하나님의 형상이라는 것이 결정하고, 생각하고, 선택할 수 있는 능력이라고 말합니다. 인간이 새와 짐승, 바위나 나무와 구별되는 것은 바로 의지 때문이라는 것입니다.

또 다른 사람들은 하나님의 형상이란 관계를 맺고, 사랑할 수 있는 능력이라고 제언합니다. 인간이 혼자 살 수 없다는 것은 두 창조 기사 모두에서 찾아볼 수 있는 것이고, 성경적인 주제이기도 합니다. 사람이 혼자 있다는 것은 야곱이나 요셉이 혼자 있을 때처럼 뭔가 문제가 있다는 것입니다.

또 하나님의 형상이란 자기 이외의 다른 사람에게 관심을 가질 수 있음을 의미한다는 흥미로운 주장도 있습니다. 다른 사람들도 하나님의 형상대로 지으심을 입은 존재입니다. 이는 우리의 이웃이 하나님의 것임을 반영합니다. 다른 사람들을 만남으로 나는 하나님이 누구신지를 기억합니다. 다른 사람들은 거룩한 하나님을 대표하므로 그들을 존경합니다. 나의 이웃은 하나님의 형상이므로 그 고유의 가치가 있습니다. 나 역시 하나님의 형상이므로 고유의 가치와 동시에 책임이 있습니다.

하나님의 형상을 가진 인간에게 따르는 책임을 어떻게 이해합니까?

탈무드는 유대교의 기반이 되는 권위 있는 책으로, 두 부분으로 구성되어 있는데, 한 부분은 미쉬나(율법전)고 다른 부분은 게마라(랍비들의 토론과 율법 해석을 수록한 부분)다. 이 책은 서기 70년에 성전이 파괴된 이후 유대교를 하나로 묶는 데 중대한 역할을 하였다. 예수님 당시에 토론되었던 많은 구전들도 나중에 탈무드에 기록되었다.

탈무드에는 두 가지 종류가 있다. 가장 방대하고 가장 권위 있는 것은 바벨론 탈무드로서 서기 400~500년에 바벨론에서 기록된 것이며, 다른 하나는 예루살렘 또는 팔레스타인 탈무드로 불리는데 팔레스타인 학자들이 만들었고 바벨론 탈무드보다 100년쯤 먼저 기록되었다.

모세오경에는 네 가지 서로 다른 자료가 뒤섞여 있다. 학자들은 그 자료들을 각각 J, E, P, D라고 부른다.

- J는 하나님의 이름을 여호와(야훼)라고 사용한 자료로서 남왕국 유다와 관련되어 있다. 기록 시기는 기원전 950~850년으로 추정한다.

- E는 하나님의 이름을 엘로힘이라 하였고, 저자 혹은 편집자는 벧엘의 제사장이었을 것으로 추정한다. 그러므로 E는 에브라임이라 불리는 북왕국과 연관되어 있으며, 기록 시기는 기원전 750년쯤으로 추정된다.

- P는 제사장 문서라 불리며, 기원전 450년경에 예루살렘에서 기록되었다. 거의 모든 의식문서와 족보, 기능적인 문서를 포함하고, 설화(이야기체의 문서)가 거의 없다.

- D는 예루살렘의 제사장이었던 신명기 기자가 기원전 450년경에 쓴 문서다. 기원전 621년 요시야 왕 때에 성전에서 발견되어 유대인들 앞에서 읽은 신명기 율법서가 바로 이것이다. 십계명의 두 번째 본과 많은 특별법들을 포함한다.

자세히 살펴보면 첫 번째 창조 기사는 창세기 2장 3절에서 끝나는 것을 알 수 있습니다. 6일 동안의 창조 기사에서 안식일에 대한 제사장적인 강조점이 드러납니다. 하나님은 일곱째 날에도 역사하셨습니다. 즉 안식하셨습니다.

여기에 몇 세기 동안 고심해 온 문제가 있습니다. 창조 기사의 정점(climax)은 과연 무엇일까요? 인간 창조일까요, 아니면 안식일 제정일까요? 어떤 것이 더 중요할까요? 세상을 다스리고, 하나님과 이웃과 사랑의 관계를 맺고 살게 하는 하나님의 형상일까요, 아니면 하나님이 창조주이시고, 모든 창조물에게 안식을 주셨으며, 모든 것이 하나님의 은혜의 손길 안에 있다는 것을 아는 안식일까요? 전망 없는 삶이란 무엇일까요?

각각의 영적 진리가 나에게 이야기하는 것은 무엇입니까?

두 번째 창조 기사는 더 오래된 것으로, 현실적이며, 묘합니다. 하나님은 황무지의 한 부분에서 시작하시는 것 같습니다. 하나님이 역사하실 때 생명이 솟아납니다. 물이 "온 지면을 적셨더라."(창 2:6)

'지으시고(창 2:7)' 라는 말의 히브리어 원래 뜻은 종종 토기장이가 토기를 만들듯이 '반죽해서 만들다.' 라고 번역됩니다. 주께서 땅에서 먼지를 모으시고-인간과 땅의 관계를 기억하라-토기장이와 같이 반죽한 흙에 '생명의 숨' 을 불어 넣으셨습니다. 히브리어로 이 단어는 루아하(ruach)이며 희랍어로는 프뉴마(pnuema)인데, 두 단어 모두 바람, 공기, 성령을 의미합니다. "사람이 생령이 되니라(창 2:7)."는 구절은 문자(文字) 그대로는 '부족과 욕망의 묶음' 이 되었다는 것입니다.

'선악을 알게 하는 나무(창 2:9, 17)' 는 지식을 의미하기보다는 경험을 의미합니다. 히브리어로 선하다는 것은 윤리적으로 옳은 것뿐 아니라 훌륭하고, 기쁘고, 아름다운 것을 말합니다. 악이라는 말은 어떤 잘못은 물론이거니와 나쁘고 악의가 있거나 사악한 것입니다. 그러므로 선악과를 먹었다는 것은 모든 경험, 즉 바람직한 것과 함께 왜곡된 삶까지도 경험하게 되었다는 것을 의미합니다.

이 나무가 상징하는 것은 무엇일까요? 한계입니다. 삶에는 항상 경계와 한계가 존재합니다. 그러나 이 나무는 또 다른 의미가 있습니다. 옳음과 그름, 선과 악 역시 성경의 문 앞에 있습니다. 하나님의 거룩하심이 이 이상한 나무를 통해 크게 나타납니다. '이것만 얻을 수 있다면, 이것만 가질 수 있다면 행복할 텐데……' 라는 생각과 '조금만 더' 라는 인간의 욕망이 가려집니다. 이 나무에서 하나님의 거룩하신 경계가 상징적으로 나타납니다.

'돕는 배필(창 2:20)' 은 하나님을 설명할 때 자주 쓰는 말입니다. "하나님은 나를 돕는 이시며(시 54:4)." 영어로 돕는 자란 다른 사람에게 봉사하고 시중드는 사람을 말합니다. 그러나 여기서 '돕는 배필'이란 나를 도우러 오는 자이며 나의 막강한 친구를 의미합니다.

남자는 깊은 잠에 들었습니다. 이것이 의미하는 것은 야곱이 벧엘에서 잠이 들었듯이(창 28:10~22) 종교적인 경험을 했다는 것입니다. '갈비뼈'는 '나란한 배치' '뼈 중의 뼈요, 살 중의 살'을 상징합니다(창 2:23). 성경은 남자가 집을 떠나야 하는 이유를 설명합니다. 남자와 여자는 서로 돕게 되어 있습니다. 벗었으나 죄의식이나 수치, 염려가 없다는 것은 순전함을 말합니다.

우주에 대한 증언

창조는 하나님에 대한 증거입니다. 어느 누가 하나님의 존재를 증거하는 강과 나무와 하늘을 부정하겠습니까? "하늘이 하나님의 영광을 선포하고 궁창이 그의 손으로 하신 일을 나타내는도다. 날은 날에게 말하고 밤은 밤에게 지식을 전하니."(시 19:1-2)

햇빛과 달빛은 고요합니다. 그러나 "그의 소리가 온 땅에 통하고 그의 말씀이 세상 끝까지 이르도다."(시 19:4)

신약성경에서 바울이 모든 사람이 창조주 하나님이 계신 것을 알아야 한다고 말한 것은 당연합니다. "창세로부터 그의 보이지 아니하는 것들, 곧 그의 영원하신 능력과 신성이 그가 만드신 만물에 분명히 보여 알려졌나니 그러므로 그들이 핑계하지 못할지니라."(롬 1:20)

시편 104편을 다시 읽으며, 하나님의 창조 안에 있는 영화로운 아름다움과 다양성을 느끼고, 감탄하고, 감사해 보십시오. 그리고 창조의 질서를 찾아보십시오. 창조의 어떠한 면이 하나님과 특별히 가까이 있음을 느끼고, 창조주를 찬양하게 합니까?

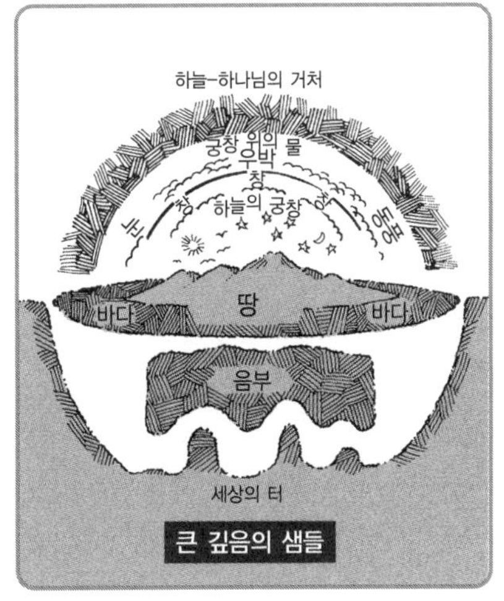

고대 히브리인들의 우주관이 구약성경에 나타나 있다. 위의 그림을 창세기 1:14~17; 7:11; 8:2; 민수기 16:30~32; 시편 18:15; 30:3; 욥기 38:22~26과 비교해 보라.

연결되어 있음

두 창조 기사는 모두 인간이 지구상의 모든 것과 연결되어 있음을 시사합니다. 인간은 다른 창조 질서와 떼려야 뗄 수 없는 상호관계를 가지고 있습니다. 땅의 티끌로부터 인간은 만들어졌습니다. 땅이나 바위들도 인간 구성과 같은 화학물질로 이루어져 있습니다. 물, 공기, 식물이나 동물 없이는 남자도 여자도 안식처가 없습니다. 식물과 동물들이 신비한 리듬으로 서로 공급하듯이 인간도 창조 시에 결정된 상호의존의 구조 속에서 존재하고 생존할 수 있습니다.

하나님의 특성

창조의 하나님에게서 부모 같은 감정을 느낄 수 있습니다. 인격을 가지지 않은,

'어떤 행동을 일으킨 첫 번째 원인'이 아니라 어미새가 둥지를 짓듯 하나님은 동산을 지으셨습니다. 예술가처럼 하나님은 진흙에서 어떤 존재를 지으셨습니다. 우연히 된 것은 없습니다. 물, 음식, 공기, 아름다움, 이 모든 것이 하나님의 은혜로 주어졌습니다.

하나님은 외로움에도 관심하셔서 남자에게 동반자인 돕는 배필을 주셨습니다. 곧 성경은 우리에게 사랑의 하나님께로 나아가는 길과 창조 질서의 일부분이면서도 그 위에 서서 책임감을 가지고 창조주와 관계를 가질 수 있는 길을 가르치고 있습니다.

창조에 대한 존중

창세기 3장에서 인간은 죄를 범합니다. 그리고 성경 전체에서, 전 인간 역사에서 이를 회복하려고 노력합니다. 창세기 1~2장은 우리에게 창조의 원래 의도를 가르쳐 줍니다. 첫 순간부터 남자와 여자에게는 주어진 책임이 있었습니다. 하나님은 동산을 지으시고, 사람을 거기에 두시고, 그들에게 괭이를 주셨습니다. 일은 죄와 함께 시작된 것이 아닙니다. 열매 맺지 못하고, 성취하지 못하는 일이 죄와 함께 시작되었습니다. 동산과 더불어 농작하고 돌보아야 할 의무가 생기게 되었습니다. "여호와 하나님이 그 사람을 이끌어 에덴동산에 두어 그것을 경작하며 지키게 하시고(창 2:15)." 다스릴 뿐 아니라 지키게 하셨습니다.

인간에게 "모든 것을 다스리게(창 1:26)" 하셨습니다. 인간은 이로 인하여 권위를 가지게 되었습니다. 창조자가 아니라 청지기로서 하나님이 창조하신 모든 것을 지키며 보호하게 되었습니다.

동물들과 새들의 이름을 지음으로 인간은 권위를 갖게 되었습니다. 이름을 짓는다는 것은 그 이름을 받는 것에 어떤 힘을 행사한다는 것을 의미합니다. 우리는 식물과 동물에 대해, 바위와 나무, 물고기와 새, 공기와 물에 대해서까지 막강한 힘을 가지게 되었습니다. 우리는 맡은 것에 대해 책임을 져야 합니다. 하나님의 창조물은 우리의 것으로 소유하라는 것이 아니라, 돌보고, 하나님의 영광을 위해 쓰라는 것입니다.

창세기 1~2장과 창조에 대한 시편들을 읽은 후에 드는 느낌은 무엇입니까? 하나님을 존경하고 우주를 존중하게 됩니까? 하나님이 창조하신 모든 것에 대하여 사려 깊고, 신중하며, 존중하라는 말들이 아닙니까? 창세기 1장 어느 구절에서 하나님이 시작하고 섭리하신 질서정연한 창조에 대한 고백을 듣게 됩니까?

⬆ 세상 속으로

창조 이야기는 지구 환경에 무관심한 우리에게 힘을 다하여 지구를 보살피도록 깨우쳐 주며, 무엇이든지 존재하는 것은 다 사용하겠다는 태도에서 다음 세대를 위하여 지구의 자원을 보호해야겠다는 태도로 변하게 합니다.

우리는 세상이 창조된 이래로 창조물에게 악영향을 미칠 수 있는 막대한 힘을 소유하고 있습니다. 몇 백만 에이커의 숲을 깨끗하게 벌목할 수 있습니다. 자동차 배기가스로 오존층을 파괴할 수도 있습니다. 쓰레기로 지구를 오염시키며, 쓸모없어진 위성으로 대기권을 오염시킬 수도 있습니다.

환경에 대한 나의 주된 관심사는 무엇입니까?

하나님의 창조의 청지기로서 어떻게 다른 사람들과 힘을 합쳐 일할 수 있습니까?

알루미늄 깡통이나 병, 신문지, 플라스틱을 재활용하기 위해 교회나 지역사회가 하는 일은 무엇입니까?

자동차 배기가스는 세계 곳곳에서 생명을 위협하는 오염 물질입니다. 이것을 조절하기 위해 어떤 것들을 단계적으로 해 나갈 수 있습니까?

스스로 작은 일에도 민감해지십시오. 플라스틱 봉지보다는 종이 봉지를 사용하십시오. 일회용 컵 대신 자기 커피 잔을 쓰십시오. 종이로 포장된 음식만을 구입하십시오. 소매상들에게 포장지를 줄이고 재활용할 수 있는 재료 쓰기를 권하십시오. 소비자들의 힘은 막강합니다.

이를 위해 나는 어떤 일을 할 수 있습니까?

산성비가 숲과 물속 생태계를 파괴한다는 경고가 점점 높아집니다. 우리 지역의 주된 오염 물질은 무엇입니까?

지역사회와 교회, 그리고 집 주위에 꽃과 나무 등 식물을 심으십시오. 일회용 기저귀나 플라스틱 쓰레기 봉지는 땅에 좋지 않습니다. 다른 것들을 사용하도록 권하십시오.

세례의 상징이며 삶의 원천인 물은 풍부하고 깨끗하게 보전해야 합니다. 주위에 호수나 개울이나 바다가 있습니까? 그것을 깨끗하고 정결하게 보전하기 위해 나는 무엇을 할 수 있습니까?

세상 속에서의 하나님 말씀

하나님의 말씀에서 얻은 이 메시지가 이번 주 내 사역의 나침반이 될 것입니다.

나는 이러한 방법으로 응답할 것입니다.

♡ 안식일

　하나님은 세상을 창조하시고, 휴식을 위해 따로 안식일을 선언하셨습니다. 하나님께서 안식하셨습니다. 그러므로 우리도 안식하며 창조의 장관과 신비를 찬양합니다. 가능하면 밖으로 나가서 주위를 둘러보십시오. 창조세계를 모든 감각을 동원하여 느껴 보고, 나도 그 일부임을 기억하십시오. 나도 창조주이신 하나님께 속하여 있습니다. 시편 8편을 읽어 보십시오.

☕ 더 알아보기

　■ 유대인의 신앙과 문화에 끼치는 율법서의 위력을 이해하는 기독교인은 많지 않습니다. 예수 그리스도의 사역과 초대교회의 성경에 미친 영향력을 이해하는 사람도 드뭅니다. 성경 사전이나 핸드북에서 '토라'라는 항목을 찾아 율법서에 관하여 좀 더 알아보십시오.

02 교만한 자들을 흩으시는 하나님

또 말하되 자, 성읍과 탑을 건설하여 그 탑 꼭대기를 하늘에 닿게 하여
우리 이름을 내고 온 지면에 흩어짐을 면하자 하였더니
(창세기 11:4)

⌂ 우리의 모습

우리는 자신이 중요하다고 생각하며, 우두머리가 되고, 자기 이름을 드러내고 싶어 합니다. 다른 사람은 필요 없습니다. 자신을 위한 의미를 만들어 내고, 자신의 공로로 삼습니다. 그러면서 왜 자신이 다른 사람으로부터 고립되는지를 이해하지 못합니다.

✿ 내려놓기

성경 공부를 하기 전에 먼저 하나님께 기도를 드립니다. 아래의 시편 말씀이 좋은 길잡이가 될 것입니다.

> 내 영혼아 네가 어찌하여 낙심하며 어찌하여 내 속에서 불안해하는가 너는 하나님께 소망을 두라 그가 나타나 도우심으로 말미암아 내가 여전히 찬송하리로다
> (시편 42:5)

이번 주 기도 제목을 구체적으로 적어 기도합시다.

✆ 귀 기울이기

창세기 3장을 읽기 전에 11장을 읽어 보십시오. 고정 관념을 깨고, 죄를 다른 방식으로 이해하며, 불순종의 행위와 아울러 파괴적인 행동을 생각해 보기 위해서입니다.

바벨은 사래와 아브람을 통하여 새로운 언약을 창조하게 하는 무대를 만듭니다. 솔로몬은 교만과 타락의 한 예입니다.

연결고리 : 각 책의 역사적 배경을 찾아보십시오. 누가 언제 썼으며, 누구를 대상으로 했으며, 주요 메시지는 무엇입니까? 가지고 있는 성경책에 수록된 각 책의 개요를 읽어 보십시오.

영성 훈련

고백 자신을 직시하고 가식을 포기할 때, 우리는 자신의 죄가 자기뿐만 아니라 다른 사람들에게도 상처를 입혔음을 깨닫게 되고, 고백 자체가 용서와 치유가 됨을 경험합니다.

D1 | 창세기 11장(바벨탑, 셈의 자손들)

D2 | 창세기 3장(아담과 하와)

D3 | 창세기 4~5장(가인과 아벨, 아담의 자손들)

D4 | 창세기 6~10장(노아와 홍수)

D5 | 열왕기상 6:37~7:12(솔로몬 왕)
열왕기상 10:14~11:40(교만과 멸망)

D6 | 교재 내용

⬤ 말씀 속으로

바벨탑 이야기는 단순해 보입니다. 노아 자손들을 길게 나열하는 가운데 끼워진 이 이야기는 바벨론에서 진흙으로 대를 쌓는 사람들에 관한 것입니다.

이야기 속에서 사람들은 놀이하는 아이들처럼 행복해 보이고, 서로 하나의 언어로 이야기하며, 열심히 벽돌 하나하나를 쌓고 있습니다.

그런데 도대체 무슨 일이 일어나고 있는 겁니까? 왜 하나님은 예민하게 반응하십니까? 어떤 나쁜 의도가 숨어 있습니까? 상징적으로 어떤 좋지 못한 것이 들어와 있습니까?

이 이야기를 듣는 유대인들에게는 각각의 단어가 많은 의미들을 담고 있습니다. 바벨론 사람들은 평지에 건물을 지었습니다. 예루살렘 산지는 강바닥에 지은 어떠한 건물보다도 높이 솟아 있었습니다. 그들은 진흙으로 지었습니다. 그리고 소리쳤습니다. "자, 벽돌을 만들어 견고히 굽자(창 11:3)." 진흙으로 만든 탑이 하늘에 닿을 수 있습니까? 역청으로 진흙을 대신할 수 있습니까? 이야기를 듣는 사람들에게는 이 모든 것이 우습게 들릴 것입니다.

"성읍과 탑을 건설하여 그 탑 꼭대기를 하늘에 닿게 하여 우리 이름을 내고 온 지면에 흩어짐을 면하자(창 11:4)." 갑자기 우리는 탑을 쌓는 이야기를 하는 것이 아니라 죄에 대하여 고심하고 있습니다. 우리 앞에 보이는 것은, 하나님이 계시는 하늘에 닿게 탑을 지을 수 있다는 건방지고, 자만심 강하고, 교만한 인간의 모습입니다. 인간들은 자만심과 허세에 빠져 잘난 체하면서 교만의 상징인 벽돌로 지은 집에서 하나님의 도움 없이 살겠다고 선언하고 있습니다.

이 족속은 모든 인간을 대표합니다. 목적 없이 떠도는 데 지쳐서 스스로 안정을 찾기로 결정한 것입니다. 벽돌로 탑을 지어, 그들 자신을 넘어 하늘에 닿으려 하였습니다. 자신의 이름을 영원히 간직할 수 있는 도시를 지으려 하였습니다.

성경에서 교만은 절대권을 쥐고 계신 하나님의 뜻에 맞서는 것입니다. "너는 나 외에는 다른 신들을 네게 두지 말라(출 20:3)." 성경이 하나님의 '질투'로 표현하는 하나님의 거룩함은 인간의 교만이나 거짓된 억측들을 용서하지 않습니다.

그래서 하나님은 사람들이 하는 일을 보러 내려오셨습니다. 바벨론 근처의 티끌만한 작은 장소는 하나님이 보시기에는 너무 작았습니다. 하나님은 하늘 보좌를 버리시고 땅으로 내려오셔서, 마치 네 살짜리 아이들이 숟가락과 주걱으로 만든 진흙 케이크를 보듯이 둘러보셨습니다.

티끌이나 흙의 히브리 단어는 '아다마(adamah)'고, '사람'은 '아담(adam)'입니다. 우리는 거듭해서 히브리인들의 용어를 통해 인간은 숨을 불어 넣은 흙에 불과하다는 것을 깨닫게 될 것입니다. 우리의 죄는 세상에 영향을 주었고, 우리는 흙으로 돌아가게 될 것입니다.

초청하지도 않았는데 전능하신 하나님께서 내려오셨습니다. 서늘한 저녁에 숲 속에 숨어 있는 아담과 하와에게도 하나님은 똑같이 오셨습니다(창 3:8). 하나님은 가인에게 오셔서 "네 아우 아벨이 어디 있느냐(창 4:9)?"라고 물으셨습니다.

하나님을 우습게 여기고, 자족할 수 있다며 피조물인 우리가 세상을 지배할 수 있다고 주제넘게 생각하면 그 결과는 언제나 똑같습니다. "교만은 패망의 선봉(잠 16:18)"이라는 것을 기억하십시오.

"자, 우리가 내려가서 거기서 그들의 언어를 혼잡하게 하여 그들이 서로 알아듣지 못하게 하자(창 11:7)." 단어를 이용하는 것은 여기에서도 나타납니다. 바벨은 '하나님의 문'이라는 뜻이요, 이 단어의 동사형인 '바랄'은 '혼잡하게 하다'라는 의미입니다.

하나님께서 그들의 언어를 혼잡하게 하사 서로 말이 통하지 않게 하셨습니다. 그들은 서로 이해하지 못하였습니다. 동시에 서로 말하였기 때문에 누구도 듣지 못하였습니다. 남편이 아내와 말이 통하지 않았고, 장성한 딸이 아버지와, 며느리가 시어머니와, 고용인이 고용주와, 내국인이 외국인과, 동쪽 사람이 서쪽 사람과 서로 통하지 않았습니다.

주께서 그들을 온 지면에 흩으셨습니다. 그들은 서로

만나지 못했습니다. 바벨이라는 단어는 말과 목소리가 무의미하게 혼란된 상태를 의미하게 되었습니다. 여기에서 역설을 읽을 수 있어야 합니다. 스스로 자기 인생의 의미를 찾으려고 탑을 쌓았던 사람들이 무의미한 혼란에 빠지고 말았습니다. 다 흙으로 돌아가고 말았습니다.

무모하고 뽐내는 기업은 망하게 되어 있습니다. 제국들은 무너지고 잊혀져갑니다. 유명한 건물도 결국에는 무너지게 됩니다. "흙은 여전히 땅으로 돌아가고 영은 그것을 주신 하나님께로 돌아가기 전에 기억하라(전 12:7)." 아담이 흙에서 나온 것 같이 벽돌도 흙으로 만들어진 것입니다. 교만으로 인하여 인간은 다시 흙으로 돌아가게 되었습니다.

순수함을 잃어버림

'에덴' 이라는 단어는 '평지' '초원' 혹은 '평평한 지대' 를 의미합니다. 에덴동산은 우리의 모든 필요가 하나님의 은혜에 의해 충족되는 평화롭고 행복한 순수함을 의미합니다. 이 동산에서도 남자와 여자는 동산을 돌보는 건전한 노동을 하였습니다.

"선악을 알게 하는 나무의 열매는 먹지 말라. 네가 먹는 날에는 반드시 죽으리라 하시니라(창 2:17)." 하나님의 금지 명령은 핍박이 아니었습니다. 그러나 남자와 여자는 바로 여기서 자신을 내세웠습니다. 그들은 규정을 어겼는데, 바로 순종과 신뢰의 문제였습니다. 자유에는 한계가 있습니다.

여기에 뱀이 재빨리 끼어들었습니다. 이 옛날이야기 속에서도 인간의 심성은 외부의 유혹에 영향을 받는다고 생각했던 것 같습니다. 그렇지만 불순종의 죄는 그들이 책임져야 했습니다. 하나님께서 남자와 여자에게 필요한 모든 것을 주셨는데도 그들은 더 나아가 자기를 위한 결정을 스스로 내렸습니다.

과감하게 먹은 후에 그들은 선악을 알게 하는 것, 즉 선과 악을 모두 경험하는 것이 무엇인지를 알게 되었습니다. 그들은 부끄러웠고, 벗은 것을 알게 되었으며, 죄책감을 느꼈고, 잘 가려지지 않는 무화과 나뭇잎으로 자기를 가렸습니다. 인간의 능력으로 죄의식을 가리기는 쉽지 않습니다.

하나님은 그들이 동산에 숨은 것을 발견하셨습니다. 그러자 그들은 스스로 변명하기 시작했습니다. 교만과 자기중심주의, 오만한 마음은 불순종에 이르게 합니다. 바벨탑과 별반 다르지 않습니다.

형제가 형제를 대항하여

'가인' 이라는 단어는 '금속 세공인' 을, '아벨' 은 인생의 약함을 의미하는 '호흡' 을 뜻합니다. 벌써 비극적인 분위기가 가득합니다. 왜 하나님이 가인의 것보다 아벨의 제물을 좋아하셨는지는 불분명합니다. 하나님의 뜻, 하나님의 자유입니다. 아벨은 양을 치는 자였고, 가인은 농부였던 것 같습니다. 역사적으로 두 문화의 갈등은 이미 존재하고 있었습니다.

아마도 제물의 질이나 하나님께 무엇을 드릴지를 선택하는 태도가 문제가 된 것 같습니다. 무엇을 드렸는지는 중요하지 않았습니다. 정작 중요한 것은 하나님의 태도였습니다. 비록 하나님이 가인의 제물을 받지 않으셨을지라도, 가인을 버리지는 않으셨습니다. 그러나 가인은 자신의 행동에 대해 책임을 져야 했습니다.

히브리인들에게 피는 생명이었습니다. 아벨의 피가 땅 속에서 울부짖었습니다(창 4:10). 가인은 땅으로부터 저주를 받았습니다. 2세대 농부였던 가인은 땅으로부터 멀어지게 되었습니다.

아담과 하와의 불순종과 가인이 아벨을 죽인 것은 무슨 관계가 있습니까? 하나님께 속해 있던 선악을 아는 지식과 생명을 주고받는 것을 건드리지 않았습니까? 부모의 죄가 "삼사 대까지 이르게(신 5:9)" 한다고 하셨으니 자녀들에게 나타나는 것 아닙니까? 다윗 왕의 정욕과 폭력이 그의 아들과 딸들에게서 계속된 것을 기억하십시오.(삼하 13장)

예수님이 말씀하신 가장 큰 두 계명, 즉 하나님 사랑과 이웃 사랑을 기억하십시오. 하나님을 향한 불순종(아담과 하와)이 이웃에 대한 폭력으로 나타났습니다.

악이 성할 때

악이 성행하면 모든 것을 건드립니다. 즉 모두가 악의 영향을 받습니다. 그래서 모든 인류가 악의 흔적을 갖게 되었습니다. "여호와께서 사람의 죄악이 세상에 가득함과 그의 마음으로 생각하는 모든 계획이 항상 악할 뿐임을 보시고."(창 6:5)

하나님은 인간을 거의 포기하셨습니다. 사람들은 하나님의 길을 가기보다는 스스로의 길을 선택하였습니다. 이제 하나님이 하실 일은 무엇입니까? 한 가지 방법은 모든 일을 포기하는 것이었는데, 하나님은 그렇게 하실 생각도 하셨습니다.

그러나 하나님은 은혜와 긍휼로 인간에게 한 번 더 기회를 주셨습니다. 노아에게 방주를 짓고 모든 동물을 한 쌍씩 살리라고 지시하셨습니다. 다시 한 번 하나님은 심판을 조정하셨습니다. 홍수가 온 세상을 멸하였으나 남은 자들은 구원을 받았습니다.

그러나 죄는 너무나 빨리 다시 나타났습니다. 무심히 성경을 읽는 사람도 노아의 취함을 보고는 깜짝 놀라게 됩니다(창 9:20~21, 노아는 농부였기에 포도주도 땅의 소산이었다). 노아와 그의 방주도 세상을 죄로부터 구하지는 못하였습니다.

은혜를 주시는 하나님

죄와 심판에 관한 네 가지 이야기를 보십시오. 그리고 은혜가 어디에 나타나고 있는지를 찾아보십시오.

아담과 하와는 동산에서 쫓겨났습니다. 그러나 하나님은 인간을 처벌하시는 중에도 은혜와 위로를 주셨고, 새롭게 시작할 수 있게 하셨습니다. 여자는 해산의 고통을 갖게 되었고, 남자는 먹을 것을 위하여 수고해야 했으며, 둘 다 순전함을 잃고 동산에서 쫓겨났으며, 하나님이 경고하신 것처럼 벌을 받았습니다.

하나님은 불순종하는 자녀들과도 계속해서 대화를 하셨습니다. 인간이 부끄러움을 느끼고 무화과 나뭇잎으로 만들어 입은 옷을 갈아입히셨습니다. "여호와 하나님이 아담과 그의 아내를 위하여 가죽옷을 지어 입히시니라(창 3:21)." 하나님은 그들의 결혼을 축하하여 아이들을 허락하셨습니다. 뿐만 아니라 다시 시작할 뜻을 품으셨습니다.

가인은 벌을 받았고, 땅은 현저하게 소득을 내지 못하였습니다. (우리의 이웃에 대한 죄는 지구를 오염시킵니다.) "네가 밭을 갈아도 땅이 다시는 그 효력을 네게 주지 아니할 것이요 너는 땅에서 피하며 유리하는 자가 되리라(창 4:12)." 가혹한 처벌이었습니다. 그러나 죄의 대가는 꼭 치러야 합니다. 가인은 너무하다고 했습니다. "내 죄벌이 지기가 너무 무거우니이다(창 4:13)." 그는 스스로 이제는 더 이상 하나님의 보호하심을 느끼지 못하며 동생을 죽인 것처럼 자기도 죽게 될 것이라고 생각하였습니다.

"그렇지 않다!" 은혜의 하나님은 말씀하십니다. 하나님은 계속 대화하셨으며, 가인을 보호하기 위하여 표를

해 주셨고, 에덴의 동쪽인 놋 땅('유리함'을 의미)에 거하게 하면서, 결혼하여 아이들을 낳도록 허락하셨습니다.

홍수에 의해 인류는 멸망하였으나 **노아**와 동물들은 하나님의 방주로 구출되어 새롭게 시작할 수 있었습니다. 다시 한 번 하나님은 인생에게 기회를 준 것입니다. 실제로 하나님은 홍수로 다시는 세상을 멸망시키지 않겠다는 약속을 하십니다. 아직 기회가 한 번 더 있습니다.

그러나 바벨탑은 어떠합니까? 사람들은 흩어졌고, 혼동되었고, 서로 대화를 할 수가 없었습니다. 하나님께서 다시 시작하려 하셨습니까? 희망이 있었습니까?

바벨탑 이야기가 어디에 위치하고 있습니까? 다른 이야기들처럼 따로 떨어져 있지 않습니다. 이 이야기는 아브라함의 족보 중간에 들어 있습니다. 그래서 마치 나중에 끼워 넣은 것처럼 보입니다. 이것을 빼고 읽으면 오히려 창세기 11장을 부드럽게 읽을 수 있습니다.

하나님이 뭐라고 말씀하십니까? 세상에 흩어져서 수많은 우상 앞에서 헤매는 죄 많은 인간은 우주의 주인이요 역사하시는 하나님과 대화를 나눌 수가 없습니다. 그러나 하나님은 또 다른 구원 계획을 가지고 계셨습니다.

이제 하나님은 한 남자와 여자를 부르고 다시 시도하십니다. "여호와께서 아브람에게 이르시되 너는 너의 고향과 친척과 아버지의 집을 떠나 내가 네게 보여 줄 땅으로 가라. 내가 너로 큰 민족을 이루고 네게 복을 주어 네 이름을 창대하게 하리니 …… 땅의 모든 족속이 너로 말미암아 복을 얻을 것이라."(창 12:1~3)

다시 한 번 하나님은 인간의 역사 속으로 인간을 구원하시기 위해 오셨습니다. 다시 한 번 죄 많고, 흩어지고, 외롭고, 혼란되고, 죄의식에 젖은 인간들을 사랑과 믿음의 교제로 이끌려고 하십니다.

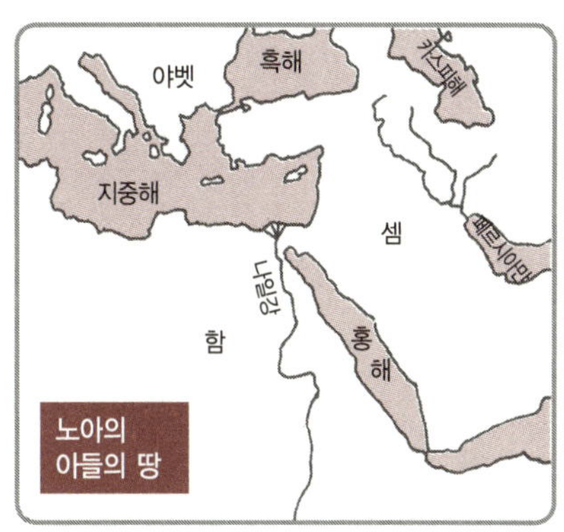

창세기 10장은 노아의 아들인 셈, 함, 야벳의 후손들과 홍수 이후에 사람들이 살던 지역을 기록하고 있다. "홍수 후에 이들에게서 그 땅의 백성들이 나뉘었더라(창 10:32)." 세 지역의 백성과 언어와 땅은 가나안과 맞닿아 있다.

교만의 예들

히브리 역사상 바벨탑의 심리를 갖고 있었던 가장 두드러진 예는 아마 솔로몬 왕일 것입니다. 그는 시작을 잘 하였고, 지혜를 구하였으며(왕상 3:3~14), 하나님과 다윗 왕이 요구했던 성전을 지었습니다. 그러나 부요는 횡포를 부리게 하였고(창 10:14~22), 그의 집안이 사용하는 비용은 온 나라의 부담이 되었습니다.

솔로몬은 성전을 짓는 데 7년을 보냈으나 그것보다 두 배나 큰 자기의 궁전을 짓는 데는 13년을 썼습니다. 그리고 아내 중 하나인 이집트 바로의 딸에게 똑같은 크기의 궁전을 지어 주었습니다.

그러나 성경의 견해에 따르면 솔로몬의 커가는 교만은 그의 우상 숭배에 집중되어 있습니다. 700명의 아내와 300명의 첩을 정략적으로 거느리는 과정에서 그들이 우상들을 들여와 경배하였고, 그것들을 위한 성전도 지었습니다. "아브람이 그 땅을 지나 세겜 땅 모레 상수리나무에 이르니 그때에 가나안 사람이 그 땅에 거주하였더라."(창 11:6, 9)

멸망의 씨앗은 솔로몬이 스스로를 영화롭게 하는 것과 낭비에서 비롯되었습니다. 그가 죽자 눌려 왔던 원한이 폭발하였습니다. 북왕국은 이스라엘이 되었고, 남왕국은 유다가 되었습니다. 그리고 이스라엘 백성은 흩어지기 시작했습니다.(창 11:26~40)

솔로몬의 죄는 점차로 커졌으며 조용히 스며들었습니다. 언제 그 일이 벌어졌습니까? 누구도 정확히 말할 수 없습니다. 징조들을 찾아보십시오.

멸망에 이르게 하는 교만의 징조들이 아담과 하와, 가인과 아벨, 홍수, 바벨탑, 솔로몬의 이야기에서 어떻게 공통적으로 나타납니까?

각각의 이야기 – 바벨탑, 에덴, 가인과 아벨, 노아와 홍수 – 는 인간이 하나님으로부터 소외되어 있음을 증명합니다. 그리고 질서에서 혼돈을 자아내는 인간의 모습을 말해 줍니다. 하지만 동시에 자멸의 길로 걸어가고 있는 우리를 구원하시는 하나님의 모습을 보여 줍니다.

🔼 세상 속으로

우리는 나 자신의 노력보다는 창조주이신 하나님 안에서 안전함을 느낍니다.

주위를 둘러보고, "나는 나 스스로 돌볼 수 있다. 하나님은 필요 없다."라고 말하는 교만의 예를 찾아보십시오.

하나님께서 혼란하게 하시고 흩으신 증거는 무엇입니까?

하나님과 떨어져 의미를 찾겠다는 현대판 교만에는 어떤 것이 있으며, 그 결과는 무엇입니까?

나의 삶을 살펴보고, 하나님을 필요한 경우에만 찾는 대용품(back-up)으로 여기는 교만을 찾아보십시오. "내 삶은 내가 알아서 합니다. 하나님께는 도움이 필요할 때 아뢰겠습니다.”

산산조각 난 사회에 속한 다른 사람들에게 어떻게 사역을 할 수 있습니까? 서로 대화하지 못하는 흩어진 사람들을 어떻게 연결시킬 수 있습니까? 우리를 가로막고 있는 담을 넘어 어떻게 손을 내밀 수 있습니까?

세상 속에서의 하나님 말씀
하나님의 말씀에서 얻은 이 메시지가 이번 주 내 사역의 나침반이 될 것입니다.

나는 이러한 방법으로 응답할 것입니다.

♥ 안식일

안식일은 우리의 안전이 오직 하나님과의 관계에 있음을 가르칩니다. 안식일에 우리는 자신을 기억할 만한 기념비를 세우는 노력을 포기합니다. 우리의 투쟁이 중요하다는 것에 아랑곳하지 않습니다. 하나님을 전적으로 신뢰합니다. 마태복음 6장 25~34절 또는 전도서 3장 1~15절을 읽어 보십시오.

▣ 더 알아보기

■ 역대하 26장에 기록된 웃시야 왕의 이야기에서 우리는 아주 놀랄 만한 교만을 발견합니다. 16세에 왕이 된 웃시야의 권위는 겸손과 조용함으로 특징지을 수 있습니다. 그는 40년 정도를 잘 치리하였습니다. “그가 강성하여지매 그의 마음이 교만하여 악을 행하여(대하 26:16).” 그러나 웃시야는 왕이 된 것으로 만족하지 못하고 성전에 들어가 마치 제사장처럼 분향하려고 하였습니다. 교만 때문에 대화가 끊어졌습니다. 권위를 상실하였습니다. 병이 그를 삼켜 버렸습니다. 이 이야기와 그에 딸린 각주들을 잘 읽어 보십시오.

03 하나님의 초대

> 내가 그(아브라함)로 그 자식과 권속에게 명하여
> 여호와의 도를 지켜 의와 공도를 행하게 하려고 그를 택하였나니
> 이는 나 여호와가 아브라함에게 대하여 말한 일을 이루려 함이니라
> (창세기 18:19)

손님 대접

☛ 우리의 모습

누군가에게 초대를 받으면 우리는 두려움을 느낍니다. 초대는 보장 없는 약속이기 때문입니다. 우리는 조심스럽게 자신을 다른 사람의 손에 맡겨야 하는 이 초대를 받아들이기를 꺼려합니다. 또한 때로는 다른 사람들이 승낙할까 봐 초대하기를 꺼려할 때도 있습니다.

✹ 내려놓기

성경 공부를 하기 전에 먼저 하나님께 기도를 드립니다. 아래의 시편 말씀이 좋은 길잡이가 될 것입니다.

> 여호와여 주의 말씀대로 주의 종을 선대하셨나이다 내가 주의 계명들을 믿었사오니 좋은 명철과 지식을 내게 가르치소서 (시편 119:65~66)

이번 주 기도 제목을 구체적으로 적어 기도합시다.

✇ 귀 기울이기

아브라함과 사라의 이야기를 잘 알고 있을 것입니다. 그러나 다시 한 번 천천히 자세하게 읽어 보십시오. 지금 만국의 시작을 보고 있음을 꼭 기억하기 바랍니다. 우리는 성경 전체에 흐르는 구속사의 실마리를 붙잡고 있습니다. 여기서 중요한 것은 손님 대접입니다.

연결고리 : 각 구절의 배경과 정황을 이해하기 위해 앞뒤 절과 장을 살펴보십시오.

영성 훈련

봉사 성령의 감동에 따라 우리는 종으로서의 삶을 선택하고, 누가 도움을 필요로 하든지, 어떤 도움이 필요하든지 자신의 사역을 묵묵히 수행해야 합니다.

D1	창세기 12~13장(하나님께서 아브람과 사래, 아브람과 롯을 부르심)
D2	창세기 14~16장(아브람이 멜기세덱을 만남, 자손과 땅에 대한 약속, 이스마엘의 탄생) 말라기 3:1~10(십일조)
D3	창세기 17~19장(영원한 약속, 나그네에게 베풂) 시편 16편(믿음의 노래)
D4	창세기 20~21장(이삭, 웃는 자의 아들)
D5	요나 1~4장(모든 나라를 위한 초대)
D6	교재 내용

🖋 말씀 속으로

하나님의 최초의 부르심(창 12:1~9)은 매우 중요합니다. 이삭의 탄생(창 21:1~7)은 약속이 성취된 결과입니다. 그러나 하나님이 아브라함과 사라를 찾아오셔서 그들과 함께 음식을 나눈 것은 아이를 가지게 될 것이라는 약속을 현실화하는 사건이었습니다.

나그네 대접

하란을 떠난 지 거의 25년이 지나도록 믿음으로 기다리던 아브라함이 천막 밖에서 쉬고 있었습니다. 그때 세 사람이 도착하였습니다. 그들이 누구였습니까? 그들은 자기의 신분을 감추고 다니던 하나님이었습니다. 아브라함은 뛰어가서 그들을 정중히 맞아 극진히 대접하였습니다.

아브라함과 사라는 손님 대접하는 것을 어디에서 배웠을까요? 물론 그들의 문화가 그랬습니다. 문화적으로 손님을 대접하는 것은 그들의 의무였습니다. 그러나 어떤 의미에서는 그들이 하나님께 직접 손님 대접하는 것을 배웠다고 할 수 있습니다. 하나님이 그들에게 처소와 땅과 많은 복과 가족을 주신 것은 자비로운 은혜라고 말할 수밖에 없습니다. 왜 우리는 손님 대접을 해야 합니까? 바로 하나님이 우리를 초대하셨기 때문입니다. 우리가 '부지중에(히 13:2)' 천사를 대접할 수 있기 때문입니다. 이야기에서 세 사람의 목소리는 하나님의 목소리가 되었습니다. 왜 손님을 대접해야 합니까? 출애굽 이후에 그에 대한 대답은, 우리도 한때 이집트에서 나그네 되었기 때문입니다. 나그네를 잘 대접하는 것은 은혜와 동정의 행위입니다. 신약성경에서 우리는 손님을 대접하는 것이 곧 그리스도를 대접하는 것이라고 배웠습니다.(마 25:31~40)

아브라함이 할례를 받고 그늘에서 쉬고 있을 때가 99세였습니다. 그렇지만 달려 나가 그들을 맞이하였습니다(창 18:2). 그는 마치 그들을 대접하는 것이 자기의 특권인 것처럼 행동하였습니다(창 18:3~4). 예법대로 물을 주어 발을 씻을 수 있게 하였고(창 18:3~4), 살진 소를 잡았습니다(창 18:15). 이 부분에서는 아마도 잃었던 아들의

비유에서 아버지가 아들을 영접했던 장면이 자연스레 떠오를 것입니다(눅 15:11~32). 떡을 떼는 것은 식탁의 교제와 화해와 평화를 상징합니다. 이 식사는 성경에서 손님 대접의 모델이 됩니다.

그 사자들은 사라의 임신과 이삭의 출생에 관련하여 특정한 시간을 가르쳐 주었습니다. 그러나 사라는 믿을 수가 없어 웃고 말았습니다(창 18:15). 사라가 두려워 웃지 아니하였노라고 부인하였지만, 동산에서 아담과 하와를 찾았던 하나님은 이들과 계속 관계를 가지기로 하셨습니다. "아니라, 네가 웃었느니라(창 18:15)."고 하나님은 말씀하십니다.

하나님은 아브라함과의 언약을 재확인했고(창 18:16~19), 하나님의 사자는 소돔을 향해 떠나갔습니다.

아브라함이 하나님과 소돔의 멸망에 대하여 주고받는 내용이 어떤 사람들에게는 조금 이상하게 들릴 것입니다. 너무 세상적이고 순진하기까지 합니다. 아브라함과 하나님은 마치 중동 지역의 상인들처럼 교역을 하는 것 같습니다. 그러나 이 원시적인 이야기는 기본적으로 성경의 진리를 담고 있습니다.

아브라함이 하나님과 같이 먹었습니다. 아브라함은 같이 음식을 나눈다는 것이 언약의 행위임을 알았습니다. 그들은 서로 우정과 의무를 지킬 것을 다짐하였습니다. 그래서 이제 신뢰하는 친구로서 논쟁할 수 있었습니다.

나는 언제 하나님과 논쟁할 수 있었습니까?

....

....

아브라함은 동정심을 가진 자로서 소돔의 죄 없는 자를 위해 간절히 구하였습니다. 그렇다면 하나님의 동정심은 아브라함의 것보다 약하단 말입니까? 소돔을 구원하시려는 은혜는, 아담과 하와에게 옷을 만들어 입히시던 것과 똑같은 은혜였습니다.

한 마을을 구하고, 한 주를 구하고, 한 나라를 구하고, 세계를 멸망으로부터 구하기 위해서는 몇 명의 의인이

필요합니까? 열 명만 있었더라도 소돔을 구할 수 있었는데, 그 당시에는 이것이 불가능한 상태였습니다.

롯

롯의 아버지 하란은 일찍 죽었기 때문에 삼촌인 아브람이 롯을 키웠습니다. 둘이 키우던 양들이 너무 많아지자 아브람은 공평을 넘어선 너그러운 마음으로 롯에게 먼저 선택을 하도록 합니다. 그들은 벧엘에 서서 여리고를 지나 요단 골짜기와 사해까지 이르는 땅을 바라보았습니다. 다른 쪽으로는 가나안의 울퉁불퉁한 지경이 보였습니다. 롯은 언제나 쉬운 방법을 택하였습니다. 그는 낮은 지대와 기름진 평야, 그리고 도시생활을 선택하였습니다(창 13:2~12). 아브람의 관대한 행위는 롯에게 선택권을 주었습니다.

창세기 19장에서 천사들은 사해 근처에 있는 악하고 부패한, 바다보다 400미터(1,300피트)나 낮은 데 위치한 소돔을 방문하였습니다. 롯의 마음은 소돔으로 기울었습니다. 소돔과 고모라는 심지어 그 이름조차 악과 동일한 의미였습니다. 창세기 19장은 자비롭게 손님 대접하는 것과 대비하여 폭도들의 난동과 동성애와 불량배들의 강간을 연상하게 하는 죄악을 묘사합니다. 에스겔이 말한 것처럼 소돔은 추행의 별명이 되었습니다(겔 16:46~47, 56). 이사야는 사람들이 피 묻은 손으로, 그리고 과부와 고아를 돌보지 않은 손으로 종교적인 제사를 드리는 유다를 빗대어 '소돔' 이라고 불렀습니다(사 1:10~17). 그들은 의식으로 동정심을 대치하려 했습니다.

롯은 자기의 딸을 폭도들에게 내어 줄 정도로 (비록 우리에게는 끔찍하게 보이지만) 손님들을 대접하였기에 구원을 받았습니다(창 19:8). 하나님이 롯의 가족들에게 피하라 하였으나 그의 사위들은 이를 비웃었습니다. '뒤를 돌아보지 말라.' 는 하나님의 명령이었습니다. 그러나 롯의 아내는 망설였고, 동경하는 듯이 어깨너머로 뒤를 돌아보다가 소금 기둥이 되었습니다(창 19:26). 예수께서 자신을 따르는 자들에게 주춤거리거나 뒤를 돌아보지 말 것을 말씀하실 때면 롯의 아내의 모습이 생각납니다.(눅 9:62)

하나님의 은혜로우심은 롯을 다루시는 과정에도 나타납니다. "내가 도망하여 산에까지 갈 수 없나이다. …… 보소서, 저 성읍은 도망하기에 가깝고 작기도 하오니 나를 그곳으로 도망하게 하소서. 이는 작은 성읍이 아니니이까. 내 생명이 보존되리이다(창 19:19~20)." 하나님은 롯의 이 말에 동의하셨습니다. 유황과 소금 냄새가 코를 찌르는 중에서도 하나님은 여전히 그들에게 처소를 마련하여 주셨습니다.

초대

이제 이야기의 시작 부분으로 돌아갑니다. 메소포타미아에 살던 나이든 유대인 부부를 부르신 하나님의 은혜를 보십시오. 하나님은 아브람과 사래를 초대하십니다. "여호와께서 아브람에게 이르시되 너는 너의 고향과 친척과 아버지의 집을 떠나 내가 네게 보여 줄 땅으로 가라. 내가 너로 큰 민족을 이루고 네게 복을 주어 네 이름을 창대하게 하리니 너는 복이 될지라."(창 12:1~2)

하나님은 별난 부부를 불러 만방의 가족을 이루셨습니다. 아브람과 사래는 아이를 낳을 가능성이 거의 없었습니다. 그들이 순종했다는 것은 기적입니다. 비록 그들이 때로는 고개를 젓고 비웃긴 했지만 그들은 하나님을 신뢰하였습니다. 그리고 초대를 받아들였습니다.

나는 언제 믿음으로 잘 알지 못하는 곳으로 나아갔습니까?

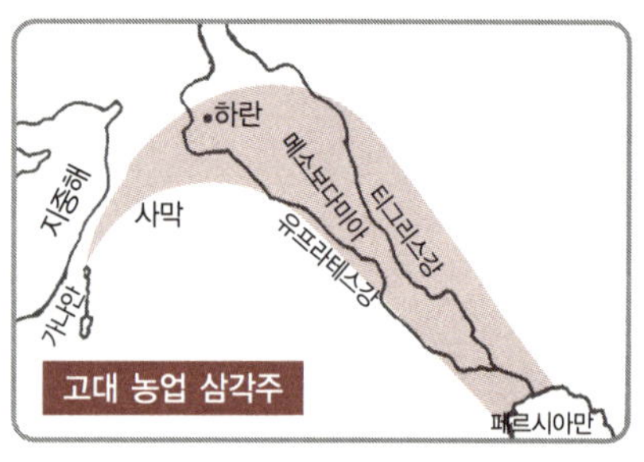

티그리스 유프라테스 계곡으로부터 가나안 해안 지방에 이르는 지역을 '기름진 삼각주'라고 부른다. 족장 시절에 그 남쪽과 북쪽은 황무지였고 사람이 살 수 없는 곳이었다. 초기 문명은 물이 많은 '기름진 삼각주'에서 발전했다.

땅

가나안은 어떠한 곳입니까? 우리는 그곳이 이미 사람이 살고 있던 곳이었음을 압니다. 특별히 기름진 지역에는 이미 자리 잡은 도시들이 있었습니다. 유목민들이 산등성에서 양을 치고 있었습니다. 가나안에는 풍요의 신에게 제사 드리는 제단이 곳곳에 있었습니다. 아브람과 사래는 아무도 살지 않는 곳으로 걸어 들어간 것이 아니었습니다. 우주의 유일신을 믿는 믿음은 많은 신들을 믿는 믿음들 사이에서 그들과 함께 살아야 했습니다.

아브람은 세겜 근처에 제단을 쌓았는데, 이곳은 에발 산과 그리심 산 중간에 위치한 이방 문화의 중심지였습니다. 나중에 세겜은 북왕국 이스라엘의 중심이 되었고, 기원전 4세기 정도부터 사마리아인들의 예배처가 되었습니다.

약속의 땅은 그렇게 받아들이기 쉬운 곳은 아니었습니다. 비가 올 때에는 아브람과 사래가 천막을 치기도 어려울 정도였으며, 그 땅에는 기근이 들었습니다(창 12:10). 건조한 땅은 양떼를 먹일 풀도 제대로 내지 못하였습니다. 그렇다고 평화스러운 땅도 아니었습니다. 창세기 14장은 아브람과 롯이 자기들이 일으키지도 않은 전쟁에 휘말려 들었던 것을 기록합니다. 얼마나 자주 하나님의 약속이 부질없는 것처럼 보였겠는지 생각해 보십시오.

나에게 주어진 '약속의 땅(육체적 또는 영적인 의미에서)'이 어떤 면에서 메마르고, 무익하고, 부적당하다고 생각합니까?

십일조

전쟁이 끝나자 살렘 왕이요 하나님의 제사장인 멜기세덱이 떡과 포도주를 가져와 축하를 해 주었습니다(창 14:18~20). 아브람은 이에 대하여 그 얻은 것에서 '십분의 일'을 그에게 줍니다. 십일조는 선물이라기보다는 오히려 의무이며, 소유권에 대한 인정이었습니다. 이로써 하나님의 언약 백성의 증표인 십일조가 시작되었고, 지금도 계속되고 있습니다. 10분지 1은 모세의 율법에 흐르는 기본적인 믿음이며, 이것에 순종하라는 말라기 선지자의 외침으로 계속됩니다.(말 3:1~10)

십일조를 드린다는 것은 어떤 의미입니까? 나는 어떤 마음으로 십일조를 드립니까?

십일조와 손님 대접하는 것 사이에는 어떤 관계가 있습니까?

이집트에서 아브람은 두려움으로 사래를 누이라고 말하였습니다(창 12:10~20). 절반은 거짓이고, 절반은 사실이었는데, 이는 사래가 그의 아버지 데라의 딸이었기 때문입니다. 왜 그는 거짓말을 하였습니까? 목숨을 구하기 위해서였습니다. 무엇을 잃을 뻔했습니까? 약속의 여인이요, 그녀 없이는 언약을 이룰 수 없는 아내 사래였습니다. 하나님은 아브람을 꾸짖었고, 사래를 풀어 주었으며, 이 약속의 부부를 다시 자유롭게 하셨습니다. 하나님은 언약의 사람들이 비록 약하고 실패를 한다 하더라도 그들을 사용하십니다. 왜냐하면 하나님께서 그들을 택하신 것은 만방을 위한 복의 통로가 되게 하려 하심이요, 하나님은 그의 약속에 신실하시기 때문입니다.

인간의 해결 방법

하나님이 약속을 지키지 못하실 것 같은 생각이 들 때, 우리는 스스로 해결 방법을 찾습니다.

아브람은 늙었고, 사래의 불임은 계속되었습니다. 사래는 마침내 자신의 손으로 일을 처리합니다. 10년이 지났고 아브람이 85세가 되었는데도, 하나님의 계획은 결실을 보지 못했습니다. 하나님이 역사하시지 않는다면 그들 스스로 할 것입니다. 그들은 욕심을 이루기 위해 실제로 언약을 한쪽으로 밀어 놓았습니다. 그 당시 관습으로는, 아이를 갖지 못하는 여인은 자기 하녀를 남편에게 주어 아이를 낳게 하고, 그 아이는 법적 상속자가 되었습니다. 하갈은 자기 아이를 '사람의 야생나귀'를 의미하는 '이스마엘'이라 불렀습니다. 이렇게 인간적으로 언약의 자손을 세우려는 시도는 잘 되지 않았습니다. 그럼에도 자비하고 은혜로우신 하나님은 그 어미와 아들을 보호하셨습니다.

이름들

성경에서 이름은 매우 중요합니다. 한 사람의 성격은 이름에서 결정될 수 있습니다. 때로는 역사적인 상황이 후세에 이름으로 기억됩니다. 이름을 바꾸는 것이 삶의 변화를 상징하기도 합니다. 창세기 17장은 극적인 장으로서, 하나님은 아브람의 이름을 아브라함으로 바꾸어 주시면서 만방의 주인이 될 것을 확인하십니다. 사래도 '만방의 어미' 라는 의미의 사라가 됩니다.

아브라함은 이제 99세였습니다. 언약을 확증하기 위해 아브라함은 할례를 받았습니다. 당시 13세였던 이스마엘을 포함하여 온 가족이 이 의식을 행했습니다. 할례는 이제 언약에 대한 외적 표현으로, 그 이후로 유대인들은 할례를 행합니다. 자손을 이어가는 남자의 기관에 할례를 하는 것은 삶과 유산에 대한 약속을 확인하는 것입니다. 하나님은 생명을 약속하셨고, 할례는 그 약속에 신실함을 의미합니다. 이것은 눈으로 보이는 약속의 표시입니다.

나중에 선지자 예레미야는 육체에만 할례할 것이 아니라 마음에 할례를 하라고 호소합니다(렘 4:4, 9:25~26). 그러나 아브라함에게 이 두 가지는 분리된 것이 아니었습니다. 신실함과 그 상징은 똑같은 것이었습니다.

약속이 성취됨

이삭의 출생까지 이르는 자료들은 처음 보기에는 별로 중요하지 않은 것 같습니다. 롯은 계속 타락해 갑니다. 그는 일생을 애매모호하게 살았습니다. 약속의 하나님을 진정으로 신뢰한 적이 없었습니다. "롯이 소알에 거주하기를 두려워하여 …… 그 두 딸과 함께 굴에 거주하였더니(창 19:30)." 그는 하나님이 마련해 주신 도시를 떠나 굴에 숨었고, 두려움 속에 두 딸과 함께 살았습니다. 두 딸은 그를 술에 취하게 한 후 그와 동침하여 각각 아들을 낳았습니다. 왜 이 사실들을 성경에 기록하였을까요? 이 아이들의 이름을 보십시오. 모압과 벤암미입니다. 모압에게서 모압 족속이라는 이름이 유래했으며, 벤암미는 암몬 족속의 조상이 되었습니다. 이 두 나라는 아브라함의 자손에게 매우 어렵고 힘든 적들이 되었습니다.

이삭의 출생으로 사라는 이집트 출신 하녀인 하갈과 그 아들 이스마엘을 쫓아낼 기회를 얻었습니다. 중요한 구절은 "하나님이 그 어린 아이의 소리를 들으셨으므로(창 21:17)"입니다. 비록 이스마엘을 통해 약속이 실현되지 않는다 하더라도 하나님의 돌보심과 동정심은 하갈과 이스마엘에게 계속되었던 것입니다.

우물을 두고 아비멜렉과의 분쟁이 계속되었습니다. 그러다 결국 서로 계약을 맺고 맹세를 하고 피를 흘리지 않기로 하였습니다. 아브라함은 브엘세바, 즉 '맹세의 우물' 에 나무를 심고 하나님을 예배하였습니다.

성경이 말하는 것은 무엇입니까? 이삭은 분쟁이 있는 곳, 한 맺힌 적들, 그리고 역사적인 투쟁 등 문제 많은 세상에 태어났다는 것입니다. 4천 년 후인 지금도 중동 지역에는 여전히 그 역사적인 긴장감이 존재하고 있습니다.

만방에 주는 메시지

가끔 믿음의 백성은 하나님의 초대의 목적을 잊어버립니다. 히브리인에게 복을 주신 것은 다른 사람을 축복하라는 것이었고, 생명을 주신 것은 죽어 가는 나라들에게 생명을 전하라는 하나님의 뜻이었습니다. 하나님의 거룩하심과 은혜는 온 세상을 향한 것입니다. 하나님의 구원의 능력과 사랑은 전 우주에 평화와 일치를 가져다주기 위함입니다.

그것이 아브라함이 부름받은 이유입니다. "내가 너로 큰 민족을 이루고 네게 복을 주어 네 이름을 창대하게 하리니 너는 복이 될지라. 너를 축복하는 자에게는 내가 복을 내리고 너를 저주하는 자에게는 내가 저주하리니 땅의 모든 족속이 너로 말미암아 복을 얻을 것이라."(창 12:2~3)

하나님은 천사의 방문으로 축복의 주제를 반복하십니다. "여호와께서 이르시되 내가 하려는 것을 아브라함에게 숨기겠느냐. 아브라함은 강대한 나라가 되고 천하 만민은 그로 말미암아 복을 받게 될 것이 아니냐."(창 18:17~18)

선지자 이사야는 예루살렘이 멸망하고 유대인들이 고향으로 돌아올 때 이렇게 말합니다. "나 여호와가 의로 너를 불렀은즉 내가 네 손을 잡아 너를 보호하며 너를 세워 백성의 언약과 이방의 빛이 되게 하리니 네가 눈먼 자들의 눈을 밝히며 갇힌 자를 감옥에서 이끌어 내며 흑암에 앉은 자를 감방에서 나오게 하리라."(사 42:6~7)

그리고 이스라엘에게 주어진 세계를 향한 사명을 상기시킵니다. "그가 이르시되 네가 나의 종이 되어 야곱의 지파들을 일으키며 이스라엘 중에 보전된 자를 돌아오게 할 것은 매우 쉬운 일이라. 내가 또 너를 이방의 빛으로 삼아 나의 구원을 베풀어서 땅 끝까지 이르게 하리라."(사 49:6)

누가 요나서를 썼든지 간에 선교사로 부름받은 그는 이스라엘이 하나님의 부르심을 잊어버린 것을 알았습니다. '요나'는 '비둘기'라는 뜻이고, 요나 아버지의 이름인 '아밋대'는 '진리와 의'를 뜻합니다. 포로기 이후에 쓰인 요나서가 이스라엘이 움츠러들고, 자기들만 생각하고, 이방인을 외면하려 했을 때에 나타난 것은 우연이 아닙니다. 요나는 아브라함의 자손인 이스라엘을 상징하고, 이스라엘은 온 세상의 생명과 빛이 되라는 부르심을 받았습니다.

⬆ 세상 속으로

손님을 대접한다는 것은 하나의 태도요 자세이며, 기꺼이 다른 사람이 우리의 삶에 들어올 수 있도록 하는 것입니다. 아브라함과 사라는 예기치 않은 식사 대접으로 천사들을 환영하였습니다.

손님 대접은 다른 사람과 기꺼이 시간과 공간을 나누려는 의지입니다. 엘리는 사무엘을 돌보았습니다. 예수께서는 우물가에서 여인과 이야기를 나누셨습니다. 이는 딸에게 이야기를 읽어 주고, 휴게실에서 사장이 직원들과 함께 웃으며, 기도 모임에서 새로운 사람을 환영하는 것입니다.

어떻게 하면 손님 대접을 더 잘할 수 있을까요? 마음가짐이나 자세 면에서 생각해 봅시다.

....

....

손님을 대접하기 위해 어떠한 각오라도 할 수 있습니까?

....

....

세상 속에서의 하나님 말씀

하나님의 말씀에서 얻은 이 메시지가 이번 주 내 사역의 나침반이 될 것입니다.

나는 이러한 방법으로 응답할 것입니다.

♥ 안식일

안식일은 하나님이 우리 삶에 베푸신 것들을 위한 시간을 내는 것입니다. 남을 대접하는 것은 안식일의 가장 중요한 부분입니다. 손님과 함께 안식일 식사를 하는 것은 명예로운 일입니다. 요점은 외롭거나 도움이 필요한 자, 특별히 우리에게 갚지 못하는 사람들과 음식을 나누라는 것입니다. 이번 주 안식일은 도움이 필요한 이들과 나누십시오.

⬡ 더 알아보기

■ 주석 책을 참고하면서 요나서를 다시 한 번 읽어 보십시오. 요나가 설교하러 갔던 니느웨 사람들은 일찍이 북왕국 이스라엘을 정복한 앗수르 민족이었습니다. 니느웨 사람들이 회개했을 때 왜 요나는 실망하고 화가 났습니까? 왜 이스라엘 백성이 사명을 계속 잊어버렸는지를 생각해 보십시오. 그리고 왜 예수 그리스도의 교회가 사명을 자꾸 잊어버리는지도 곰곰이 생각해 보십시오.

04 언약의 준수

> 그 밤에 여호와께서 그(이삭)에게 나타나 이르시되
> 나는 네 아버지 아브라함의 하나님이니 두려워하지 말라 내 종 아브라함을 위하여
> 내가 너와 함께 있어 네게 복을 주어 네 자손이 번성하게 하리라 하신지라
> (창세기 26:24)

이 과의 주제

연속

영성 훈련

복종 나의 길을 포기하고 다른 사람들에게 관심을 돌릴 때 우리는 진정한 나, 즉 순종하게 되어 있는 우리의 정체성을 발견하게 됩니다.

⬆ 우리의 모습

모든 일이 얼마 동안은 잘 되어 갑니다. 그러다가 위기가 닥치고, 어떻게 할 도리가 없는 지경에까지 이르게 됩니다. 우리가 꿈꾸고, 목표로 삼고, 심지어는 기도해 온 것들조차 여지없이 산산조각이 납니다. 이럴 때 우리는 어떻게 계속 전진할 수 있습니까?

✿ 내려놓기

성경 공부를 하기 전에 먼저 하나님께 기도를 드립니다. 아래의 시편 말씀이 좋은 길잡이가 될 것입니다.

> 여호와여 나의 기도에 귀를 기울이시고 내가 간구하는 소리를 들으소서 나의 환난 날에 내가 주께 부르짖으리니 주께서 내게 응답하시리이다 (시편 86:6~7)

이번 주 기도 제목을 구체적으로 적어 기도합시다.

◎ 귀 기울이기

이번 주에 읽는 부분은 신랄하고, 의미심장합니다. 이야기의 내용이 많은 감정을 내포하고 있습니다. 이삭을 희생 제물로 바칠 뻔한 그 신비를 잘 생각해 보십시오. 믿음으로 동반자를 묻는 아브라함과 함께 슬퍼하십시오. 가족의 가치 기준이나 믿음의 공동체를 계속 이끄는 것이 얼마나 중요한지를 생각해 보십시오. 각 본문을 소리 내어 읽으면 그 내용이 내포하는 감정을 포착하는 데 큰 도움이 될 것입니다.

연결고리 : 성경을 연구하면서 우리를 지탱해 주는 기억을 제공하는 힘, 즉 우리가 누구이며, 어디에서 왔으며, 어디로 가는지를 알려 주는 그 힘을 찾아보십시오.

D1 | 창세기 22장(아브라함을 시험하시는 하나님)

D2 | 창세기 23장(사라의 죽음과 장례)

D3 | 창세기 24장(리브가를 찾아서)

D4 | 창세기 25~26장(아브라함의 죽음, 두 나라의 탄생, 이삭에게 재확인되는 언약, 우물을 둘러싼 분쟁)

D5 | 신명기 6장(자녀들을 가르치라)
시편 105편(하나님의 신실하심)

D6 | 교재 내용

 말씀 속으로

흔들림이 있긴 했지만 아브라함과 사라는 하나님의 약속을 믿는 믿음의 사람들이었습니다. 그들은 친척들과 고향을 떠나 불분명한 믿음의 순례길에 올랐습니다. 아브라함이 하나님을 믿음으로 주께서 의롭다 칭하셨습니다(창 15:6). 그는 십일조를 드렸고, 할례로써 그 언약을 확인하였습니다. 믿지 못해 웃긴 했지만 사라는 나그네들을 잘 대접하여 약속된 '웃음'의 아이를 받았습니다.

시험

결정적인 시험은 창세기 22장에 나옵니다. 여기서 우리는 우리의 신앙이 얼마나 엄격하고 고통스러울 수 있는지 알게 됩니다. 대부분 독자들은 이 이야기에서 주춤할 것입니다. "하나님이 설마 아들을 희생 제물로 드리라고 하시지는 않았겠지." "아마 아브라함이 그렇게 상상했을 거야." 어떤 학자들은 이 이야기가 그 당시 가나안에서 유행했던 처음 난 남자 아이를 희생 제물로 바치는 의식을 거부하는 이스라엘 백성의 한 방법이라고 생각했습니다. 그러나 성경은 강조합니다. 하나님이 아브라함을 시험하셨습니다(창 22:1). 행동 지시는 아주 명확합니다. "여호와께서 이르시되 네 아들 네 사랑하는 독자 이삭을 데리고 모리아 땅으로 가서 내가 네게 일러 준 한 산 거기서 그를 번제로 드리라."(창 22:2)

언약이 위험에 직면하였습니다. 시험은 언약의 아들을 원했습니다. 아브라함은 메소포타미아에서 나오면서 과거를 청산했는데, 이제는 모리아를 향해 걸으면서 미래를 포기해야 했습니다.

왜 하나님은 아브라함을 시험하셨습니까? 성경은 이에 대하여 설명하지 않습니다. 하나님의 불가사의한 명령이었습니다.

이 이야기는 하나님의 다른 면을 보여 줍니다. 하나님은 시험하시는 분입니다. 하나님의 약속은 이삭(아브라함의 후손)을 통해 실현됩니다(창 21:12). 그런데 그분의 명령은 이삭을 죽이라는 것입니다. 후손이 없으면 미래도 없습니다. 무(無)로 돌아갈 것입니다. 순례의 길은 공허함에 스스로 지치고 말 것입니다. 하나님을 온전히, 그리고 완전히 신뢰할 수 있습니까?

인생에 시험이 있듯이 성경에서도 시험을 만날 수 있습니다. 하나님의 허락 하에 사탄은 욥을 시험하였습니다(욥 1:12, 2:6). 예수님은 광야에서 사탄의 유혹을 받으시고(눅 4:1~13), 또한 동산에서 시험받으셨습니다(마 26:39~46). 하지만 그 누가 죽음의 문턱에까지 이르는 전능하신 하나님의 시험을 이겨낼 수 있습니까? 우리는 순종의 잔을 마셔야만 합니까?

예수께서는 제자들에게 자신이 매를 맞고, 심판대에 서며, 미움을 받을 것이라고 말씀하셨습니다. 그러나 "끝까지 견디는 자는 구원을 받으리라(막 13:13)."고 말씀하셨습니다. 초대 기독교인들은 생과 사를 가르는 결단과 수많은 유혹과 심판에 대해 전해 줍니다.

언제 나와 나의 믿음이 시험을 받았는지 기억해 보십시오.

가끔 우리는 시험이 찾아왔을 때 잘 대처하지 못합니다. 지나간 위기에서 회복하려는 순간 벌써 다른 시험이 닥칩니다. 그래서 쉽게 균형을 잃어버립니다. 이러한 위기들에 어떻게 영적으로 잘 대처할 수 있습니까?

"번제할 어린 양은 하나님이 자기를 위하여 친히 준비하시리라(창 22:8)." 아브라함은 믿음이 약해지기 쉬운 순간에 아들에게 말하였습니다. 구원의 역사가 계속되려면, 생명을 부여하는 유산이 깨지지 않으려면 하나님께서 대비하셔야만 합니다. 현대인들에게는 하나님께서 시험하신다는 것이 믿기 어렵습니까, 아니면 하나님께서 대비하신다는 것이 더 믿기 어렵습니까? 아브라함은 양이 나타난 그곳에 '하나님께서 예비하셨다(창 22:14).'

라고 이름을 붙였습니다. 갑자기 믿음은 훌륭하게 보이고, 하나님은, 아니 오직 하나님만이 생명의 근원이심을 확신하게 되었습니다. 하나님은 그 시험을 자애로운 돌보심으로 푸셨습니다. 성경에 의하면, 그 양은 우연히 어쩌다 운 좋게 나타난 것이 아니었습니다. 하나님은 스스로 당황스러울 정도로 아브라함을 시험하셨고, 이제는 넘치는 은혜로 대비하셨습니다. 라틴어로 '대비하다(pro video)' 라는 말은 '미리 보다' 또는 '미리 알다' 라는 의미가 있습니다.

교회에서 하나님의 돌보심에 관한 찬송을 부르면서 믿지 못한 적이 있습니까? 하나님께서 나의 모든 필요를 '알고 계신다' 는 것에 대해 어떻게 생각합니까?

하나님의 섭리에 의해 보전된 것은 이삭만이 아니라 언약도 마찬가지였습니다. 아브라함의 믿음은 이 사건으로 강해졌습니다. '웃는 자' 인 이삭은 살았고, 부르심을 받은 자들의 삶은 계속 하나님의 역사에 의존하게 되었습니다.

기독교인들은 항상 아브라함이 이삭을 제물로 드리는 것과 하나님이 아들 예수 그리스도를 십자가에서 희생시키는 것이 극적으로 유사하다고 봅니다. 그리스도께서 십자가에서 죽기까지 자신을 하나님의 섭리에 맡기기 위하여 시험받았다는 사실이 가능하다고 봅니까? 아브라함과 이삭의 경험에서 십자가의 죽음이나 부활의 암시를 발견할 수 있습니까? 예수께서 궁극적인 시험을 당해 죽음의 잔을 마시고 "아버지여, 내 영혼을 맡기나이다(눅 23:46)."라고 말씀하신 것이 궁극적인 믿음의 행위라 할 수 있습니까? 부활은 하나님의 섭리를 궁극적으로 확신하고 하나님께서 대비하신 것을 체험하는 것이라고 할 수 있습니까?

묘 자리를 구입하다

사라는 127세에 죽었습니다(창 23:1). 아브라함의 나이는 그보다 많았습니다. 아내이자 믿음의 동반자요, 동료 순례자의 죽음이 닥쳐왔을 때 무엇을 할 수 있겠습니까? 그들이 함께한 전쟁과 기근, 고난과 역경, 희로애락을 생각해 보십시오. 아브라함은 슬피 울면서 그를 위해 땅을 마련합니다(창 23:2). 그러나 누구의 땅이었습니까? 약속의 땅은 아직도 약속으로만 남아 있었고, 아브라함은 가나안 땅 단 한 구석도 차지하지 못하였습니다.

사라는 '믿음으로 죽었다' 고 히브리서 기자는 말합니다. "이 사람들은 다 믿음을 따라 죽었으며 약속을 받지 못하였으되 그것들을 멀리서 보고 환영하며 또 땅에서는 외국인과 나그네임을 증언하였으니(히 11:13)." 사라는 생전에 좋아하여 남편과 천막을 치곤 했던 헤브론 상수리나무 숲에서 죽었습니다. 그전에 조카 롯이 그의 길을 찾아갔을 때에 그들은 헤브론 근처에 단을 쌓았습니다(창 13:18). 그들은 친구로서, 그리고 적으로서 메소포타미아에서 먼저 이곳에 와서 정착한 헷 족속들을 잘 알고 있었습니다.

헤브론은 그들에게 고향 같은 곳이었습니다. 남쪽으로는 길게 펼쳐진 사막이 시작되고, 언덕과 산들은 북쪽에 닿고, 동쪽에는 사해가, 서쪽에는 바다가 있는 곳이었습니다. 그뿐 아니라 거기에 장지를 구입하여 장례를 치르게 되었습니다. 나중에 요셉의 이야기에서 이집트의 장사지내는 관습과 예의범절을 배울 것입니다. 지금은 헤브론에서의 헷 족속과 히브리인들의 관습을 보게 됩니다.

중동 지역의 시장에서 장사하는 광경을 상상해 보십시오. 그들이 주고받는 언어들은 조금 다르게 들립니다. 심신이 지친 아브라함이 죽은 자를 묻을 땅을 요구하는 광경을 지켜보십시오. "당신은 우리 가운데 있는 하나님이 세우신 지도자이시니"라고 헷 족속의 한 친구가 인정합니다(창 23:6). 그러나 이는 아첨하는 말입니다. 왜냐하면 그들은 비싼 값을 부를 것이기 때문입니다.

아브라함은 이미 마음에 정한 묘실이 있었습니다. 그런데 왜 자기 대신 다른 사람을 내세워 그 땅의 주인인 에브론에게 청하게 하였을까요? 아마 그는 에브론보다는 헷 족속을 더 잘 알고 있었을 것입니다. 아니면 에브론을 존경하여 소개 없이 그와 대화하지 않으려 했는지도 모릅니다. 도시 성문에 앉은 자들이 증인이 되었습니다.

"그것은 아무것도 아니니 내가 그것을 당신께 드리리이다." 이것이 처음 제안이었습니다. 아브라함은 돈으로 굴만을 사기 원하였지만 에브론은 밭 전체를 다 가지라고 하였습니다. 법에 따르면, 한 주인이 땅의 일부를 팔아도 그 땅 전체에 해당하는 세금을 물어야 하였습니다. 반면 새 주인은 그 땅 전체를 샀을 때만 세금을 물었습니다. 에브론에게는 지금이 자기 땅 전체를 비싼 값에 팔 수 있는 기회였습니다. 아브라함이 그 값을 물었을 때에 에브론은 이같이 대답하였습니다. "땅값은 은 사백 세겔이나 나와 당신 사이에 어찌 교계하리이까? 걱정 마소서." 그것은 엄청난 금액이었습니다.

아브라함은 군소리 없이 증인들이 보는 앞에서 요청한 금액을 주었습니다. 1세기쯤 지나서 다윗 왕이 여호와께 단을 쌓기 위해 타작마당을 산 것과 비교해 보십시오(삼하 24:18~25). 그때의 가격이 은 50세겔이었습니다.

현명하고 연륜 있는 상인도 슬픔에 차 있을 때는 연약해지는 것일까요? 소알의 아들 에브론은 웃으면서 떠났습니다. 그렇지만 아브라함도 역시 만족할 수 있었습니다. 왜냐하면 하나님의 약속이 시작되었기 때문입니다. 아브라함은 땅을 차지하게 되었고, 사랑하는 아내를 정중하고 위엄 있게 묻을 수가 있었습니다. 오래된 나무들과 밭, 그리고 커다란 굴이 자기와 자손들의 무덤이 될 수 있었습니다. 현재는 이슬람교 사원이 막벨라 굴 자리에 서 있습니다. 아브라함과 사라, 이삭과 리브가, 그리고 야곱과 레아가 묻힌 자리는 유대인들과 이슬람교도들, 기독교인들의 신성한 성지가 되었습니다.

아내를 찾아서

이삭이 모리아 산에 갔을 때 그는 이미 성년이었습니다. 그리고 이제 그의 나이는 사십이 되었습니다. 이삭이 결혼할 때가 되자 아브라함은 조심스럽게 이를 준비하였습니다.

아브라함은 하인(하인장이라고 부르는 것이 더 적절할 것이다)에게 그 일을 맡겼습니다. 여기서 하인이 맹세할 때 손을 아브라함의 환도뼈 밑에 넣은 것에 유의하십시오(환도뼈의 어근과 증인의 어근은 같다). 도대체 우리가 무엇을 이야기하는 것입니까? 생명입니다. 현대의 삶은 헌신이나 성실성, 그리고 믿음을 둘러싼 생사의 감각을 잃어버리지 않았습니까? 왜 많은 사람들이 거짓말하고, 의무를 이행하지 않고, 신뢰를 배신하고도 살아남을 수 있고, 가정이 유지될 수 있다고 생각할까요? 그리고 왜 구원의 역사도 계속된다고 믿을까요? '증언'이 배신당하고, 생사를 건 믿음이 깨짐으로 얼마나 많은 가정이 무너지고 있습니까?

성실함으로 한 가족이 살아남거나 거짓으로 파멸에 이르게 된 경우를 생각해 보십시오.

　어떤 의미에서 신부를 찾기 위한 계획과 약혼 교섭은 매우 인간적이며, 그 당시의 관습을 드러냅니다. 이 관습은 메소포타미아 식입니다. 여행대는 열 필의 약대로 이루어진 커다란 무리였습니다. 지참금은 넉넉했고, 적당한 대화가 오갔습니다. 하나님이 신비하게 또는 극적으로 간섭하신 것은 아니었습니다.

　그러나 하나님의 약속은 가장 인간적인 상황에서도 계속되었습니다. 약속이 가나안 사람 때문에 약화되는 것을 막기 위해 신부는 가족이어야 했습니다. 오직 하나이신 하나님을 믿어야 했습니다. 하인은 약대들과 자기에게 물을 줄 여자를 위해 기도했습니다. 리브가가 우물에서 물을 길어 열 마리나 되는 약대에게 줄 때 그가 얼마나 흥분했을지 상상해 보십시오.

　하인은 금방 떠나야 한다며 전통적인 손님 접대를 무시하는 행동까지 보였습니다. 그에게는 자기에게 모든 것을 준 사람에 대한 헌신의 문제였으므로 오래 머무를 수가 없었습니다. 우리가 하나님의 일을 행할 때에도 좌우를 살피지 않고 즉각 행하는 것이 좋을 때가 많습니다.

옛 우물을 다시 파다

　본문 중 놀라운 구절은 "그 아버지 아브라함 때에 팠던 우물들을 다시 팠으니(창 26:18)"입니다. 문자 그대로 가나안에 있던 우물들이 메워졌습니다. 서로 싸우던 유목민들이 오염시켰고, 바람과 모래가 묻어 버렸습니다. 그런데 그것들을 다시 팠다는 것입니다. 아브라함의 아들 이삭은 없어진 우물로 생각할 수도 있었는데도, 오히려 적의에 가득한 이웃 속에서 복구 작업을 해 나갔습니다. 그는 언약을 어기고, 아비의 가축들을 데리고 하란으로 돌아갈 수도 있었습니다. 그러나 우물을 다시 팠습니다. 그리고 하나님과 약속하였습니다.

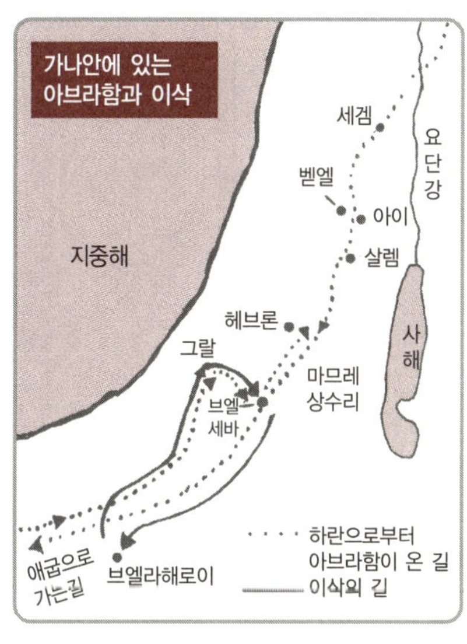

　성경은 이삭이 우물 네 개를 다시 팠다고 적고 있습니다(창 26:17~33). 첫 번째 것은 '에섹(다툼)'이라 하였는데, 이는 그랄 목자와 이삭의 목자들이 서로 다투었기 때문입니다. 두 번째 우물은 '싯나(불화)'라고 하였는데, 그들이 또 다투었기 때문입니다. 그 다음 우물은 '르호봇(넓은 장소)'이라 하였고, 마지막 우물은 새로운 것으로 이삭은 이를 '맹세의 우물'이라 불렀습니다.

　창세기 26장 23~33절을 다시 읽어보십시오. 브엘세바(맹세의 우물)를 다시 한 번 생각해 보십시오. 아비멜렉과의 분쟁 중에 하나님이 이삭에게 말씀하셨습니다. 이제는 언약이 개인적이고, 즉각적이며, 직접 경험한 것이 되었습니다. 이삭은 아브라함이 그에게 준 언약을 들었듯이, 하나님으로부터 직접 약속을 들었습니다. "두려워 말라. …… 내가 너와 함께 있어 네게 복을 주어 네 자손으로 번성케 하리라."(창 26:24)

　여기에서 평화의 조약이 종교적인 경험과 일치함을 주목하십시오. 그 우물은 새롭고 깨끗하고 새로운 것을 상징하는 동시에 평화와 약속의 성지가 되었습니다.

차는 경문(히브리어로는 테필린)은 유대인 남자들이 신명기 6장 8절의 지시에 따라 안식일과 거룩한 날을 제외하고는 매일 아침 기도 때에 이마와 왼팔에 찼던 조그마한 상자다. 상자 안에는 차는 경문과 관계된 구약의 율법 구절들이 들어 있다.

메수사(문설주)는 "네 집 문설주와 바깥 문에 기록할지니라."는 신명기 6장 9절의 지시에 따라 유대 가정의 문설주에 장식한 조그마한 장식품이다. 그 안에는 신명기 6:4~9과 11:13~21의 사본이 들어 있다. 겉면에는 '사다이(전능하다)'라는 히브리 단어가 적혀 있다.

자녀를 가르치라

'기억하라'는 성경에서 가장 중요한 단어 중 하나입니다. 우리가 공부하는 이야기는 글로 쓰이기 전에 이미 여러 번 들려지고, 또 전해진 것들입니다. 약속의 실재와 역사의 교훈은 믿음의 공동체 안에서 계속 전해져야 합니다.

우리의 구원 이야기는 여전히 현재진행형입니다. 그러므로 요단 강가에 쌓은 돌들(수 4:1~9)도 오늘날 우리 공동체의 이야기입니다.

신명기 6장에서 자녀들에게 믿음을 계속 열심히 가르치라고 하는 것에 주목하십시오. '쉐마'라는 단어는 '들으라'는 뜻입니다. '들으라 이스라엘아, 여호와는 우리의 하나님이시요, 오직 하나이시다.'는 유대교의 가장 중심적인 믿음의 선언입니다. '쉐마'는 첫째 계명을 강조합니다. 많은 신들을 섬기는 사람들 가운데서 아브라함과 사라, 그리고 그 자손들은 유일신의 진리를 가르쳤습니다. 영생에 대해 묻는 서기관에게 예수님은 쉐마를 기억하게 하셨습니다(눅 1:25~28). "이 말씀을 마음에 새기고 …… 네 자녀에게 가르치며 강론할 것이며 …… 붙이고 …… 표를 삼고 …… 기록할지니라."(신 6:6~9)

⬆ 세상 속으로

우리는 성경에서 연속성을 유지하는 방법 – 이야기와 족보와 절기 의식과 기념비, 그리고 이에 대한 설명들 – 을 배웁니다. 그러나 우리 자녀들은 유대교와 기독교 유산에 대한 지식이나 기억들이 매우 빈약합니다.

성숙한 신앙의 증거는 젊은 사람들을 돌보는 것입니다. 차세대에 대한 관심과 그들을 돌보는 것도 자손을 보전하는 길입니다. 우리의 약속을 젊은 세대, 우리의 자녀, 손자 손녀, 그리고 교회의 어린이들에게 전하기 위해 어떤 일을 해야 할까요?

나의 삶에 있었던 어떤 영적인 사건을 젊은 사람들에게 전하고 싶습니까?

어떻게 최선을 다해 그것을 전할 수 있겠습니까?

어떻게 교회가 우리의 자녀들과 세상의 어린아이들에게 성경의 진리를 전해줄 수 있습니까??

세상 속에서의 하나님 말씀

하나님의 말씀에서 얻은 이 메시지가 이번 주 내 사역의 나침반이 될 것입니다.

나는 이러한 방법으로 응답할 것입니다.

♥ 안식일

안식일은 영적으로 내일을 준비할 수 있도록 도와줍니다. 안식일의 평화와 새로워진 시각을 다가오는 날들을 위하여 사용할 수 있습니다. 안식일에 우리는 과거를 매장하고, 어제를 하나님 손에 맡깁니다. 그리고 몇 시간 동안 우리의 몸과 마음과 영혼이 새로워지도록 놓아둡니다.

📖 더 알아보기

■ 어떤 사람에게는 족보가 그저 이름을 나열한 것으로 따분하게 느껴집니다. 그러나 그것들은 역사와 연속성을 보여 줍니다. 이름을 기억할 때에 우리의 기억이 되살아나고, 더 재미있어집니다. 마태복음 1장 1~16절에 있는 예수님의 족보를 보십시오. 그리고 알고 있는 이름들에 밑줄을 그어 보십시오. 그 중에서 특별히 관심이 가는 사람을 찾아보십시오.

가족 간의 싸움

이삭은 에서가 사냥한 고기를 좋아하므로 그를 사랑하고 리브가는 야곱을 사랑하였더라
(창세기 25:28)

이 과의 주제

소외

☎ 우리의 모습

가족 간의 불화는 보편적이며, 하나님의 백성 가운데도 존재합니다. 아내와 남편의 결별이나 아들이나 딸들의 반항, 자녀들 간의 지나친 경쟁은 인류와 함께해 온 것들입니다.

☀ 내려놓기

성경 공부를 하기 전에 먼저 하나님께 기도를 드립니다. 아래의 시편 말씀이 좋은 길잡이가 될 것입니다.

> 내가 탄식함으로 피곤하여 밤마다 눈물로 내 침상을 띄우며 내 요를 적시나이다
> 내 눈이 근심으로 말미암아 쇠하며 내 모든 대적으로 말미암아 어두워졌나이다
> (시편 6:6~7)

이번 주 기도 제목을 구체적으로 적어 기도합시다.

영성 훈련

예배 우리를 찾으시고 사랑하시는 하나님을 만날 때 우리는 예배를 드리고, 변화되고, 하나님의 지시를 기다리게 됩니다.

♪ 귀 기울이기

이번 주는 가족 간의 불화에 대해 공부합니다. 그들의 긴장관계를 살피면서 주의 깊게 읽어 보십시오. 거짓 가운데서도 약속을 지키시기 위해 야곱의 발걸음을 지키시는 하나님에 초점을 맞추면서 가정 불화의 한 예인 사무엘하 15장 1절부터 19장 8절까지를 빠른 속도로 읽어 보십시오.

연결고리 : 성경에서 만나는 인물과 장소, 사건, 용어, 개념 등을 표로 만든 다음 각각을 성경 사전에서 찾아보십시오.

D1 창세기 25:19~34(두 나라의 탄생)
창세기 27장(형제의 다툼)

D2 창세기 28장(야곱의 꿈)
시편 52편(애도)

D3 창세기 29장(속이는 자가 속다)
시편 53편(악의 어리석음)

D4 창세기 30장; 잠언 15:17; 18:19(여자가 여자를, 남자가 남자를 대항하여)
시편 36편(악과 선의 비교)

D5 사무엘하 15:1~19:8(가족 간의 불화)

D6 교재 내용

◉ 말씀 속으로

가족 간의 분열의 기미는 일찍부터 나타났습니다. 그들은 어머니의 뱃속에서부터 다툼을 시작하였고, 이 투쟁은 삶 전체를 통한 경쟁을 예고하고 있습니다. 처음 낳은 아이를 '털이 많다' 하여 '에서' 라 하였는데, 나중에는 '붉음' 이라는 뜻의 '에돔' 이라는 별명을 얻었습니다. 아버지 이삭은 온몸이 털로 텁수룩하고, 성격이 느긋하며, 사냥을 잘하는 에서를 좋아하였습니다. 둘째는 모태에서 나올 때에 형의 발뒤꿈치를 붙잡고 나왔기에 '붙잡는 자' 라는 뜻을 가진 '야곱' 이라 이름을 지었습니다. 어머니 리브가는 조용하고, 신중하며, 양을 치며 장막에서 사는 야곱을 좋아하였습니다. 사냥하는 자와 양치는 자는 당시에 그곳에서 분쟁하면서 살고 있던 사람들의 두 가지 생활양식을 반영하고 있습니다. 그렇지만 자식들의 경쟁을 부추긴 것은 부모의 태도였습니다. "이삭은 …… 그(에서)를 사랑하고 리브가는 야곱을 사랑하였더라."(창 25:28)

장자권

야곱은 영리했고, 서글서글했습니다. 사냥에서 돌아온 에서는 피곤하고 배가 고픈 상태로 야곱의 모닥불로 다가왔습니다. 에서는 팥죽 한 그릇을 원하였고, '붙잡는 자' 야곱은 '**장자권**' 을 요구했습니다. 장자권이란 장자가 다른 아들보다 두 배나 되는 유산을 가지게 되는 것을 말하는데, 야곱은 에서의 그 권세를 요구한 것입니다.

에서가 배가 고파 죽을 정도였습니까? 성경은 그가 "들에서 돌아와서 심히 피곤하여"라고 적고 있는데, 이는 며칠 동안 음식이 없어 굶주렸다기보다는 하루 종일 열심히 일을 한 후의 허기짐을 말합니다. 에서가 말로 맹세하면서 야곱에게 장자권을 넘겨주었습니다. "에서가 장자의 명분을 가볍게 여김이었더라(창 25:34)."는 영적으로 그가 언약에 등을 돌렸음을 의미합니다. 나중에 에서는 쌍둥이 동생이 자기를 속였다고 주장합니다. 이때부터 야곱은 농간을 부리며 자기 뜻대로 일을 꾸미기 시작하는데, 결국에 그의 이름은 '속이는 자' 라는 의미를 갖게 됩니다.

아버지의 축복

아버지의 축복은 신비로운 효력이 있어서 마치 미래를 결정하는 하나님의 능력을 가지는 것과 같았습니다. 리브가의 책략은 이삭의 눈이 멀었다는 것에 기초를 두었습니다. 그는 야곱에게 에서의 옷을 입히고, 그의 부드러운 팔에 염소의 털을 붙이고, 에서가 사냥에서 가져온 것처럼 국을 끓여서 축복을 받을 수 있도록 들여보냈습니다.

여기서 늙은 이삭의 마음에 미심쩍은 점이 있었음을 유의하십시오. 그는 야곱을 만져 보았고, 냄새를 맡았으며, 대화를 나누었습니다. 에서의 옷에서 나오는 숲과 들판의 냄새는, 역설적으로 야곱에게 들판과 숲을 다스릴 수 있는 축복을 내리게 하였습니다. 그의 코는 그에게 준 언약을 전할 수 있게 하였습니다. "내 아들의 향취는 여호와께서 복 주신 밭의 향취로다. 하나님은 하늘의 이슬과 땅의 기름짐이며 풍성한 곡식과 포도주를 네게 주시기를 원하노라."(창 27:27~28)

이 책략은 너무나 부끄럽고 위험하여, 야곱마저도 망설였습니다. 그는 어머니와 논쟁을 벌였는데, 그 핵심은 속임수의 윤리적 문제가 아니라 어떻게 닥쳐올 위기를 모면하느냐 하는 것이었습니다(창 27:11~12). 그러나 리브가는 밀어붙였고, 야곱은 어머니의 뜻을 따랐습니다. 그 어머니에 그 아들이었습니다.

야곱은 메소포타미아의 종교법에 이미 포함되었던 원칙과 가족의 도덕적인 신뢰를 범했습니다. 나중에 모세는 이 원칙들을 확실하게 정의했을 것입니다. "도둑질하지 말라. 네 이웃에 대하여 거짓 증거하지 말라. 네 이웃의 집을 탐내지 말라."(출 20:15~17)

이스라엘을 의인화하고, 열두 지파의 아버지의 죄를 성경에 적다니 매우 놀라운 일입니다. 이삭은 나중에 에서의 간청에 따라 다른 복을 주려고 하였습니다. 그것은 약하지만 여전히 하나님의 은혜와 아버지의 사랑이 들어 있었습니다(창 27:39~40). 하나님은 장자권을 팔아 버린 자도 완전히 버리지는 않으십니다.

분열

'붙잡는 자'는 재빨리 짐을 싸서 화가 난 형과 당황한 아버지와 외로운 리브가를 남겨두고 급하게 떠납니다. 에서가 말하였듯이 야곱은 아브라함의 약속과 이삭의 축복과 에서의 유산을 다 훔쳐갔습니다. 에서의 사랑을 잃은 것을 안 리브가도 "어찌 하루에 너희 둘을 잃으랴(창 27:45)."면서 급히 야곱을 떠나보냅니다.

어머니도 아들도 이 가족의 분열이 얼마나 심각한지를 몰랐습니다. 그녀는 죽기 전에 다시 아들을 보지 못할 것을 알았지만, 자기가 한 일이 얼마나 큰 영향을 미칠지는 간과했습니다. "내 아들아, 너의 저주는 내게로 돌리리니(창 27:13)." 야곱도 작은 거짓말이 20년간이나 자기를 유배시키리라고는 생각지 못했습니다.

벧엘

야곱은 어머니의 친족들이 살고 있던 밧단아람(메소포타미아)의 하란 근처로 갔습니다. 그런데 가는 길에 하나님은 벧엘에서 꿈을 통하여 야곱을 만나, 그에게 하나님의 약속을 이어갈 것을 요구하셨습니다(창 28:13~15). 하나님은 은혜롭게도 아브라함과 이삭과 맺은 언약을 확인하셨습니다. 다시 한 번 언약 백성에게 복을 주시사 온 땅의 복의 통로가 되게 하셨습니다. 즉 많은 신들이 있는 세상에서 유일신 사상은 다시 한 번 확인되었으며, 하나님의 임재와 능력은 다시 진술되었습니다. 이 도망자는 하나님의 말씀을 듣게 되었습니다. "내가 너와 함께 있어 네가 어디로 가든지 너를 지키며 너를 이끌어 이 땅으로 돌아오게 할지라. 내가 네게 허락한 것을 다 이루기까지 너를 떠나지 아니하리라(창 28:15)." 야곱은 감동되어 베고 자던 돌베개로 제단을 삼고 기름을 부어 아브라함과 이삭의 하나님께 충성을 맹세하였고, 아브라함이 한 대로 십일조를 다짐하였습니다.(창 28:18~22, 14:18~20)

여기서 두 가지 주제가 대비되어 나타납니다. 하나는 야곱의 속임수와 배반, 자기만을 섬기는 스타일입니다. 다른 하나는 가치 없어 보이는 인생에까지 미치는 하나님의 은혜입니다.

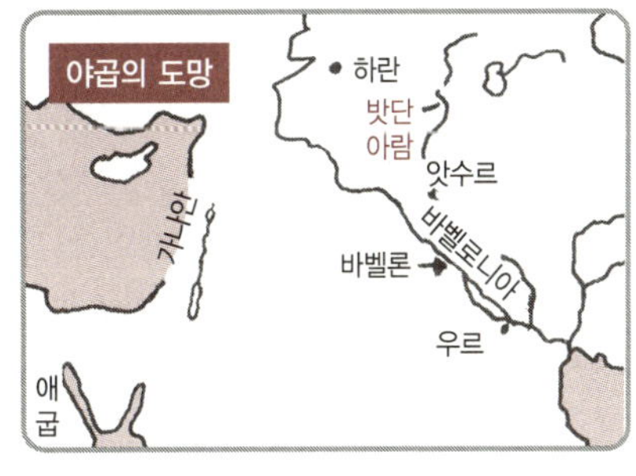

조작

야곱과 라헬의 만남은 극히 낭만적으로 시작됩니다. 야곱은 아브라함의 하인이 리브가를 만난 것처럼 우물가에서 라헬을 만났습니다. 같은 우물이었는지도 모릅니다. 이번에는 그 스스로 가축들에게 물을 먹였습니다.

리브가가 아들들을 조종한 것처럼 오라비 라반은 자신의 딸들을 조종했습니다. 라헬을 아내로 맞이하기 위해 7년 동안 일한 야곱은 신혼 첫날 엉뚱한 신부를 맞게 되었습니다. 속임의 전문가가 호적수를 만난 것입니다.

그래서 레아와 결혼한 후에 라헬과 다시 결혼했으며, 그것을 갚기 위해 7년을 더 일하였습니다. 집에서 급하게 떠나오느라 아내를 맞이하기 위한 돈이 없었기 때문입니다. 실제로 그는 시중을 들며 노동해야 하는 하인이었습니다.

고대 히브리 가족제도에서는 장남에게 특정한 권한과 책임을 부여하였다. 장남은 아버지를 도와 가사를 결정하는 책임이 있었고, 아버지를 대변할 수 있었다. 아버지가 죽으면 가장으로서 가족들을 보조하고, 그들의 안녕을 책임지며, 가계를 이어가야 했으므로 두 배의 유산을 상속받았다.(신 21:15~17)

이 관습은 장자권을 얻기 위해 야곱이 에서를 속이는 이야기나 요셉의 이야기, 그리고 예수님의 돌아온 탕자의 비유 등 성경 기사의 배경이 되었다.

그는 레아보다 라헬을 더 사랑했기에(창 29:30) 명예를 훼손하면서까지 라반의 딸들과 결혼을 했고, 그들 간의 긴장은 전혀 줄어들지 않았습니다. 두 여인들 간의 경쟁은 성생활과 아이들의 이름, 나아가서는 가족 간의 관계에까지 영향을 미쳤습니다. 이 전통적인 중동문화에서 여인에게 가장 중요한 명예는 아이를 갖는 것이며, 특별히 아들을 낳는 것이었습니다. 아이들을 통하여 공동체 내에서 지위와 가치를 가지게 되었으며, 젊어서는 권위, 나이든 후에는 위로와 도움을 받는 것이 관습이었습니다.

레아는 라헬이 더 예쁘고 남편이 더 사랑했으므로 열등의식을 느낀 나머지 남편을 기쁘게 하는 일에 더 열심이었습니다. 처음 난 아들에게 "이제는 내 남편이 나를 사랑하리로다(르우벤)."라고 이름 붙인 여인의 심정을 이해할 수 있습니까? 둘째의 이름은 "여호와께서 내가 사랑받지 못함을 들으셨으므로(시므온)"였고, 셋째 아들은 "내 남편이 지금부터 나와 연합하리로다(레위)."라고 이름 지었습니다. 마지막 넷째 아들에 가서야 "이제는 여호와를 찬송하리로다(유다)."라고 긍정적으로 응답하였습니다.(창 29:31~35)

다툼

"내게 자식을 낳게 하라. 그렇지 아니하면 내가 죽겠노라(창 30:1)."고 라헬이 외쳤습니다. 메소포타미아의 관습에 따르면 양자를 들임으로 유산을 유지할 수 있었습니다. 또는 자기의 하녀를 남편과 동침케 하여 아들을 낳을 수도 있었습니다. 라헬은 감정적으로도 만족스럽고, 법적으로도 정당한 이 관습을 따를 수밖에 없었습니다. 단과 납달리가 라헬의 하녀인 빌하를 통해 태어났습니다. "하나님이 내 억울함을 푸시려고 내 호소를 들으사 내게 아들을 주셨다. …… 내가 언니와 크게 경쟁하여 이겼다(창 30:5~8)." 그러자 레아도 하녀를 맞세웠습니다. 그래서 두 아들을 낳아 각각 "복되도다(갓)" "기쁘도다(아셀)"라고 이름 지었습니다. 즉 경쟁이 더 심화된 것입니다.

라헬은 필사적이었습니다. 르우벤의 **합환채**를 본 그녀는 레아와 거래를 해서 그 뿌리를 자신의 침대로 가져왔습니다. 그러나 라헬은 임신하지 못했습니다. 몇 년이 지나 "하나님이 그의 소원을 들으시고 그의 태를 여셨으므로(창 30:22)" 요셉이 태어났는데, 이는 최음제 때문이 아니라 하나님이 기억하고 역사하셨기 때문입니다.

야곱과 라반의 다툼은 계속되었습니다. 야곱이 어떻게 임금을 받기로 하였습니까? 가축을 나누기로 하였습니다. 그러나 이 이야기는 혼동을 줍니다. 아마도 두 이야기가 서로 얽힌 것 같으며, 라반은 계속 규칙을 바꾸었습니다.

자세한 사항은 중요하지 않습니다. 우리가 보고 있는 것은 수년간 계속된 집안 내의 대결입니다. 두 사람은 격렬히 싸웠습니다. 둘 사이의 기업 관계는 이중성과 날카로움으로 특징지을 수 있습니다. 마침내 야곱이 이겼으며, 그의 가축은 나날이 번성하였습니다. 그러나 이는 심각한 가족 간의 분쟁으로 발전하게 되었습니다. 라반의 딸들조차 아버지의 속임수에 화를 냈습니다.

한 가족이 사업을 같이 하는 것을 어떻게 생각합니까? 어떻게 불화를 막을 수 있습니까?

⬆ 세상 속으로

자신의 가족 관계, 특별히 그 사이의 긴장 관계를 생각해 보십시오. 이삭과 리브가, 야곱과 에서, 라반과 딸들 간의 관계를 명확하게 해 보십시오.

우리 가족 중에도 거짓말을 하거나 속이는 사람이 있습니까? 어떻게 거짓이라는 게 탄로 났으며 옳게 교정되었습니까? 언제 재산이나 돈을 두고 날카롭게 대립하여 서로 싸우게 되었습니까? 자매나 형제 간에 어떤 경쟁이 아직도 계속되고 있습니까? 선의의 경쟁입니까, 아니면 파멸로 이끄는 경쟁입니까?

가족 간의 관계나 의리가 강해질 수 있도록 나는 무엇을 해야 합니까?

합환채는 가지 과에 속하는 식물로서, 시금치와 비슷한 잎과 보라색 꽃, 토마토와 비슷한 조그마한 노란 열매가 특징이다. 꽃은 독특한 냄새를 풍긴다(아 7:13). 열매는 좋은 향내를 내며, 약한 최면제로 사용되었다. 그리고 갈라진 뿌리는 생식력을 높인다고 생각했다.

세상 속에서의 하나님 말씀
하나님의 말씀에서 얻은 이 메시지가 이번 주 내 사역의 나침반이 될 것입니다.

나는 이러한 방법으로 응답할 것입니다.

♡ 안식일

안식일은 가족이 서로 간의 애정이나 친근함, 그리고 평안을 경험할 수 있는 삶의 방법을 창조하는 능력이 있습니다. 우리 가족에게 기쁨과 즐거움을 주기 위하여 무엇을 할 수 있습니까? 가족 중에 만나야 할 사람이 있습니까? 가족과 함께, 그리고 한 사람 한 사람의 이름을 부르면서 기도하십시오.

🔖 더 알아보기

■ 이삭은 언약의 아들이었으나 성경은 그의 인격에 대하여 별로 언급하지 않습니다. 족장들처럼 강한 개성이 있지는 않았지만, 하나님은 그를 선택하여 언약을 이어가셨습니다. 창세기 12~35장을 읽으면서 이삭의 삶을 훑어보십시오. 용어 색인이나 주석 책을 참고하여 성경 어느 부분에 그의 이름이 언급되는지를 찾아보십시오. 이삭이 누구였으며, 그의 삶은 어떠하였으며, 약속의 자손을 위한 하나님의 계획에 어떻게 적합했으며, 이스라엘에게 어떤 영향을 주었는지를 가능한 한 많이 찾아보십시오.

06 하나님과의 씨름

야곱은 홀로 남았더니 어떤 사람이 날이 새도록 야곱과 씨름하다가
(창세기 32:24)

🔔 우리의 모습

우리는 책임을 지거나 불화 때문에 비난받는 것을 원하지 않습니다. 죄를 인정하는 것은 너무나 고통스럽습니다. 그래서 일부러 지체하면서 다른 사람이 먼저 움직이기를 기다리거나 불화가 없어지기를 기도합니다.

🌱 내려놓기

성경 공부를 하기 전에 먼저 하나님께 기도를 드립니다. 아래의 시편 말씀이 좋은 길잡이가 될 것입니다.

> 주여 내 소리를 들으시며 나의 부르짖는 소리에 귀를 기울이소서 여호와여 주께서 죄악을 지켜보실진대 주여 누가 서리이까 그러나 사유하심이 주께 있음은 주를 경외하게 하심이니이다 (시편 130:2~4)

이번 주 기도 제목을 구체적으로 적어 기도합시다.

👂 귀 기울이기

이야기 자체에 집중하면서 본문을 천천히 읽으십시오. 그리고 역사를 통하여 어려운 상황에 있을 때 위로해 주시고, 교만에 빠질 때 질책하시는 하나님을 믿는 이스라엘 백성의 신앙을 생각해 보십시오. 마지막으로 가정에서 화해를 이루기 위해 무엇을 해야 할지 찾아보십시오.

연결고리 : 어떤 장소나 지명이 나올 때마다 성경이나 성경 지도에서 찾아보십시오. 다른 장소와의 관계를 마음에 새기십시오.

D1 | 창세기 31장(미스바: 야곱과 라반의 약속)
시편 34편(구원의 찬송)

D2 | 창세기 32장(하나님과 씨름한 야곱)
시편 51편(용서의 기도)

D3 | 창세기 33장(은혜를 베푸는 에서)

D4 | 창세기 34~36장(아버지를 묻는 에서와 야곱)

D5 | 마태복음 5:21~48(화해를 가르치시는 예수)

D6 | 교재 내용

📖 말씀 속으로

이제 집으로 돌아갈 때가 되었습니다. 인간적인 기미나 하나님의 암시가 그것을 가르쳐 줍니다. 야곱의 가축들은 성장했고, 아들들과 하인들이 하나의 공동체를 이루었습니다. 야곱의 처남들은 질투가 많고 화를 잘 내었습니다. 라반은 더 이상 그를 신임하지 않았습니다. 레아와 라헬은 아버지가 자기들을 팔았다고 느끼게 되었으며 떠날 준비를 하였습니다.

이때 하나님이 다시 등장하셨습니다. 꿈에서 야곱은 짐을 챙겨 떠나라는 하나님의 음성을 들었습니다. 가족 간에 주도권 다툼이 계속된 후에 이제는 작별할 시간이 되었습니다. 그래서 야곱은 봄철 양털을 깎는 기간을 택했습니다. 라반과 그의 아들들이 양털을 깎느라 며칠 동안은 그들을 찾지 않을 것이기 때문이었습니다.

라헬은 집안의 신상을 훔쳐서 탈출을 거의 수포로 돌릴 뻔하였습니다. 드라빔이라고 불리는 이 신상들은 무엇입니까? 사람이나 동물 모양을 한 작은 인형들로서, 집안의 제단에 놓았습니다. 가끔 사람들은 신의 계시나 축복, 특별히 가정을 위한 복을 그것들에게 구하였습니다. 은으로 만든 것은 값나가는 물건이었습니다. 이러한 신상들은 가족이나 조상, 그리고 그 집안이나 농토를 풍요하게 해 줄 수 있는 힘으로 상징되었기에, 라반은 자기가 희생자인 것처럼 생각했을 것입니다. 이러한 신들에는 가족의 재산을 물려받을 수 있는 법적 힘이 있기도 했습니다. 레아와 라헬은 여자였기 때문에 유산 상속에서 제외되었습니다. 아마도 집안의 신상들을 가져간 것은 가정의 정당성에 대한 라헬의 마지막 보루였을 것입니다.

이별의 길

20년간 라반과 야곱의 여러 가지 계획과 책략은 서로에 대한 적대감과 불화를 일으켰습니다. 이제 그들은 폭력을 사용할 지경에까지 이르렀습니다. 하나님의 약속은 다시 한 번 인간의 위협을 받게 되었습니다.

하나님은 꿈에서 라반에게 주의를 시킵니다. 라반은 인사도 없이 떠난 야곱을 나무라며, 사라진 집안의 신상들에 관해 이야기합니다. 그러나 신상이 발견되지 않자 라반과 야곱은 서로 반대 방향으로 가기로 동의하였습니다.

그들은 돌을 쌓았습니다. "돌을 가져다가 무더기를 이루라."는 의미의 경계표 '갈르엣'은 조약을 의미합니다(창 31:44~49). 조약을 통해 '너는 네 쪽에 거하고, 나는 내 쪽에 거하며' 서로 해치지 않습니다. 여기서 너는 네 길을 가고 나는 내 길을 간다며 롯에게 은혜를 베푼 아브라함이 생각납니다(창 13:9). 또한 에서와 화해를 한 뒤에도 그와 떨어진 곳에 천막을 친 야곱의 지혜도 예견할 수 있습니다.(창 33:12~14)

야곱과 라반의 조약은 좀 더 포괄적인 것이었습니다. 야곱은 라반의 딸들(자기의 아내들)을 해하지 아니하고, 다른 아내를 취하지 않을 것을 약속하였습니다. 가족들을 지키고 보전하는 책임이 아버지로부터 사위에게로 전달된 것입니다. 이 돌들은 나중에 미스바, 즉 '감찰하는 곳'이라 칭해졌는데, 미스바의 축도는 믿음의 사람들에게 매우 소중한 것이 되었습니다. "우리가 서로 떠나 있을 때에 여호와께서 나와 너 사이를 살피시옵소서(창 31:49)." 우리가 이 축도를 할 때 그 의미는 '하나님이 우리 모두를 지키고 보호하시리라.'일 것입니다. 그러나 야곱과 라반 사이에서는 '우리가 서로 경계하지 않을 때에 여호와께서 너와 나를 감찰하셔서 각자가 자기의 약속을 지키게 하시리라.'를 의미하였습니다.

함께 식사를 하는 것은 거룩한 의식이었습니다. 중동의 손님 대접 관습에 따르면, 같이 떡을 떼거나 '소금을 나눈' 사람은 서로 해하지 말아야 했습니다. 이는 쌍방의 화해를 굳게 하는 의식이었습니다. 같이 떡을 먹으면 하나님이 그들과 신비롭게 함께하셨습니다.

야곱은 이삭의 이름으로 맹세를 하고, 친척들과 입을 맞춘 후에 작별 인사를 하였습니다. 두 가정은 우호적으로 결별하였습니다. 야곱은 집을 향하고, 언약은 다시 한 번 보호되었습니다.

누군가와 서로 이해하고, 악수하며, 서로 다른 길을 가기로 한 때를 기억해 보십시오.

____

____

나의 삶에 어떤 영향을 주었습니까?

____

____

하나님과 씨름하다

하나님은 야곱이 하란에 있었던 20년 동안 거의 말씀을 하지 않으셨습니다. 그러나 이제 그가 약속의 땅으로 다가오자 다시 말씀하기 시작하셨습니다. 하나님의 군대인 '마하나임'을 본 야곱은 벧엘에서 꿈을 꿀 때에 하나님의 천사들이 사닥다리를 오르락내리락 하던 것을 기억하였습니다. 그렇다면 약속은 어떻게 되었습니까? "내가 너와 함께 있어 네가 어디로 가든지 너를 지키며 너를 이끌어 이 땅으로 돌아오게 할지라(창 28:15)." 하나님은 약속을 지키셨습니다.

이제 '붙잡은 자' 야곱은 털이 많고 붉은 에서를 향해 돌아오고 있었습니다. 지금까지 그의 인생에서 모든 문제는 도망하면 다 풀렸습니다. 그러나 이제는 늙어서 두 아내와 열한 명의 아들들을 데리고, 가축들을 거느리고, 에서한테로 똑바로 나아갈 수밖에 없었습니다. 더 이상 도망할 길이 없습니다. 하나님의 사자들이나, 선물이나, 가족 간의 단절이나, 세상의 모든 것이 소용없었습니다. 에서가 400여 명을 데리고 야곱을 기다리고 있습니다.

얍복 강은 동쪽에서 요단 강으로 흐르는, 언덕과 절벽을 가로지르는 좁고 꼬불꼬불한 강이었습니다. 야곱은 얍복 강처럼 길르앗의 언덕으로부터 가나안으로 들어오고 있었습니다. 그에게는 더 이상 해결 방법이 없었습니다. 성경은 "야곱은 홀로 남았더니."라고 적고 있습니다(창 32:24). 밤에 그는 강한 자와 씨름을 하였는데, 그가 바로 하나님이셨습니다. 도망할 계획 없이 홀로 남은 야곱은 밤이 새도록 그가 거듭나기를 바라시는 하나님과 씨름하였습니다.

"당신이 내게 축복하지 아니하면 가게 하지 아니하겠나이다(창 32:26)." '네가 누구냐? 네가 도대체 어떤 자냐? 네 이름이 무엇이냐?' 하나님이 물으셨습니다. 그에 대한 대답이 천천히, 그리고 어렵게 야곱의 입에서 흘러나왔습니다. "야곱(붙잡은 자)이니이다(창 32:27)." 자기 자신이 정말 누구인지를 솔직하게 인정하는 것보다 더 고통스러운 것도 없고, 동시에 치유하는 것도 없습니다.

이제 하나님은 그에게 새로운 이름을 주셨습니다. "네 이름을 …… 이스라엘이

〈야곱의 아들들〉

레아를 통하여
르우벤 (창 29:32)
시므온 (창 29:33)
레위 (창 29:34)
유다 (창 29:35)
잇사갈 (창 30:17~18)
스불론 (창 30:19~20)

실바(레아의 하녀)를 통하여
갓 (창 30:10)
아셀 (창 30:12~13)

라헬을 통하여
요셉 (창 30:22~24)
베냐민 (창 35:16~18)

빌하(라헬의 하녀)를 통하여
단 (창 30:5~6)
납달리 (창 30:8)

라 부를 것이니 이는 네가 하나님과 및 사람들과 겨루어 이겼음이니라(창 32:28).” 숨김없이 진리를 정면으로 대면하면 하나님이 우리를 죽일 것으로 생각하지만, 하나님은 그러지 않으십니다. 하나님은 우리에게 상처를 입히고, 낮추고, 우리가 가진 이름이나 돈을 빼앗으실 수 있지만, 우리가 고백하고 자비를 구하면 죽이지 않으십니다.

새로운 이름은 매우 중요합니다. 붙잡는 자이며, 속이는 자이며, 훔쳐 도망하는 자는 이제 더 이상 존재하지 않습니다. 그는 이제 이스라엘 열두 지파의 아버지요, 히브리인들의 기초가 되었습니다. 히브리인들은 바벨론 포로기 이후의 역사를 되돌아보며, 하나님의 은혜로 벌을 받고 절뚝거리며 겸손해진 모습으로 돌아오는 야곱에게서 이스라엘을 상징하는 모습을 보았습니다.

하나님은 맹세를 하고, 증거를 확증하며, 생명을 주는 곳으로 상징되는 야곱의 허벅지를 치셨습니다. 새 사람 이스라엘은 절름거리긴 했지만, 하나님과 씨름하던 그 밤을 잊지 않을 것이며, 새로운 사람이 되었습니다.

야곱처럼 두려워하며 걱정스럽게 혼자 있었던 시간을 말해 보십시오. 하나님께 무릎을 꿇었습니까? 하나님께서 내가 누구인지를 물으시며 속사람에게 빛을 비추셨습니까? 어떤 일이 일어났습니까?

형제가 얼싸안을 때

밤잠을 자지 못한 채 절름거리며 언덕을 내려오던 야곱은 스스로 자기를 형에게 내맡겼습니다. “에서가 달려와서 그를 맞이하여 안고 목을 어긋맞추어 그와 입 맞추고 서로 우니라(창 33:4).” 잘못을 저지른 자는 은혜로 무너져 내렸습니다. 힘이 있는 자는 힘없는 자에게 양보하였습니다. 벌을 주고 원수 갚을 권리가 있는 자가 동생을 얼싸안았습니다. 하나님의 자비하심이 선택받은 자가 아닌 언약의 바깥에 있는 자에 의해 전해지는 것이 흥미롭지 않습니까?

야곱(이스라엘)은 형을 바라보며 정직하게 말하였습니다. “내가 형님의 얼굴을 뵈온즉 하나님의 얼굴을 본 것 같사오며 형님도 나를 기뻐하심이니이다.”(창 33:10)

나중에 예수님도 이 진리를 가르쳐 주십니다. “네가 땅에서 무엇이든지 매면 하늘에서도 매일 것이요 네가 땅에서 무엇이든지 풀면 하늘에서도 풀리리라(마 16:19).” 화해하면서 형제자매를 보는 것은 하나님의 얼굴을 보는 것과 같습니다.

나의 인생에서 겸손한 마음으로, 혹은 숨김없는 마음으로 남을 찾아갔거나 다른 사람이 절름거리면서 나에게 찾아온 경우를 말해 보십시오.

계속 가다

두 형제가 서로 거룩하고 자비롭게 얼싸안으면서 이야기가 끝나면 좋겠는데, 언제나 그랬듯이 인생은 계속됩니다. 히위 족속 중 하몰의 아들 세겜이 야곱의 외동딸인 디나를 강간하여 욕되게 하였고, 그녀를 사랑하여 결혼하기를 원하였습니다.(창 34:1~4)

여기서 문제는 두 가지입니다. 디나의 명예와 가나안 사람과의 혼혈 결혼. 에서는 가나안 여인과 결혼했으나 야곱은 그러지 않았습니다. 다른 민족에게로 흡수되는 것은 이스라엘 사람들에게 계속되는 위협이었습니다. 어떻게 그들은 우상숭배와 약속의 혼란을 피하며 가족의 순결을 지킬 수 있습니까? 또 한편으로는 이웃하며 살고, 같이 가축을 먹이며, 무역을 하면서 어떻게 그것들을 피할 수 있습니까? 어떻게 하나님께 대한 신실함을 더럽히지 않을 수 있습니까?

세겜의 아버지는 솔직하게 디나와의 결혼과 두 족속 간의 결혼을 요구했습니다. 야곱의 아들 시므온과 레위가 일을 떠맡았습니다. 학살하는 것을 제외하면 속이고 책략을 꾸미는 것이 야곱의 오랜 스타일과 비슷하였습니다. 이 일로 시므온과 레위는 가계에서 자기 위치를 상실하게 되었습니다. 요셉의 이야기에서 보는 바와 마찬가지로 유다가 지도자가 됩니다. 하나님은 계속해서 그들에게 자비를 베푸셨는데 시므온과 레위는 그러지 않았습니다.

야곱은 단지 "너희가 내게 화를 끼쳐(창 34:30)"라는 말만 하고 이동하였습니다. 시므온과 레위는 스스로를 정당화하기 위해 "우리 누이를 창녀같이 대우함이 옳으니이까?"라고 질문하였습니다. 성경은 죄의 모호성과 결과를 그대로 놓아두어 우리를 고심하게 합니다.

나의 경험에서 도덕적으로 애매모호한 것들, 가족의 수치가 되었던 것들, 또는 상처받은 것들을 어떻게 다루어야 할지 생각해 보십시오.

야곱은 '하나님의 집'이라는 의미요, 하나님이 처음 그를 통해 언약을 계속할 것이라고 선언하신 벧엘로 옮겨갔습니다. 여기에서 그는 집안의 신상이라든지 이방의 신들을(라헬이 훔쳐온 드라빔을 포함하여) 모두 없애버렸습니다(창 35:2~4). 유일신 사상과 언약 백성의 독특한 분리주의가 더욱 강해졌습니다. 먼 훗날 여호수아도 세겜에서 온 지파들을 모아 놓고 그들을 깨끗하게 하였습니다. 여호수아 24장을 읽어 보십시오.

창세기 35장에 나타나는 마음을 숙연하게 하는 순간들을 주목하십시오. 오랫동안 리브가를 간호하던 드보라가 죽자 벧엘의 상수리나무 아래에 가족처럼 묻었습니다(창 35:8). 야곱에게는 그것이 어머니를 존경하는 일이었습니다.

하나님은 야곱의 새 이름인 이스라엘을 재확인하셨고, 언약을 재확립하셨습니다(창 35:10~12). 이 부분은 히브리인들의 예배를 주의 깊게 기술하면서 끝이 나는데, 여기서는 어떤 이야기를 했느냐보다는 언급되지 않은 것이 더 중요합니다. 가나안 사람들의 풍요의식이나 성적인 축제, 술 취해서 하는 기도, 유아 희생 등은 금지되었습니다. 단순한 돌기둥에 포도주와 치유하는 기름을 드리는 것이 전부였습니다.(창 35:14)

오늘날에도 베들레헴에 가면 라헬의 무덤을 방문할 수 있습니다. 그녀는 요셉을 낳았고, 야곱의 열두 번째 아들인 베냐민을 낳다가 죽었습니다. 야곱이 처음 그녀를 본 순간 사랑에 빠졌고, 그녀를 얻기 위하여 14년이나 일한 것을 기억하십시오. 그녀의 죽음은 야곱에게 매우 가슴 아픈 일이었습니다.

모든 다른 족장과 그의 아내들은 헤브론에 묻혔습니다. 그러나 라헬의 무덤만은 베들레헴에 홀로 남아 아이들의 출생과 죽음을 연관시킵니다. 몇 세기가 지난 후, 헤롯이 베들레헴에서 어린아이들을 죽인 사건(마 2:17~18)은 이스라엘의 어머니인 라헬이 그의 죽은 자식들을 위하여 우는 모습(렘 31:15)을 떠올리게 합니다.

사랑받던 라헬은 죽었고, 어린아이 베냐민은 살았습니다. 그의 눈물은 라헬을 위한 것이었습니다. 나중에 등장하는 요셉의 이야기는 야곱이 연인인 라헬이 낳은 요셉과 베냐민을 얼마나 좋아했는지를 보여 줍니다.

이때 나이 많은 이삭은 무엇을 하고 있었습니까? 리브가가 죽은 후에 그는 아브라함이 헷 족속에게서 사들인 헤브론에 있는 아브라함과 사라의 묘소 근처에 있었던 것 같습니다.

성경이 한 사람에 대해 '죽어서 자기 열조에게로 돌아갔다.' 라고 적는 것은 그의 삶을 기록한 전기 이상의 의미를 지닙니다. 죽음을 삶의 일부로, 하나님 섭리의 일부로 받아들이는 것을 의미합니다. 창세기 35장 29절에는 진주가 맨 끝에 붙어 있듯이 성경에서 가장 중요한 구절이 적혀 있습니다. "이삭이 나이가 많고 늙어 기운이 다하매 죽어 자기 열조에게로 돌아가니 그의 아들 에서와 야곱이 그를 장사하였더라."

이렇게 야곱의 화해는 완성되었습니다. 그는 하나님과 씨름하여 이겼고, 털이 많은 형 에서를 끌어안았으며, 아버지 이삭을 헤브론에 장사지냈고, 어머니를 돌보던 유모를 땅에 묻었으며, 미스바에서 라반에게 약속한 것처럼 레아와 라헬을 죽을 때까지 보살폈습니다.

조화를 이루며 사는 삶

마태복음 5장 21~48절(산상수훈의 일부)을 다시 읽어 보십시오. 그리고 예수님의 가르침 중에서 불화를 피하는 데 도움이 되는 방법들을 찾아보십시오.

어떻게 하면 화해할 수 있습니까?

⬆ 세상 속으로

불화는 어느 곳에나 있습니다. 하나님은 그것을 치유하려 하십니다. "하나님께서 그리스도 안에 계시사 세상을 자기와 화목하게" 하십니다(고후 5:19). 그럼에도 세상에는 인종적인 장애물이나 경제적인 불화, 그리고 정치적인 반목이 성합니다. 에서 같은 사냥꾼은 아직도 야곱 같은 양치는 자와 화합하지 못합니다. 라반 같은 고용주는 야곱 같은 고용인과 대립합니다. 메소포타미아에 사는 사람들은 가나안에 사는 사람들과 다툽니다.

가족이나 이웃과 불화가 있으면서 하나님의 제단에 헌물을 드리는 것에 대하여 예수께서 하신 말씀을 읽어 보십시오(마 5:23~24). 그 가르침을 문자 그대로 따른다면, 나는 누구에게 가서 화해를 이루어야 합니까?

화해는 가정에만 국한된 것이 아닙니다. 이번 주에는 가정에서, 교회에서, 동네와 일터에서 화해를 도모하십시오. 그리고 그 결과를 적어 보십시오.

세상 속에서의 하나님 말씀

하나님의 말씀에서 얻은 이 메시지가 이번 주 내 사역의 나침반이 될 것입니다.

나는 이러한 방법으로 응답할 것입니다.

♡ 안식일

안식일은 우리를 분열과 무의미에서 온전함으로, 불화에서 화해로 이끌 수 있습니다. 화해해야 할 사람이 있는지 생각해 보십시오. 그 사람을 만나러 가서 어긋난 관계를 바로잡으십시오. 그리고 회개와 용서의 기도를 하십시오.

📖 더 알아보기

■ 어떤 사람은 성경에 나오는 지명과 현대의 지명을 비교하는 것을 좋아합니다. 최근 중동 지역, 즉 터키와 이란, 이라크, 시리아, 레바논, 사우디아라비아, 요르단, 이스라엘, 이집트가 나오는 지도를 구해서 성경에 기록된 흥미로운 지명을 찾아보십시오. 중요한 강과 산들, 큰길과 무역로, 항구와 도시에 유의하십시오.

■ 할 수 있으면 지형도도 구하십시오. 경제와 정치, 무역 형태를 파악하는 데 도움이 됩니다. 강우량과 날씨도 살펴보십시오. 큰 사막과 산지에 유의하면서 국경이 어떻게 생겼는지를 보십시오.

하나님의 때

이에 바로가 사람을 보내어 요셉을 부르매 그들이 급히 그를 옥에서 내놓은지라
요셉이 곧 수염을 깎고 그의 옷을 갈아입고 바로에게 들어가니
(창세기 41:14)

☝ 우리의 모습

우리는 패스트푸드나 인스턴트 음식을 먹고, 컴퓨터를 통해 실시간으로 전달되는 정보들에 매달리며, 다른 사람까지 서둘도록 자동차의 경적을 울려댑니다. '빨리빨리'를 연발하며 격렬하게 재촉합니다. 그래서 하나님의 시간인 '카이로스'를 말할 때 우리는 당황스러워집니다.

✝ 내려놓기

성경 공부를 하기 전에 먼저 하나님께 기도를 드립니다. 아래의 시편 말씀이 좋은 길잡이가 될 것입니다.

> 주 여호와여 주는 나의 소망이시요 내가 어릴 때부터 신뢰한 이시라 내가 모태에서부터 주를 의지하였으며 나의 어머니의 배에서부터 주께서 나를 택하셨사오니 나는 항상 주를 찬송하리이다 (시편 71:5~6)

이번 주 기도 제목을 구체적으로 적어 기도합시다.

🎧 귀 기울이기

요셉의 이야기는 요셉에 대하여만 알려 주는 것이 아닙니다. 요셉을 통해 야곱과 그의 아들들이 이집트로 가서 노예가 되는 과정을 보게 됩니다. 또 하나님이 큰 민족을 이루기 위해 400년을 준비하며 기다리신 사실을 배우게 됩니다. 이번 주 성경 본문들을 통해 모세와 출애굽의 무대가 어떻게 마련되는지를 알고, 인내에 대하여 깊이 생각하게 될 것입니다.

연결고리 : 각 구절의 문체를 살펴보십시오. 시, 비유, 이야기, 설교 중 어떤 것입니까? 문체는 그 구절을 듣는 방법에 영향을 줍니다. 가지고 있는 성경책에 문체에 대해 설명한 글이 있는지 찾아보십시오.

영성 훈련

고독 우리는 혼자 있는 시간을 침묵과 고독 속에서 하나님께 듣는 시간으로 바꿈으로써 다른 사람을 이해하고 그들에게 귀 기울이는 능력을 키울 수 있습니다.

D1　창세기 37장(노예로 팔리다)
시편 130편(도움을 구하는 기도)

D2　창세기 38장(다말과 유다)
시편 40편(인내하며 기다림)

D3　창세기 39장(감옥에서 인내를 배우는 요셉)
시편 37편(초조해하지 말라)

D4　창세기 40장(해몽가)
이사야 40장(주를 기다리라)

D5　창세기 41장(기근에 대한 준비)
시편 25편(해방을 구하는 기도)

D6　교재 내용

◉ 말씀 속으로

왜 열일곱 살 사내아이 요셉은 버릇이 없어졌습니까? 왜 형제들은 그와 함께 있기를 싫어했습니까? 그는 어머니 라헬을 닮아 잘생겼으며 영리했습니다. 아버지 야곱은 그에게 관심이 많았습니다. "요셉은 노년에 얻은 아들이므로 이스라엘이 여러 아들들보다 그를 더 사랑하므로(창 37:3)." 어머니가 죽고 아버지가 늙었다면 누가 그를 훈육할 수 있었겠습니까? 그를 질투하는 형들에게 요셉의 채색옷은 마치 상처 난 곳에 소금을 뿌리는 것과 같았습니다. 어떻게 긴 소매 옷을 입고 밭에서 일을 하고, 양털을 깎고, 곡식을 벨 수 있었겠습니까? 그것은 그런 일보다는 뽐내며 걷는 데 알맞은 옷이었습니다.

가족 간의 긴장의 뿌리는 이미 오래 전에 존재하고 있었습니다. 레아와 라헬 간의 질투를 기억합니까? 더 많은 아들을 낳으려는 경쟁은 심지어 하녀를 첩으로 들여 아들들과 요셉의 관심을 얻으려 하였습니다. 그러나 라헬이 언제나 우선이었고, 그의 첫째 아들 요셉이 가장 많은 사랑을 받았습니다. 요셉이 빌하와 실바의 아들들의 잘못을 누설했다는 것에 주목하십시오(창 37:2). 요셉은 그들의 미움을 느낄 수 있었습니다. 형제들은 그에게 '평화가 있으라.' 는 의미의 '샬롬' 이라는 말도 하지 않았습니다.(창 37:4)

꿈

요셉의 사춘기의 꿈은 특별히 교만해 보이며, 적개심에 불을 붙였습니다. 꿈은 하나님의 계시라고 생각하여 보통 남에게 들려주고 마음에 깊이 담아 두었습니다. 그런데 요셉의 꿈은 심지어 그의 아버지까지도 화를 내게 만들었습니다. "네가 꾼 꿈이 무엇이냐(창 37:10)." 그것은 강한 꾸지람이었습니다. 이 분노가 과연 꿈을 꾸고 다른 사람에게 자랑하는 사춘기 소년을 향한 것입니까, 아니면 원하지 않는 미래를 허락하신 하나님의 가능성을 향한 것입니까?

아버지의 보호 아래 있을 때 요셉은 항상 안전하였습니다. 그러나 멀리 들판으로 나가자 위험에 처하게 되었습니다. 이 이야기는 마치 미리 계획한 것 같습니다. 양을 치는 형들은 세겜 근처의 낯익고 거룩한 땅을 떠나, 가나안 마을인 도단에까지 13마일이나 더 갔습니다. 형제들은 멀리서 그가 오는 것을 발견했고, 죽이기로 계획을 세웠습니다.

누가 요셉을 죽이는 것에 반대했는지 보십시오. 레아의 두 아들인 르우벤과 유다였습니다. 르우벤은 가장 나이가 많았기에 아버지의 보호를 대신합니다. 그는 또한 야곱의 권위를 위협하려는 의도로 아버지의 첩인 빌하와 동침한 자입니다.(창 35:22)

나중에 이 집안의 영적인 지도자가 된 유다는 살인하는 것에 반대하였습니다. 동생을 미워하는 것과 피를 흘리는 것은 다른 문제입니다. 그 대신 동생을 노예로 팔아 쉽게 돈을 벌자고 제안하였습니다.

분별없음과 잔인성이 드러납니다. 형들은 자기들의 미움과 요셉의 교만의 상징인 채색옷을 벗기고 그를 구덩이에 던져 넣었습니다. 창세기 42장 21절은 요셉이 형들에게 자비를 구했다고 기록합니다. 여기에 형들이 그의 간청이나 고통과 호소에 무심했다고는 적혀 있지 않습니다. 다만 그들은 조용히 앉아 식사를 했습니다.

미디안 사람들과 이스마엘 사람들에 대한 혼란은 두 개의 구전 전승이 혼합된 데서 비롯된 것으로 보입니다. 물론 많은 무역상들이 있었고, 그 당시 도단은 다메섹과 이집트를 연결하는 대상들이 쉬어가던 곳이었습니다. 이스마엘 무역상들은 많은 의약품—갈릴리 동쪽에 있는 길르앗의 향이라든지 검, 수지 등—을 싣고 다녔습니다. 요셉은 은 20세겔에 팔렸는데, 나중에 이것은 다섯 살부터 스무 살에 이르는 남자 노예의 값이 되었습니다.(레 27:5)

형들은 요셉의 옷에 염소의 피를 묻혀 아버지에게 줌으로써 그의 죽음을 증명하였고, 모든 책임에서 공식적으로 벗어났습니다. 그들은 자기 아버지가 염소를 이용해 그 아버지 이삭을 속였듯이, 염소로 아버지를 속였습니다. 야곱이 에서의 옷을 이용하여 거짓을 감추었듯이, 요셉의 옷으로 자신들의 잘못을 덮었습니다.

어느 누구도 야곱의 슬픔을 이해하지 못합니다. "야곱이 자기 옷을 찢고 굵은 베로 허리를 묶고 오래도록 그의 아들을 위하여 애통하니(창 37:34)." "그의 모든 자녀가 위로하되 그가 그 위로를 받지 아니하여 이르되 내가 슬퍼하며 스올로 내려가 아들에게로 가리라 하고 그의 아버지가 그를 위하여 울었더라(창 37:35)." 요셉은 특별했고, 야곱은 그것을 알았습니다. 이 노인은 예언적인 꿈, 혹은 그의 생각이 미치지 않는 곳에 살아 있는 그 꿈꾸는 자에 대해 전혀 알지 못했습니다. 그래서 죽을 때까지 베옷을 입을 것이라고 하였습니다.

들짐승의 계교는 성공했으나, 슬픔은 위로할 수가 없었습니다. 형제들은 요셉을 없앴지만 상황은 나아지지 않았습니다. 가정의 평화가 깨진 것입니다. 평화가 사라졌습니다.

이 비극적인 사건과 함께 사춘기를 생각하십시오. 성장 단계에서 사람은 겸손을 배워야 합니다. 이와 관련하여 직접 경험한 것이나 주위에서 듣고 본 것이 있으면 서로 나누십시오.

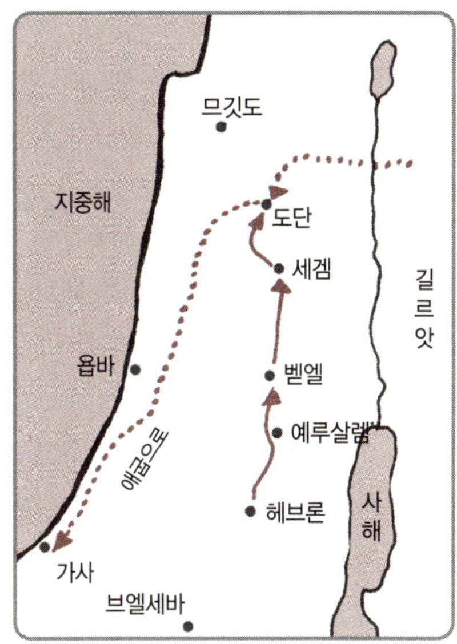

아곱이 요셉에게 세겜에 가서 형들을 찾아보라고 보냈을 때, 야곱은 헤브론에 살고 있었다. 그때 요셉의 형들은 다메섹으로부터 애굽으로 향하는 대상들이 쉬어가던 도단에 있었다.

____

____

슬픔은 파괴적일 수 있습니다. 어떤 사람은 회복하지 못합니다. 내가 겪었던 가장 큰 슬픔은 무엇입니까?

____

____

그때 무엇이 나를 도왔고 치유하였습니까?

____

____

의를 위해 죽음을 무릅쓰다

어떤 사람들은 창세기 38장이 야곱의 이야기에 방해가 된다며 그냥 넘어가는데, 38장은 구원의 역사에서 없어서는 안 될 내용을 담고 있습니다. 이 사람은 누구입니까? 다윗 왕과 예수가 계통을 잇고, 후에 남왕국의 이름이 되는 유다입니다. 유다에 의하여 베레스 쌍둥이를 나은 다말은 언약 자손의 족보를 잇는 데 중요한 역할을 하였습니다.(눅 3:33; 마 1:3)

이 장은 그 당시 사회의 관습을 이해하는 데 도움이 됩니다. 유다는 가나안 여인과 결혼하여 세 아들 엘과 오난과 셀라를 낳았습니다. 엘이 나이가 찼을 때 유다는 그를 다말과 결혼시켰는데, 엘이 그만 죽고 말았습니다.

당시에는 나중에 모세의 율법으로 형식화된 역연혼의 법(신 25:5~10)과 관습이 있었습니다. 그에 따르면 남자가 후사 없이 죽으면 그 이름과 재산을 잃게 되므로, 대신 형제가 그 미망인과 결혼하여 아이들을 낳아야 했습니다. 이 법은 최근친에까지 확대되었습니다. 예수님도 이에 대한 질문을 받으신 적이 있습니다.(눅 20:27~33)

관습에 따라 유다는 다말을 둘째 아들인 오난과 결혼시켰습니다. 그런데 오난은 정사 중에 "그의 형에게 씨를 주지 아니하려고 땅에 설정"하였습니다(창 38:9). 왜 그랬습니까? 유산을 나누고 싶지 않았던 것입니다. 맏형의 아이들은 자기보다 두 배의 재산을 더 받게 되어 있었습니다. 아이가 없으면 유산도 나눌 필요가 없었습니다. 하지만 이 일로 그는 목숨을 잃었습니다.

다말은 다시 과부가 되었습니다. 셋째 아들 셀라는 아직 어렸습니다. 그래서 유다는 다말에게 셀라가 자랄 때까지 친정에 가 있으라고 하였습니다. 얼마 후에 유다의 아내가 죽고 유다도 홀아비가 되었습니다.

유다가 다말에게 셀라를 약속했으므로 그들은 약혼한 것이나 다름없었습니다. 그러나 세월이 흘러도 유다는 아무것도 하지 않았습니다. 아무것도 안 할 것이 확실했습니다. 두 아들의 죽음에 다말이 어느 정도는 책임이 있다고 생각하여 셋째 아들마저 죽을까 봐 두려웠기 때문입니다.

이제 다말은 모든 것을 걸고 담대한 믿음의 도박을 합니다. 창녀처럼 변장을 하고 유다를 만나 동침한 것입니다. 유다는 그녀의 요구에 따라 약조물로 자신의 도장과 지팡이와 목에 매는 끈을 주었습니다.

석 달 후에 다말의 임신이 알려졌습니다. 유다는 그녀를 불태워 죽이라고 했습니다. 가족에게 내리기엔 너무 가혹한 처벌이었지만 그의 권한이었습니다. 그러나 중요한 것은 그녀가 그의 가족이냐 아니냐의 문제였습니다. 유다가 그녀에 대한 권한을 행사하기 위해서는, 결혼에 대한 책임도 졌어야 했습니다.

그녀가 도장과 끈과 지팡이를 내밀자 유다는 깜짝 놀라며 "그는 나보다 옳도다."라고 하였습니다(창 38:26). 그리고 그녀에 대한 가족의 책임을 졌습니다. 다말은 무엇이 옳은지를 알았고, 가정의 법과 전통을 알았습니다. 자신이 부당한 대우를 받고 있다는 것을 알았고, 남편의 이름과 재산을 잃게 된다는 것을 알았습니다. 그래서 목숨을 포함해서 모든 것을 잃을 각오를 하고, 용감하게 자기가 할 수 있었던 그 한 가지를 행했던 것입니다.

시아버지의 아이를 임신한 다말은 쌍둥이를 낳습니다. 그의 평범하지 않은 해산은 야곱과 에서를 생각나게 합니다. 원래대로라면 홍실을 맸던 처음 나온 손이 첫째지만, 실제로는 베레스가 먼저 태어났습니다. 다시 한 번 하나님은 '둘째 아들'을 택하여 하나님의 뜻을 이루셨습니다. 유다는 자칫하면 하나님께 필요한 언약 공동체의 계보를 잃을 뻔하였습니다. 다말은 베레스를 낳음으로 예수 그리스도로 이어지는 후손을 유지하였습니다. 하나님께서 어떻게 인간의 약함과 강함, 속임과 결정을 통해 역사하시는지 신비롭지 않습니까?

유혹에 대한 저항

요셉의 인생에서 아주 중요한 사건이 발생하였습니다. 증오에 차고 호전적이었던 그가 성숙해 갔고 부드러워졌습니다. "여호와께서 요셉과 함께하셨다(창 39:2)." 교만이 사라지고 겸손과 자기훈련이 그 자리를 차지해 갔습니다. 성급함이 줄어들고, 유능한 관리자로서의 인내심이 나타났습니다.

그러나 요셉의 시험은 끝나지 않았습니다. 보디발의 아내가 유혹하였으나 넘어가지 않았습니다. 간음은 어디에서나 정당하지 못한 것이지만 특별히 이스라엘 사람에게 간음은 하나님께 대한 심각한 죄였습니다. 십계명에는 남의 것을 훔치거나 거짓말하지 말라는 것 이전에 "간음하지 말라(출 20:14)."고 확실하게 기록되어 있습니다. 다른 남자의 아내와 동침하는 것은 사형에 처해지는 죄였고, 더군다나 하나님 앞에 씻을 수 없는 중죄였습니다. 요셉은 주인을 배신하지 않겠다고 말했지만, 또 "내가 어찌 이 큰 악을 행하여 하나님께 죄를 지으리이까."라고 소리쳤습니다.(창 39:9)

성적 만족을 뿌리치고 순전함을 지킨 요셉은 강하게 성장하였습니다. 그는 인내를 배웠습니다. 엉뚱하게 죄 없이 감옥에 갇혔으나, 더욱 겸손해졌습니다. 감옥에 갇히는 순간 가나안의 흙구덩이가 생각났을 것입니다. 그러나 여전히 여호와는 요셉과 함께 계셨습니다.

이제 요셉이 할 수 있는 것은 오직 기도와 기다림뿐이었습니다. 쓸모 있는 자가 되기 위해 기도하면서 기다린 그는 모든 죄수를 관리하는 자가 되었습니다.

인내를 배움

꿈을 꾸는 요셉은 이제 꿈을 해몽하는 자가 되었습니다. 옛날에는 꿈을 해몽하는 사람들이 많았습니다. 그들이 꿈을 해몽하는 것은 배운 기술이었습니다. 그러나 요셉은 신하들에게, 그리고 바로에게 꿈을 해몽해 주면서 하나님의 선물이라고 하였습니다. 하나님께서 계시를 주신 것이기에 하나님이 해몽하신다는 것입니다.

술 맡은 관원과 떡 굽는 관원은 그들의 머리에 대한 꿈을 꾸었습니다(창 40:1~15). 요셉은 그 꿈을 풀어 주면서 "그렇지만 나를 기억하소서."라고 하였습니다. "내게 은혜를 베풀어서 내 사정을 바로에게 아뢰어 이 집에서 나를 건져 주소서(창 40:14)." 그러나 슬픈 소식이 뒤따릅니다. 우리는 얼마나 자주 약속을 잊어버립니까? 다른 사람이 잊어버리는 경우 또한 얼마나 많습니까? 너무 오랫동안 "술 맡은 관원장이 요셉을 기억하지 못하고 그를 잊었(창 40:23)"습니다. 요셉은 더 오랜 시간 인내를 배워야 했습니다.

드디어 기회가 왔고, 요셉은 준비가 되어 있었습니다. 그가 바로의 꿈을 해몽했을 때, 그는 세세한 것에 신경 쓰지 않고 문제의 핵심으로 바로 들어갔습니다. 그는 꿈과 마찬가지로 꿈의 해몽도 하나님께로부터 온다고 주장했습니다. 7년의 풍요와 7년의 기근이었습니다.(창 41:25~27)

바로는 이집트의 왕이었고, 나일 강의 신이었으며, 백성을 먹여 살리는 자였습니다. 소 떼가 나일 강에서 올라오는 것은 우연이 아니었습니다. 밀의 머리인 이삭들이 꿈의 상징인 것도 우연이 아니었습니다. 바로의 힘은 생명을 주고, 통치하고, 공급하는 것과 연관되어 있었습니다. 만약 사람들이 믿는 것처럼 바로가 신적인 존재라면, 물과 해와 동물과 곡식을 조절할 수 있어야 했으므로, 그 꿈은 바로의 통치력을 위협했을 것입니다.

이제 현재 상황과 이를 위한 준비, 요셉이 보여 준 자기훈련적인 인내와 적극적인 제안이 얼마나 훌륭하게 조화를 이루는지 보십시오. "하나님이 그가 하실 일을 바로에게 보이신다 함이 …… 이제 바로께서는 명철하고 지혜 있는 사람을 택하여 애굽 땅을 다스리게 하시고(창 41:28, 33)." 얼마나 지혜롭게 요셉은 자신의 자리를 차지했습니까? 그렇다고 교만하거나 뻔뻔스럽게 하지 않았습니다. 어느 누구도 요셉을 바보라고 하거나 용기가 없다 하지 않습니다. "하나님이 이 모든 것을 네게 보이셨으니 …… 너는 내 집을 다스리라. 내 백성이 다 네 명령에 복종하리니(창

41:39~40)." 바로는 그에게 아내(성적 인내에 대한 상)와 명예(감옥살이를 상쇄함)와 책임(인내에서 비롯된 자기훈련과 지도권)을 주었습니다. 그때 요셉의 나이가 삼십이었습니다.

창세기 41장 46~57절을 다시 읽으며, 곡식을 거두어들이고 나누어 주는 것을 자세히 살펴보십시오. 요셉의 첫 아들의 이름이 므낫세 – "하나님이 내게 내 모든 고난과 내 아버지의 온 집 일을 잊어버리게 하셨다(창 41:51)." – 임에 주목하십시오. 아픔과 쓰라림은 더 이상 중요하지 않았습니다.

과거에 경험했던 어떤 고난과 그 고통을 잊어버릴 수 있습니까? 아니면 그 상처와 쓰라림이 그대로 남아 있습니까? 만약 하나님이 나의 기억을 치료하신다면 나는 어떤 사람이 될까요?

요셉은 모든 도시에 먹을 것을 저장하였습니다. 지금도 이집트에서는 옛날 곡식 저장고와 창고가 발견됩니다. 요셉은 밀을 저장하여 온 세상에 있는 사람들이 다 와서 먹을 수 있게 하였습니다. 바로는 그의 백성을 먹일 수 있었으나, 믿음의 공동체는 전능하신 하나님이 요셉을 통하여 공급하셨다고 믿습니다.

⬆ 세상 속으로

경제적으로 풍요로운 나라는 해마다 남는 곡식을 저장합니다. 그러나 여전히 세상에는 굶주리는 사람이 많습니다. 기독교인들이 그들을 위해 무엇을 할 수 있습니까?

'장기적인 안목' 을 기르기 위해 이번 주에는 다음 제안들 중 두세 가지를 골라 실천해 보십시오.

- 빨리 자라고 빨리 죽는 식물보다는 상수리나무와 같이 느리게 자라는 나무를 심으라.
- 가족이 함께 모여 식사를 하라. 각 사람에게 한 마디씩 기도하게 하라.
- 외롭게 사는 사람을 방문하라. 그와 함께 쉬며 같이 있어 주라.
- 금식은 영적인 목적을 가지고 음식을 멀리하거나 끊는 것이다. 정해진 시간 동안 텔레비전이나 라디오를 켜지 마라. 그리고 간소한 생활이 주는 다양한 혜택을 지켜보라. 그리고 그 시간에 하나님을 온전히 신뢰하는 것이 무엇인

지, 인내심을 가지고 하나님을 기다리는 것이 무엇인지 묵상하라.

세상 속에서의 하나님 말씀
하나님의 말씀에서 얻은 이 메시지가 이번 주 내 사역의 나침반이 될 것입니다.

나는 이러한 방법으로 응답할 것입니다.

♥ 안식일

안식일을 지키는 것은 우리를 얽매고 있는 시간의 굴레에서 벗어나게 합니다. 안식일에는 우리의 근심과 책임을 미룰 수 있습니다. 몇 시간 동안 일을 제쳐놓을 수 있습니다. 시계 없이 하루를 보내 보십시오. 인내와 기다림을 필요로 하는 일을 해 보십시오. 어린아이가 책을 읽는 것을 들어보십시오. 몇 분 동안 침묵하며 앉아 있어 보십시오.

● 더 알아보기

■ 전도서를 펴서 삶과 죽음의 불가해한 신비를 묵상하고, 나이든 스승의 깨달음과 교훈을 읽어보십시오. 시간이 있으면 12장까지 다 읽고, 그렇지 않으면 1장을 읽으면서 비꼬아 하는 말을 포착하십시오. 3장을 읽고 인생의 리듬을 느껴 보십시오. 9장을 읽고 역설과 부당함과 불가해함을 찾으십시오. 11장을 읽고 지혜를, 12장을 읽고 확실한 죽음 앞에서 침묵하는 믿음을 찾으십시오. 지혜는 어떤 면에서 평안을 주고, 어떤 면에서 불안을 안겨 줍니까?

08

선을 이루시는 하나님

요셉이 그들에게 이르되 두려워하지 마소서 내가 하나님을 대신하리이까
당신들은 나를 해하려 하였으나 하나님은 그것을 선으로 바꾸사
오늘과 같이 많은 백성의 생명을 구원하게 하시려 하셨나니
(창세기 50:19~20)

☝ 우리의 모습

우리는 자급해야 합니다. 일하고, 땀 흘리며, 마음을 졸이고, 염려해야 합니다. 우리가 누릴 수 있는 '좋은 것들'이 충분하지 않을지도 모릅니다. 늦추지 마십시오. 자신의 안전은 스스로 보장해야 합니다. 그래서 우리는 자신의 미래를 자기 손으로 만들어 가고 싶어 합니다.

✝ 내려놓기

성경 공부를 하기 전에 먼저 하나님께 기도를 드립니다. 아래의 시편 말씀이 좋은 길잡이가 될 것입니다.

> 주를 두려워하는 자를 위하여 쌓아 두신 은혜 곧 주께 피하는 자를 위하여 인생 앞에 베푸신 은혜가 어찌 그리 큰지요 (시편 31:19)

이번 주 기도 제목을 구체적으로 적어 기도합시다.

✺ 귀 기울이기

이번 주에 공부할 이야기는 은근히 드러나는 유머와 숨겨진 계획과 복수로 가득 차 있기 때문에 주의 깊게 읽어야 합니다. 선과 악이 뒤섞여 있어 애매모호하므로 하나하나 자세히 살펴보십시오.

일찍이 족장들의 이야기에서 하나님은 사람들에게 직접 말씀하셨습니다. 이에 반해 요셉에게는 어떤 말씀도 하지 않으십니다. 그러나 요셉은 자기의 삶을 하나님이 인도하신다는 것을 확신했습니다. 시편은 하나님의 섭리를 가르쳐 줍니다.

연결고리 : 성경을 읽고 그 내용에 대해 질문하십시오. '누가? 언제? 어디서? 무엇을? 왜? 어떻게?' 그리고 답을 찾으려고 노력하십시오.

영성 훈련

찬양 하나님께서 내게 필요한 것이 무엇인지 알고 주신다는 것을 믿으면 근심에서 벗어날 수 있습니다.

D1 | 창세기 42~43장(이집트에 간 요셉의 형들)
시편 90편(영원하신 하나님)

D2 | 창세기 44~45장(요셉이 형들을 시험하고 고센 땅을 주다)
시편 91편(보호하시는 하나님)

D3 | 창세기 46~47장(이집트에 간 야곱, 기근)
시편 27편(믿음)

D4 | 창세기 48~50장(야곱의 축복)
시편 121편(지키시는 하나님)

D5 | 로마서 8장(악에서 나오는 선)

D6 | 교재 내용

🖋 말씀 속으로

나일 강은 동부 아프리카에 있는 산지에서 시작됩니다. 그리고 그 강의 상류는 중부 아프리카의 민물 호수에 자리하고 있습니다. 세계의 다른 큰 강과는 달리 나일 강은 수단의 광막한 지역을 따라 약 6천 5백 킬로미터(4,000마일)나 달리며, 이집트의 광활한 사막 지대를 지나 지중해로 북향합니다. 이집트는 약 100만 평방킬로미터의 크기지만, 사람이 사는 지역은 전체의 3.6%에 불과합니다. 사람들은 나일 강 연안에 삽니다. 다른 지역은 거의 사막입니다. 고대의 역사가인 헤로도토스는 "이집트는 나일 강의 선물이다."라고 하였습니다.

수세기 동안 봄이 되면 나일 강은 아프리카의 기름진 토양으로 이집트의 홍수평야를 넉넉하게 덮었습니다. 이제는 아스완 댐이 물 공급을 조절합니다. 그곳에서 여러 개의 출구로 방류됩니다. 고대에는 12개로 나뉘었고, 구약성경 당시에는 7개로, 모두가 바다까지 이르렀습니다.

성경 시대에 이집트는 곡창 지대였습니다. 족장 시대에 가나안 유목민들은 나일 삼각주의 밀밭을 배고픔의 해결책으로 삼았습니다. 아브라함과 이삭과 야곱은 모두 흉년이 들자 이집트로 양식을 구하러 갔습니다.

고대 이집트의 문서에 따르면, 가뭄이 들면 전방의 군사들이 가나안과 시내의 유랑하는 유목민들을 나일 삼각주에 들어오게 하는 관습이 있었습니다. 기원전 1,350년경 한 전방 군인이 바로에게 보낸 서신에는 이런 구절이 있습니다. "어떻게 살아갈지를 모르는 한 무리가, 처음부터 당신의 아버지의 조상 때에 그랬던 것처럼, 바로의 통치 아래 집을 얻기를 간청하고 있습니다."

결국 야곱의 가족 70여 명이 이집트에 들어갔습니다. 요셉은 자신의 의지와 상관없이 17세에 이집트에 종으로 왔지만, 하나님의 섭리는 그를 도구로 사용하셔서 세상의 굶주린 자들을 먹이셨습니다.

시험

요셉은 알맞은 때에 나일 강 어귀에 왔습니다. 이집트는 내적으로 허약했고, 외국의 지배를 경험하던 때였습니다. 그래서 30세 된 히브리인이 높은 위치에 오를 수 있었습니다. 요셉은 바로 왕 다음의 권위를 가지고 곡식을 나눠 주는 일을 감독했습니다.

10명의 형제들이 시장에 나타났을 때, 요셉은 뒤로 물러섰습니다. 그는 그들을 알아본 반면 이집트인의 복장을 하고, 공적인 언어를 사용하며, 높은 지위에 있는 동생을 형들은 알아보지 못했습니다.(창 42:6~8)

그는 무뚝뚝하게 말하였습니다. 왜 그랬습니까? 옛날의 서운한 감정이 아직 남아 있어서입니까? 아니면 절대 권력을 가진 자의 위엄 있는 목소리였습니까? 그것도 아니면 그들에 대한 시험이었습니까? 이유가 무엇이었든 확실하게 그는 그들을 무력하게 만들었습니다. "너희는 정탐꾼들이라."며 그들을 심하게 나무랐습니다(창 42:9). 그들은 자기와 가족에 대한 모든 것을 말하였습니다. 아무것도 속일 수 없었습니다. "우리는 다 한 사람의 아들들로서 확실한 자들이니(창 42:11)." 아마도 이 말을 들은 요셉은 속으로 미소를 지었을 것입니다.

어떤 일이 일어났습니까? 역할이 바뀌었습니다. 한때는 형들의 힘이 요셉보다 강했고, 요셉은 살려 달라고 애원하는 힘없는 자리에 있었습니다. 그러나 이제는 그들이 약해져서 힘없는 모습으로 그의 앞에 서게 되었습니다. 요셉도 그것을 너무나 잘 알고 있었습니다. 요셉의 이야기를 주의 깊게 읽는 사람은 일부는 우연이고 일부는 의도적이긴 하지만, 요셉의 굴욕과 형들의 굴욕 사이에 놀라운 유사점이 있음을 깨닫게 될 것입니다.

요셉은 노예로 이집트에 왔습니다. 형들은 기근 때문에 이집트에 왔습니다. 요셉은 보디발에게 팔렸습니다. 형들도 혹독한 대우를 받았습니다. 그가 옥에 던져진 것처럼, 그들도 옥에 갇히는 신세가 되었습니다. 술을 맡은 관원장마저도 요셉을 잊었습니다. 그의 형들도 이국 땅에서 힘없고 약한 자들이 되었습니다.

형들이 자기들끼리 대화를 나눌 때 요셉은 새로운 예감과 함께, 그들이 후회하고 있다는 사실과 가족에 대한 충성심을 알게 되었을 것입니다. 그래서 더욱 압박을 가하여 그들이 스스로를 확실하게 볼 수 있고, 그가 경험했던 무시무시한 외로움과 두려움을 느낄 수 있게 하였습니다.

요셉은 "너희는 정탐꾼들이라. 이 나라의 틈을 엿보려고 왔느니라."고 몰아붙였습니다(창 42:9). 그의 말에도 일리가 있었습니다. 이집트의 북동쪽 지역은 가장 취약한 국경선이었습니다. 거의 모든 이집트의 적들은 아시아로부터 몰려와 바다를 따라 내려와서 지금의 수에즈운하 근처를 공격하였습니다. 그러기에 형들은 이 예민한 군사 지역의 정탐꾼으로 몰릴 수가 있었습니다.

물론 그 죄명은 거짓이었습니다. 요셉에게 보디발의 아내가 붙인 죄명도 거짓이었습니다. 약하고 순진한 요셉은 옥에 갇히고 말았습니다. 마찬가지로 그의 열 형제도 사흘 동안 옥에 갇히는 신세가 되었습니다.

그러나 요셉은 자신이 느낀 것들을 그들에게 알게 하려는 것만은 아니었습니다. 그는 천천히 깨달음과 후회와 용서에 근거한 재회를 준비하고 있었습니다. "너희가 확실한 자들이면 너희 형제 중 한 사람만 그 옥에 갇히게 하고 …… 너희 막내 아우를 내게로 데리고 오라(창 42:19~20)." 괴로움은 더욱 커졌습니다. "우리가 아우의 일로 말미암아 범죄하였도다. 그가 우리에게 애걸할 때에 그 마음의 괴로움을 보고도 듣지 아니하였으므로 이 괴로움이 우리에게 임하도다(창 42:21)." 이에 르우벤이 말합니다. "내가 너희에게 그 아이에 대하여 죄를 짓지 말라고 하지 아니하였더냐. …… 그러므로 그의 핏값을 치르게 되었도다."(창 42:22)

어떻게 이런 생각을 하게 되었습니까? 왜 이렇게 괴롭게 되었습니까? 누가 지금 받는 그들의 괴로움을 요셉에 대한 범죄와 비교하게 하였습니까? 요셉의 시험은 하나님이 영적인 연합을 창조할 수 있는 기회를 제공하였습니다. 그리고 그 시험은 구원하는 힘이 있었습니다.

시므온은 결박되었고, 형들은 베냐민을 데려와야만 했습니다. 시므온은 요셉이 포로가 된 것처럼, 그리고 이스라엘 백성이 후에 바로의 포로가 될 것처럼 포로가 되었습니다. 얼마나 강력한 상징입니까?

요셉의 이야기에서는 혼돈 혹은 반복되는 점을 종종 찾을 수 있는데, 아마도 이는 처음 이야기가 어디서 유래했는지에 기인하는 것 같습니다. 도단에서 어린 요셉을 데려간 사람들이 어떤 곳에는 이스마엘 사람들로, 또 어떤 곳에는 미디안 사람들로 나타납니다. 창세기 42장 27절에서 형제들은 첫날밤에 곡식 자루 속에 곡식과 돈이 같이 있는 것을 발견하였습니다. 그런데 집에 돌아와 자루를 풀고는 또 놀랍니다(창 42:35). 다른 예들도 찾아볼 수 있습니다.

형제들이 가나안으로 돌아왔을 때, 늙은 야곱은 베냐민을 데려가기 위해 시므온이 볼모로 잡혀 있다는 사실에 정신을 차리지 못했습니다. 르우벤이 자기의 두 아들을 걸고 맹세하였지만 별 소용이 없었습니다. 이제 영적인 리더가 된 유다가 좀 더 현실적이고 확실한 제의를 합니다. 강력한 영적 힘들이 역사했고, 형제들은 자기 외에 다른 사람들을 생각하기 시작했습니다. 조금 잘못이 있긴 했지만 유다는 스스로를 희생할 각오를 하였습니다.

야곱(이스라엘)은 선물을 생각했습니다. 전에 에서와 문제가 생겼을 때 선물을 하

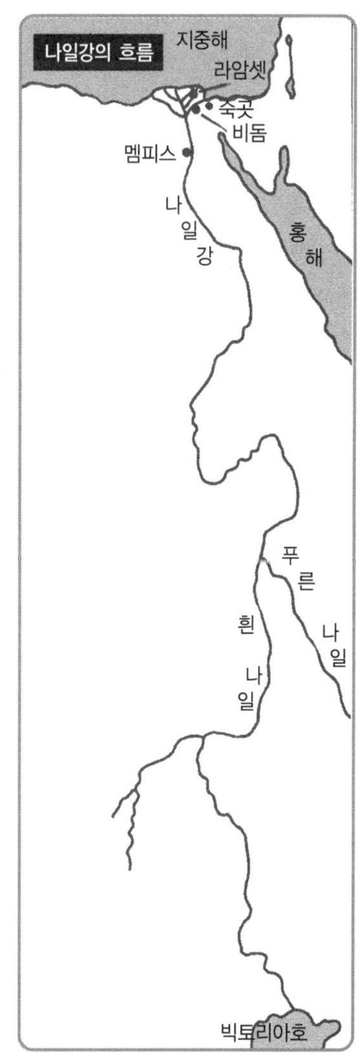

려 했던 것을 생각해 보십시오. 그들은 요셉을 이집트로 데려갔던 대상들처럼, 베냐민을 데리고 유향과 몰약과 비자 등을 가지고 무역하는 대상들이 되었습니다. 야곱도 어쩔 수 없는 상황에 스스로를 양보하였습니다. "내가 자식을 잃게 되면 잃으리로다(창 43:14)." 이제 (지금까지 그랬던 것처럼) 하나님 손에 달려 있습니다.

대가

가끔 우리는 죄의 결과를 잊어버리고 그냥 덮어 버리려고 합니다. 요셉은 모든 상황이 잘 되어 가도록 하였습니다. 형들에게 푸짐한 식사를 대접했고, 나이순으로 앉게 했으며, 베냐민을 보고 몰래 울었고, 그들의 곡식 자루에 은잔을 넣었습니다.

청지기가 은잔을 훔쳤다고 다그치자 그들은 물론 항변하였습니다. 확신에 차서 이렇게 말하였습니다. "당신의 종들 중 누구에게서 발견되든지 그는 죽을 것이요, 우리는 내 주의 종들이 되리이다(창 44:9)." 말은 참 오묘한 것입니다. 후에 그들의 자손들은 이집트에서 종이 되었습니다. 누가 이런 것을 꿈이나 꾸었겠습니까? 아마 이야기를 듣는 사람은 베냐민의 자루에 은잔이 있다는 것을 알고 숨을 멈추게 될 것입니다.

하나님의 은혜를 상징하는 요셉의 청지기는 그 제안을 누그러뜨렸습니다. "그러면 너희의 말과 같이 하리라. 그것이 누구에게서든지 발견되면 그는 내게 종이 될 것이요, 너희는 죄가 없으리라(창 44:10)." 이것은 그들이 말한 것과는 다릅니다. 그의 제안은 모든 책임을 베냐민이 지게 할 수 있는 길을 열었습니다. 은잔이 발견되었을 때 그들은 슬픔과 고뇌에 옷을 찢었습니다. 할 말을 잊었고, 망신을 당했으며, 어떤 대응도 하지 못했습니다.

이제 유다의 영웅적인 진술과 자기희생의 시간이 이르렀습니다. 성자는 아니었지만 – 요셉을 납치하는 일을 거든 점이나 다말에 대한 무책임한 행동, 가나안 여인과 결혼한 것을 기억하면 – 유다가 나서서 말문을 열었습니다.

그는 늙은 아비를 대신해 유창하게 간청하였습니다. 베냐민 보내기를 주저하던 야곱의 이야기를 들려주었습니다. 그러고는 자신을 대신 내어주었습니다. 유다의 마음에서 우러나오는 간곡한 하소연(창 44:18~34)을 다시 읽어 보십시오. 겸손하게 자신을 희생하는 극적인 장면을 보십시오. "이제 주의 종으로 그 아이를 대신하여 머물러 있어 내 주의 종이 되게 하시고 그 아이는 그의 형제들과 함께 올려 보내소서."(창 44:33)

요셉은 더 이상 듣고 있을 수 없었습니다. 시험은 끝났습니다. 책략은 후회와 자기희생을 가져왔습니다. 값을 치른 것입니다. 이제 화해와 재상봉을 축하할 시간이 되었습니다.

두려워하지 말라

요셉은 형들에게 근심하지 말라며 거듭 안심시켰습니다. 말로 표현되지는 않았지만, 그는 하나님의 역사를 알았습니다. 성경을 주의 깊게 읽는 사람이라면 잠시 멈추어 생각하게 될 것입니다. 아브라함과 야곱의 이야기에서 하나님은 공공연하게, 요란하게, 그리고 직접적으로 역사하십니다. 그러나 요셉의 이야기에서 하나님은 비밀스럽게, 조용히, 그리고 간접적으로 역사하십니다. 왜 그렇습니까? 약간 더 세련된 이 기사가 기록된 시대에는 사람들이 기적이나 천사의 방문, 하나님의 사자와의 씨름 등에 별로 관심이 없었습니까? 아마 그때도 우리 시대와 같이 하나님의 전능하신 손길이 인간의 자유와 남녀 간의 문제 등에 신비롭게, 그리고 간접적으로 역사한다고 생각했을 것입니다.

"하나님이 생명을 구원하시려고 나를 당신들보다 먼저 보내셨나이다."라고 요셉은 말하였습니다(창 45:5). 그러므로 그들은 걱정할 필요가 없었습니다. 더욱이 하나님은 두려움 속에서 자유를 강화하십니다. 야곱이 떠나기 전에 브엘세바에 가서 희생 제사를 드릴 때 하나님이 말씀하셨습니다(창 46:1~4). 그런데 생각해 보십시오. 이집트에서 그들은 음식을 취할 것이요, 가족들은 보호를 받을 것이며, 아버지 야곱과 아들 요셉은 재회하게 될 것입니다. 하지만 다른 한편으로 이 70여 명의 가족은 이제 430년간 노예가 될 것입니다.

이렇게 볼 때 두려워하지 말라는 하나님의 말씀이 어떻게 들립니까?

하나님은 선을 의미하셨다

선과 악이 계속 투쟁하는 것이 가능합니까? 생명을 구하는 요셉의 방책도 비참한 결과를 가져왔습니다. 모든 이집트인과 양식을 구하는 모든 사람이 양식을 얻게 된 것은 사실입니다. 그러나 점차 사람들은 빈털터리가 되었고, 가진 동물들을 팔았으며, 결국에는 자기 땅을 바로에게 팔게 되었습니다. 노예가 되었고, 생산하는 모든 것의 20%를 세금으로 내야 했습니다(창 47:13~26). 수년이 지나자 고센 땅에서 잘살던 히브리인들도 노예가 되고 말았습니다.

요셉은 자기가 노예가 된 것이 하나님의 뜻이었고, 그를 도구로 사용하여 자비를 베푸신다는 것을 확신했습니다. 이것은 형제들과의 화해의 메시지로 받아들여졌습니다. 그리고 수많은 사람들이 지독한 흉년에도 먹을 수 있게 되었습니다.

하나님은 모세와 함께 불러낼 사람들, 그리고 모세의 인도로 바다를 건너 약속의 땅으로 나아갈 사람들 – 지금은 70명이지만 몇 백 년 후에는 큰 무리가 될 – 을 준비하고 계셨습니다. 그들이 과연 요셉처럼 "당신들은 나를 해하려 하였으나 하나님은 그것을 선으로 바꾸사(창 50:20)"라고 말할 수 있을까요?

하나님의 섭리와 보호로 야곱은 요셉의 두 아들에게 축복을 할 수 있었습니다. 그가 전통을 거슬러 어린 아들 에브라임에게 더 많은 축복을 하는 것을 보면서, 하나님의 뜻은 우리와 다르다는 것을 깨닫습니다. 그리고 나이든 야곱은 에브라임과 므낫세를 그의 온전한 아들로 인정하여 르우벤이나 시므온 등과 더불어 온전한 유산을 상속받게 하였습니다. 나중에 레위 족속은 제사장 족속이기에 땅을 유업으로 받지 못하였고, 땅을 열두 부분으로 나누어 줄 때 에브라임과 므낫세는 손자임에도 불구하고 다른 형제들과 같은 몫을 받았습니다.

각 지파들에 대한 축복은 흥미로운데, 이는 아들들을 의미하는 것이 아니라 약속의 땅에 들어갔을 때에 그들의 후손을 지칭합니다. 하나님의 인도하시는 손길은 기이하고 신비롭습니다.

사라가 죽었을 때 우리는 메소포타미아 사람들의 장례 관습을 보았습니다. 이제 야곱의 죽음에서 이집트의 장례 의식 – 향 재료를 넣는 기간이 길고, 많은 사람들이 뒤따르는 – 을 봅니다. 하나님은 야곱에게 두려워하지 말라고 말씀하셨습니다. 아들들은 그의 뼈를 아브라함과 사라, 이삭과 리브가, 그리고 레아가 묻힌 굴(헷 족속 에브론에게서 아브라함이 은 400세겔을 주고 샀던 것)에 묻었습니다. 이집트에서 요셉이 죽었을 때에는 향 재료를 넣고, 관에 넣어 출애굽 때까지 기다렸다가 그의 고향으로 가지고 돌아왔습니다.

요셉의 청지기가 베냐민의 자루 속에 감추어 그를 도둑으로 몰았던 은잔을 기억합니까? 그것은 점을 치는 데 쓰는 잔이었습니다(창 44:4~5). 찻잔에 뜨는 잎을 보고 미래를 읽는 사람들처럼 고대의 마술사들이나 현자들은 잔에 액체를 부으면서 미래를 예언하였습니다. 그러나 누가 미래를 알 수 있겠습니까? 미래는 하나님께 속하여 있기에 누구도 알 수 없습니다.

성경은 이 점을 여러 가지 방법으로 말합니다. 잠언 16장 9절, 19장 21절, 20장 24절, 21장 30절을 읽으십시오. 어떤 메시지를 담고 있습니까?

하나님은 모든 것에 역사하신다

사도 바울은 로마서 8장에서 섭리에 대하여 말합니다. "하나님을 사랑하는 자, 곧 그의 뜻대로 부르심을 입은 자들에게는 모든 것이 합력하여 선을 이루느니라(롬 8:28)." 표준새번역은 "우리는 하나님을 사랑하는 사람들, 곧 하나님의 뜻대로 부르심을 받은 사람들에게는, 모든 일이 서로 협력해서 선을 이룬다는 것을 압니다."라고 적고 있습니다. 요셉 이야기의 관점에서 이 구절을 생각해 보고 다음과 같이 질문해 보십시오.

인간의 활동과 역사, 그리고 나 자신의 삶과 운명에 임하는 하나님의 섭리에 대하여 내가 진정으로 믿는 것은 무엇입니까?

⬆ 세상 속으로

섭리를 생각할 때, 우리는 나와 우리 가족에 대한 하나님의 보살핌을 생각합니다. 그러나 자신에게 물어 보십시오. 어떻게 하나님은 온 세상에 있는 모든 하나님의 자녀들을 돌보려고 하십니까?

우리는 어떻게 하나님의 섭리에 참여할 수 있습니까? 결론적으로 요셉이 바로의 꿈의 의미를 이해하지 못하고 곡식을 저장하지 않았다면 많은 사람이 굶주렸을 것입니다.

어떤 교회 교인들은 물이 부족한 세계 여러 지역에 우물을 파는 일에 계속해서 힘쓰고 있습니다. 한 병원의 의사들이 두 주간 자원봉사자들과 카리브 해안에 가서 의료 봉사를 했습니다. 여러 사람이 협동하여 운영하는 무료 식당이 집 없는 사람들에게 매일 점심을 제공합니다. 작은 도시의 어느 교회 교인들은 옷을 빨아 다리고, 어린이들의 옷을 추려내는 가게를 통하여 가난한 사람들에게 의류를 공급합니다. 한 주일에 한 끼씩 금식하고 그 돈을 교회의 재해기금으로 쓰는 기독교인들이 늘어 가고 있습니다.

나와 우리 교회는 온 세상 모든 자녀에게 공급하시는 하나님을 돕기 위해 무엇을 합니까?

어떤 것을 더 할 수 있습니까?

세상 속에서의 하나님 말씀

하나님의 말씀에서 얻은 이 메시지가 이번 주 내 사역의 나침반이 될 것입니다.

나는 이러한 방법으로 응답할 것입니다.

♡ 안식일

안식일에 우리는 창조주요 섭리하시는 하나님에 대한 우리의 믿음을 증거합니다. 나의 삶을 돌이켜보십시오. 하나님이 나의 길을 인도하시고, 장래를 준비하시며, 어려움을 뚫고 지나가게 하시고, 삶의 중요한 결정을 하게 하신 때와 상황들이 있었습니까? 하나님께 감사하십시오.

⊚ 더 알아보기

■ 구원의 역사는 하나님의 섭리의 관점에서 역사적인 사건들을 돌아보는 것입니다. 시편의 많은 시들은 하나님께서 역사적인 사건에 참여하심을 고백합니다. 그것들을 살펴보고, 구원의 역사에 대한 증언을 찾아보십시오.

노예생활

여러 해 후에 애굽 왕은 죽었고 이스라엘 자손은 고된 노동으로 말미암아 탄식하며 부르짖으니 그 고된 노동으로 말미암아 부르짖는 소리가 하나님께 상달된지라 하나님이 그들의 고통 소리를 들으시고 하나님이 아브라함과 이삭과 야곱에게 세운 그의 언약을 기억하사

(출애굽기 2:23~24)

이 과의 주제

압제

영성 훈련

굴복 모든 사람의 상호 의존성을 알게 될 때 우리는 다른 사람을 위해 행동하기 시작합니다.

✥ 우리의 모습

인간의 본성에는 남을 지배하려는 욕망이 있습니다. 이 욕망은 한번 힘을 가지게 되면 끝까지 놓으려 하지 않습니다. 정치적이거나 경제적인 체제가 조직되면 이 욕망은 사람을 노예로 삼고, 모든 인간적 삶을 파괴합니다.

✥ 내려놓기

성경 공부를 하기 전에 먼저 하나님께 기도를 드립니다. 아래의 시편 말씀이 좋은 길잡이가 될 것입니다.

> 여호와여 주는 겸손한 자의 소원을 들으셨사오니 그들의 마음을 준비하시며 귀를 기울여 들으시고 고아와 압제 당하는 자를 위하여 심판하사 세상에 속한 자가 다시는 위협하지 못하게 하시리이다 (시편 10:17~18)

이번 주 기도 제목을 구체적으로 적어 기도합시다.

✥ 귀 기울이기

성경은 야곱의 열두 아들을 기억하고, 그들의 자손이 어떻게 크게 번성했는지를 언급하면서, 이집트에서의 400년 삶을 대강 정리합니다.

이제 문제는 노예 제도입니다. 제시된 말씀을 읽으면서 힘 있고 확실하게, 가끔은 모세 같은 인간을 도구로 사용하셔서 역사하시는 하나님을 살펴보십시오.

연결고리 : 상상력을 동원하여 이야기 속에 나를 집어넣어 보십시오. 이야기 속의 사람들이 보고, 듣고, 느끼는 것을 동일하게 보고, 듣고, 느껴 보십시오.

D1 출애굽기 1~2장(속박, 모세의 탄생, 미디안으로의 도망)

D2 출애굽기 3~4장(모세를 부르시는 하나님)
시편 55편(구원을 간구하는 기도)

D3 출애굽기 5~7장(바로에게 요구함, 재앙)
시편 78편(하나님과 하나님의 백성)

D4 출애굽기 8~9장(또 다른 재앙)
시편 105편(백성을 위해 하나님이 하신 일)

D5 출애굽기 10~11장(바로의 마음이 강퍅해짐)

D6 교재 내용

⬦ 말씀 속으로

이집트를 이해하기는 쉽지 않습니다. 이집트는 세계 문명의 가장 오래된 발상지 중 하나로 그 역사가 7,000년 전까지 거슬러 올라갑니다. 나일 강 연안을 빼고는 거의 황무지나 사람이 살지 못하는 지역입니다. 이집트의 황금기는 수세기 동안 하늘의 달이 찼다가 기우는 것처럼 왔다가 사라지곤 했습니다. 기원전 3,000년에 처음 왕조가 수립된 때부터 알렉산더 대왕이 정복할 때까지(기원전 332년) 30여 왕조가 그 땅을 지배하였습니다.

정치 경제적 중심이 델타 지역에 있는 도시에서 멤피스, 테베스, 그리고 더 남쪽으로까지 시시때때로 바뀌었습니다. 바로는 '두 나라의 주인' 으로 불렸고, 흰색은 위쪽 이집트를, 빨강색은 아래쪽 이집트를 상징하는 두 겹의 왕관을 썼습니다.

히브리인들의 구원은 실재 역사에 근거합니다. 그러나 이집트인들의 관점에서 보면 그들의 400년간의 거주는 역사의 장에 있어서 각주에 불과합니다. 이집트의 상형문자나 벽화, **파피루스**에 쓴 기록들은 가나안의 유목민들이 가끔 곡식을 얻기 위해 왔었다고 적고 있습니다.

성경은 다른 이유들 때문에 지리적인 역사를 별로 고려하지 않는 것 같습니다. 요셉이나 모세 시대에 바로는 누구였습니까? 성경은 말하지 않습니다. 바로의 딸의 이름이 무엇이었는지는 중요하지 않습니다. 언제 정치적인 분위기가 변하였는지, 간결한 성경의 구절들은 이를 언급하지 않습니다.

성경은 그때의 정황을 이렇게 말합니다. "요셉을 알지 못하는 새 왕이 일어나 애굽을 다스리더니(출 1:8)." 새로운 바로는 누구였습니까? 학자들은 아마도 이집트 본토인들의 권위를 강화하고, 람세스 왕조를 시작한 세티 1세(기원전 1308~1290)가 아닌가 생각합니다. 그리고 그의 아들 람세스 2세(기원전 1290~1224)가 출애굽 당시의 바로일 것이라고 추측합니다. 정권은 계속 바뀌기 때문에 별로 신경을 쓰지 않습니다. 그 대신 성경은 사람들이 어떻게 살았고, 하나님이 어떻게 역사하셨는지를 말하고 싶어 합니다. 수많은 노예들의 피와 땀과 눈물로 기념비 같은 무덤을 지을 수 있었던 바로에 대하여도 성경은 그 이름조차 기억하지 않습니다.

그러나 성경은 다른 이름들은 기억합니다. 출애굽기의 원래 명칭은 히브리어로 '이름들은 이러하니' 인데, 이는 이 구절로 책이 시작하기 때문입니다. 그렇다면 누구의 이름입니까? 야곱의 아들들의 이름입니다. 우리는 아브라함과 이삭과 야곱의 하나님, 언약의 하나님, 아브라함에게 친히 약속의 땅을 차지하게 될 백성의 아버지가 될 것이라고 말씀하신 하나님, 야곱이 이집트에 가기 전에 아브라함의 하나님이 함께하시니 염려하지 말라고 하신 그 하나님과 관계를 맺고 있습니다. 하나님은 고센 땅에서의 400년을 통해 한 가족을 수많은 사람들로 일변시키셨습니다.

새 바로는 수도를 테베스에서 삼각주 지역으로 옮기고, 고대 아바리스의 수도였던 힉소스를 라암셋으로 개칭하였습니다. 여기서 '라(Ra)' 는 '태양신' 을 의미하고, '암세스(meses, mses, moses)' 는 '아들' 이라는 뜻이므로, '라암셋' 은 '태양신의 아들' 이라는 의미입니다. 왜 수도를 옮겼습니까? 실제로 군사적 위협이 되었던 가나안이나 그 동쪽의 시리아 또는 그 너머에서 오는 적들을 방어하고, 아시아 제국들에게 빼앗겼던 지역을 다시 손에 넣기 위함이었습니다. 남쪽 테베스에 고립되어 있기보다는 히브리인들이 살던 고센 지방의 중앙을 통과하여 밀고 나아갔습니다. 그는 국가적인 안정과 군사적인 확장, 그리고 왕국의 부와 특권을 강화하는 일에 사로잡혀 있었습니다.

아마도 농번기나 목양의 계절이 아닌 때에 강제 노동으로 시작한 것이 징병제가 되었고, 국민을 자기 통치 아래 복종시키는 제도가 되었으며, 노예 제도로 변화되었을 것입니다. 비슷한 정치적인 일들이 몇 세기 전 피라미드를 지을 때도 있었습니다.

이집트의 벽돌은 물과 흙을 섞어 만든 후에 태양열로 구워 냈습니다. 짚이나 잘게 자른 **파피루스**를 섞어 더 단단하게 만들기도 하였습니다. 때로는 모든 벽돌에 왕의 도장을 찍기도 하였습니다. 운하나 우물에서 지렛대와 물통 혹은 돌아가는 축에 디딜방아를 달아 물을 긷거나, 농사에 필요한 수로를 파거나 막는 일, 진흙을 벽돌 굽는 틀에 붓거나 햇빛 아래 쌓아 놓는 일 등이 고된 노역이었습니다.

압박이 심해지다

소수민족 집단을 핍박하는 이유는 무엇입니까? 탐욕은 가난한 자들의 등에 '경제 부흥'이라는 짐을 지우는 경제 기계의 연료입니까? 두려움을 정당화시켜 소수 민족에게 해가 되는 힘을 사용해도 됩니까? 성경은 바로가 미래에 있을 전쟁에서 히브리인들이 충성을 다할지 의심했다고 말합니다.(출 1:8~10)

바로는 핍박을 시작하였습니다. 더 힘든 일을 시키고 경제적인 압박을 가하였습니다. 또한 어린 사내아이를 질식시켜 죽였습니다. 성경이 바로의 이름은 적지 않은 반면 두 노예 산파의 이름, 즉 십브라와 부아를 기억하는 것에 주목하십시오. 하나님은 그들의 믿음과 용기를 사용하여 히브리인들을 보호하셨습니다.

이제 핍박이 공식적인 민족 학살이 되었습니다. '아이들을 나일 강에 던져라!' 모세의 어머니는 그를 나일 강에 던지기는 했지만, 역청과 나무진을 칠한 갈대 상자 방주(노아의 방주를 기억하라)에 넣었습니다. 확실히 바로의 딸은 바로와는 달랐습니다. "그 아기를 보니 아기가 우는지라. 그가 그를 불쌍히 여겨 이르되 이는 히브리 사람의 아기로다(출 2:6)." 하나님이 히브리인들의 우는 소리를 들으신 것처럼, 그녀는 아이의 울음소리를 들었습니다.

누이인 미리암이 잘 말하였습니다. "내가 가서 당신을 위하여 히브리 여인 중에서 유모를 불러다가 이 아기에게 젖을 먹이게 하리이까(출 2:7)?" 게임은 시작되었으며 모두가 그 결과를 압니다. 이 위험한 계획은 사랑과 연민과 동정심을 가진 세 여인에 의해 이루어진 것입니다.

모세라는 이름은 이집트어로는 '아들'이라는 뜻이고, 히브리어로는 '물에서 건져내다.'라는 의미가 있습니다. 히브리인으로 태어나 이집트인으로 자라난 이 낯선 사람이 바로 하나님에 의해 하나님께 봉사하는 자가 됩니다.

모세의 위기는 그가 "형제들에게 나가서 그들이 고되게 노동하는 것을 보더니"에서 시작합니다(출 2:11). 그가 히브리인으로서의 자신의 정체를 주장하며, 노예 된 자들의 아픔을 느끼는 것을 유의하십시오. 의로운 분노가 폭발하여 한 이집트인을 죽이게 됩니다. 유대인 랍비들은 이 첫 번째 불의에 대한 공격은 하나님의 계획이었다기보다는 인간적인 방법이었다고 말합니다. 나중에 "살인하지 말라(출 20:13)."는 계명을 적을 사람이 실제로 사람을 죽였다는 것을 놓치지 마십시오. 몰래 행한 일은 곧 사람들이 알게 되었고, 모세는 이집트로부터 도망하였습니다.

광야로의 도피

미디안 땅은 몇 백 마일의 건조한 광야로 덮여 있습니다. 미디안 사람들은 물과 풀을 찾아 시내 반도를 가로질러서, 지금의 요르단과 사우디아라비아를 넘나들던 유목민이었습니다. 미디안 사람들은 아브라함까지 거슬러 올라갈 수 있는, 히브리

파피루스는 고대 이집트인들이 신발이나 바구니, 작은 배나 종이를 만들던 아주 커다란 사초의 하나다. 아기 모세의 바구니는 이 파피루스로 만든 것이다.(성경에는 갈대 상자로 표현되었다. 출 2:3)

인과 먼 혈연 관계에 있는 사람들이었습니다. 즉 그들은 이스라엘 사람들에게 먼 친척이 되었습니다(창 25:2). 그래서 모세는 시내 반도로 곧장 나아가서 하나이신 참 하나님을 믿는 미디안의 제사장을 만난 것입니다. 우물가에서의 사랑 이야기는 아브라함의 하인이 리브가를 만나는 것과 야곱이 라헬을 만나는 장면을 상기시킵니다. 모세의 불의에 대한 특별한 감각이 목자들을 내쫓고, 이드로의 일곱 딸들을 돕는 것을 주목하십시오.

이드로가 자기 딸들을 꾸짖는 배후에는 거룩한 환대가 깔려 있습니다. 하나님께 속한다는 것은 자기의 식탁을 나그네에게 열어놓는 것을 의미합니다. "그를 청하여 음식을 대접하라(출 2:20)."(창세기 18장 1~8절에 나오는 아브라함이 하나님의 천사들을 멋지게 접대한 것을 기억하라.) 모세는 십보라와 결혼하여 '나그네' 또는 '타국의 객'이라는 의미의 이름을 가진 게르솜을 낳았습니다. 누가 타국에서 나그네가 되었습니까? 어떤 의미에서는 모세가 그렇고, 또 다른 의미에서는 이스라엘이 그렇습니다. 성경적인 관점에서 나그네는 믿음의 사람들—타국에서 순례자가 된 유대인이나 기독교인들을 모두 포함함—을 의미합니다.

오 주여, 언제까지이니이까?

성경은 불의가 우세할 때나 가난한 자들이 절망에 빠질 때, "오 주여, 언제까지이니이까?"라고 울부짖는 부르짖음으로 가득 차 있습니다. 고난 받는 욥은 하나님의 정의가 오래 지체되지 않기를 바랐습니다. "어찌하여 전능자는 때를 정해 놓지 아니하셨는고. 그를 아는 자들이 그의 날을 보지 못하는고(욥 24:1)." 욥기 24장을 읽고 정의가 지체되는 아픔을 경험하십시오. 그렇지만 욥도 그 시간이 곧 오리라는 것을 알았습니다. "하나님이 그의 능력으로 강포한 자들을 끌어내시나니 …… 하나님은 그에게 평안을 주시며 지탱해 주시나 그들의 길을 살피시도다."(욥 24:22~23)

노예 제도의 신랄한 악취가 하나님의 코를 찔렀습니다. "내가 애굽에 있는 내 백성의 고통을 분명히 보고 …… 부르짖음을 듣고 그 근심을 알고 내가 내려가서 그

들을 애굽인의 손에서 건져내고."(출 3:7~8)

이집트의 노예 제도는 어떠했습니까? 성경은 암시만 해 줄 뿐입니다. 처음에는 나일 강이 범람했을 때나 한가한 계절에 애국심을 고취시키는 방편으로 농부들을 고용하여 공공사업을 했습니다. 그러고나서 무력을 통해 경제적 착취, 이동 억제, 육체적 핍박, 영적 정신적 고통을 가하였습니다.

• **경제적 착취와 강제 노동** 공사 감독은 잔인했고 일꾼들을 마음대로 때릴 수 있었습니다. 짚을 주워 모으며 정해진 분량대로 벽돌을 만들라는 바로의 명령이 있었습니다.(출 5:10~18)

• **이동 억제** 허락 없이 예배를 드리러 갈 수도 없었습니다(출 3:18~19; 5:1~2). 안식일의 휴식과 예배가 가능했겠습니까? 정해진 양을 해내야 하는 압박 때문에 그럴 수 없었습니다.

• **육체적 핍박** 히브리인 감독들과 일꾼들은 임의로 부당하게 재판 없이 매를 맞았습니다(출 5:14). 죽음이 임박한 것 같았습니다. 히브리인 감독들은 모세와 아론에게 "너희가 …… 그들의 손에 칼을 주어 우리를 죽이게 하는도다(출 5:21)."라고 항의했습니다. 이집트인들은 히브리인들을 감독이나 관리자로 이용했습니다.

• **영적 정신적 고통** 하나님은 이스라엘 자손의 신음소리를 들으셨습니다(출 6:5). 사람들은 너무나 풀이 죽고 희망을 잃어서 모세를 따르지 못했습니다. "그들이 마음의 상함과 가혹한 노역으로 말미암아 모세의 말을 듣지 아니하였더라."(출 6:9)

모든 사람을 뒤덮은 공포의 구름을 보십시오. 바로는 두려웠습니다. 모세와 아론도 두려웠습니다. 노예들도 두려웠습니다. 산파들은 그들의 생명을 두려워합니다. 부모들은 자녀들 때문에 두려워합니다. 군인들은 등 뒤를 두려워합니다. 왕은 반란을 두려워합니다. 굴레를 쓴 모든 자가 두려움에 신음합니다. 누군가가 이 굴레를 깨고, 문을 열고, 공포로부터 자유롭게 해야 합니다.

권력에 대한 도전

하나님은 모세와 바로의 첫 번째 대결에서 지팡이가

뱀이 되고, 다시 지팡이가 되는 이적을 주셨습니다(출 4:1~5). 바로 앞에서 아론은 자기의 지팡이로 이 이적을 행했습니다. 그러나 이집트의 마술사들도 뱀을 마비시켜서 비슷한 마술을 행했습니다(출 7:8~13). 결과적으로 아무런 효과를 얻지 못한 것입니다.

우리는 가끔 재앙에 담겨 있는 깊은 의미를 깨닫지 못합니다. 그것들은 기적, 그 이상의 것입니다. 그것들은 이집트의 생존에 대한 직접적인 도전입니다. 또한 신들에 대한 하나님의 도전입니다.

몇 세기 후 갈멜 산에서 있었던 바알 제사장들과 엘리야 선지자의 대결(왕상 18:19~40)과 같은 영적인 전쟁이 선포된 것입니다. 바로는 누구입니까? 왕이며 람세스, 즉 태양의 아들, 생명을 주는 자, 나일 강을 다스리는 작은 신이었습니다. 누가 도전을 합니까? 그는 생명을 주시는 하나님, 아브라함의 하나님, 우주를 다스리는 하나님, 스스로 계신 분입니다.

나일 강물을 피로 바꾸었습니다. 나일 강을 오염시키는 것은 이집트의 목에 칼을 가져다대는 것과 같습니다. 여기서 우리가 깨닫지 못하는 것은 이집트의 마술사(술객)들도 나일 강을 피로 변화시킴으로써 재앙을 더 심하게 하였다는 것입니다.

나일 강에 개구리 재앙이 내렸습니다. 헤겟 신은 개구리 형상이었고, 봄철에 강이 범람하는 것처럼 재생산을 상징했습니다.

모기와 파리는 이집트 신들의 대행자로 여겨졌습니다. 모세의 하나님이 그 곤충들을 통제하셨습니다.

생축, 특별히 소에게 내린 재앙은 더 깊은 의미가 있습니다. 소는 신성한 동물이었습니다. 사랑과 미와 행복의 여신인 하솔(Hathor) 신은 소의 형상이었습니다. 수소의 형상을 지닌 아피스(Apis)는 다산의 상징이었습니다. 아론과 백성이 금송아지를 만들었을 때(출 32장), 그들은 이집트의 (혹은 가나안의) 다산 예배 의식으로 되돌아갔던 것입니다. 모세의 '스스로 있는 자'가 다산의 신이나 여신보다 강력한 힘을 가졌습니까?

독종의 재앙은 의약의 수호신인 이모텝(Imhotep)에 대한 도전이었습니다. 우박은 하늘의 여신인 눗(Nut)과 생명의 여신인 이시스(Isis)와 곡물의 보호자인 셉(Seb)에 맞서는 것이었습니다. 메뚜기 떼는 이시스와 셉에 대항하는 것이었습니다. 어둠은 그들의 신들 중에 최고의 신인 태양신(Ra)에 대한 도전이었습니다.

마지막으로 출애굽기 11~12장에 있는 처음 난 자들의 죽음은 인간에게 슬픔을 가져다주는 동시에, 바로 자신의 신성인 생명을 주는 자, 즉 오시리스(Osiris)를 압도하는 것이었습니다.

무엇이 위협을 받았습니까? 이집트의 종교 문화 전체입니다. 생명을 주는 자이며, 태양의 아들인 동시에 태양신이며, 위대한 나일 강을 조절하며, 모든 사람을 부양하는 자로서 존경을 받았던 바로가 아브라함과 이삭과 야곱의 하나님에게 도전을 받았고, 연속 패배하였습니다.

출애굽 당시의 바로는 람세스 2세였을 것이다. 왕의 상 아래쪽에 있는 장식벽판들(왕의 이름을 나타내는 상형문자)은 아비도스 시의 성전에서 발굴된 것이다.

마음이 강퍅해짐

인간의 능력에 대하여 우리는 무엇을 알고 있습니까? 그것은 쉽게 내어줄 수 있는 것도, 자발적으로 포기할 수 있는 것도 아닙니다. 경제적인 힘을 스스로 버리는 사람이 있습니까? 항상 그렇지는 않습니다. 정부가 투쟁 없이 권력을 내줍니까? 보통은 그렇지 않습니다. 혁명은 스스로를 방어하는 독재자들을 축출하기 위하여 일어납니다.

출애굽기를 읽는 많은 독자들은 바로의 '강퍅해진 마음'에 대해서 어려움을 느낍니다. 가장 이해하기 힘든 구절은 "내가 그의 마음을 완악하게 한즉 그가 백성을 보내 주지 아니하리니"입니다(출 4:21). 출애굽기 4~14장에 바로의 마음이 강퍅해졌다는 구절이 18번이나 나옵니다. 이 사상은 세 가지 다른 방향으로 표현되었습니다. (1) 하나님이 바로의 마음을 강퍅하게 하셨다. (2) 바로 스스로 마음을 강퍅하게 하였다. (3) 바로의 마음이 강퍅해졌다. 그런데 이것은 모두 같은 의미입니다. '강퍅하다'는 가끔 '강하다' 또는 '완고하다'를 의미합니다. '무겁다, 둔하다, 대답이 없다'는 의미도 됩니다. '항복하지 않는, 가혹한, 완강한'이라는 의미도 있습니다. 노예를 잡은 자들의 마음이 바로 이렇습니다.

히브리인들에게 마음은 감정의 중심이 아니라 의지가 있는 곳입니다. 주먹을 불끈 쥐고 이를 갈면서 마음을 정하고 결정하는 것을 말합니다. 하나님은 스스로 강퍅하게 하지 않는 사람의 마음을 먼저 강퍅하게 하지 않으십니다. 그런데 마음을 온화하게 하시는 하나님의 말씀이 저항하는 자의 마음을 강퍅하게도 하지 않습니까? 하나님을 거부하면 더욱 둔하게 되고, 양심도 무감각해지지 않습니까?

⬆ 세상 속으로

다음과 같은 굴레들을 생각해 보십시오.

〈문맹〉 글을 읽을 수 없다는 것이 얼마나 절망스러울지 상상해 보십시오. 어떻게 하면 교회가 학생들이나 글을 읽지 못하는 성인들에게 가르침의 문을 열 수 있습니까?

〈약물중독〉 알코올이나 마약, 다른 약물들이 바로보다 더 해로울 수도 있습니다. 우리 교회는 치료나 회복, 그리고 후원 그룹을 육성하고 있습니까? 혹시 나는 남을 도울 수 있는 회복 단계에 있는 중독자입니까?

〈정치적 포로〉 이 세상 어디든 인간의 자유를 위해 내가 할 수 있는 일이 있습니까? 어디입니까? 나와 우리 그룹이 무엇을 할 수 있습니까?

....

....

어디에서 내가 다른 사람에게 더 많은 자유를 가져다줄 수 있습니까? 어떻게, 그리고 언제 할 수 있습니까?

....

....

세상 속에서의 하나님 말씀
하나님의 말씀에서 얻은 이 메시지가 이번 주 내 사역의 나침반이 될 것입니다.

나는 이러한 방법으로 응답할 것입니다.

♥ 안식일

안식일은 하나님과 사람, 동물, 그리고 땅이 쉴 수 있는 자유를 주는 데 목적이 있습니다. 안식일의 자유는 우리가 누구인지를 기억하고, 하나님의 모든 자녀의 존엄성을 주장하라는 부르심입니다. 나의 태도를 엄밀하게 관찰해 보십시오. 다른 사람의 자유를 억압하거나 누군가의 존엄성을 부인하지는 않습니까? 자유를 향한 부르짖음을 외면하는 강퍅한 마음은 없습니까?

더 알아보기

■ 솔로몬 왕은 이스라엘의 왕정 기간에 자기의 궁을 짓기 위해 백성의 강제 노동을 이용하였습니다. 열왕기상 15장 13~18절을 읽어 보십시오.

불 속에 나타나신 하나님

이제 내가 너를 바로에게 보내어
너에게 내 백성 이스라엘 자손을 애굽에서 인도하여 내게 하리라
(출애굽기 3:10)

이 과의 주제

부름받음

⬆ 우리의 모습

봉사하라는 부르심에 저항하지 않는 사람이 있습니까? 우리는 이의를 제기하며 다른 사람들에게 떠넘기려 합니다. 자기가 부적당하다고 생각합니다. 우리는 대가를 치러야 한다는 것을 압니다. 또 그 대가와 결과를 두려워합니다.

✦ 내려놓기

성경 공부를 하기 전에 먼저 하나님께 기도를 드립니다. 아래의 시편 말씀이 좋은 길잡이가 될 것입니다.

> 주는 나의 하나님이시니 나를 가르쳐 주의 뜻을 행하게 하소서 주의 영은 선하시니 나를 공평한 땅에 인도하소서 (시편 143:10)

이번 주 기도 제목을 구체적으로 적어 기도합시다.

영성 훈련

명상 우리는 하나님이 함께 하시는 중에 기다리며, 하나님의 말씀을 묵상하고, 하나님의 음성을 들으며, 하나님의 부르심에 자신을 열어 놓습니다.

✆ 귀 기울이기

이 과에서는 하나님의 부르심과 인간의 반응에 관심을 집중하기 위하여 이제까지와 형태를 달리합니다. 모세에게 주로 초점을 맞추며 이사야와 예레미야, 에스겔의 부르심과 비교합니다. 서로 다른 상황들이지만 유사성이 있음을 주의하여 보십시오. 여섯째 날에는 많은 양의 성경 본문과 함께 교재를 읽어야 하므로 미리 계획을 세우십시오. 다음 과에서 출애굽기의 내용을 계속 연구할 것입니다.

연결고리 : 어떠한 의미가 있는지 이해하기 위해 그 구절에 나타나 있는 중요 사상을 요약하십시오.

D1 | 출애굽기 3장(불타지 않는 수풀)

D2 | 출애굽기 4장(모세, 거듭되는 핑계)

D3 | 이사야 6장(성전의 선지자 이사야)

D4 | 예레미야 1~2장(소년 예레미야)

D5 | 에스겔 1~3장(포로가 된 에스겔)

D6 | 교재 내용

🔥 말씀 속으로

가끔 역사의 흐름 속에서 많은 사람들이 잘못된 생각에 빠져 있거나 독재체제에 사로잡혀 있을 때, 하나님은 단 한 사람에게 말씀하십니다. 우리는 강력한 자연의 힘이나 막강한 군대를 기대하지만 성경은 불완전하고 조금 부족한 사람이 하나님의 부르심을 확실하게 듣게 된다고 말합니다.

하나님의 솔선

어머니의 얼마나 많은 기도와 바로의 딸의 동정심이 모세가 하나님의 부르심을 받을 수 있도록 그의 마음을 준비시켰는지 깊이 생각해 볼 수 있습니다. 출애굽기 2장에서 모세는 자신이 히브리인임을 주장했고, 사람을 죽일 정도로 불의에 폭력으로 대응했습니다. 미디안에서는 말썽 많은 목자들을 쫓아내어, 이드로의 딸들이 가축에게 물을 먹일 수 있게 하였습니다. 그 후 오랫동안 시내 산의 뜨거운 햇빛과 성실한 미디안 제사장인 장인 아래서 단련과 교육을 받았습니다.

모세가 부르심을 받았을 때 그는 이미 중년이었고, 그의 백성과 떨어져 작은 땅을 소유하고 양을 치며 아이들과 살고 있었습니다. 전능하신 하나님이 언제 어디서 우리를 부르실지 알 수 없는 것입니다.

호렙 산은 하나님의 산이라 일컬어졌습니다. 시내 산은 이 산의 다른 명칭이었습니다. 어떤 학자들은 다른 산을 지적하기도 하지만, 수세기 동안 유목민들은 '제벨 무사(Jebel Musa, 모세의 산)'라 불렀습니다. 불타는 숲과 십계명으로 알려진 이 전통적인 시내 산은 시내 반도의 남단부에 위치해 있습니다.

부르심이 임했을 때 모세는 이드로의 가축들을 열심히 돌보고 있었습니다. 불타는 듯한, 그러나 태워 버리지 않는 이상한 불길은 모세로 하여금 길을 바꾸게 하였습니다. 처음 모세의 이름을 부른 것에서 우리는 하나님에 관하여 많은 것을 배웁니다(출 3:4). 그는 개인적으로, 그리고 독특하게 부르십니다. "거기 너!"라고 큰소리로 부르지 않으십니다. 전능하신 하나님은 우리의 이름을 아시고, 개인 대 개인으로 우리에게 말씀하십니다.

우리의 종교적인 사상을 이루고 있는 추상적인 철학이나 비인격적인 윤리강령과는 얼마나 다릅니까? 만약에 우리가 믿는 대로 성경이 하나님께서 어떤 분인지를 가르친다면, 우리는 하나님께서 우리의 이름을 부르시는 개인적인 하나님이라는 사실을 말할 수 있습니다.

부르심은 언제나 하나님의 목소리와 듣는 자의 귀가 있어야 하기에 쌍방적입니다. "내가 여기 있나이다(사 6:8)."라고 이사야는 대답했습니다. 얼마나 많은 하나님의 부르심이 귀 기울이지 않고, 돌이키지 않고, "내가 여기 있나이다."라고 답하지 않았기에 사라져 버렸는지 모릅니다.

"네 발에서 신을 벗으라(출 3:5)."는 예상 밖의 명령입니다. '걸어 다니는' 사회에서 발은 몹시 더러웠고 먼지 투성이였습니다. 신발은 쉽게 벗겨졌고, 유목민들은 장막 밖에서도 신발을 벗었습니다. 오늘날에도 중동이나 극동 지역에 사는 사람들은 집에 들어가기 전에 신발을 벗습니다. 한국 기독교인들은 교회 강단에 나아갈 때 신발을 벗습니다. 성실한 모슬렘들은 성전에 들어가기 전에 신발을 벗어 성전 밖에 놓아둡니다. 모세는 하나님의 전, 하나님의 현존 앞에 서 있었습니다. 엄숙함과 경외, 존경심, 그리고 환대를 받아들임으로 그는 신발을 벗었습니다.

모세는 하나님의 의미와 이름을 알고자 했습니다. 하나님은 자신이 메소포타미아에서 아브라함과 사라를 불러낸 하나님이요, 얍복 강가에서 야곱과 씨름하던 하나님이라고 확실하게 말씀하셨습니다.

모세는 이스라엘 백성이 그를 보낸 자가 누구냐고 물으면 어떻게 대답해야 할지 물었습니다. 하나님은 자신의 본성을 그대로 담은 대답, 즉 "나는 스스로 있는 자이니라(출 3:14)."고 답하셨습니다. 이는 때로는 '나는 스스로 지금 있는 자라.' 또는 '나는 스스로 될 자라.' 고 번역할 수도 있습니다. 하나님은 우리의 숨결보다 더 가까울 수도 있고, 또한 먼 곳에서 스스로 자신의 권위와 위세를 보일 자유도 있으십니다. 우리는 하나님을 정의하지 않습니다. 오히려 하나님이 우리를 정의하십니다. 창세기 32장 22~30절에서 하나님의 이름을 알기 위해 애쓰던 야곱을 기억합니까? 그때 하나님은 야곱에게 자기의 이름을 알려 주시지 않았습니다.

우리는 하나님에 관하여 배웁니다. 하나님은 우리의 '불쌍함'을 보시는 것뿐만 아니라 우리의 '부르짖음'을 들으십니다(출 3:7). 하나님께서는 그들의 고통을 '아셨을' 뿐 아니라, 그 고통을 동정하셨고, 그 아픔을 나누셨습니다.

하나님은 아시고 또 역사하십니다. "내가 내려가서 그들을 애굽인의 손에서 건져내고(출 3:8)." 하나님은 구원하시고, 건져내시고, 자유롭게 하기 위해 오십니다. 그것이 바로 영원하신 하나님의 특성입니다. 하나님은 역사에 관여하십니다.

그러나 하나님은 인간을 도구로 사용하십니다. "이제 내가 너를 바로에게 보내어 너에게 내 백성 이스라엘 자손을 애굽에서 인도하여 내게 하리라(출 3:10)." 사람들은 하나님을 잊었는지 모르지만, 하나님은 언약 백성을 잊지 않으셨습니다. 한 인간이 그 사명을 감당하기 위해 부르심을 받았습니다.

모세의 반응

모세는 얼마나 인간적입니까? 처음에는 그저 나약하고 평범한 한 인간이 대답하였습니다. '저요? 저는 할 수 없어요.'라며 핑계를 댔습니다.

우리는 하나님이 어떤 분인지를 보아왔습니다. 이제 우리는 인간이 어떤 존재인지, 심지어 믿음을 가지고 살려는 자들조차 어떤 모습인지 보려 합니다. 하나님을 대면했을 때 인간의 반응은 어떠합니까? 그 대화는 이런 식으로 진행되었습니다.

하나님 : 나는 네가 나를 대신하여 갔으면 한다.
모　세 : 당신의 이름이 뭐라고 하셨죠?
하나님 : 아브라함과 이삭과 야곱을 인도한 하나님이다.
모　세 : 세워 놓은 계획이 있으십니까?
하나님 : 그렇다. 희생 제물을 드리는 것처럼 사흘 길 광야로 나가면서 시작한다.
모　세 : 제 생각에는 그들이 내 말을 듣지 않을 것 같은데요. 내가 말하는 것을
　　　　 믿지도 않을 거예요.
하나님 : 네 손에 있는 것이 무엇이냐?

모세는 단순히 '지팡이'라고 대답했는데, 맞는 말입니다. 곧고, 야생동물들을 쫓을 수 있을 정도로 튼튼하며, 걸을 때 사용했기 때문에 곱게 닳은 막대기입니다. 그러나 다른 한편으로 지팡이는 모세 자신을 말합니다. 모세는 바로 앞에서 이 지팡이를 뱀으로 만드는 이적을 행할 수 있었습니다. 광야에서 이 막대기는 신성한 권위와 지도자임을 나타내는 상징이 되었고, 하나님이 아직도 백성을 이끄신다는 표증이 되었습니다. 망설이면서 모세는 계속합니다.

모　세 : 나는 말을 잘 못합니다. 더듬거립니다. 좋은 대변인이 필요합니다.

하나님 : 내가 너의 입을 지었느니라. 내가 할 말을 가르치리라.

모　세 : 다른 사람을 보내시지 그래요.

하나님 : 너의 형 아론을 데리고 가라. 어쨌든 그가 너를 만나러 오고 있는 중이다. 그는 입심이 좋고 말을 잘한다. 내가 그에게 말할 것을 가르치리라.

그래서 모세는 결국 동의하였습니다. 그는 이드로를 만나러 갔으나 불타는 수풀에 관해서는 언급하지 않았습니다.

영적인 체험이나 하나님과의 만남, 그리고 봉사하라고 부름받은 사실을 가까운 사람들에게 어떻게 이야기합니까? 내 삶에 있었던 그러한 순간들을 적어 보십시오.

다른 부르심들

이제 하나님께서 다른 사람들을 부르신 것을 살펴보겠습니다. 역사적인 정황에 너무 신경 쓰지 마십시오. 단지 왜 하나님께 심부름꾼이 필요했는지를 생각해 보십시오. 하나님이 사람을 부르실 때 무엇이 문제가 되었습니까? 부르심의 강도와 부르심을 받은 다양한 사람들, 그리고 보통사람들의 저항을 살펴보십시오. 이러한 부르심들과 모세에 대한 부르심은 어떤 유사점과 차이점이 있는지를 찾아보십시오.

도시의 선지자

이사야의 언어는 세련되고, 세밀하며, 시적입니다. 그는 도시 사람이었고, 예루살렘에 살고 있었으며, 아마도 성전에서 제사장으로 일하고 있었을 것입니다. 그는 성숙했고, 여러 왕 밑에서 봉사하였습니다. 이때는 모세 이후 500년쯤(기원전 742년경)이었으며, 왕정이 확립된

지 오래였고, 왕국이 분열되어 있었습니다. 하나님은 모세를 광야에서 만났고, 이사야는 예배 중에 만나셨습니다. 성전 제단 앞에서 이사야는 환상에 사로잡혔습니다. '거룩하고 거룩하고 거룩하다', '나는 스스로 있는 자이니라.'는 하나님의 임재를 보여 줍니다. 스랍들의 환상이 이사야의 머릿속에, 그리고 하나님의 거룩하심이 성전 안에 가득하였습니다. 온 땅이 흔들리는 것 같았습니다. 마치 모세가 불을 본 것처럼 이사야는 연기냄새를 맡았습니다. 모세가 신을 벗은 것처럼 이사야는 자신의 무가치함을 느꼈습니다. 거룩하신 하나님 앞에 죄인인 인간은 설 수 없습니다. "화로다 나여, 망하게 되었도다(사 6:5)." 실제로 하나님이 나타나시면 인간은 무능함을 경험하게 된다는 것을 주목하십시오. 진리가 조명처럼 비치면 갑자기 온갖 거짓과 가식과 인간의 모든 허식이 드러납니다. "나는 입술이 부정한 사람이요."라고 이사야는 부르짖었습니다.

이사야를 부르심은 이사야의 입술, 즉 유창하고 학식 있으며 종교적 용어를 사용할 줄 아는 그의 입술을 쓰시려 했다는 것에 주목하십시오. 그의 입술과 사람들의 입술은 거짓된 말과 거짓된 삶을 나타냈습니다. 여기에서 우리는 "믿습니다."라고 말하면서 반대로 행동하는 위선과 만나게 됩니다.(사 29:13을 보라.)

이사야의 환상에서, 스랍 중 하나가 제단의 타는 불에서 숯을 가져다가 그의 입술에 대었습니다(사 6:6~7). 얼마나 자주 뜨거움이나 불길이나 불이 하나님을 경험하는 것과 함께하는지를 보십시오. 모세와 불타는 수풀, 이사야와 뜨거운 숯불, 그리고 예레미야와 그의 뼛속에 불타는 하나님의 말씀 등을 보십시오.(렘 20:8~9)

이사야는 처음부터 사람들이 회개하지 않으며, 가던 길을 돌이키지 않을 것을 알았습니다. 모세의 간청에 마음을 오히려 강퍅하게 하는 바로를 기억합니까? 그와 마찬가지로 이사야의 말은 사람들이 자기 귀를 손으로 가리게 만들었습니다.

이사야 6장 9~10절을 생각해 보십시오. 왜 사람들은 진리를 배척합니까?

"내가 여기 있나이다. 나를 보내소서(사 6:8)." 모세와 같이 이사야도 이제 쓸모 있게 되었습니다. 하나님은 비록 약점이 있긴 해도, 사람들 가운데서 사명을 감당할 수 있는 사람들을 필요로 하십니다.

하나님이 내 입술에 불을 대신 적이 있습니까? 어떠한 방법으로 하셨습니까?

마을의 한 소년

선지자 예레미야를 생각해 보십시오. 그는 예루살렘 근처의 아나돗이라는 데서 잘 알려지지 않은 제사장의 가정에서 태어났습니다. 앗수르는 예레미야가 태어나기 100년 전(기원전 722년)에 이곳을 침략하였고, 예레미야는 유다에서 요시야 왕의 통치기 시작된 기원전 640년쯤에 태어났습니다. 요시야 왕은 남왕국에 많은 개혁을 단행했기에 예레미야에게는 영웅이었습니다. 그러나 예레미야가 청년이었을 때는 백성이 이집트와 동맹을 맺고, 하나님께는 말로만 충성하는 것을 보았습니다. 그는 성숙해짐에 따라 담대해졌고, 예루살렘이 느부갓네살 왕에게 멸망할 것이라고 예고하였습니다.(주전 587년)

하나님은 예레미야에게 "내가 너를 모태에 짓기 전에 너를 알았고(렘 1:5)."라고 말씀하셨습니다. 그것은 우리에게도 적용되는 말입니다(시 139:13~18). 그러나 예레미야에 대한 특별한 부르심은 그의 탄생 이전에 있었습니다. "네가 배에서 나오기 전에 너를 성별하였고, 너를 여러 나라의 선지자로 세웠노라."(렘 1:5)

예레미야 1장 1~10절에 나오는 예레미야의 부르심에 관한 내용을 다시 읽어 보십시오. 예레미야는 어떤 이유를 대며 저항하였습니까?

예레미야에 대한 하나님의 약속은 무엇입니까?

예레미야는 얄팍한 믿음, 불신과 간음을 감춘 허세, 음란, 그리고 가난한 자들에게 공의를 행하지 않으며 사치를 일삼는 충성 때문에 하나님이 화가 나셨다고 외쳤습니다. 예레미야의 회개 요구는 관절이 뒤틀리도록 고통스럽게 삶을 변화시키라는 것이었는데, 이는 아마도 자신에 대한 부르심이 너무 강했기 때문일 것입니다.

"나의 마음이 불붙는 것 같아서 골수에 사무치니 답답하여 견딜 수 없나이다(렘 20:9)." 그러므로 예레미야에게는 피상적인 회개가 있을 수 없었습니다. 그는 사람들에게 죄를 인정하라고 요구하였습니다.

예레미야 3장 12~13절과 19~20절을 읽어 보십시오. 오늘날 우리는 어떻게 사람들에게 회개하라고 외칩니까?

외국에 유배된 자

기원전 597년에 바벨론은 유다를 휩쓸고 약탈한 후, 지도자들을 묶고 병거에 태워 잡아갔습니다. 예루살렘의 최후 함락과 성전의 완전 파괴는 10년 이상이 더 걸렸으나 그 화를 피할 방법은 없었습니다.

에스겔과 그의 아내는 다른 포로들과 함께 예루살렘에서 바벨론까지 먼지 나는 길을 걸어 유배되었습니다. 포로로 잡혀 온 자들을 흩어놓음으로써 느부갓네살 왕은 그들을 정치적으로 약화시키고, 똑똑한 사람들을 등용하여 사회를 좀 더 발전시키고자 하였습니다.

에스겔에 대한 하나님의 부르심은 5년 후에 유프라테스 강의 분지인 그발 강가에서였습니다. 그 경험으로 에스겔은 당황하여 7일간이나 마비 상태에 있었습니다(겔 3:15). 실제로 에스겔의 환상은 성경에서 가장 복잡하고 상징적입니다. 그러나 그 상징을 깨닫게 되면, 좀 더 깊은 영적 진리를 발견하게 됩니다.

다시 한 번 에스겔 1~3장을 읽어 보십시오. 에스겔의 저항을 암시하는 것은 무엇입니까? 안심시키는 하나님의 말씀을 들으면 그것들을 찾을 수 있습니다. 하나님의 약속은 무엇이었습니까?

에스겔은 다른 선지자들같이 단지 파괴만을 선포하라고 부르심을 받은 것은 아닙니다. 그는 '파수꾼'으로 부르심을 받아, 예루살렘의 멸망(기원전 587년)으로부터 그가 예언을 마친 기원전 571년까지 변화하는 정세를 해석하였습니다.

그가 '파수꾼'으로 부르심받은 것을 눈여겨보십시오(겔 3:16~21, 33:1~9). 그는 계속해서 예언을 하였는데 때로는 경고를 하였고, 때로는 위로하였습니다. 다음이 그 예입니다. 이것을 보고 변화하는 정세를 살펴보십시오.

- 포로로 잡혀 가는 자들, 심지어는 그 바퀴 안에도 하나님이 함께하십니다.(겔 1:15~28)
- 멸망은 도로 거둘 수 없는 것입니다.(겔 21:1~7)

예루살렘 멸망 후에는

- 하나님의 영광은 성전에만 얽매여 있는 것이 아닙니다.(겔 10:18~22)
- 하나님은 백성을 데려오실 것입니다.(겔 11:16~17)
- 비록 백성이 죄의식과 좌절감에 빠져 있지만, 하나님은 용서하시고 회복시키실 것입니다.(겔 33:10~16)
- 백성은 마치 마른 뼈 골짜기같이 영적으로 지쳐 있습니다. 하나님이 그들을 회복시키실 것입니다.(겔 37:1~14)

모세와 이사야, 예레미야, 에스겔을 부르신 하나님, 그에 대답은 "내가 여기 있나이다."입니다.

⌂ 세상 속으로

하나님은 모세가 시내 광야에서 조용히 일하고 있을 때 그를 부르셨습니다. 조용한 가운데 문제에 초점을 맞추고 인간의 힘과 하나님의 권능을 직시할 때 부르심의 윤곽이 드러날 수 있습니다.

예수님은 자기 사역의 성격을 광야에서 기도하면서 정하셨습니다. 바울은 선교 사역에 나서기 전 3년간 사막에서 자신이 나아갈 방향을 재조정하였습니다.

얼마간 모임이나 운동경기, 게임, 사업, 사회생활을 접어두는 것이 나에게 도움이 됩니까? 창조적인 삶을 위해 매일 시간을 따로 내는 것이 어떻습니까? 며칠 동안 영적 휴식을 위해 시간을 낼 수 있습니까? 어떤 일이 일어나기를 희망합니까?

그러나 하나님의 부르심은 보통 우리가 일하는 중에 임한다는 사실을 기억하십시오. 다시 말하면 갑자기, 예상 밖의 방법으로, 전혀 준비되지 않은 상황에서 임한다는 것입니다. 하나님의 부르심을 이미 듣고 있습니까? 핑계를 대고 있지는 않습니까?

세상 속에서의 하나님 말씀

하나님의 말씀에서 얻은 이 메시지가 이번 주 내 사역의 나침반이 될 것입니다.

나는 이러한 방법으로 응답할 것입니다.

♡ 안식일

안식일에 우리는 공동체로서 하나님의 임재를 훈련합니다. 하나님의 날, 하나님의 집, 신발을 벗는 특별한 시간, 주님의 날, 주님의 집, 주님의 음성을 듣기에 좋은 시간입니다. 하나님이 나에게 말씀하고 계십니까? 봉사하라는 하나님의 말씀을 듣고 있습니까? 어떤 핑계를 대고 있습니까? 안식일은 묵상하고, 결단하고, 순종하는 시간입니다.

◉ 더 알아보기

■ 부름받은 모세는 노예들과 신분을 같이할 필요가 있었습니다. 그는 히브리인의 정체성뿐 아니라 그들의 포로생활과 순례, 그리고 그들의 운명까지도 같이하였습니다. 출애굽기 32장, 특히 32장 30~34절을 유의하면서 금송아지 이야기를 읽어 보십시오. 무엇이 모세로 하여금 그의 백성을 위하여 자기 이름까지 지울 각오를 하게 했습니까? 민수기 27장 12~23절과 신명기 34장에 나오는 히브리인과 그가 얼마나 닮았는지 읽어 보십시오. 백성에게 나아가는 것과 그들 중 하나가 되는 것은 또 다른 문제입니다.

바다를 가르시는 하나님

미리암이 그들에게 화답하여 이르되 너희는 여호와를 찬송하라
그는 높고 영화로우심이요 말과 그 탄 자를 바다에 던지셨음이로다
(출애굽기 15:21)

✊ 우리의 모습

우리는 잘 모르는 곳으로 발을 내딛기를 두려워합니다. 오랜 습관은 비록 노예생활이라도 지금이 더 편안하게 느껴지게 합니다. 잘 아는 길이나 양식을 벗어나게 되면, 벗은 것처럼 상처를 받을 것 같습니다. 새로운 방향으로 나아가는 것은 비록 새로운 자유가 있더라도 큰 대가를 치러야 합니다.

✝ 내려놓기

성경 공부를 하기 전에 먼저 하나님께 기도를 드립니다. 아래의 시편 말씀이 좋은 길잡이가 될 것입니다.

> 나는 오직 주의 사랑을 의지하였사오니 나의 마음은 주의 구원을 기뻐하리이다 내가 여호와를 찬송하리니 이는 주께서 내게 은덕을 베푸심이로다 (시편 13:5~6)

이번 주 기도 제목을 구체적으로 적어 기도합시다.

👂 귀 기울이기

여러 층의 이야기와 몇 세기 동안의 제사장의 교훈이 결합되어 있습니다. 출애굽기 11장에는 처음 난 자들에게 닥치는 재앙의 근거가 나옵니다. 출애굽기 12장에는 유월절이 후대의 제사장문서 저자들에 의해 자세히 설명됩니다. 죽음의 사자는 히브리인의 자녀들은 '넘어갔으며,' 그들은 도망을 갔습니다. 출애굽기 13장에서는 다시 제사장문서 저자들이 기념의식을 정의합니다.

앞은 물로 가로막혀 있고, 뒤에서는 이집트의 병거가 따라옴으로 희망을 잃어버린 히브리인들에게 하나님은 전능하신 방법으로 역사하십니다.

연결고리 : 계속 언급되는 사건이나 단어, 이미지를 살펴보십시오. 어디에 언급되어 있습니까? 어떻게 서로 연결되어 있습니까?

D1 | 출애굽기 12장(기념을 위한 계획)

D2 | 출애굽기 13장(처음 난 것들의 헌신)

D3 | 출애굽기 14장(바로 군대의 패배)

D4 | 출애굽기 15:1~21(승리의 노래)

D5 | 시편 106편(구원의 노래)

D6 | 교재 내용

❶ 말씀 속으로

노예로 사로잡힌 사람들은 자유롭게 되기를 원합니다. 자유를 원하고, 자유를 위해서 기도하며, 자유를 꿈꿉니다. 심지어는 하나님에게 불평합니다. 그러나 나팔 소리가 울리고, 해방의 순간이 오면, 온갖 종류의 망설임이 생깁니다.

모세와 아론이 처음 바로 앞에 서서 하나님의 이름으로 "내 백성을 보내라. 그러면 그들이 광야에서 내 앞에 절기를 지킬 것이니라(출 5:1)."고 말하자 아주 호된 반응을 보였습니다. 바로가 짚을 주지 않으면서 같은 수의 벽돌을 구우라는 명령을 내려 노예들의 생활은 더욱 어려워졌습니다.

혁명에 대한 첫 번째 반응은 권력을 가진 자들에 의한 보복입니다. 백성 중 몇몇은 모세와 아론에게 즉각적으로 불만을 토로합니다. 벌써 값은 치러졌습니다. 남을 비난하는 것이 공통적인 방어입니다. "너희가 우리를 바로의 눈과 그의 신하의 눈에 미운 것이 되게 하고 그들의 손에 칼을 주어 우리를 죽이게 하는도다(출 5:21)." 모세는 다시 돌아가 기도하였습니다.

재앙 중에서 하나님은 계속해서 자신의 전능함을 보일 것이라고 말씀하셨습니다. 하나님은 이스라엘 백성과 이집트인들 모두를 가르치셨습니다. 하지만 히브리인들은 자유를 향해 기쁘게 뛰지 않았습니다. 결국 하나님이 말 그대로 그들을 내몰았습니다(출 11:1). 이집트인들은 표적과 기사와 재앙들을 통해 하나님이 누구이신지를 배워야 했습니다. 바로가 처음에 큰소리쳤던 것을 기억하십시오. "여호와가 누구이기에 내가 그의 목소리를 듣고 …… 나는 여호와를 알지 못하니(출 5:2)." 하나님은 모세를 통하여 히브리인들과 이집트인들에게 하나님의 권위를 가르치려 하셨습니다.

처음 난 자들의 죽음은 우리를 움츠러들게 합니다. 그러나 여기서 몇 가지 사실들이 작용합니다. 가나안과 이집트의 종교에서 처음 난 자들은 하나님께 속한 자들입니다. 유대인과 기독교인들의 예배에서도 '처음 열매'는 하나님의 것입니다. 아브라함이 이삭을 바치려고 한 것을 기억하십시오.

인간을 노예로 만드는 것이 아픔을 초래한다는 것은 누구라도 알 수 있는 진리입니다. 물론 자유를 왜곡하는 것도 마찬가지입니다.

유월절

유월절 어린 양을 잡아 그 피를 히브리인들의 집 문설주와 인방에 바르게 해서, 무서운 재앙이 그 집을 넘어가거나 지나가게 하였습니다. 기독교인들은 성찬 예식에 참여하면서, 그리스도 안에서 영원한 죽음이 그들을 넘어갔음을 기억합니다.

희생의 식사는 급히 먹어야 했습니다. 남은 고기는 태워야 했고, 빵은 누룩을 넣지 않았습니다. 유월절 의식에 대하여 후기에 첨가한 것이 출애굽기 12장 14~20절에 서술되어 있습니다. 아이들에게 주는 교훈은 이 의식을 중심으로 발전하였습니다. 후에 정해진 유월절 의식은 할례받은 이방인도 참석할 수 있도록 하였습니다. 후기의 성경 자료들과 오늘날 유대인의 예식은 할례받지 않은 손님도 환영합니다.

우리는 지금 모세오경에서 모세와 출애굽 전통이 시간이 지남에 따라 강화되고, 확대되며, 기억되고, 의식화되었음을 배우고 있습니다. 공동체는 영적이고 역사적인 경험으로부터 새로운 세대에 알맞은 신앙을 이끌어냅니다. 출애굽기 13장 1~16절은 그 좋은 예입니다.

우리는 어떠한 방법으로 역사적이고 영적인 경험에서 오늘날 우리의 신앙을 살찌우는 것들을 끌어낼 수 있습니까?

낯선 방향

밤중에 "일어나 떠나가라."고 바로가 부르짖었습니다(출 12:31). 그리하여 히브리인들은 라암셋을 떠나 북동쪽 삼각주로 출발했습니다. 수십만 명의 사람들과 가축들이 이집트를 떠났습니다.(출 12:37~38)

히브리 사람들은 하나님에게 이끌려 낯선 방향으로 떠

나갔습니다. 이집트에서 가나안으로 향할 때 보통은 옛 군사 도로인 해안을 따라 곧장 가는 길을 택했습니다. 역사적으로 군대들은 이 해안가 대로를 넘나들었습니다.

그러나 그것이 바로 문제가 되었습니다. 바로는 이 길을 따라 몇 마일마다 군대 전진기지를 배치했습니다. 수세기 후에 로마인들도 같은 방법으로 같은 지역을 지배하였습니다. 지름길은 봉쇄되었습니다. 성경은, 만약 이 해안가로 가기 위해 싸워야 한다면 사람들이 마음을 바꾸어 돌이킬 것이라고 하나님은 생각하셨다고 기록합니다. 그래서 그들은 남쪽 광야로 향했습니다. 구원의 여정에서 목적지는 곧바로 쉽게 가는 것이 아니라 돌아서, 가끔은 황무지로 돌아서 도달합니다.

이제 그들은 함정에 빠졌습니다. 모세는 의도적으로 남쪽과 북쪽은 바다를 두르고, 서쪽에 이집트 군대들을 둔 상황에서, 광야의 한 모퉁이에 진을 쳤습니다. 남서쪽의 황무지조차도 늪으로 막혀 있었습니다. 성경적인 관점에서 볼 때 히브리인들이나 이집트인들에게, 그리고 우리에게도 누가 구원의 역사를 이루는지를 배우는 것이 중요합니다. 극한의 상황은 기회가 되며, 이때 하나님의 역사의 손길이 따릅니다.

우리는 '바로가 마음을 바꾸는 일은 일어나지 않을 것'이라고 생각합니다. 하지만 이는 악의 세력이 얼마나 완강한지를 쉽게 잊어버린 데서 오는 착각입니다. 대개 하나의 위기가 지나가면 악의 힘은 또다시 고개를 듭니다. 이집트 아이들의 죽음이 멈추자 바로는 수십만 명의 아까운 노예들과 막강한 경제 자원을 잡으려고 병거를 타고 기마병과 군대를 모아 쫓아 나섭니다.

히브리인들은 놀라서 죽을 지경이 되었습니다. 그들은 모세에게 울부짖었습니다. "애굽에 매장지가 없어서 당신이 우리를 이끌어 내어 이 광야에서 죽게 하느냐. 어찌하여 당신이 우리를 애굽에서 이끌어 내어 우리에게 이같이 하느냐. 우리가 애굽에서 당신에게 이른 말이 이것이 아니냐. 이르기를 우리를 내버려 두라. …… 애굽 사람을 섬기는 것이 광야에서 죽는 것보다 낫겠노라."(출 14:11~12)

그에 대한 모세의 권고는 믿음과 지도권과 구원의 표현이었습니다. "너희는 두려워하지 말고 가만히 서서 여호와께서 오늘 너희를 위하여 행하시는 구원을 보라. 너희가 오늘 본 애굽 사람을 영원히 다시 보지 아니하리라. 여호와께서 너희를 위하여 싸우시리니 너희는 가만히 있을지니라. …… 이스라엘 자손에게 명령하여 앞으로 나아가게 하고(출 14:13~15)." 무교병을 가지고 서둘러야 할 때가 있습니다. 반면에 신뢰하고, 잠잠하고, 하나님의 역사를 기다려야 할 때가 있습니다. 또한 앞으로 나아갈 때가 있습니다.

구원의 순간

유대인들은 출애굽의 관점에서 구약을 읽습니다. 모든 구약성경이 출애굽에 비추어서 기록되었다고 말할 수 있습니다. 바다가 신비하게 갈라지는 순간은 히브리인들에게는 구원의 순간이었습니다. 구원의 역사는 하나님이 언약 백성을 위하여 역사하신 순간을 회고합니다. 기독교인들이 예수 그리스도의 부활에 비추어 신약성경을 읽듯이, 유대인들은 그들의 신앙 체험을 자유로운 새 삶이 주어진 그날을 생각하면서 읽습니다. 성경은 하나님이 개입하신 두 가지 사건, 즉 모세의 출애굽과 예수의 부활 사건에 기초합니다. 누구든지 이 믿음의 자리를 이해하지 못하면 성경의 진실을 놓치게 됩니다.

모세의 지팡이, 구름 기둥, 바로의 병거, 바다의 열림과 닫힘, 마른 땅으로 건너는 것, 이집트 병사들의 죽음 등 계속 반복되는 상징들은 매우 중요합니다.

가끔 적으로 간주되는 물(요나서)은 여기서는 구원의 상징입니다. 20년 후에 요단 강을 건너는 여호수아의 이야기를 읽어 보십시오(수 3~4장). 기적이 다시 일어나고 물이 갈라지는 것을 유의하십시오. 유대인의 의식에서 물은 정결식과 새로운 개종자들을 씻는 데 사용하였습니다. 기독교 세례 의식에서 물은 하나님의 구원의 능력을 상징합니다.

여인의 춤

모세는 승리를 이렇게 노래합니다. "그가 바로의 병거와 그의 군대를 바다에 던지시니 최고의 지휘관들이 홍해에 잠겼고 깊은 물이 그들을 덮으니 그들이 돌처럼 깊음 속에 가라앉았도다(출 15:4~5)." 처음에는 노래의 구절들이 소박했으나 점차로 신앙적 의미가 더해졌다고 학자들은 말합니다. 시간이 지남에 따라 모세의 노래는 감사의 시편으로 발전하였습니다. 그 주제도 하나님의 권능과 언약의 자손들을 보호하심을 찬양하고, 출애굽의 이적들에 놀라며, 가나안 입성을 즐거워하고, 심지어는 예루살렘 성전 건축을 축하하는 시로 확대 발전하였습니다.

아론과 모세의 누이이며, 수십 년 전에 불쌍한 아기를 지켰던 미리암은 소고를 치며 춤을 추었습니다. '물에서 건져내다(모세).' 라는 이름의 동생이 바로의 공주에 의해 기적적으로 구출되었고, 이제 하나님의 권능으로 사람들을 이끌어냈습니다. 이제는 춤을 출 시간입니다. 미리암이 화답하였습니다. "너희는 여호와를 찬송하라.

그는 높고 영화로우심이요 말과 그 탄 자를 바다에 던지셨음이로다."(출 15:21)

세기의 노래들

유대교에서 출애굽은 개인적으로나 공동체적으로 승리의 상징입니다. 하나님의 도우심이 필요한 위기가 유대인들에게 닥쳐올 때마다 언제나 출애굽을 생각하게 했고, 은연중에 기억나게 해 주었습니다. 의식과 기도를 통해, 성경과 랍비들의 가르침을 통해, 시편과 노래를 통해 이 구원 사건을 찬양했습니다.

구원의 역사를 암송하는 것은 단지 '그때'를 기억하는 것만은 아닙니다. 그것은 우리에게도 영향을 주는 이야기입니다. 그 이야기의 전체가 우리에게도 나타나는 것입니다. 우리는 우리의 구원 역사를 이야기하는 것입니다. 하나님은 우리를 노예 상태에서 구원하셨습니다. 하나님은 삭막한 광야를 지나도록 우리를 인도하셨습니다. 그리고 약속의 땅을 준비하게 하셨습니다. 이 믿음의 여정은 우리가 예수님을 준비할 수 있게 하였습니다. 우리를 위한 십자가 사건, 우리를 위해 승리하신 부활 사건을 통해 우리의 이야기가 된 것입니다. 우리는 이 공통된 역사, 그리고 믿음의 공동체의 구원 역사를, 신앙을 고백하는 마음으로 노래합니다.

우리는 역사적인 존재입니다. 우리가 하나님의 구원의 은혜를 알기 위해서는 우리의 역사 속에서 경험해야만 합니다. 기독교인들은 이 믿음의 경험의 보고(寶庫)를 받았으며, 오늘날에 적용시킵니다. 고난 속에 있던 히브리 사람들의 울부짖음을 들으셨던 하나님이 우리의 부르짖음도 들으실 것을 기억하는 것보다 우리의 약한 마음을 더 강하게 해 주는 것은 없습니다.

⬆ 세상 속으로

하나님이 나를 굴레에서 해방시키고 새로운 자유로 구출해 주셨다고 느낀 적이 있습니까? 지금도 굴레를 쓰고 있습니까? 스스로 깨지 못할 그 어떤 것이 나를 붙잡고 있습니까? 우리 모임 사람들에게 이야기하고, 기도를 요청하거나 도움을 청할 수 있습니까? 하나님께서 나에게 '홍해'의 경험을 요구하십니까? 자신의 느낌을 적어 보십시오.

오늘날 많은 사람들이 경제적, 정치적, 사회적, 육체적, 영적인 굴레들을 쓰고 있습니다. 하나님께서 누구에게 자유를 주려고 애쓰신다고 생각합니까? 내가 그들을 어떻게 도울 수 있습니까?

세상 속에서의 하나님 말씀

하나님의 말씀에서 얻은 이 메시지가 이번 주 내 사역의 나침반이 될 것입니다.

나는 이러한 방법으로 응답할 것입니다.

♡ 안식일

안식일을 기억할 때, 우리는 하나의 이야기에 의해 창조되고 다듬어진 공동체임을 기억하게 됩니다. 구원의 오랜 역사와 나 자신의 믿음의 이야기를 잠잠히 생각해 보십시오. 자유를 얻었거나 믿음이 생긴 경험을 되살려 보십시오. 사람들과 사건들을 기억하십시오. 역사를 찬양하는 나만의 시편을 써 보십시오.

◉ 더 알아보기

■ 히브리인들의 성경에는 하나님의 승리를 축하하는 노래들이 있습니다. 그 중 몇 개를 읽으며 주변의 자료들과 어떻게 조화되는지 살펴보십시오.

· 믿음의 고백 (신 26:5~9)

· 모세의 또 하나의 노래 (신 32:1~43)

· 다윗의 노래 (삼하 22:2~51, 시편 18편과 비교)

· 엘리바스의 하나님에 대한 묘사 (욥 5:8~16)

· 감사의 노래 (사 12:4~6)

· 요나의 기도 (욘 2:2~9)

· 하박국의 노래 (합 3:2~19)

하나님이 주시는 시련

거기서 백성이 목이 말라 물을 찾으매 그들이 모세에게 대하여 원망하여 이르되
당신이 어찌하여 우리를 애굽에서 인도해 내어서 우리와 우리 자녀와 우리 가축이
목말라 죽게 하느냐 (출애굽기 17:3)

이 과의 주제

시련

◉ 우리의 모습

육체적인 쾌락은 우리를 노예로 만들고, 즉각적인 반응을 강요합니다. 더 중요한 교육이라든지 좋은 관계, 깊은 믿음은 시간과 많은 훈련을 필요로 합니다. 왜 어렵게 배워야만 합니까? 쉽게, 그리고 빨리 자유와 영적인 성숙을 이룰 수는 없습니까?

◉ 내려놓기

성경 공부를 하기 전에 먼저 하나님께 기도를 드립니다. 아래의 시편 말씀이 좋은 길잡이가 될 것입니다.

> 하나님이여 나의 부르짖음을 들으시며 내 기도에 유의하소서 내 마음이 약해질 때에 땅 끝에서부터 주께 부르짖으오리니 나보다 높은 바위에 나를 인도하소서
> (시편 61:1~2)

이번 주 기도 제목을 구체적으로 적어 기도합시다.

◉ 귀 기울이기

과학 문명의 시대를 사는 우리는 어떻게 쓴 물이 달게 되었는지를 묻는 경향이 있습니다. 왜 메추라기가 날아왔습니까? 어떤 식물이 녹말을 내었습니까? 어떻게 모세는 반석에서 물을 내었습니까? 하지만 성경은 하나님의 확고부동한 섭리와 보호를 보여 주려 합니다.

이스라엘은 신뢰하는 것을 배우고, 원망하기보다는 감사할 수 있게 될 때까지 40년간 광야생활을 했습니다. 성경을 읽으면서 나의 신앙 여정과 비교해 보십시오. 나는 얼마나 불평합니까? 하나님께서 공급하시는 것을 믿습니까? 또 얼마나 감사합니까?

연결고리 : 원인과 결과, 그리고 전후 관계에 유의하십시오.

영성 훈련

금식 우리는 영적인 삶에 집중하기 위하여, 그리고 하나님께 의존하고 있다는 의식을 강하게 하기 위하여 얼마간 어떤 것을 포기하거나 미루어 둘 수 있습니다.

D1
출애굽기 15:22~16:36
민수기 10:29~12:16(쓴 물, 만나, 메추라기)

D2
출애굽기 17장(반석 앞에서의 다툼)

D3
출애굽기 18장(이드로의 현명한 조언)

D4
출애굽기 19장(율법을 위한 준비)

D5
시편 105편(구원의 역사)

D6
교재 내용

🔥 말씀 속으로

이스라엘 역사에서 40년은 눈 깜짝할 정도의 짧은 시간입니다. 그러나 탈출한 노예들에게 40년 동안 여기저기 바위투성이인 황무지를 돌아다니는 것은 마치 영원처럼 느껴졌을 것입니다. 학자들은 '정처 없이 여기저기 다니는 것' 대신에 '방랑'이라는 말을 사용합니다. 성경은 하나님께서 아이의 손을 붙잡고 있는 어머니처럼 그들을 시내 반도를 가로질러 이끌었고 광야를 지나게 인도했다고 말합니다.

이 여정은 훈련장으로 고안된 것이었습니다. 하나님은 신앙 형성을 위하여 히브리 사람들을 학교에 등록시킨 것입니다. 그들은 하나님의 말씀을 청종해야 했고, 믿어야 했으며, 그리고 순종해야만 하였습니다. 그들은 단순히 개개인을 모아 놓은 무리에서 이제 새로운 땅에 들어갈 수 있는 구별된, 결집력 있는 공동체로 변화되어야만 하였습니다. 하나님은 그들에게 두 가지를 약속하셨는데, 그것은 하나님의 산(시내 산)으로 데려가는 것과 약속의 땅으로 이끄는 것이었습니다. 그러나 그 과정에서 하나님은 그들(우리)을 많이 가르쳐야만 했습니다.

하나님은 미리암이 노래를 채 마치기도 전에 힘든 고난의 길을 다시 걷게 하셨습니다. 출애굽기 15장 22절이 얼마나 간단하게 이것을 설명하는지 보십시오. 들뜬 기분이 채 가시기도 전에 모세는 이스라엘을 수르 광야로 이끌었습니다. 그들은 사흘 동안 길을 걸었으나 물을 찾지 못했습니다. 우리도 새로 발견한 자유를 축하하는 시간을 갖기 전에, 전혀 새로운 문제에 당면하게 됩니다.

쓴맛

히브리인들은 '쓴맛'을 의미하는 마라에 이르렀습니다. 그 물은 쓴맛을 냈고, 사람들도 역시 쓴맛을 보았습니다. 아주 익숙한 의식이 시작되었습니다. 백성이 불평하였습니다. 모세가 하나님께 간청하였습니다. 하나님은 그들의 필요를 충족시켜 주셨습니다. 하나님은 모세에게 그 쓴 물을 달게 할 수 있는 어떤 나무를 가르쳐 주셨습니다. 모세가 전에 이드로의 양을 먹일 때 이 나무를 발견하였습니까? 그것은 중요하지 않습니다. 모세와 백성에게 이 나무의 특별함을 알게 한 분은 어쨌든 하나님이셨습니다.

하나님은 언제나 창조하신 우주와 인간을 도구로 사용하셨습니다. 하나님은 물을 바꾸어 주셨습니다. 그리고 한 가지 교훈을 가르치셨습니다. 또한 가르침을 시험하기 위하여 사람들을 승리의 기쁨에서 어려움으로 인도하셨습니다. 마라는 장소일 뿐 아니라 상태입니다. 인생의 쓴맛을 볼 때에 하나님의 단맛이 필요합니다.

그 다음에 엘림에 도착하였는데, 그 곳은 좋은 물이 있는 곳이었습니다. 열두 부족을 (이집트에 들어간 야곱의 가족수) 위한 열두 개의 샘과 야자수가 있었습니다. 하나님은 우리를 풍성하고 살기 좋은 엘림에 오랫동안 머물게 하지 않으십니다.

이제 가야 할 시간입니다. 신 광야를 지나 시내 산으로 가야 할 시간입니다. 이 땅은 우기에만 생기는 모래로 형성된 개울이 있고, 화강암과 혈암과 석회암으로 이루어진 땅이었습니다. 양들을 먹일 수 있는 사막의 잔디가 여기저기 산재한 것 외에는 거의 불모의 황량한 광야가 버티고 있었습니다. 어떤 절벽은 석판처럼 미끈한데, 2년에 한 번 반 인치(inch) 분량의 비가 내리면 이 미끈한 표면 위로 물이 흘러내리면서 약 3.6m(12피트) 정도 높이로 개울물이 되지만, 수시간 내에 말라버립니다. 이 힘든 땅에서 백성에게는 하루하루의 생존이 문제가 되었습니다.

일찍이 그들에게 물이 필요했을 때는 큰 위기였지만, 지금 먹을 것에 대한 부족은 그렇게 심각한 것은 아니었습니다. 다시 불만이 터져 나왔지만, 이는 사람들이 굶주렸기 때문이 아니었습니다. 그들에게는 생축이 있었고, 우유와 치즈가 있었습니다. 그런데도 그들은 자기 편의대로 힘든 노예생활은 잊어버리고, 이집트에서 신선한 음식과 맛있는 반찬을 먹던 시절을 기억하였습니다. "오이와 참외와 부추와 파와 마늘(민 11:5)"과 불을 지핀 솥에 국을 끓여먹던 것을 그리워하였습니다. 그리고 불에 구워 먹던 신선한 생선을 생각하였습니다. 가끔 우리의 굴레는 발목에 감긴 쇠사슬처럼 우리를 뒤로 잡아당깁니다. 우리는 불확실한 자유를 누리기보다는 익숙한 노예로서의 삶을 살기를 원합니다. 어떤 때는 영혼의 자유보다는 먹고 마시는 것을 더 중요하게 여깁니다.

나중에 호세아나 예레미야 같은 선지자는 광야에서 방랑하던 시절이 하나님과의 신혼여행이었다고 말합니다. 성전도 없고, 왕도 없고, 복잡한 의식도 없었으며, 사회 법률도 없이 그저 하나님과 언약 백성이 광야에서 함께 지냈습니다. "네 청년 때의 인애와 네 신혼 때의 사랑을 기억하노니 곧 씨 뿌리지 못하는 땅, 그 광야에서 나를 따랐음이니라."(렘 2:2)

그러나 신혼생활이 언제나 평탄하지는 않습니다. 실제로 신명기나 많은 선지자들, 그리고 많은 시편은 히브리 사람들의 불평과 신앙 부족과 공공연한 반항을 회상하고 있습니다. 하나님은 불순종한 아이를 다루는 부모처럼 이 공동체를 다루셨습니다.

하나님이 가르치려 하셨던 교훈은 무엇이었습니까? 무엇보다도 매일의 안녕에 대하여 하나님의 은혜로운 보살핌을 믿는 것이었습니다. 하나님은 이 점을 증명하기 위해 계속 공급하셨습니다. 하나님은 만나와 메추라기를 공급하면서 보살핌의 섭리를 보여 주셨습니다.

하나님은 광야에서도 사람들이 먹기를 원하셨습니다. 만나는 매일 내렸지만 일찍 거두어야만 하였습니다. 즉 일을 해야만 했습니다. 하지만 모두에게 충분하였습니다. 어떤 사람은 조금 더 거두었고, 어떤 사람은 조금 적게 거두었습니다. 하나님은 서로 나눌 것을 가르치셨습니다. 만나는 쉽게 썩었기에, 다음날을 위해 남겨두면 벌레가 생겼습니다. 하나님은 그들에게 (우리에게도) 매일 은혜의 섭리에 의존할 것을 가르치셨습니다.

안식일에는 만나에 대한 특별한 규정이 주어졌습니다(출 16:22~26). 여섯째 날에는 만나를 두 배로 내려 주셨습니다. 거두어서 요리를 해도 썩지 않았습니다. 일곱째 날에는 들판에 만나가 없었고, 하나님은 이날을 중히 여기셨습니다. 그러나 어떤 사람들은 안식일에도 만나를 찾아 나섰습니다. 오늘날에도 사람들은 행여 충분한 만나를 얻지 못할까 걱정하여 일주일 내내 '만나'를 찾아 나섭니다. 여섯째 날에 두 배를 주고, 일곱째 날에 주시지 않은 것은 안식일에 쉬어야 함을 강조하는 것입니다.

백성은 자기들이 모세를 시험한다고 생각하였습니다. 하지만 모세는 그것이 자기나 아론에게 대항하는 것이 아니라, 하나님께 대항하는 것이라고 확실하게 말해 주었습니다. 그러나 사실은 하나님이 시험을 받으시는 것이 아니라, 그들이 시험을 받고 있었습니다. 하나님은 그들에게 순종을 가르치고 계셨습니다.

히브리인들은 하나님께서 섭리하시는 권능을 받아먹으며 사는 것을 배우고 있었습니다(신 8:3). 갑자기 우리는 물이나 음식에 대한 이야기가 아니라 삶과 죽음에 관한 이야기를 하고 있습니다. 우리가 살고, 숨을 쉬고, 먹고, 자고, 일하고 노는 모든 것이 전적으로 하나님께 달려 있습니다.

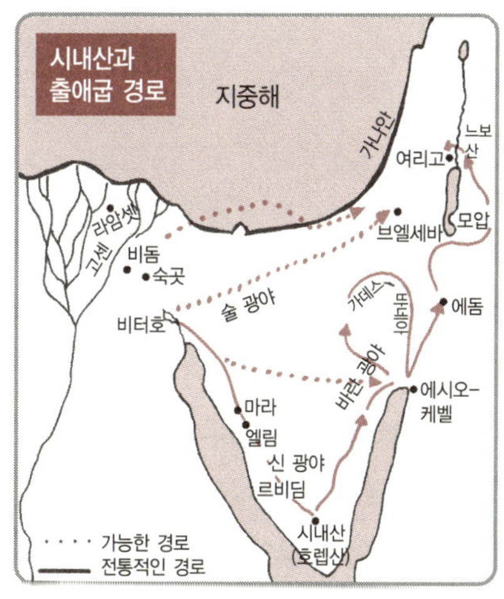

시내 산이 어디였는지에 대하여는 보통 세 가지 의견이 있다. 하나는 성경에 나오는 미디안 땅 가까이에 위치한 북서부 아라비아요, 다른 하나는 시내 반도 북쪽에 있는 가데스바네아. 전통적으로 널리 받아들여지는 곳은 시내 반도 남부다.

전통적으로 추측하는 출애굽의 경로는 홍해 동단의 내륙으로부터 수르 광야와 고대 이집트의 동광산과 청옥광산 근처의 신 광야를 통하는 길이었다. 시내 산 쪽으로 깊이 들어갈수록 길은 험하고 땅은 더욱 건조하였다.

그래서 예수께서는 40일 금식 후 광야에서 시험을 받을 때에, 돌로 떡을 만들라는 유혹에 대하여 모세의 말을 인용하셨습니다. 하나님께서 "만나를 네게 먹이신 것은 사람이 떡으로만 사는 것이 아니요, 여호와의 입에서 나오는 모든 말씀으로 사는 줄을 네가 알게 하려 하심이니라(신 8:3; 눅 4:3~4)." 믿는다는 것은 음식을 위하여 하나님을 신뢰하는 것이 아니라, 좀 더 깊은 의미에서 삶의 모든 것을 하나님께 의존하는 것입니다.

백성의 요구는 나날이 커져만 갔습니다. 그들은 이제 고기까지 원합니다. 그들의 불평은 단순한 원망을 넘어 언약 백성을 선택하신 하나님을 의심하는 불신의 표시였습니다. "너희가 고기를 원하느냐? 내가 고기를 주겠노라." 하나님은 화가 나서 말씀하셨습니다.

하나님께서 우리를 훈련시키기 위하여 우리가 원하는 것을 주신다고 생각합니까? 그 예를 생각해 보십시오.

하나님께서 아주 많은 메추라기를 내려 주셔서 어떤 사람들은 이제 그 입으로 음식에 관한 이야기를 할 수도 없게 되었습니다. 그들은 코에서 냄새가 날 정도로 한 달 동안 먹게 하신 여호와를 멸시하고, '우리가 어찌하여 애굽에서 나왔던고.' 라고 울부짖었습니다. 어떤 이들은 너무 많이 먹고 병이 나서 죽기까지 하였습니다.(민 11:4~6, 31:35)

다른 사람들을 높이라

출애굽기 17장은 두 가지 경험을 적고 있습니다. 두 가지 경우 모두 모세의 지팡이는 하나님의 권위를 상징합니다. 첫 번째 경험은 물과 관련되어 있습니다. 다시 한 번 사람들이 불평하였고, 모세는 이를 하나님께 가지고 나아갔으며, 하나님은 이에 응답하셨습니다. 하나님은 모세에게 특별히 무엇을 할지와 어떻게 지팡이로 바위를 두드릴지를 지시하셨습니다. 그리고 민수기에는 실제로 잘 알 수는 없지만 불공평하게 보이는 이야기가

있습니다. "반역한 너희여 들으라. 우리(모세와 아론)가 너희를 위하여 이 반석에서 물을 내랴(민 20:10)." 모세는 지팡이로 반석을 두드렸고 물이 쏟아져 나왔습니다. 하나님은 모세와 아론을 꾸짖었습니다. 모세는 주제넘게도 자기 자신을 영화롭게 하였습니다. 그것은 하나님이 가르치려 하셨던 바로 그 자체를 위반한 것이었습니다. "너희가 나를 믿지 아니하고 이스라엘 자손의 목전에서 내 거룩함을 나타내지 아니한 고로 너희는 이 회중을 내가 그들에게 준 땅으로 인도하여 들이지 못하리라."(민 20:12)

거의 그냥 지나칠 뻔하였습니다. 모세는 물을 주시는 분이 하나님이시라는 것을 확실히 해석해 주지 못하였습니다. 신명기 32장 48~52절에 나오는 기사를 다시 한 번 주의 깊게 읽어보십시오. 모세는 순간적이긴 하지만, 다른 사람들의 죄에 동참하였습니다. 얼마나 슬픈 일입니까? "이는 너희가 신 광야 가데스의 므리바 물 가에서 이스라엘 자손 중 내게 범죄하여 내 거룩함을 이스라엘 자손 중에서 나타내지 아니한 까닭이라. 네가 비록 내가 이스라엘 자손에게 주는 땅을 맞은편에서 바라보기는 하려니와 그리로 들어가지는 못하리라(신 32:51~52)." 시편 106편 32~33절도 이 사건을 회상합니다.

그러므로 이곳은 슬픔이 있는 장소입니다. 반석에서 물이 나오고 하나님의 은혜가 다시 한 번 증명되었으나, 사람들은 하나님께 대항하였고, 모세는 거만하였습니다. 모세의 누이인 미리암이 거기에 묻혔습니다(민 20:1). 모세는 이곳을 '시험,' 그리고 '다툼' 이라고 명명하였습니다. 그 물은 큰 복이 될 수도 있었는데 말입니다.

이제 우리는 두 번째로 모세의 지팡이가 하나님의 권위를 상징하는 사건을 봅니다. 히브리인들은 북쪽까지 올라가서 아말렉 족속과 만났습니다. 아마도 아말렉과의 만남은 그들이 가나안 남부인 헤브론으로 들어가려던 시도였을 것입니다.

왜 히브리인들이 곧바로 가나안으로 들어가지 못하고, 40년 동안 시내 지역을 빙빙 돌았는지 의심해 본 적이 있습니까? 일찍이 그들은 브엘세바 근처의 신 광야에

까지 왔으나 두려워하였습니다.

모세는 12명의 정탐꾼을 보내어 이곳을 탐지하게 하였습니다(민 13~14장). 그들은 좋은 정보들을 수집하여 돌아왔으나, 그 땅을 정복하는 것에 대하여는 어두운 전망을 내놓았습니다. 어떤 때는 몇 사람이 나라의 운명을 좌우합니다. 10 대 2로 정탐꾼들은 그 땅으로 들어가는 것을 반대하였습니다. 그곳에서 가축들을 먹이고 있던 아말렉 사람들과의 전초전에서 진 것 때문에 기가 죽어 있었습니다. 정탐꾼들은 두려워하였습니다. "우리는 스스로 보기에도 메뚜기 같으니."(민 13:33)

신뢰하지 못하고 낙관적이지 못함을 보십시오. 적들이 너무 크게 보였습니다. 오직 갈렙만이 이렇게 말할 믿음이 있었습니다. "우리가 곧 올라가서 그 땅을 취하자(민 13:30)." 그러나 이 목소리는 곧 공포의 바다로 가라앉고 말았습니다. 결과적으로는 행동으로 옮기지 못하였고, 혼란스러웠으며, 앞으로 나아가기를 주저하였습니다. 하나님은 여호수아와 갈렙을 제외하고는 그 세대의 어느 누구도 약속의 땅에 들어가지 못할 것이라고 말씀하셨습니다. 이렇게 믿음이 부족했던 그들은 그 세대가 다 죽을 때까지 40년을 시내 광야에서 헤맸습니다.

아말렉과의 전쟁은 시소같이 한편이 이겼다가는 곧 다른 편이 승리하였습니다. 모세가 지팡이를 들고 있을 때면 히브리인들이 이겼습니다. 그리고 그가 손을 내리면 졌습니다. 마침내 아론과 훌이 모세의 두 팔을 들고 있음으로써 여호수아의 군대가 승리하였습니다. 이것은 무엇을 의미합니까? 모세의 격려가 필요했던 것입니까? 아닙니다. 이기든지 지든지 이것은 하나님의 전쟁이었습니다. 물론 모세는 여기에서 꼭 필요한 역할을 하였습니다.

성경은 끊임없이, 인간의 참여로 선하게 이루어진 많은 역사들에 대하여 하나님께 영광을 돌렸습니다. 모세는 지쳤음에도 단을 쌓고 '여호와 닛시(주는 나의 깃발이라)' 라고 이름 지었습니다.(출 17:15)

한 가지 확실한 것은 하나님은 사람의 손이 도울 때에는 여러 가지 방법으로 역사하신다는 것입니다. 많은 경우에 하나님은 사람의 도움 없이는 역사하실 수도, 역사하려 하지도 않으십니다.

이 이야기가 가르치듯이 하나님과 인간의 일은 근본적으로 하나로 묶여 있다고 생각합니까? 자신의 생각을 적어 보십시오.

일을 나누어

이드로와의 재회는 행복한 사건이었습니다(출 18장). 모세의 아내와 아들들이 이드로와 함께 도착하였습니다. 그들은 중동의 방식대로 서로 입을 맞추었습니다. 모세의 천막으로 들어가서 이제까지 일어났던 일들을 나누었습니다. 다른 사람들도 함께하여 성찬을 나누었습니다. 우리는 족장들이 손님을 맞아들여 음식을 나누었던 것을 기억합니다. 하나님은 손님을 대접하거나 교제의 떡을 나누는 곳에 언제나 함께하십니다.

이드로는 모세와 백성의 약점을 발견하였습니다. 모세는 지침을 원하는 모든 사람에게 매력적인 지도력을 갖추고 있었습니다. 점차 그는 도움이 필요하였습니다. 민수기에 있는 메추라기 이야기에서 70명의 장로가 모세를 도왔습니다(민 11장). 그러나 시간이 지남에 따라 모세는 사람들의 이야기를 너무 많이 들었고, 공적인 문제나 종교적인 문제, 심지어 가족 간의 문제까지도 결정해야 했습니다. 너무나 버거운 일이었습니다. 이드로는 모세에게 일을 분담하라고 권하였습니다.

이드로가 어떤 사람들을 선택하라고 했는지 잘 살펴보십시오. 하나님을 두려워하고 진실하며 불의한 일을 미워하는 자입니다(출 18:21~23). 리더십은 항상 이런 자질을 필요로 합니다. 이러한 자격 요건은 이제 다가올 십계명이 담고 있는 순수성과 진실성, 탐심이 없음, 그리고 하나님의 이름과 방법에 대한 충성 등을 암시합니다.

하나님의 백성이 강할 때에는 언제나 사람들의 재능과 은사가 사용되었습니다.

하나님 만날 것을 준비하며

시내 산(호렙 산)에서 언약 백성은 하나님을 만나려고 준비하였습니다. 그들은 홍해의 마른 땅을 지나 자유로의 길을 걸어왔습니다. 시내 광야를 걸으면서 가뭄과 기근과 전쟁과 분열의 고난과 시험을 겪었습니다. 이제 하나님의 약속 중 하나가 실현되는 시간이 되었습니다. 처음 모세가 하나님의 말씀을 들은 거룩한 시내 산에서 그분을 만나는 것이었습니다.

그러나 사람들은 아직 준비가 되어 있지 않았습니다. 그들은 인내가 부족하였고, 십계명 받을 준비를 마치지 못했으며, 순종하는 훈련이 더 필요했습니다. 출애굽기 19장은 하나님께서 이 거룩한 만남을 위해 그들을 어떻게 준비시키셨는지 기록합니다.

하나님은 그들에게 상기시키셨습니다. "내가 애굽 사람에게 어떻게 행하였음과 내가 어떻게 독수리 날개로 너희를 업어 내게로 인도하였음을 너희가 보았느니라."(출 19:4)

하나님은 또한 그들에게 도전하셨습니다. "너희가 내 말을 잘 듣고 내 언약을 지키면 너희는 모든 민족 중에서 내 소유가 되겠고 …… 제사장 나라가 되며 거룩한 백성이 되리라."(출 19:5~6)

그들은 준비하였습니다. 상징적으로 스스로를 정결하게 하였습니다. 옷을 빨고, 사흘을 기다렸으며, 산의 경계를 정하여 그 이상은 올라가지 않았고, 나팔 불기를 기다리며 성관계를 하지 않았습니다.(출 19:10~15)

하나님도 준비하셨습니다. 천둥과 번개로, 시커먼 구름으로 시내 산을 감쌌으며, 지진으로 땅을 흔드셨습니다.(출 19:16~18)

확실히 하나님은 말씀하실 준비를 하셨습니다. 그러나 사람들은 자기들이 얼마나 들을 준비가 되어 있지 않았는지 곧 알게 되었습니다.

🏠 세상 속으로

감사하는 마음보다 더 중요한 것은 없습니다. 한 잔의 물을 마실 때 "하나님 감사합니다."라고 말해 보십시오. 옷을 입으면서 "하나님, 감사합니다."라고 마음으로 고백해 보십시오. 식사를 하기 전에 감사의 말을 해 보십시오. 밤에 침대에 누우면서 "감사합니다."라고 말해 보십시오. 그 모든 것을 하나님이 제공해 주시기 때문입니다. 영혼의 성장이 물이나 음식이나 침대보다 더욱 중요합니다.

그런데 이보다 좀 더 중요한 것이 있습니다. 하나님의 약속의 땅에 들어갈 수 없다고 반대했던 열 명의 정탐꾼을 기억하십시오. 하나님이 '약속의 땅'을 주시려는데, 혹시 그 정탐꾼들처럼 방해물이 너무 크다고 생각하고 있지는 않습니까?

어떤 사람은 교육받기를 꿈꾸지만, 돈이 없기에 뒤로 물러섭니다. 어떤 사람은 교회에 관련된 봉사를 하라는 부름을 받았을 때 문제에만 초점을 맞춥니다.

어떤 사람은 약물을 금하거나 술을 끊으라는 부름을 받았습니다. 어떤 사람은 살이 비대하고, 혈압이 높거나, 잠재적으로 심장에 문제가 있기에, 건강한 약속의 땅으로 부름을 받았습니다. 그러나 적들이 워낙 거인들 같습니다.

12명의 정탐꾼 중 오직 여호수아와 갈렙만이 그들에게 꿈을 주신 하나님이 그것을 이룰 자원도 주실 것임을 믿었기에 약속의 땅으로 들어가 살 수 있었습니다.

하나님께서 나에게 주신 꿈은 무엇입니까? 약속의 장소로 들어가기 위해 내가 이용할 수 있는 자원은 무엇입니까?

세상 속에서의 하나님 말씀

하나님의 말씀에서 얻은 이 메시지가 이번 주 내 사역의 나침반이 될 것입니다.

나는 이러한 방법으로 응답할 것입니다.

♡ 안식일

거룩한 시간으로서의 안식일은 시간에 대한 우리의 생각을 근본적으로 바꾸어 줍니다. 그런 의미에서 다른 날들도 안식일로부터 그 의미를 얻을 수 있습니다. 안식일은 한 주일의 중심에 있으며, 우리는 그것을 기다리고 준비합니다. 우리는 안식일이 주는 자유와 쉼, 그리고 그 의미와 방향에 의지합니다. 안식일을 더욱 의미 있게 하기 위하여 무엇을 해야겠습니까? 이 주간에는 그것을 행하십시오.

🗐 더 알아보기

■ 신명기 6~8장을 읽고 출애굽을 참고로 하여 묵상하십시오. 이 메시지에 대한 나의 이해는 무엇입니까? 그리고 나의 순례길을 생각해 보십시오. "네 하나님 여호와를 잊어버리지 않도록 삼갈지어다."(신 8:11)

하나님의 명령

너는 나 외에는 다른 신들을 네게 두지 말라

(출애굽기 20:3)

율법

⬆ 우리의 모습

우리는 율법을 싫어합니다. 율법은 부정적인 것 같고 너무 제한을 많이 합니다. 다른 사람들을 재고 판단하기 위해서는 율법을 원하지만, 나 자신에게는 제대로 적용하려 들지 않습니다.

✤ 내려놓기

성경 공부를 하기 전에 먼저 하나님께 기도를 드립니다. 아래의 시편 말씀이 좋은 길잡이가 될 것입니다.

> 거짓 행위를 내게서 떠나게 하시고 주의 법을 내게 은혜로이 베푸소서
>
> (시편 119:29)

이번 주 기도 제목을 구체적으로 적어 기도합시다.

✿ 귀 기울이기

이번 과에서는 십계명의 두 가지 다른 번역, 즉 출애굽기 20장과 신명기 5장을 읽을 것입니다. 두 번 반복되었다는 것은 토라에서 차지하는 십계명의 중요성을 의미합니다. 신명기 6장은 토라의 정점입니다. 어떻게 자녀들에게 하나님의 계명을 가르치라고 했는지 주의 깊게 읽어 보십시오.

금송아지 사건은 우상 숭배를 그림 그리듯이 보여주는 예이며, 그 결과 모세와 하나님의 두 번째 돌판이 생기게 되었습니다.

연결고리 : 더 깊은 의미를 파악하기 위하여 다른 번역의 성경책도 읽어 보십시오.

영성 훈련

학습 성경을 열린 마음으로 읽고, 또 성경이 나를 가르칠 수 있다는 믿음으로 읽으면, 성경의 능력이 우리 삶을 변화시킬 수 있습니다.

D1 | 출애굽기 20장(십계명)

D2 | 출애굽기 31:18~32:35(금송아지)

D3 | 출애굽기 33~34장(만남의 장막, 새 돌판)

D4 | 신명기 4~5장(율법에 순종, 십계명)

D5 | 신명기 6장(오직 하나이신 여호와)
레위기 25:1~7(땅의 안식), 26장(순종과 불순종)
민수기 35장(도피성)

D6 | 교재 내용

🔴 말씀 속으로

하나님은 더 계시하여 주실 준비가 되어 있습니다. 아브라함과 사라를 믿음의 조상으로 부르신 하나님은 이제 그들이 번성하고, 만방에 치유를 가져오기 위하여 어떻게 행동해야 하는지를 선언하셨습니다.

지금까지 모세오경의 많은 부분을 읽었는데, 그 중에 어느 계명이 우리를 놀라게 하였습니까? 우리가 무심히 흘려들었던 계명이 있습니까? '어쩌면 하나님이 이럴 수 있는가?' 탄식이 나온 부분이 있습니까? 안 됩니다. 왜 안 됩니까? 우리는 이제까지 하나님의 품성을 탐구해 왔기 때문입니다. 그리고 이것들이 바로 아브라함과 이삭과 요셉과 모세의 하나님으로부터 우리가 기대해 왔던 율법들입니다.

첫 번째 계명

첫 번째 계명(출 20:2~3)은 가장 중요하기 때문에 맨 처음에 있습니다. 이것보다 중요한 것은 없습니다. 어느 것도, 누구도, 어떤 세력이나 신(神)도 전능자보다 앞설 수 없습니다.

"너는 나 외에는 다른 신들을 네게 두지 말라." '내 앞에' 또는 '내게 대항하여' 라는 뜻이 있는 이 말은 문자적으로는 '내 얼굴 앞에' 라는 의미입니다. 고대부터 말씀은 다른 신들의 존재를 부인하지 않았습니다. 그러나 언약 백성인 이스라엘에게는 모든 다른 신이 명백하게 사라진 것입니다.

히브리인들의 믿음의 중심에는 계속되는 쉐마의 리듬이 간직되어 있습니다. "이스라엘아 들으라. 우리 하나님 여호와는 오직 유일한 여호와이시니(신 6:4)." 이 구절이 토라의 중심이 되며, 신실한 자의 입술에서 떠나지 않습니다. 이 구절의 다음은 이렇습니다. "너는 마음을 다하고 뜻을 다하고 힘을 다하여 네 하나님 여호와를 사랑하라."(신 6:5)

첫 번째 계명은 하나님의 진정한 성품을 반영합니다. '천지를 창조하신(창 1:1)' 그분은 처음 "새벽 별들이 기뻐 노래"할 때(욥 38:7) 계셨습니다.

하나님은 인간을 자기중심에서 끌어내려고 노력하셨습니다. 하나님은 창조자와의 바른 관계에서 시작되는 조화를 재창조하고 계셨습니다. 만약 우리 마음이 자기 자신에게만 붙들려 있고, 자기의 욕심만 채운다면, 다른 계명들로 인하여 우리는 파멸에 이르게 될 것입니다.

첫 번째 계명은 다른 모든 계명에 동기를 부여하는 힘을 가지고 있습니다. 새벽에 하나님을 찬양하십시오. '처음 난 열매'를 하나님께 드리십시오. 하나님을 첫 번째에 놓고 우선순위를 정하십시오.

하나님은 '질투하는 하나님'입니다(출 20:5). 어떤 사람들은 이런 구절을 전능자에게 붙인다고 언짢아합니다. 그러나 하나님은 자신을 위해서가 아니라 우리를 위해 인간 자녀들로부터 사랑과 존경을 원하십니다. 하나님은 인간이 처음에 둘 것은 처음에 두고, 자기중심에서 나오며, 영원하고 보호하시는 하나님께 응답할 때 행복할 수 있다는 것을 아십니다.

신상에게 절하는 것

이제 성경을 연구하는 기술을 익혔을 것입니다. 광야 생활에 대한 몇 가지 이야기가 출애굽기와 레위기, 민수기, 신명기와 서로 얽혀 있음을 알게 되었을 것입니다. 그러나 모든 것이 역사적 순서에 따라 편집된 것은 아닙니다. 세월이 흐르면서 믿음의 공동체를 통해 자료가 더해지고 해석되었습니다.

이제 이러한 깨달음을 염두에 두고, 두 번째 계명을 어긴 대반역과 금송아지 사건이 기록된 출애굽기 32장을 읽어 보십시오. "너를 위하여 새긴 우상을 만들지 말고."(출 20:4)

두 가지 문제가 결정적입니다. 모세가 산에 올라갔을 때, 아론과 백성에게는 어떤 일이 일어났습니까? 상징들을 주의하여 보십시오. 금, 송아지, 환락, 이집트, 깨진 돌판, 가루를 마심 등. 아론의 말에 유의하십시오. "이 송아지가 나왔나이다."(출 32:24)

영적으로 무슨 일이 일어났는지 설명해 보십시오.

이제 어려운 부분입니다. 우리 중에 금송아지 둘레에서 춤을 춘 사람은 거의 없습니다. 두 번째 계명이 우리와 관련이 있습니까? 우리는 신상을 숭배합니까? 어떻게 우리는 거짓된 신을 숭배합니까?

우상 숭배는 이스라엘의 가장 큰 적이었습니다. 우상 숭배에 대한 처벌은 특별히 엄하였습니다. 왜 하나님의 분노가 그렇게 컸습니까?

유대인들의 회당에서는 토라 두루마리를 상자나 궤에 보관했다. 궤 위에는 하나님이 십계명을 써 주셨던 두 개의 돌판을 표현하였다. 여기에는 각 계명의 처음 두 단어가 적혀 있는데, 이는 십계명을 예배하는 자들에게 그 내용을 일깨워 준다. 이 히브리어를 번역하면 다음과 같다.

· 언약
· 우상 숭배
· 이름
· 안식일
· 가족(공경)
· 죽임(살인)
· 간음
· 도둑질
· 거짓 증거
· 욕심(탐심)

하나님의 이름을 망령되이 일컫는 것

히브리인들은 특정한 경우에 하나님의 이름으로 맹세를 합니다(레 19:12; 신 6:13). 그러면 결단코 그 맹세를 어겨서는 안 됩니다. "너는 네 하나님 여호와의 이름을 망령되게 부르지 말라(출 20:7)." 거짓말을 감추기 위한 것이나 하나님의 이름으로 맺은 약속을 지키지 않는 것은 특별히 큰 잘못이었습니다.

인간의 어떤 일에 하나님의 이름을 거는 것은 교만입니다. 정치가들은 연설에서 자주 하나님을 암시하거나 언급합니다. 사람들은 자기 이익을 위해 하나님의 이름을 이야기합니다. 교회는 가끔 '하나님의 이름'을 말하면서 아슬아슬하게 얼음판 위를 걷기도 합니다.

저주하거나 하나님의 이름을 속되게 사용하는 것은 세 번째 계명에 의하면 죄입니다. 유대의 학자들은 '그 이름' 앞에서 경외감을 느끼기에, 그 이름을 약자로 쓸 때에도 쓰기 전에 펜을 닦았습니다.

'망령되이' 라는 말은 알맹이가 없이 증기와 같음을 의미합니다. 우주의 하나님을 '망령되이 일컫는 것(출 20:7)' 은 하나님의 이름을 피상적으로, 쓸데없이, 신중하지 않은 목적으로 사용하는 것을 의미합니다.

그 이름을 중요하게 생각한 이유는 내면 깊은 곳에 있습니다. 히브리인들은 언약의 길을 걸었습니다. 아브라함과 이삭과 야곱의 길을 걸었습니다. 후에 그들은 모세의 백성, 계명의 백성이 되었습니다. 그들은 그 이름을 결코 가볍게 받지 않았습니다.

기독교인들은 자발적으로 그 이름을 중요하게 여깁니다. 우리는 성부와 성자와 성령의 이름으로 세례를 받습니다. 예수의 이름을 망령되이 일컫는 자에게 화가 있을 것입니다.

안식일 준수

"안식일을 기억하여 거룩하게 지키라(출 20:8)." 이 계명은 다릅니다. 이것은 새로운 계명이 아니었습니다. 안식일 준수는 이미 오래 전부터 언약 공동체를 특징짓는, 언약 백성의 증표였습니다. 창조 이야기부터 족장들의 모험담에 이르기까지 줄곧 끊이지 않은 것이 안식일에 대한 권고였습니다. '만나'의 경험은 그들이 안식일을 분명히 이해할 수 있게 하였습니다.

항상 기억하십시오. 잊지 마십시오. 언약 공동체는 다릅니다. 언약 공동체에 속한 이들은 안식하신 창조자를 기억하면서 칠 일 중에 하루를 쉬는 사람들입니다.

안식이란 쉬는 것, 일을 멈추는 것을 의미합니다. 이 날에는 생명 있는 모두가, 종들도, 노예들도, 짐을 지는 가축들도 쟁기를 내려놓고 하늘을 바라봅니다.

왜입니까? 이는 우리가 떡으로만 살 수 없음을 기억하기 위함입니다. 하나님의 섭리 아래 있음을 기억하기 위함입니다. 구원의 역사를 기억하기 위함입니다. 우리가 언약 공동체의 일원임을 기억하기 위함입니다.

왜입니까? 하나님을 즐기기 위함입니다. 서로를 즐기기 위함입니다. 노동의 열매를 즐기기 위함입니다. 일하는 자보다 존재하는 자가 되기 위함입니다.

왜입니까? 하나님이 그렇게 하라고 말씀하셨기 때문입니다. 이 날을 거스르는 것은 바벨탑을 다시 쌓는 것입니다.

안식일의 쉼은 온 세상에 복을 가져왔습니다. 다른 종교나 문화권에 있는 자들도, 종교가 없는 자들도, 성경의 가르침을 모르는 자들도, 그저 당연한 것처럼 이를 준행합니다. 이것은 하나님이 아브라함에게 하신 약속, 즉 "땅의 모든 족속이 너로 말미암아 복을 얻을 것이라(창 12:2~3)."는 약속의 한 예가 아닙니까?

그런데 안식일을 어떻게 지켜야 합니까? 성경 전체를 통해 이 문제는 이스라엘 백성의 고민거리요, 랍비들의 논쟁거리였습니다. 예수께서 안식일에 병자를 고치신 것을 두고 충돌이 생긴 것도 여기서 비롯된 것입니다.

오늘날 우리도 안식일에 어떻게 쉴지를 놓고 고민합니다. 안식일을 지키는 데 가장 걸림돌이 되는 것은 무엇입니까? 자신의 경험을 적어 보십시오.

부모 공경

어떤 문화에서는 조상을 숭배할 정도로 존경합니다. 자녀들이 새로운 세상의 명령에 순종하려 할 때 조상은 절대적인 권위를 가지고, 심지어 무덤에서조차 그들을 통제(지배)합니다. 하지만 이 계명이 가르치는 것은 이것이 아닙니다.

그런데 우리가 범한 잘못은 이와는 정반대의 것입니다. 어려서는 **부모**를 공경하지 않았고, 조금 자라서는 반항했으며, 어른이 되어서는 잊어버렸습니다. 이 다섯 번째 계명은 우리에게 절실히 필요합니다. 왜냐하면 우리 문화가 나이든 사람들을 소용없고 별로 중요하지 않은 존재로 여기고 무시하기 때문입니다.

다섯 번째 계명은 하나님과 하나님의 형상, 하나님의 이름, 하나님의 날에 대한 계명에서 인간의 관계와 책임에 대한 계명으로 넘어가는 다리 역할을 합니다. 부모에 관한 비슷한 언급을 출애굽기 21장 15, 17절과 레위기 20장 9절에서 찾을 수 있습니다.

성경은 우리의 이기주의를 향해 외치는 것도 서슴지 않습니다. "네 부모를 공경하라. 그리하면 네 하나님 여호와가 네게 준 땅에서 네 생명이 길리라(출 20:12)." 생명이 길 것이라는 말은 단지 생명이 연장되는 것만을 의미하지 않습니다. 건강하고 만족스러우며 행복한 시간을 말합니다. 에베소서 6장 2절은 이 계명이야말로 '약속 있는' 첫 계명이라고 말합니다. 하나님의 질서와 조화를 이룰 때 큰 복을 받게 될 것임을 분명히 지적하는 것입니다.

우리가 늙으면 자녀들이 우리를 어떻게 대우하겠습니까? 우리가 우리 부모에게 한 것과 같이 할 것입니다. 이처럼 우리는 어떤 헌신을 어떻게 해야 할지 가정생활에서 배우게 됩니다. 윗사람들을 통해 보고 듣고 알게 됩니다.

초대 기독교인들은 히브리의 이러한 배경을 그대로 되풀이합니다. "누구든지 자기 친족, 특히 자기 가족을 돌보지 아니하면 믿음을 배반한 자요, 불신자보다 더 악한 자니라."(딤전 5:8)

'부모 공경'은 무엇을 의미합니까? 원래는 부모가 더 이상 일을 할 수 없게 되었을 때 학대하거나 집에서 내쫓는 것을 금하는 의미였습니다.

그러나 공경은 이보다 넓은 의미입니다. 자녀에게 공경은 부모의 지혜에 대한 존경을 의미할 것입니다. 또한 보호하고 사랑을 나타내는 것도 그 일부일 것입니다.

레위기 19장 3절에 나오는 '공경하다'는 보통 하나님에 대하여 쓰는 말이었는데, 여기서는 부모에게 쓰였습니다. 하나님의 권위와 부모의 권위, 그리고 하나님에 대한 존경과 부모에 대한 존경은 분명히 관계가 있습니다.

성경의 사건 중에, 십자가에 달리신 주님이 사랑하는 제자에게 어머니 마리아를 부탁하신 것보다 더 확실한 본보기는 없습니다(요 19:26~27). 부모가 나이 들었을 때 잘 돌보는 것이 부모 공경의 방법입니다.

살인

여섯 번째 계명에는 생명의 신성함이 확고히 자리하고 있습니다. 우리가 이 계명을 이해하는 데 가장 중요한 것은 '살인하다'라는 말이 정확히 어떤 의미인지 아는 것입니다. 성경에도 전쟁이나 사형 제도가 있었음을 생각할 때, 이 계명이 뜻하는 것은 과연 무엇일까요? 문맥으로 보아 이것은 미움과 적의, 또는 분노로 다른 생명을 빼앗는 일, 그리고 유혈 폭력으로 보복하는 일을 말합니다. 이 명령은 살인을 금합니다. 상처 난 개인의 감정에 따라 자기 손으로 직접 법을 집행하는 권한을 거부합니다. 즉 이 계명은 불법적인 살인을 금하는 것이지, 합법적인 살인을 금하는 것은 아닙니다.

그러면 의도적인 살인이 아닌 경우는 어떠합니까? 비록 이 계명이 살인의 동기에 대해서는 어떠한 언급도 하지 않았지만, 뜻하지 않게 사람을 죽인 자들을 위해서는 후에 도피처가 생기기도 했습니다.

마치 도둑질, 간음, 거짓 증거가 살인과 연관되어 있거나 살인을 부르거나 하는 것처럼, 살인은 보통 다른 범죄와 관련되어 일어납니다(호 4:2). 선지자들은 부자가 가난한 자를 착취하거나 과부나 고아들을 핍박하는 것도 살인과 같다고 하였습니다. 하나님은 생명을 창조하셨고, 그것을 거룩하게 여기셨습니다. 모든 사람은 거룩합니다. 그러므로 이웃을 향한 증오에 찬 폭력은 하나님과 그분의 언약을 모독하는 것입니다.

간음

일곱 번째 계명은 확실합니다. 이것은 난잡한 성적 행태들, 즉 처녀 유혹, 음행,

히브리어에서 '아버지, 어머니'는 생물학적 부모보다 더 넓은 의미가 있다. 선생이나 그 사람의 인생에 지대한 역할을 한 사람, 가족의 최고 연장자를 뜻하는 경우도 있다.

동성과의 성관계, 동물과의 성관계, 강간 등에 관한 것은 아닙니다. 다른 율법이나 가르침이 이러한 성적 범죄나 부도덕을 정죄합니다. 간음은 이와는 다른 특별한 범주에 속합니다. 이는 가정의 존엄성을 짓밟는 행위입니다.

이 계명은 결혼의 신성함을 유지하기 위한 것입니다. 간음은 여자나 남자 모두에게 있을 수 있습니다. 이는 결혼한 사람이 혼외정사를 하는 것으로, 이에 따른 형벌은 죽음입니다.(레 20:10)

오늘날과 같이 성적으로 혼란하고 개방된 사회에서는 이스라엘 사람들과 같이 간음을 심각하게 여기는 것을 제대로 이해하기 어렵습니다. 아비멜렉은 아브라함의 아내 사라와 간음하게 될 뻔한 것에 깜짝 놀랐습니다(창 20:8~10). 요셉은 "내가 어찌 이 큰 악을 행하여 하나님께 죄를 지으리이까(창 39:9)."라며 차라리 감옥을 택하였습니다.

'간음'이라는 단어의 어근과 '더러워지다'라는 단어의 어근이 같음을 명심하십시오. 이는 설탕에 모래를, 또는 휘발유에 물을 섞는 것과 같습니다. 하나님은 결혼생활이 순수하고, 더러워지지 않고, 꾸준하기를 기대하십니다. 예수님은 이혼에 대하여 질문을 받았을 때, 창세기의 창조 이야기를 들어 결혼에 대한 하나님의 뜻을 천명하셨습니다. "남자가 부모를 떠나 그의 아내와 합하여 둘이 한 몸을 이룰지로다(창 2:24; 마 19:5)." 이 계명은 명령의 부정적인 힘과 긍정적인 힘 모두를 보여 주는 좋은 예입니다. 이 명령은 제한하고 선을 긋습니다. 배우자 아닌 다른 사람들을 배제하기 때문입니다. 반면 삶을 충족시킵니다. 간음 없는 결혼생활은 많은 감정적인 상처와 성적 질병을 피할 수 있기 때문입니다. 성실한 결혼생활은 가정의 경제적인 능력을 보호합니다. 또한 신뢰로 단단히 다져져 자녀들에게 안정감을 주고 가정을 지속시킵니다.

도둑질

성경에 따르면 개인이 재산을 소유할 수 있습니다. 그러나 탐욕을 주의해야 합니다. 지나친 재물 추구는 다

른 사람들에게 상처를 입힐 수 있습니다. 아모스 선지자는 통렬히 비난합니다. "가난한 자를 삼키며 땅의 힘없는 자를 망하게 하려는 자들아, 이 말을 들으라. 너희가 이르기를 월삭이 언제 지나서 우리가 곡식을 팔며 안식일이 언제 지나서 우리가 밀을 내게 할꼬. …… 거짓 저울로 속이며 은으로 힘없는 자를 사며 신 한 켤레로 가난한 자를 사며 찌꺼기 밀을 팔자 하는도다."(암 8:4~6)

어떤 사회에서는 권력을 쥔 자들은 법을 이용하고, 자신들의 영향력과 돈, 지위와 특권을 이용하여 도둑질을 하고도 미미한 처벌을 받거나 아예 어떠한 처벌도 받지 않습니다. 반면 도둑질하다 걸린 가난한 사람들은 가혹한 처벌을 받습니다. 여덟 번째 계명은 짧지만 모두에게 적용되며, 확실합니다. "도둑질하지 말라(출 20:15)." 이는 모두를 향한 계명입니다.

도둑질하는 것은 공동체를 깨뜨리고, 공포와 적대감을 일으키며, 탐욕과 거짓과 살인으로 연결됩니다. 이것은 사람들을 빛에서 어두움으로 움직이게 합니다.

사도 바울은 이것이 착하고 정직한 수고의 정신을 어기는 것이라고 생각했습니다. "도둑질하는 자는 다시 도둑질하지 말고 돌이켜 가난한 자에게 구제할 수 있도록 자기 손으로 수고하여 선한 일을 하라."(엡 4:28)

이 명령은 비단 물질에만 적용되는 것이 아닙니다. 도둑질과 사람을 연관시켜 생각해 보십시오. 이 명령은 다른 사람을 납치하거나 강제로 노예 삼는 것 또한 금합니다.

어떤 사람들은 노름도 도둑질로 생각합니다. 이에 대한 자신의 생각을 적어 보십시오.

우리가 쉽게 생각지 못하는 도둑질이 있습니다. 하나님의 것을 도둑질하는 사람이 있습니까? 말라기 3장 6~12절을 읽어 보십시오.

거짓말

한 사람이 죄인으로 끌려와 장로들 앞에 서 있는 장면을 눈앞에 그려 보십시오. 그는 사형에 해당하는 벌을 받게 되는 살인이나 간음, 도둑질을 했다고 고소를 당했습니다. 두 사람이 증인으로 나섭니다. 이 사람의 생명은 그들의 증언에 달려 있습니다. 그들은 아마도 진실만을 증언할 것을, '하나님의 도우심으로' 진실이 아닌 어떤 것도 말하지 않을 것을 맹세할 것입니다. 그러나 과연 그럴까요?

아홉 번째 계명은 이러한 법적인 정황에서 시작된 것입니다. 거짓 증거하는 것은 가증스러운 죄악이며, 법 제도 전체를 해치는 동시에, 사람들의 생명을 위험에 빠뜨립니다. 이 때문에 한 사람을 유죄로 인정하기 위해서는 반드시 두 명 이상의 증인이 필요했습니다(신 19:15). 또한 거짓 증거자가 그토록 중한 벌을 받은 것입니다. "그 증인이 거짓 증거하여 그 형제를 거짓으로 모함한 것이 판명되면 그가 그의 형제에게 행하려고 꾀한 그대로 그에게 행하여 너희 중에서 악을 제하라(신 19:18~19)." 신명기 19장 15~19절의 증인에 관한 부분을 읽어 보십시오. 법 제도의 순수성 없이는 어떠한 사회도 살아남을 수 없습니다.

한편 히브리인들은 이 계명이 거짓말 그 이상의 것도 포함한다는 사실을 곧바로 알아챘습니다. 거짓은 어떠한 형태든 벌을 받게 되었습니다. 거짓은 혐오 범죄로 분류되었습니다. "여호와께서 미워하시는 것, 곧 그의 마음에 싫어하시는 것이 예닐곱 가지이니, 곧 교만한 눈과 거짓된 혀와 무죄한 자의 피를 흘리는 손과 악한 계교를 꾀하는 마음과 빨리 악으로 달려가는 발과 거짓을 말하는 망령된 증인과 및 형제 사이를 이간하는 자이니라."(잠 6:16~19)

확실히 혀는 잡담과 욕설과 헛소문을 퍼뜨리는 등 많은 악을 행합니다. "너는 네 백성 중에 돌아다니며 사람을 비방하지 말며(레 19:16)." 선지자들은 거짓말하는 자들을 저주하였습니다. 침묵도 거짓의 한 형태일 수 있습니다.

탐욕

로마 가톨릭과 루터교회는 오래 전부터 출애굽기 20장 17절을 두 개의 계명으로 생각했습니다. "네 이웃의 집을 탐내지 말라."는 아홉 번째 계명이고, 그 나머지는 열 번째 계명이라는 것입니다. (이 전통에서는 첫 번째 계명과 두 번째 계명을 하나로 생각하여 전체가 10계명입니다.)

'탐내다'는 '열망하다, 원하다, 기뻐하다' 등의 의미가 있습니다. 이 생각은 성경에서 여러 번 긍정적으로 쓰입니다. 선한 것을 열망하는 것은 매우 가치가 있습니다. 그러므로 탐내는 것과 열망하는 것에 차이를 두는 것은 중요합니다. 성경은 열망하는 것을 부정적으로 보지 않으며, 탐욕과 정욕 같은 행위를 부르는 욕심만을 경계하기 때문입니다.

성경은 처음부터 끝까지 갈망을 인간의 상태로 봅니다. 우리가 진정 갈망하는 것은 무엇입니까? 바로 하나님입니다. 사도 바울은 우리에게 더 큰 은사를 '사모하라' 고 격려합니다(고전 12:31, 어떤 번역본에서는 '탐내다' 로 번역함). 그러고는 '사랑의 장' 으로 불리는 13장을 시작합니다.

열 번째 계명은 놀라운 현실을 지적합니다. 행복하지 않은 사람들은 남의 것을 탐냅니다. 이들은 영원히 쉼을 얻지 못하고, 염려하며, 만족하지 못합니다.

어떤 사람들은 이 열 번째 계명이, 그 전에 나오는 간음과 도둑질, 살인에 관한 계명과는 무게감이 다른 용두사미 격의 명령이라고 생각합니다. 그러나 이것이 모든 죄의 근본 아닙니까? 첫 번째 계명이 하나님의 품성에 근거한다면, 마지막 계명은 인간의 품성에 근거합니다. "사람의 마음에서 나오는 것은 악한 생각, 곧 음란과 도둑질과 살인과 간음과 탐욕과 악독과 속임과 음탕과 질투와 비방과 교만과 우매함이니 이 모든 악한 것이 다 속에서 나와서 사람을 더럽게 하느니라."(막 7:21~23)

탐냄은 하나님의 섭리, 하나님의 관대하심과 조화되지 않으며, 하나님의 평안을 놓쳐 버리는 것입니다. 이 강력한 계명의 긍정적인 면은 신뢰 안에서 살고, 자기 자신뿐만 아니라 남들이 잘되는 것을 바라며, 다른 사람에게 좋은 일이 생기는 것을 기뻐하고, 도움이 필요한 자들과 함께 나누게 되는 것입니다.

⬆ 세상 속으로

도덕적인 면을 평가하기 좋은 시간입니다. 1주일 동안 십계명을 공부한 후에, 자신을 돌아보십시오. 다음과 같은 질문에 답해 보십시오.

- 나의 마음이 하나님께 속하여 있는가? 하나님께 속한 모습은 어떠하고, 그 증거는 무엇인가?
- 하나님보다 다른 신들을 우선으로 하지는 않는가? 만약 그렇다면 어떤 것들인가?
- 안식일을 지키는가? 나는 기독교인으로서 안식일을 어떻게 해석하고, 어떻게 지키는가? 이 해석 때문에 '나의 삶을 하나님께 맡기고 있는가?' 라는 진짜 질문을 피하고 있지 않은가? 내가 살고 있는 사회가 안식일 준수를 어떻게 어렵게 하고, 실제적으로 불가능하게 하는가?
- 부모님이나 조부모님, 아내/남편의 가족들, 그리고 나의 삶에 지대한 영향을 미친 분들을 어떻게 공경할 수 있는가?
- 살인에까지 이르게 할 수 있는 어떤 적개심이 내 안에 억눌려 있지 않은가? 어떤 것들이 나를 화나게 하는가?
- 스스로도 깨닫지 못하는 방법으로 어떤 것을 훔치고 있지는 않은가? 어디서, 누구에게서 훔치고 있는가? 어떤 의미에서 다른 사람을 노예로 부리는 일에 참여하고 있지는 않은가?
- 결혼생활에 온전히 성실한가? 그리고 그 관계를 잘 가꾸어 가는가? 어떻게 하면 좀 더 좋은 배우자, 서로 존경하고 보살피는 배우자가 될 수 있을까?
- 항상 진실만을 말하는가? 언제, 왜 거짓을 말하고 싶은 유혹을 받는가? 증인

으로 부름을 받을 때, 온전히 맹세에 진실할 수 있겠는가?

- 나는 얼마나 만족하는가? 마음속에 탐욕이 불타고 있지 않은가? 어떤 물질적인 것들이 나를 끌어당기는가?
- 남의 것을 욕심내지는 않는가? 어떤 것들인가?

자신이 씨름하고 있는 계명들 중에서 한두 가지를 선택하십시오. 변화시킬 수 있는 힘을 위해 기도하십시오. 이 문제를 믿을 만한 친구에게 말해 보십시오. 미루지 말고 이 주간에 시작하십시오.

세상 속에서의 하나님 말씀

하나님의 말씀에서 얻은 이 메시지가 이번 주 내 사역의 나침반이 될 것입니다.

나는 이러한 방법으로 응답할 것입니다.

♡ 안식일

하나님께서 쉼과 즐거움을 위하여 따로 정해 주신 날을 지키는 것은 다른 계명들을 지킬 수 있도록 우선순위를 회복시키는 첫걸음입니다. 나 자신뿐 아니라 가족 전체가 쉴 수 있는 날을 계획하고 미리 준비하십시오. 다른 사람에게 요구하지 마십시오. 식당이나 휴게소 등 다른 사람의 노동력을 사용하는 곳을 피하십시오. 간소하게 생활하면서 즐기십시오.

더 알아보기

■ 이스라엘 백성은 약속의 땅에 들어가자마자 가나안의 신들을 섬기도록 유혹을 받았습니다. 아합과 같은 왕들이 이방인 여인과 결혼하면서 이방인의 우상 숭배가 정식화되었습니다.

■ 바알 숭배는 성적인 방탕과 술 취함과 안식일을 더럽히는 것을 의미합니다. 그러나 가장 중요한 것은 구별되고 선택받은 백성인 이스라엘이 그 정체성과 믿음을 잃게 되었다는 것입니다. 엘리야와 450명의 바알 제사장들의 대결에 대하여 읽어 보십시오(왕상 18:17~40). 왜 이 대결이 삶과 죽음의 문제가 되었습니까?

하나님의 공의의 법

그러나 다른 해가 있으면 갚되 생명은 생명으로, 눈은 눈으로, 이는 이로, 손은 손으로,
발은 발로, 덴 것은 덴 것으로, 상하게 한 것은 상함으로, 때린 것은 때림으로 갚을지니라
(출애굽기 21:23~25)

이 과의 주제

공의

⬆ 우리의 모습

인생은 공평하지 않습니다. 강한 자들이 약한 자들 위에 군림합니다. 현명한 자들이 둔한 자들을 조종합니다. 어떤 경우에는 죄 없는 자들이 해를 입고 쓰러집니다. 반면에 악한 자들은 종종 벌조차 받지 않습니다. 우리는 할 수 있다면 어디서든 자기 몫을 챙기려 합니다.

✤ 내려놓기

성경 공부를 하기 전에 먼저 하나님께 기도를 드립니다. 아래의 시편 말씀이 좋은 길잡이가 될 것입니다.

> 여호와는 압제를 당하는 자의 요새이시요 환난 때의 요새이시로다 여호와여 주의 이름을 아는 자는 주를 의지하오리니 이는 주를 찾는 자들을 버리지 아니하심이니이다 (시편 9:9~10)

이번 주 기도 제목을 구체적으로 적어 기도합시다.

영성 훈련

검소 매일 매순간 검소한 삶을 선택할 때, 우리는 자기 삶에 순수함을 얻으며, 다른 사람을 위한 온전함을 가능하게 합니다.

♪ 귀 기울이기

지금까지 우리는 아브라함의 하나님이 공의의 하나님이심을 배우고 깨달았습니다. 이제 그 '공의'를 자세히 설명하려 합니다. 당시의 법률들과 오늘날의 공의를 위한 법률들을 비교해 보십시오. 우리는 지금 믿음에 근거한 획기적인 법 제정을 보고 있음을 명심하십시오.

연결고리 : 중심 되는 단어를 선택한 후, 색인을 사용하여 성경의 다른 부분에서는 그 단어가 어떻게 쓰였는지 찾아보십시오. 정황에 따라 의미가 어떻게 달라지는지 살펴보십시오.

D1	출애굽기 21~22장(대면 관계에서의 공의)

D2	출애굽기 23~24장(가난한 자에 대한 배려, 토지 휴식, 약속의 책)

D3	레위기 17~19장(피는 생명이요, 성(性)은 신성한 것이요, 하나님은 거룩하시다) 레위기 21~22장(제사장)

D4	레위기 23~25장(축제와 성일(聖日), '눈은 눈으로', 안식년, 희년)

D5	이사야 5장(기대하는 공의와 의) 욥기 29, 31장(욥의 공의)

D6	교재 내용

🔥 말씀 속으로

모세에게 준 하나님의 율법은 언뜻 가혹한 것처럼 보입니다. 그러나 당시의 시간과 상황이 가혹했습니다. 바위투성이인 시내의 황무지에서 살아남기 위해서는 협동과 공정함과 최대한의 일치단결이 요구되었습니다. 삶 자체를 위하여 가정의 순수성이 필요하였습니다.

그러나 모세의 법은 정황에 따라 이해되어야 합니다. 법 체제는 메소보타미아에도, 수메리안 시대(기원전 3300년)에도 존재했습니다. 함무라비 법전(기원전 18세기)은 이스라엘의 법보다 5세기나 앞서는 것으로, 인간 사회와 법 규정의 이정표로 일컬어집니다. 그래서 이스라엘 율법에는 메소보타미아의 영향이 역력합니다. 이스라엘 법 중에 많은 부분이 주변의 문화에서 차용한 것이기는 하지만, 그것들은 이스라엘의 독특한 언약 신앙의 이해에 의해 변화되었습니다. 율법에서 어떤 것이 강조되고, 어떤 것이 율법에 첨가될지에 언약이 어떤 식으로 영향을 미쳤는지를 주의 깊게 살펴보십시오.

행위에 대한 언약 법전은 토라 전체에 산재해 있으나, 특별히 출애굽기 21장 1절부터 23장 19절에 집중되어 있습니다. 이스라엘은 율법 아래 존재하는 나라가 되었습니다. 물론 새로운 법적인 문제가 생김에 따라 점차 발전되고 세련되어졌습니다. 그러나 공명정대하게 행하는 것과 자비(慈悲) 같은 원칙들은 빨리 자리를 확립하였습니다.

하나님은 공의로우시다

우리 중에 복수심 같은 강한 감정이 솟아나지 않는 사람이 어디 있겠습니까? 빚을 갚겠다는 감정은 상처받은 것에 대한 인간적인 반응입니다.

복수의 법칙(Lex talionis), 즉 '눈은 눈, 이는 이의 법칙'은 공평하게 한다는 의도에서 나온 것입니다. 그 당시 복수는 너무 심하였기에 받은 것과 똑같이 되돌려주는 것은 공평한 것이었습니다. 공명정대하게 행한다는 생각은 어디에서 나왔습니까? 하나님께로부터 온 것입니다. 한 무리의 아이들이 뒤뜰에서 놀다 보면 어떤 것이 공평한지에 대한 강한 의식이 생기게 될 것입니다.

힘센 아이가 다른 아이들을 괴롭히면 그들은 소리를 지를 것입니다.

이 생각을 하나님의 본성과 연관시켜 봅시다. 하나님은 공의의 하나님입니다. 공평하게 판단하십니다. "모든 나라 가운데서 이르기를 여호와께서 …… 만민을 공평하게 심판하시리라 할지로다."(시 96:10)

하나님은 언약 공동체 내에 법을 요구하십니다. 야만적인 복수는 너무 잔인합니다. 공명정대해야 합니다. "아버지는 그 자식들로 말미암아 죽임을 당하지 않을 것이요, 자식들은 그 아버지로 말미암아 죽임을 당하지 않을 것이니 각 사람은 자기 죄로 말미암아 죽임을 당할 것이니라."(신 24:16)

만약 나의 소가 들판에서 이웃의 소를 받아서 죽였다면 어떻게 하는 것이 공평합니까? 죽은 소를 반으로 나누어 갖고, 살아 있는 소를 팔아 그 값을 나눕니다. 그런데 만약 내 소가 받는 버릇이 있는 줄을 알고도 묶어 놓지 않았다면 나는 새로운 소를 사서 갖고, 죽은 소를 가져야 합니다.(출 21:35~36)

복잡성

법의 문제는 항상 새로운 사건과 상황이 생긴다는 것입니다. 그러나 원칙은 확고합니다. 만약 어떤 사람이 일하는 동물을 빌렸다가 상처를 입으면 꼭 배상을 해야 합니다. 그러나 그 자리에 주인이 함께 있었다면 주인이 책임을 져야 합니다. 배상은 없습니다.(출 22:14~15)

단순한 농업 경제에서조차 완전한 공평을 추구했는데, 그 법률들은 매우 복잡했습니다. 여기 한 예가 있습니다. 도둑이 어두울 때 나의 집에 침입하였으면, 나는 그 도둑을 죽일 수 있습니다. 그러나 환한 대낮에 뭔가를 훔치려고 들어왔다면 죽일 수 없습니다. 다른 상황이기 때문입니다.(출 22:2)

가인이 하나님께 한 말을 기억합니까? "내가 내 아우를 지키는 자니이까(창 4:9)?" 성경의 대답은 '그렇다'입니다. 만약 어떤 사람이 구덩이를 파고 덮지 않았는데 소나 나귀가 거기에 빠져 죽으면, 그 값을 물어주어야 합니다. 이는 무언가를 했기 때문이 아니라, 하지 않은

것 때문입니다.(출 21:33~34)

공평한 재판관들

재판관은 사람들 사이에 분쟁이 생겼을 때, 그것을 판단하고 해결해야 합니다. 그러기에 진실무망하며 불의한 이를 미워하는 자를 재판관으로 선택해야 합니다(출 18:21). 또한 뇌물은 나쁜 것이므로 조금도 받으면 안 됩니다. "뇌물은 밝은 자의 눈을 어둡게 하고, 의로운 자의 말을 굽게 하느니라."(출 23:8)

신명기 1장 9~18절에서 모세는 사람들을 위해 타락하지 않는 재판 제도를 확립할 것을 말합니다. 그의 가르침은 분명합니다. "재판은 하나님께 속한 것인즉 너희는 재판할 때에 외모를 보지 말고 귀천을 차별 없이 듣고 사람의 낯을 두려워하지 말 것이며."(신 1:17)

왜 재판관은 뇌물을 받아서는 안 됩니까? 신명기 기자는 이렇게 말합니다. "너희의 하나님 여호와는 신 가운데 신이시며 주 가운데 주시요 크고 능하시며 두려우신 하나님이시라. 사람을 외모로 보지 아니하시며 뇌물을 받지 아니하시고(신 10:17)." 하나님께 뇌물을 주려 한다는 것은 무엇을 의미합니까? 우리 같으면 어떻게 하겠습니까? '저를 이 상태에서 빠져나오게 해 주시면 매주 교회에 나가겠습니다.' 뇌물을 주거나 통제하는 것은 우상 숭배와 다를 바가 없습니다. 신들이나 자연의 힘, 창조 혹은 번식의 힘을 이용하여 자기가 원하는 것들을 하는 것입니다. 그러나 우리는 모세의 하나님을 통제할 수 없습니다. '스스로 있는 자' 이신 하나님은 뇌물이 통하지 않으며, 그분께는 완전한 순수성과 자유가 있습니다.

증인들은 진실을 말해야 합니다. 세 번째 계명과 아홉 번째 계명에 근거하여 맹세한 증인은 거짓을 말해서는 안 됩니다(출 20:7, 16). 거짓 증언자는 피고가 잘못 고소되어 받을 처벌을 그대로 받게 됩니다.(신 19:18~19)

모든 사람은 공평한 추와 저울을 사용해야 했습니다(다윗 왕 때 공식적인 나라의 화폐 제도가 확립되기 전까지는). 이것들이 없었다면, 얼마나 많은 속임수가 행해졌을지 상상해 보십시오.

가난한 자

불리한 상황에 처한 가난한 사람들을 어떻게 대해야 합니까? 가난한 자에게 공평치 않게 환대하여 정의를 곡해해서는 안 됩니다. "가난한 자의 송사라고 해서 편벽되이 두둔하지 말지니라(출 23:3)." 공의는 쉽게 보이지 않습니다. 그렇다고 가난한 자들의 권리에 합당치 않게 해서도 안 됩니다(출 23:6). 부자와 권력자들이 농간을 부리지 않게 해야 합니다(출 23:2). 가난한 자에게 죄를 덮어씌우지 말아야 합니다(출 23:7). 나그네를 압제해서는 안 됩니다.(출 23:9)

음식을 사기 위해 돈을 빌려야 하는 상황을 상상해 보십시오. 갚겠다는 표시로 외투를 맡겼습니다. 시내 광야나 유대 산지는 해가 지면 매우 춥습니다. 그래서 율법은 말합니다. "네가 만일 이웃의 옷을 전당 잡거든 해가 지기 전에 그에게 돌려보내라. …… 그가 무엇을 입고 자겠느냐."(출 22:26~27)

아모스 선지자는 후기 이스라엘의 죄 때문에 분개했습니다. 한 남자와 그의 아버지가 같은 여자와 잠자리를 했습니다. "모든 제단 옆에서 전당 잡은 옷 위에 누우며 …… (암 2:8)." 이웃이 옷이 없어 춥게 자는데 자기의 만족만을 취하는 것이 얼마나 의롭지 못한 일입니까? 거룩한 하나님에 대한 얼마나 큰 반항입니까?

율법은 같은 히브리인에게 이자를 붙여 돈을 빌려 주는 고리대금업을 금지하였습니다. 유목 시대에나 농경 사회에서는 이익을 남긴다는 생각 없이 이웃에게 공구나 손을 빌려 주거나 적은 돈을 꾸어 주어야 했습니다. 이것은 해야 할 마땅한 일이었습니다.

히브리인들이 농경 사회로 정착할 때, 그들은 땅의 경계를 표시하기 위해 바위를 사용하거나 돌을 쌓아 놓았습니다. 울타리 없이 그저 돌로 표시한 것입니다. 그런데 몇몇 '똑똑한' 사람들이 매년 조금씩 돌을 움직여 이웃의 땅을 침범해 들어갔습니다. 율법은 확언합니다. "이웃의 경계표를 옮기는 자는 저주를 받을 것이라(신 27:17)." 이 불의함은 나중에 잠언에 다시 언급됩니다. "네 선조가 세운 옛 **지계석**을 옮기지 말지니라."(잠 22:28)

선지자들의 부르짖음

이스라엘의 역사를 통하여 설교자들이나 선지자들, 현명한 선생들과 영적 지도자들은 이스라엘이 하나님의 계명이 공명정대하다는 사실을 잊지 않게 하였습니다. 하나님은 언약 백성이 공평을 행하며, 그 삶의 방식을 만방에 드러내기를 원하셨습니다.

이사야 5장은 불의를 저주하며, 이스라엘이 토라의 공의와 의의 계명을 수행해 나가기를 강력하게 요청합니다. 이사야가 지적한 죄 중에 특별한 죄는 어떤 것들입니까?

욥은 하나님 앞에서 부르짖었습니다. 그러한 고난을

받을 만큼 악을 행하지 않았다고 항변하면서, 자신의 의로움을 들추어냈습니다. 이것을 과소평가하지 마십시오. 그의 연설은 히브리인의 특징을 반영하고 있습니다.

욥기 29~31장의 많은 구절들이 그가 일상생활에서 행했던 토라의 율법들을 언급합니다. 그 중 몇 개를 적어 보십시오.

욥은 비록 세상이 불공평하고, 하나님이 의로운 판단을 너무 지체하신다고 불평하였지만, 궁극적으로는 하나님이 그의 공평하심으로 세상을 심판하실 것을 믿었습니다.

우리는 하나님의 본성에 관하여 많은 것을 배우고 있습니다. 모세는 하나님의 영광을 보기 원하였습니다. 그래서 하나님은 모세를 산 위의 반석 틈에 집어넣고, 그 위로 지나가셨습니다(출 33:22). 그는 하나님의 얼굴은 보지 못했지만, 돌판을 위한 말씀을 다시 들을 수 있었습니다.

그 말씀은 하나님의 한없는 자비와 동시에 무서운 심판을 확인시켜 주었습니다. 나쁜 소식은 하나님께서 부모의 죄를 자손 4대에까지 돌리겠다는 것입니다. 좋은 소식은 하나님의 자비와 사랑이 천 대에까지 이르게 하겠다는 것입니다. 출애굽기 34장 1~7절을 주의 깊게 읽어 보십시오. 천 대는 매우 긴 시간입니다.

⬆ 세상 속으로

우리 가정과 공동체, 또는 교회 내에 존재하는 정의의 문제는 어떤 것들입니까? 나는 어떤 행동을 취할 수 있습니까?

불공평한 대우를 받는 인종(민족) 그룹에 대하여 생각해 보십시오. 나와 우리 모임이 취할 수 있는 행동은 무엇입니까?

장애인에게 일자리를 마련하여 주고, 어떤 시설이나 마음껏 출입할 수 있게 하는 것은 정의의 문제입니다. 여기에 내가 어떻게 기여할 수 있습니까?

만약 내가 힘을 갖게 된다면 어떤 법이나 사회적 관습을 바꾸겠습니까?

어떻게 정의를 실현할 수 있습니까?

히브리인들은 **지계석**으로 땅의 경계를 표시하였다. 무세의 율법은 특별히 이웃의 지계석을 움직이는 것을 금지하였다(신 19:14, 27:17). 이 돌은 느부갓네살 왕 때에 바벨론에서 나온 것이다.

세상 속에서의 하나님 말씀

하나님의 말씀에서 얻은 이 메시지가 이번 주 내 사역의 나침반이 될 것입니다.

나는 이러한 방법으로 응답할 것입니다.

♥ 안식일

안식일은 불의를 가져오는 물질주의에 도전합니다. 하나님의 날에 대한 우리의 태도는 가난한 자나 배고픈 자, 적대자들에 대한 우리의 태도와 직접적으로 연결됩니다. 안식일은 우리에게 물건을 사고파는 일을 삼갈 것과 이미 가진 것들에 감사하고, 이것들에 조종 받지 않기를 요구합니다. 스스로를 새롭게 하는 것만이 쉬는 방법은 아닙니다. 어떻게 불의를 바로잡을 수 있을지 생각해 보십시오.

📖 더 알아보기

■ 불의를 아모스보다 자세하게 나열한 사람은 없습니다. 다른 번역본으로 아모스서를 읽고, 하나님의 다림줄이 이스라엘 옆에 놓인 것을 보십시오. 그리고 우리 옆에 놓였다고 생각해 보십시오.

이 과의 주제

동정심

연약한 자들의 보호자

너는 과부나 고아를 해롭게 하지 말라
네가 만일 그들을 해롭게 하므로 그들이 내게 부르짖으면
내가 반드시 그 부르짖음을 들으리라
(출애굽기 22:22~23)

❏ 우리의 모습

"만약 이웃을 보살피면 나의 몫이 충분하지 않을지도 모릅니다. 뭔가 필요하다면 직접 그것을 위해 일하라고 하십시오. 다른 사람의 불행이 내 잘못은 아닙니다. 사람은 스스로 책임을 져야 합니다."

❏ 내려놓기

성경 공부를 하기 전에 먼저 하나님께 기도를 드립니다. 아래의 시편 말씀이 좋은 길잡이가 될 것입니다.

> 여호와여 주의 인자하심이 선하시오니 내게 응답하시며 주의 많은 긍휼에 따라 내게로 돌이키소서 (시편 69:16)

이번 주 기도 제목을 구체적으로 적어 기도합시다.

❏ 귀 기울이기

하나님은 거룩할 뿐만 아니라 자비로우십니다. 사회는 정의로워야 하고, 동정심이 있어야 합니다. 룻과 나오미, 보아스의 이야기는 언약 공동체가 어떻게 과부나 헐벗은 자나 집 없는 자들을 도왔는지 보여 줍니다. 가족 유대야말로 가난한 자들을 보호하는 하나님의 가장 강력한 방법이었습니다.

연결고리 : 어떤 단어나 개념, 사건이 언급된 성경의 다른 부분을 찾아 참조하십시오.

영성 훈련

관대 우리가 가진 것이 하나님께서 주신 것이요, 하나님의 것이라는 사실을 깨달으면, 우리는 청지기로서의 시각을 갖게 되어 더 많이 사야 한다는 생각에서 자유로워지고, 다른 사람을 동정하는 마음으로 보살피는 삶을 선택할 수 있게 됩니다.

D1 | 출애굽기 21:1~23:22(동정심)
다른 번역본으로 다시 읽어 보라.

D2 | 신명기 22~25장(사회의 동정심)

D3 | 룻기 1~2장, 레위기 19:33(이방인과 가난한 자들을 보살핌)

D4 | 룻기 3~4장(율법을 넘어선 친절)
시편 103편(하나님의 자비)

D5 | 레위기 25장, 신명기 15:1~18(안식년과 희년)

D6 | 교재 내용

⬤ 말씀 속으로

정의가 없는 사랑은 그저 감상이 되고 맙니다. 공명 정대함 없는 동정심은 그저 생색내기에 불과합니다. 사회정의는 여전히 불완전합니다. 자비함 또한 더욱 확대되어야 합니다. 모든 것이 있음에도 인생이 언제나 공평한 것은 아닙니다. 어떤 부모는 너무나 일찍 세상을 떠나 어린 자녀들이 하루아침에 고아가 됩니다. 더 이상 가진 것이 없어 빈민으로 전락하는 노인들도 있습니다. 전쟁과 지진, 홍수와 가뭄 때문에 난민이 생깁니다. 부자가 가난한 자들을 토색하는 경우도 있습니다. 권력 있는 자들이 힘없는 자들을 뒤흔들어 놓을 수도 있습니다. 어떤 사회든지 많은 도움을 필요로 하는 사람들이 있습니다.

동정심의 율법

모세 율법의 어떤 부분은 한결같이 '눈은 눈으로'입니다. 그러나 언약 백성은 고립된 개인이 아닙니다. 그들은 공동체요, 가족이요, 하나님의 선택을 받은 백성입니다. 간단히 말해 그들은 삶이 어려울 때 서로 도와야 했습니다.

성경이 말하는 이 동정심의 신성한 동기들을 주의 깊게 살펴봅시다.

- 하나님은 자비의 하나님이시다. (출 22:27)
- 기억하라. 너희도 한때 애굽 땅에서 종살이를 하였다. (신 15:15; 16:12; 24:18, 22)
- 너희는 가족이다. 언약 공동체에 속한 모든 사람은 형제자매다. (신 15:7~11)
- 하나님은 특별히 약한 자와 과부와 고아들에게 관심이 많으시다. 잊지 말라. (출 22:22)

다음과 같은 율법들이 하나님으로부터 흘러나왔습니다. "네가 만일 네 원수의 길 잃은 소나 나귀를 보거든 반드시 그 사람에게로 돌릴지며(출 23:4)." "네가 만일 너를 미워하는 자의 나귀가 짐을 싣고 엎드러짐을 보거든 그것을 버려두지 말고 그것을 도와 그 짐을 부릴지니라."(출 23:5; 신 22:1~4)

일용직 노동자에게 매일 삯을 주지 않으면 그들이 어떻게 그 가족을 먹이겠습니까? "품꾼의 삯을 아침까지 밤새도록 네게 두지 말며."(레 19:13)

"사람이 **맷돌**이나 그 위짝을 전당 잡지 말지니 이는 그 생명을 전당 잡음이니라(신 24:6)." "네 이웃에게 무엇을 꾸어 줄 때에 너는 그의 집에 들어가서 전당물을 취하지 말고 너는 밖에 서 있고 네게 꾸는 자가 전당물을 밖으로 가지고 나와서 네게 줄 것이며."(신 24:10~11)

이스라엘에서는 동물이나 장비나 돈을 빌리는 것은 괜찮았지만, 고리대금업은 허용되지 않았습니다. 같은 히브리 사람에게 이자를 물게 할 수는 없었습니다(출 22:25; 신 23:19~20). 이렇게 가난한 자들을 보호하였습니다. 얼마나 많은 사회에서 높은 이자를 붙여 농장의 농부들이나 도시의 노동자들을 억압하였습니까? 반면 외국인에게 이자를 물게 하는 것은 법적으로 문제가 되지 않았는데(신 23:20), 아마도 이는 그들이 대부분 잠시 머무르는 사람들이거나 빌린 것을 되갚지 않을 것 같았기 때문이었을 것입니다.

히브리인들 사이에서 실행된 잘 알려지지 않은 경제법 중 하나는 칠 년에 한 번씩 모든 것을 탕감해 주는 법입니다. 신명기 15장 1~11절을 주의 깊게 읽어 보십시오. 특별히 면제년이 가까왔다는 이유로 어려운 이웃을 돌아보지 않는 것에 대한 경고에 주목하십시오.

외국인이나 나그네, 전직 노예들, 헐벗은 난민들, 집 없는 자들, 정신적으로 병든 자들, 어떤 때는 잘 대접받기도 하지만 어떤 곳에서는 헐벗기 일쑤인 레위족 제사장들도 율법의 특별 관심 대상이었습니다.

비록 외국인의 선조가 이집트인이나 모압 족속일지라도, 비록 그들에게 친구나 가족이 없을지라도 그들을 압제하지 마십시오. 그들을 먹이고, 정당한 임금을 지불하십시오. 내 헛간에서 잘 수 있게 하십시오. "너는 이방 나그네를 압제하지 말라. 너희가 애굽 땅에서 나그네 되었었은즉 나그네의 사정을 아느니라."(출 23:9)

보살핌은 땅과 나무와 새들에게까지 확대되었습니다. 칠 년마다 땅을 쉬게 하십시오. 그 땅에서 모든 양분을 착취하지 마십시오. 칠 년째에는 그냥 놔두어 가난한 자나 동물들이 먹게 하십시오(출 23:10~11). 전쟁 중에는 나무들을 고려하십시오. 그것들은 적이 아닙니다. "새의 보금자리에 새 새끼나 알이 있고 어미 새가 그의 새끼나 알을 품은 것을 보거든 …… 어미는 반드시 놓아 줄 것이요 …… 그리하면 네가 복을 누리고 장수하리라(신 22:6~7)." 잠시 쉬면서 창세기의 창조 이야기를 떠올려 보십시오. 우리는 청지기로서 지구를 돌보아야 합니다.(창 2:15)

매일 곡식을 빻아 빵을 굽기 위해 사용한 맷돌은 히브리 가정에는 필수적인 것이었다. 위쪽 맷돌에 꽂혀 있는 막대기가 아래 맷돌 중앙의 걸이못에 걸리게 되어 돌면서 곡식을 빻는다. 모세의 율법(신 24:6)은 돈을 빌려 주는 조건으로 위쪽 맷돌을 저당 잡는 것을 금하였다.

안전망

히브리인들은 모두가 살아남기 위해 사회의 구조 아래 안전망을 쳤습니다. 첫 번째 방어선은 가족입니다. 모든 것이 율법으로 보호되었습니다. 엄격하고 세밀한 성(性)에 관한 율법은 가족을 보호하기 위함이었습니다. 왜 가족생활에 이토록 엄격했을까요? 가족은 공동체를 묶는 접착제이기 때문입니다. 광야에서 물과 만나를 나누던 그 날들은 생존을 의미하였습니다. 여자나 남자나 아이들 모두가 매일의 투쟁을 도왔습니다. 경제저, 정치적, 종교적 안정이 가족에게 달려 있었습니다.

나중에 이스라엘에서 생존의 핵심이었던 토지 상속은 가족의 연속성에 기초하였습니다. 그렇기에 자녀를 낳는 것이나 가족의 조화나 안녕을 약화시키는 것은 곧 생명에 대한 위협이었습니다. 비록 전쟁 중이라도 신랑은 전장에 나가지 말고 적어도 1년은 신부와 함께 집에 있어야 했던 것에 주목하십시오(신 24:5). 가족은 국가 보안의 열쇠였습니다. 강한 가족은 다른 약한 가족 아이들이나 고아가 된 조카들, 과부 된 누이들, 나이든 친척들, 조부모, 빚진 사촌들, 임신 못하는 여자들, 다친 사람들까지도 부양할 수 있었습니다. "만일 네 형제가 가난하여 그의 기업 중에서 얼마를 팔았으면 그에게 가까운 기업 무를 자가 와서 그의 형제가 판 것을 무를 것이요(레 25:25)." 역연혼 법에 따르면 형이 죽으면 동생은 형수와 결혼하여 그녀의 자녀에게 가계를 잇게 하고, 형의 재산을 위한 상속자를 낳았습니다.(신 25:5~10)

오늘날 가족의 위치, 책임과 비교해 보십시오.

다음 방어선은 전체 공동체입니다. 모든 율법은 약한 자들을 보호하게 되어 있었습니다. 히브리인들 중에 파산한 자들은 다른 사회와는 달리 자신을 노예로 팔지 않았습니다. 그들의 존엄성은 보호되었고, 삯꾼의 임금이 주어졌습니다(레 25:39~40). 노예를 산 경우에도 칠 년째에는 자유롭게 보내 주어야 했습니다(레 25:40~41; 신 15:12~17). 그러나 만약 남자 노예가 더 있기를 희망한다면 그럴 수도 있었습니다.(출 21:1~11)

사회의 가난한 자들을 위한 경제에 관한 가장 극적인 법은 추수하는 곡식에 대한 것이었습니다. "네가 밭에서 곡식(하나님께서 주신 것)을 벨 때에 그 한 뭇을 밭에

잊어버렸거든 다시 가서 가져오지 말고 나그네와 고아와 과부를 위하여 남겨두라. 그리하면 네 하나님 여호와께서 네 손으로 하는 모든 일에 복을 내리시리라. 네가 네 감람나무를 떤 후에 그 가지를 다시 살피지 말고 그 남은 것은 객과 고아와 과부를 위하여 남겨두며, 네가 네 포도원의 포도를 딴 후에 그 남은 것을 다시 따지 말고 객과 고아와 과부를 위하여 남겨두라. 너는 애굽 땅에서 종 되었던 것을 기억하라. 이러므로 내가 네게 이 일을 행하라 명령하노라(신 24:19~22)." 레위기 19장 9~10절과 23장 22절을 보십시오. '가장자리에 있는 것' '이삭을 줍는 것' '다 따지 말고' '떨어진 포도들' 같은 구절들에 유의하십시오. 관대하신 하나님은 언약 백성이 인색하거나 야박하거나 탐욕스럽지 않기를 원하셨습니다.

곤경에 빠졌을 때

롯의 이야기는 이 세상의 어느 문학 작품보다도 매력적입니다. 학자들 사이에서도 누가, 언제, 무슨 이유로 이 이야기를 적었는지는 불확실합니다. 이 이야기의 열정과 순수함은 시대를 초월합니다.

한편 이 고대의 율법들은 모세의 초기 언약으로까지 거슬러 올라갑니다. 이 이야기의 무대는 이스라엘이고, 때는 격동기였던 사사들의 시대보다는 좀 더 안정된 시대인 것 같습니다(룻 1:1). 역사적으로는 롯과 보아스가 다윗 왕의 증조부모이므로 왕정 시대 이전입니다. 어떤 주석학자들은 이 고대의 법들과 역사적인 결혼을 다룬 이야기는 아마도 바벨론 포로기 이후에, 그들이 선택되었음을 강조하고, 다른 사람들과의 구별을 위해 쓰였을 것이라고 생각합니다. 롯의 이야기는 유배되었던 자들이 자기 땅에 돌아오는 것과 이스라엘이 만방의 복이 되기 위하여 복을 받을 것이라는 아브라함에게 주신 언약(창 12:1~3)과 이사야서에 언급된 이스라엘을 "이방의 빛으로 삼아(사 49:6)"와 같은 구절들을 상기시켰습니다. 언약 백성의 책임은 동방 사람 욥, 니느웨의 선지자 요나, 모압 여인 롯의 이야기에 암시되어 있습니다.

"그 땅에 흉년이 드니라(룻 1:1)."는 다시 한 번 백성의 불안정한 삶을 상기시킵니다. 그들이 하나님께 의존하는 것을 배운 것은 어찌 보면 당연한 일이었습니다. 땅을 가진 엘리멜렉이 아내와 두 아들을 데리고 일을 찾아 모압 지방으로 갔습니다. 거기서 엘리멜렉은 죽었고, 두 아들은 모압 여인을 아내로 삼았습니다. 그 후 두 아들마저 모두 죽고, 나오미와 며느리인 오르바와 룻, 세 과부만 남게 되었습니다.

이 지경에 이르자 역연혼 법도 아무런 도움이 되지 못했습니다. 아무런 희망이 없는 것처럼 보였습니다. 두 여인은 외국인과 결혼한 과부로서, 모압 족속에게 돌아가거나 나오미의 하나님께 모든 것을 맡겨야 했습니다. 오르바는 고향 가족에게 돌아가는 것을 택했습니다. 반면 룻은 나오미를 따르기로 했고, 둘은 나중에 '다윗의 성'이 될 베들레헴으로 돌아왔습니다.

나오미는 가족 부양을 규정한 모세의 율법을 생각했습니다. 그는 너무 늙어 보리 이삭을 줍는 것이 어려웠기에 룻이 자원하고 나섰습니다. 룻은 엘리멜렉의 먼 친척인 보아스의 들에 나가게 되었는데, 이는 요셉이 그 형제들에 의해 노예로 잡혀 간 것처럼 하나님의 섭리가 있음을 암시합니다.

생각해 보십시오. 출애굽기나 레위기, 신명기에 적힌 동정심의 율법이 없었다면 나오미와 룻에게 어떤 일이 벌어졌겠습니까? 존경받는 유대인인 보아스에게 과부나 고아, 외국인과 가난한 자들에 대한 관대함이 없었더라면 어떻게 되었을까요?

룻은 보아스의 관대함을 알았기에 그의 밭으로 자연스럽게 이끌렸을 것입니다. 구석에는 더 많은 보리가 있고, 더 많은 짚이 있으며, 떨어진 이삭을 줍는 자들은 거의 없습니다. 가난한 자들은 관대함이 있는 곳을 재빨리 발견합니다.

보아스는 그의 손을 더 넓게 폈습니다. 룻은 추수꾼들과 함께 먹었습니다. 보아스는 더 나아가 그의 일꾼들에게 곡식 다발에서 조금씩 뽑아 버려서 룻이 풍족하게 주울 수 있게 하였습니다. 그의 마음과 품성에 이런 말씀이 적혀 있었던 것은 아닐까요? "땅에는 언제든지 가난한 자가 그치지 아니하겠으므로 내가 네게 명령하여 이르노니 너는 반드시 네 땅 안에 네 형제 중 곤란한 자와 궁핍한 자에게 네 손을 펼지니라."(신 15:11)

스스로를 '마라(쓰다)'라고 부른 나오미는 보아스를 만남으로써 새로운 소망을 갖게 되었습니다. 하나님은 죽지 않았습니다. 생존을 위한 하나님의 계획인 가족 유대가 그의 마음을 파고들었습니다. "그 사람은 우리와 가까우니 우리 기업을 무를 자 중의 하나이니라(룻 2:20)." 보아스는 그녀와 피를 나눈 친족이 아닌 그저 결혼으로 맺어진 관계였습니다. 사실상 남편의 먼 친척일 뿐 나오미가 당당히 도움을 요청할 수 있을 만큼 가깝지는 않았습니다. 이삭줍기에 관한 율법과 가족을 돌보는 관습을 생각할 때, "그가 여호와로부터 복 받기를 원하노라. 그가 살아 있는 자와 죽은 자에게 은혜 베풀기를 그치지 아니하도다(룻 2:20)."라는 나오미의 고백을 이해할 수 있습니다.

가족의 힘

자수성가한 약간은 수줍어하는 중년의 유대인 총각이 나이 어리고 매력적이며 적극적인 모압 여인을 만났습니다. 성경은 보아스의 품성과 가족과 하나님에 대한 생각을 믿고 그의 '발치에 누운' 룻의 모험을 인정하는 것처럼 보입니다. 룻은 역연혼의 율법이 허락하는 성적 권리를 주장하였습니다. 과부인 다말이 유다에게 가족의 의무를 지키게 하려고 창녀로 변장했던 일을 기억합니까?(창 38장)

엘리멜렉은 땅을 소유하긴 했지만, 먹고 살기에는 충분하지 않았습니다. 보아스보다 좀 더 가까운 친척 한 사람이 있었습니다. 토지를 주고받는 고대의 관습을 살펴보십시오(룻 4:1~10). 보아스는 장로들을 다 불러 모았습니다. 그는 가장 가까운 친척에게 땅을 살 수 있다고 알려 주었습니다. 그는 그 땅을 소유하면 룻과 결혼하고 그녀와 나오미를 평생 책임져야 한다는 것을 알기 전까지는 땅을 사는 데 동의하였습니다. 하지만 그러면 그의 가족은 어떻게 됩니까? 잘못하면 자기 유산까지도 위협받지 않겠습니까? 이 사람은 재빨리 마음을 바꾸었습니다.

하루만에, 법정에도 가지 않고, 계약서를 쓰지도 않고, 공중도 없이 보아스는 자기 신발을 벗어서 친척에게 주었습니다(창세기 23장에서 아브라함이 헷 족속에게서 땅을 사던 것을 기억하라). 그 마을에 있는 모든 사람이 보아스가 그 밭을 사고, 하나님의 법에 따라 죽은 자의 유업과 이름을 이음으로 가족을 책임지게 되었음을 알게 되었습니다.(룻 4:10)

그들은 아들의 이름을 '오벳' 이라 하였습니다. 그가 다윗의 아버지인 이새의 아버지입니다. 이것이 바로 예수께서 태어난 베들레헴이 '다윗의 성' 이 된 이유입니다. 보아스는 충실함으로 룻과 결혼하게 되었고, 거의 끊어져 가던 예수 그리스도의 족보를 잇게 되었습니다. 그러나 가장 행복한 사람은 하나님의 은혜로 손자를 품에 안게 된 나오미였습니다(룻 4:16~17). 하나님의 율법은 생명을 줍니다.

하나님의 꿈, 희년

칠 년마다 돌아오는 안식년에는 농경지는 쉬어야 하고, 노예는 자유롭게 되며, 빚은 탕감되어야 했습니다. 그런데 이보다 더 대단한 것이 있습니다. 칠 년마다 돌아오는 안식년이 일곱 번 지난 50년째 속죄일에는 **양각 나팔** 소리가 울려 퍼졌습니다. '희년(Jubilee)' 은 '양의 뿔' 을 의미하는 히브리 단어에서 유래되었습니다. 사람들은 노예를 풀어 주고, 빚을 탕감해 주어야 했을 뿐만 아니라 "각각 자기의 소유지로 돌아가며, 각각 자기의 가족에게로 돌아(레 25:10)"가야 했습니다. 도대체 이것은 무엇을 의미합니까?

무엇보다도 땅은 하나님의 선물이기에 사용할 수는 있으나 소유할 수는 없음을 의미합니다. 하나님은 헌금과 희생 제물로 생계를 잇는 레위 지파를 제외하고는 각 지파에게 땅을 주셔서 각 가족에게 나누어 주게 하셨습니다. "토지를 영구히 팔지 말 것은 토지는 다 내 것임이니라. 너희는 거류민이요 동거하는 자로서 나와 함께 있느니라(레 25:23)." 이 얼마나 확실한 청지기 의식입니까!

형제가 형제를 돕고, 삼촌이 조카를 도우며, 친구가 친구를 도우면서, 사람들은 50년 동안 최선을 다하여 땅을 일구었습니다. 그러나 제대로 되지 않았을 때에는 희년에 모든 정의가 회복되었습니다. 불행과 경제적인 문제, 죽음이나 이혼 등으로 떨어져 있던 가족이라도 다시 한 번 가족의 유산 앞에 모일 수 있었습니다. 이 얼마나 훌륭한 비전입니까!

역사도, 성경도 희년이 지켜졌다는 기록을 남기고 있지는 않습니다. 어떤 인간도 이러한 동정심의 꿈을 계획한 적이 없습니다. 누가 땅을 소유하고 있는지 알고, 섭리로 주시는 자원이 얼마나 충분한지를 알며, 삶이 얼마나 고달프고 불평등할 수 있는지를 아는 하나님만이 모든 자녀가 따라야 할 보살핌의 계획을 명령하실 수 있었습니다.

희년은 우리가 하나의 세계를 꿈꾸는 데 도움이 됩니다. '우리가 할 수 없는 것'

양각 나팔은 희년을 선포하였다. "너는 나팔소리를 내되 전국에서 나팔을 크게 불지며."(레 25:9)

을 기억하게 도와줍니다. 우리도 이방인이며, 가난한 사람들을 포함한 다른 순례자들이 우리와 함께 있음을 기억하게 될 것입니다. 희년의 비전은 우리에게 "너는 반드시 네 땅 안에 네 형제 중 곤란한 자와 궁핍한 자에게 네 손을 펼지니라(신 15:11)."는 계명을 기억하게 할 것입니다. 진정으로 우리의 하나님은 동정의 하나님이십니다.

⬆ 세상 속으로

구속적인 동정심은 우리에게 희생을 요구합니다. 돈을 주는 것도 중요하지만 그것만으로는 충분하지 않습니다. 가난한 자들이 정말 변화될 수 있도록 도와야 합니다.

우리는 지금까지의 논의를 통해 법을 만드는 것이 얼마나 중요한지를 알게 되었습니다. 어떤 사회적인 법 제도가 사회적 약자들을 지속적으로 돌볼 수 있습니까? 어떤 노동자는 의료보험이 없고, 어떤 사람은 의료 혜택을 받지 못합니다. 집이 없는 사람들은 길거리나 지하도에서 잠을 잡니다. 어떤 사람들은 정신적인 질병이 있고, 어떤 사람들은 약물이나 알코올에 중독되었으며, 어떤 이들은 헐벗고 굶주립니다. 어떤 사회적인 분야를 강화해야 하겠습니까?

세상 속에서의 하나님 말씀

하나님의 말씀에서 얻은 이 메시지가 이번 주 내 사역의 나침반이 될 것입니다.

나는 이러한 방법으로 응답할 것입니다.

♡ 안식일

안식일은 변화시키는 힘이 있습니다. 형제나 자매를 보는 눈이 달라집니다. 하나님과 모든 인간의 관계를 새로운 방법으로 바라보게 됩니다. 주변 사람 중에서 룻과 나오미를 찾아보십시오. 나그네를 잘 대접하십시오.

⊚ 더 알아보기

■ 호세아보다 하나님의 신실하심을 깊게 체험한 선지자는 없습니다. 호세아 1~3장을 읽고, 하나님이 우리에게 어느 정도로 사랑을 보이라고 하시는지를 찾아 보십시오.

하나님이 거하시는 곳

내가 그들 중에 거할 성소를 그들이 나를 위하여 짓되
(출애굽기 25:8)

이 과의 주제

성전

☝ 우리의 모습

우리는 육체에서 분리된 영들이 아닙니다. 매일의 삶을 살아야 하는 인간입니다. 우리에게는 어떤 것에도 방해받지 않을 수 있는 장소, 고독을 누리며 내적 고요를 경험할 수 있는 장소가 필요합니다. 우리의 쉼 없는 삶은 우리를 초월한 힘의 존재를 알아차리게 이끌고, 우리는 그것과 교통하기 위해 노력합니다.

☝ 내려놓기

성경 공부를 하기 전에 먼저 하나님께 기도를 드립니다. 아래의 시편 말씀이 좋은 길잡이가 될 것입니다.

> 만군의 여호와여 주의 장막이 어찌 그리 사랑스러운지요 내 영혼이 여호와의 궁정을 사모하여 쇠약함이여 내 마음과 육체가 살아 계시는 하나님께 부르짖나이다
> (시편 84:1~2)

이번 주 기도 제목을 구체적으로 적어 기도합시다.

영성 훈련

예배 우리가 기대하고, 고백하며, 사람들을 칭찬할 때, 하나님은 우리 가운데 거하시면서 용서하시고, 새롭게 하시며, 봉사하도록 힘주십니다.

☝ 귀 기울이기

하나님은 자신이 어떤 존재이며 우리가 누구인지에 대하여 중요한 말씀을 하고 계심이 틀림없습니다. 이 메시지 뒤에 숨겨진 의미는 무엇입니까? 어떤 때는 자세한 것을 알기 위해 깊이 노력해야 합니다. 그러나 어떤 때는 큰 그림만을 확인하고 넘어가야 합니다.

여섯째 날에는 출애굽기 35~40장과 출애굽기 25~31장의 다른 점을 찾아보십시오.

연결고리 : 기독교 신학 용어가 된 성경의 용어와 개념을 찾아내고 정의하십시오.

| **D1** | 교재 내용 |

| **D2** | 출애굽기 24:15~18(하나님의 영광)
출애굽기 25~27장(성막 고안, 기구들) |

| **D3** | 출애굽기 28~29장(의복들, 안수식) |

| **D4** | 출애굽기 30~31장(향, 속죄 제물, 장색(匠色), 안식일) |

| **D5** | 출애굽기 32~34장(언약을 깨뜨림, 모세의 중재, 언약 갱신) |

| **D6** | 출애굽기 35~40장(성막 건설) |

🔖 말씀 속으로

성경은 이상한 책입니다. 출애굽기만 봐도, 절대 권력이었던 바로의 이름은 언급하지 않은 반면 하찮은 것 같은 아론의 속옷에 대해서는 따로 설명합니다. 이스라엘 백성은 마른 땅으로 바다를 건넜지만, 이를 따르던 이집트의 병거들은 파도에 휩싸인 사건을 겨우 네 절로 설명합니다. 그러나 더 놀라운 것은 출애굽기와 레위기, 민수기, 신명기의 마흔여섯 장이 성막의 건축과 기능에 대하여 설명하고 있다는 점입니다. 엿새 만에 우주를 창조하신 하나님이 성막 건축을 모세에게 가르치는 데는 40일을 사용하셨습니다.

이번 주 공부를 하면서는 두 가지 함정에 빠지지 않기 위하여 교재 내용을 먼저 읽습니다. 어떤 사람들은 성막에 관한 자세한 설명들, 즉 의복의 소매 길이라든지 아카시아 기둥들, 순금으로 위를 덮는다는 등의 사항들을 보고는 막다른 길에 이른 것처럼 손을 들어 버립니다. 또 어떤 사람들은 끝을 생각하면서 의무적으로 각 단어를 읽어 가며 머릿속에 복제품을 만들려고 시도합니다. 그러나 이렇게 충실한 사람들도 출애굽기 35~40장의 반복적인 자료에 부딪치면 어디가 어딘지를 모르게 됩니다.

언약의 율법은 갑자기 출애굽기 23장 19절에서 중단됩니다. 사람들이 순종하려고 할 때면 하나님의 사자인 천사가 나타나 인도하였습니다. 그리고 출애굽기 24장에서 하나님은 모세에게 나타나 직접 말씀하십니다. 점점 세지는 강도에 유의하십시오. 아론과 그의 나이 많은 두 아들이 제사장 가족의 기본을 이룹니다. 70인의 장로는 이집트로 들어가기 전 야곱의 가족들을 연상시키지만, 이제 그들은 자유롭게 되었습니다. 모세가 그 중개 역할을 하였습니다.

모세는 이스라엘 각 지파를 상징하는 열두 기둥을 세웠습니다. 모두가 포함되었습니다. 모세는 희생 제물을 드렸고, 번제를 드렸으며, 화목제를 드렸습니다. 그는 '언약의 피(출 24:8)'를 백성에게 뿌렸습니다. 생명은 생명과 이야기를 나누고, 하나님은 이스라엘과 이야기를 나누십니다.

산에서 6일간 준비한 모세는 일곱째 날에 하나님의 영광에 들어갔습니다. 40주야의 교육이 시작되었습니다.

성막을 고안하신 하나님

모세가 성막을 짓고 하나님을 초대한 것이 아닙니다. 오히려 하나님께서 그들 중에 거하시려고 모세에게 성막을 짓게 하셨습니다. 하나님은 그 과정에 함께하셨습니다. 자세하게 설명함으로 언약의 자손들을 새로운 영성으로 인도하기를 원하셨습니다.

무엇을 가지고 와야 합니까? 자유의지로 드리는 헌물이었습니다. 하나님의 집은 마음의 관대함으로 세워져야 합니다. 하늘에 별을 두신 하나님께서(창 1:16) 자신보다는 우리를 위하여 성막을 원하셨습니다. 이 과정의 역할은 감사하는 마음을 창조하는 것이었습니다.

그들은 가진 것들을 가져와야 했습니다. 하나님은 그들에게 불가능한 것을 요구하시지는 않았습니다. 아카시아나무는 풍족하였습니다. 이것은 오동나무보다 단단하여 일하기는 힘이 들었지만, 내구성이 있었고, 곤충에 강했습니다. 가는 실은 그들이 키우는 양이나 염소로부터 얻을 수 있었습니다. 금과 은은 이집트에서 가지고 나온 것이었습니다.

그들은 모조품이나 되는 대로 아무것이나 가져온 것이 아니라, 최선의 것을 가지고 왔습니다. 성막은 작고 단출했지만, 그 재료만큼은 최상의 것들이었습니다. 실제로 지성소로 나아갈수록 얼마나 재료들이 좋아지는지를 알게 됩니다. 동에서 은으로, 그리고 금으로, 색깔은 매우 고귀한 보라색이 되고, 직물을 짜는 실은 점점 고급이 되어 갑니다.

성전이 완성될 때까지 그들이 얼마나 헌물을 잘 드렸습니까? 매일 아침 성전으로 헌물을 가져왔습니다. 결국은 장색(匠色)들이 모세에게 이렇게 말하기까지 했습니다. "백성이 너무 많이 가져오므로 여호와께서 명령하신 일에 쓰기에 남음이 있나이다." 그래서 모세는 더 이상 가져오지 못하게 하였습니다(출 36:3~7). 하나님은 백성을 파산으로 몰고 가신 것이 아니라 하나님이 함께하신다는 안정감을 가지게 하셨습니다.

누가 이스라엘 백성과 살기 위해 옵니까? 오해하지 말기를 바랍니다. 아브라함과 같이 드셨고, 야곱과 씨름하셨으며, 요셉을 구덩이로부터 구한 바로 그 하나님이십니다. 누구입니까? 바로를 치시고, 바다를 여신 바로 그분입니다. 그러나 제일 중요한 것은 이제 그 하나님께서, 시내 산에서 말씀하시고 십계명을 주신 거룩하신 하나님께서, 그들에게 거룩하고 의로운 생활의 근거를 제시하고 계신 것입니다. 자유의 하나님, 의롭고 자비로우신 하나님께서 그들과 함께 성막에 거하실 것입니다.

성막

1규빗은 45센티미터 정도의 길이입니다. 이렇게 계산하면 성막의 바깥뜰은 길이 45m(100규빗)에 너비 22.5m(50규빗) 정도였고, 안에 있는 두 개의 방은 길이 13.5m(30규빗), 너비 4.5m(10규빗)의 크기였습니다.

종교들은 지미다 산꼭대기라든지 웅장한 성전 등 거룩한 장소가 있습니다. 그런데 이 거룩한 성막은 구별된 것이지만, 언제든지 사람들이 옮겨 가면 함께 움직일 수 있었습니다. 바닥도 없었습니다. 영적 생활이 실생활과 동떨어지지 않게 하기 위해 모래 위에 직접 성막을 세웠습니다. 출입구는 오직 하나였는데, 이는 하나님께 나아가는 길을 상징하는 것이었습니다.

천막 안쪽에는 휘장으로 4.5m 정도 정방형의 지성소와 너비 4.5m, 길이 9m 정도 크기의 성소를 분리하였고, 높이는 모두 4.5m 정도였습니다. 성막의 뜰을 두르고 있는 휘장은 높이가 약 2.3m(5규빗)였는데, 예식을 행할 때 방해받지 않을 뿐 아니라, 동물들이 들어가지 못하게 하는 역할을 하였습니다.

기구들

성막 기구들은 복잡하고 화려한 것같이 들리지만 사실 단순합니다. 지성소에는 길이 113cm(2.5규빗), 너비 68cm(1.5규빗), 높이 68cm(1.5규빗)의 단단한 아카시아나무로 만들고 순금으로 싼 궤 하나를 빼고는 아무것도 없었습니다. 그 안에는 '증거(the Testimony)'라고 불리는, 모세가 시내 산에서 가지고 내려온 십계명이 적힌 돌판이 있었습니다.

'속죄소'라는 이름은 오해하기 쉬운데, 이는 어떤 장소나 좌석(seat)이 아니라 궤를 덮고 있는 뚜껑으로, 의미의 중심이 되는 부분입니다. 1년에 단 한 번 대제사장이 지성소에 들어가 자기 자신과 다른 제사장들과 백성의 죄를 위하여 이 '속죄소'에 피를 뿌렸습니다.

궤에는 무엇이 들어 있었습니까? 하나님의 의가 율법의 형태로 들어 있었습니다. 순금으로 만든 뚜껑은 무엇입니까? 열심히 시도하지만 끊임없이 율법을 어기는 사람들에 대한 '수천 대에 미치는' 하나님의 한없는 자비입니다. 궤 위에는 무엇이 있습니까? 하나님의 거룩한 임재를 표현하는 날개 달린 두 천사(스랍)가 있었

언약의 궤는 하나님이 이스라엘 백성과 함께하신다는 상징이다. 이 돌의 표식은 가버나움에 있는 한 회당에서 나온 것으로, 주후 2세기 말이나 3세기 초의 것으로 추측된다.

성소에 있던 등잔은 살구꽃 형상의 장식에 순금으로 되어 있으며, '메노라(menorah)'로 불리는 후기의 촛대보다 화려하다. 등불은 해질 때에 붙여서 밤새도록 켜 놓았다.

습니다. 이 궤를 뭐라고 불렀습니까? 노아의 방주와 모세를 구했던 궤 모양의 바구니에 담겨 있었던 하나님의 구원의 능력을 생각나게 하는 **'언약의 궤'**라고 불렀습니다.

이것이 전부였습니다. 믿음과 언약의 모든 의미가, 율법의 돌판이 담겨 있고 하나님의 사랑으로 덮여 있는 들고 다닐 수 있는 작은 궤에 묘사되어 있었습니다.

성소에 있는 기구들은 모양과 기능이 아름답기도 했지만 크기 면에서도 지나치지 않았습니다. **등잔**은 중앙에 곧게 뻗은 대를 중심으로 양쪽으로 각각 3개씩의 가지들이 있었습니다. 이는 실내를 밝히는 데 사용하였는데, 이스라엘 백성에게 만방의 빛이 돼야 할 것을 상기시켰습니다. 임재의 떡을 위한 상에는 열두 조각의 떡을 놓았는데, 이는 하나님께서 우리에게 매일의 양식을 주심을 잊지 않게 하는 의미였습니다. 이 상은 아카시아나무로 만들었는데, 길이 90cm(2규빗), 너비 45cm(1규빗), 높이 68cm(1.5규빗)의 크기였고 그 위를 금으로 씌웠습니다. 분향단은 길이와 너비가 각각 45cm(1규빗)로 네모반듯하고 높이가 90cm(2규빗)였는데, 끊임없는 찬양 속에서 향기로운 기도의 향이 하나님께 올라가도록 하였습니다. 향을 피우고, 등불이 꺼지지 않게 지키는 것도 제사장의 의무 중 하나였습니다.

성소와 지성소 사이, 즉 언약궤 정면에는 '보호 휘장'이라 불리는 휘장이 걸려 있었습니다. 이는 모세가 하나님과 말씀을 나눈 후에 빛나던 얼굴을 가리기 위해 사용했던 수건을 상징하는 것이었습니다(출 34:29~35). 나중에 이 휘장은 성전에 있는 속죄소 앞에 걸려 있었습니다. 예수께서 십자가에 달리셨을 때 성소의 휘장이 위부터 아래까지 찢어졌는데, 이는 하나님께 직접 나아갈 수 있게 된 것을 상징하는 것이었습니다.(눅 23:44~45; 히 6:19~20; 10:19~22)

성소 밖에는 두 가지가 있었습니다. 놋으로 만든 물두멍은 제사장들이 희생 제물을 드리기 전에 자기를 깨끗이 씻기 위함이었습니다. 제단은 2.3m(5규빗)의 정방형으로, 아카시아나무에 금을 입힌 것이었습니다. 제사장들은 조심스럽게, 그리고 정성을 다하여, 동물 희생 제물로 속죄제와 화목제를 드렸습니다.

성막과 그 의식은 유대인들과 기독교인들의 예배의 근거를 제공하였습니다. 전에 노예였으며 광야를 떠돌던 이 사람들의 보살핌과 엄숙함, 그리고 예배를 드릴 때 얼마나 조심하였는지를 눈여겨보십시오. 모세 시대부터 다윗과 솔로몬에 이르기까지, 성막은 모든 이스라엘 백성의 삶을 변화시키는 외적인 교훈이 되었습니다.

예복과 의식

제사 의식을 위해 따로 세움을 받은 제사장들은 누구입니까? 그들은 레위 족속이며 모세와 아론과 그의 아들들의 자손들로서, 장식한 예복을 입었고, 땅이나 가축을 소유하지 못했으며, 희생 제물의 일부를 먹었습니다. 나중에 이스라엘에서는 종교적인 의식을 행하는 제사장들과 하나님의 말씀을 전하는 선지자들의 구별이 생기게 되었습니다. 아론의 처음 두 아들이 죽자 제사장의 기능은 셋째 아들인 엘르아살에게 넘겨졌습니다. 그리고 모세의 뒤를 이은 지도자는 여호수아였습니다.

의복은 제사장의 의무를 의미합니다. 사람 자체가 아니라 그 임무가 중요한 것입니다. 에봇 또는 조끼의 앞뒤를 고정시키는 어깨의 돌에는 각각 이스라엘 여섯 지파의 이름이 새겨져 있었습니다. 흉패에는 열두 개의 귀한 돌들이 달려 있었는데, 이것은 제사장들이 남녀노소를 막론하고 모든 사람을 대표하여 제단에 선다는 것을 상징합니다. 관을 고정시키는 패(머리띠)에는 '여호와께 성결'이라고 썼습니다(출 28:36). 흉패에는 중요한 결정을 할 때 하나님의 뜻을 알기 위하여 사용하는 우림과 둠밈을 넣어 항상 제사장의 가슴에 있게 했습니다.

제사장의 의식은 생사를 가르는 중요한 것이었습니다. 등불을 끊임없이 밝히고, 기도의 향기가 드려지게 하며, 하나님의 성소에서 속죄를 위해 불가결했습니다.

다시 시작하다

출애굽기 35장을 보십시오. 그리고 출애굽기 25장을 다시 보십시오. 무슨 일이 일어났습니까? 기록된 내용은 거의 같은데, 첫 번째는 하나님이 모세에게 말씀하신 것이고, 두 번째는 모세가 백성에게 말한 것입니다. 이제는 가르침을 받은 대로 행하는 것 같습니다. 그런데 그 사이에 무슨 일이 일어났습니까?

모든 계획이 어긋났습니다. 모세가 하나님에게서 십계명과 언약의 율법과 성막의 계획을 듣는 동안에도 백성은 기다리지 못했습니다. 광야에서의 모든 불만이 항거로 변하였습니다. 금송아지 사건을 자세히 보십시오(출 32장). 이것은 극적인 막간 촌극도 아니고, 문학적 우연도 아닙니다. 우리는 도덕적, 영적 붕괴를 보고 있는 것입니다. 모세가 하나님으로부터 하나님의 방법을 듣고 있는 동안 백성은 자기의 방법을 생각해 냈습니다.

백성은 광야에서 자기들과 동행할 신을 찾고 있었습니다(출 32:1). 백성은 우상을 만드는 데 금을 헌납했습니다(출 32:3). 아론은 그 금으로 이집트에서의 구원을 회상하는 형상을 만들었습니다(출 32:4). 백성은 번제와 화목제를 드렸습니다.(출 32:6)

무슨 일이 벌어진 것입니까? 예배가 다른 길로 빠지고 말았습니다. 언약의 관계가 깨졌습니다. 믿음의 공동체는 더러워졌습니다. 금송아지 배교는 두 가지를 가르칩니다. ⑴ 진정한 예배 대신에 다른 것을 행하는 것은 이스라엘의 존재 자체를 잘라내는 것입니다. 그러나 ⑵ 깊고 깨끗하게 하는 회개와 용서 후에 이스라엘은 자기의 역할을 감당하였습니다. 하나님은 이스라엘이 가장 큰 집단적인 죄로부터 일어나 속죄소에 서게 하셨으며, 하나님의 계속적인 임재와 사랑을 확인해 주셨습니다. 이스라엘은 다시 시작할 수 있는 은혜를 입었습니다.

다가오는 성전

성막은 여호수아와 함께 여행을 하였습니다. 제사장들은 길을 인도하였고, 언약

제사장 옷의 가장자리를 금 방울과 석류로 장식했대(출 28:33~34; 39:25~26). 솔로몬 궁전 현관의 두 기둥 장식에는 200개의 석류가 새겨져 있대(왕상 7:20). 바닥에 상아로 박은 석류가 예루살렘에서 발견되었는데, 거기에는 "주님의 성전에 속한 것이니 제사장들은 거룩하게 여길지어다."라고 새겨져 있다. 기원전 8세기 것으로 추측된다.

궤를 지고 요단 강을 건넜습니다(수 3장). 사사들의 시대에는 때때로 언약궤가 잘못 사용되었습니다. 적들에게 빼앗겼다가 다시 찾기도 하였습니다. 이스라엘은 자리를 잡아 갔고, 이웃과 섞였으며, 부족 간의 구별이 희미해져 갔습니다. 다윗 왕은 예루살렘 근처의 타작마당을 사서 여호와께 단을 쌓을 장소를 마련하였습니다(삼하 24:18~25). 나중에 솔로몬이 성전을 지은 장소가 아마 이 타작마당이나 그 근처였을 것입니다.

솔로몬의 성전은 성막의 중요한 요소들을 포함하였고, 기원전 587년에 파괴될 때까지 예배의 장소로 사용되었습니다.

포로로 잡혀 있던 유대인들의 울부짖음을 기억하십시오. "예루살렘아, 내가 너를 잊을진대 내 오른손이 그의 재주를 잊을지로다. 내가 예루살렘을 기억하지 아니하거나 …… 내 혀가 내 입천장에 붙을지로다."(시 137:5~6)

성전 재건은 기원전 520~515년에 페르시아에 의해 임명된 스룹바벨의 지휘 아래 수행되었습니다. 예수께서 방문하셨던 제3 성전은 기원전 37년부터 주후 4년까지 통치했던 헤롯 대왕이 지었습니다. 로마 군대는 70년에 성전을 철저히 파괴하였으며, 다시는 재건되지 않았습니다.

유대인들은 동물 희생을 버리고, 세계에 흩어져 있는 회당에서 율법을 공부하였습니다. 유대 기독교인들은 처음에는 집에서, 그리고 70년까지는 성전에서 예배를 드렸고, 그 다음에는 회당과 집에서, 그리고 결국 교회에서 예배를 드리게 되었습니다.

⌂ 세상 속으로

교회를 둘러보며 마음에서 우러나 헌납한 가구나 장식물, 기념물을 찾아보십시오. 그들에게 감사하십시오.

교회 건물을 둘러보십시오. 깨끗하게 잘 관리되고 있는지, 정리가 안 된 곳은 없는지 살펴보십시오. 교회학교가 사람들을 끌 수 있을 만큼 잘 유지되고 있습니까? 우리 교회를 좀 더 사람을 끌 수 있는 곳, 즐겁게 예배드릴 수 있는 곳으로 만들기 위해 나는 무엇을 할 수 있습니까?

어떻게 하면 하나님의 성막을 찬양의 제물로 드릴 수 있게 '구별'할 수 있습니까?

세상 속에서의 하나님 말씀
하나님의 말씀에서 얻은 이 메시지가 이번 주 내 사역의 나침반이 될 것입니다.

나는 이러한 방법으로 응답할 것입니다.

♡ 안식일

우리는 혼자 안식일을 지키지 않습니다. 안식일에 우리는 공동체로서 거룩한 시간에 참여합니다. 성전(성막)에서 깨끗함을 받기를 기대하고, 속죄 제물을 존중하며, 기도의 향기를 올리고, 하나님의 율법을 듣습니다. 그리고 만방의 빛으로서 성전을 떠납니다.

◉ 더 알아보기

■ 히브리서 7~10장을 읽어 보십시오. 저자는 예수 그리스도가 우리의 죄를 속하기 위해 완전한 희생을 드린 죄 없으신 대제사장임을 보여 줍니다.

신약 성경 연구

17 온 세상을 위한 기쁜 소식

기쁜 소식

주재여 이제는 말씀하신 대로 종을 평안히 놓아 주시는도다
내 눈이 주의 구원을 보았사오니 이는 만민 앞에 예비하신 것이요
이방을 비추는 빛이요 주의 백성 이스라엘의 영광이니이다 (누가복음 2:29~32)

⬆ 우리의 모습

절망은 많은 사람들의 앞날을 어둡게 만듭니다. 두려움의 먹구름이 하늘을 덮어 캄캄하게 만듭니다. 희망은 있습니까? 다시 웃고 노래할 수 있도록 누가 우리 인생의 어둠을 거둘 수 있을까요?

⊕ 내려놓기

성경 공부를 하기 전에 먼저 하나님께 기도를 드립니다. 아래의 시편 말씀이 좋은 길잡이가 될 것입니다.

> 주께서 내 마음을 넓히시면 내가 주의 계명들의 길로 달려가리이다
> (시편 119:32)

이번 주 기도 제목을 구체적으로 적어 기도합시다.

영성 훈련

공부 규칙적인 독서와 성경 공부, 그리고 새로운 통찰들을 통해 하나님은 우리를 변화시키십니다.

✆ 귀 기울이기

누가복음과 사도행전을 한 권의 책으로 생각하고 한 번에 읽어 보기를 권합니다. 누가는 희랍어를 유창하고 품위 있게 쓰고 있습니다. 그의 문체는 필요에 따라 바뀝니다. 그는 열정과 상상력을 가지고 이야기를 전개해 나갑니다. 초대교회의 생활 속에서 그 누구도 예수님에 대한 설명과 성령의 증거를 기록하려고 시도하지 않았습니다. 누가복음과 사도행전을 한 번에 훑어보거나 혹은 다음 쪽에 제시된 순서대로 두 권을 읽어 보십시오.

연결고리 : 본문에 질문이 포함되어 있는지, 있다면 어떤 대답이 가능한지 생각해 보십시오.

D1 | 누가복음 1:1~9:50(유년 시절과 사역)

D2 | 누가복음 9:51~20:47(예루살렘 여행)

D3 | 누가복음 21:1~사도행전 8:40(고난, 죽음, 부활: 교회의 시작)

D4 | 사도행전 9:1~18:28(복음 전파, 전도자 바울)

D5 | 사도행전 19:1~28:31(바울의 후기 사역)

D6 | 교재 내용

◉ 말씀 속으로

목자 없는 성탄절, 구유 없는 아기를 상상해 보십시오. 교회의 예배 의식에서 성모 마리아의 송가 (Magnificat), 영광의 찬가(Gloria), 축복의 노래 (Benedictus), 혹은 시므온의 노래(Nunc Dimittis) 등을 없애 보십시오. 승천과 성령 강림이 없는 교회력이 존재할 수 있을까요? 우리에게 뽕나무 위의 삭개오, 재산을 탕진한 탕자, 여리고로 가는 길에서 강도 만난 사람을 구해 준 선한 사마리아인 이야기가 없다면, 기독교의 가르침과 말씀 선포가 얼마나 줄어들었을까요? 우리에게 예루살렘에서 행한 베드로의 설교 혹은 아덴에서 행한 바울의 설교가 없다면 얼마나 큰 불행일까요?

이 모든 것이 다른 어떤 곳이 아니라 누가의 기록에 포함되어 있습니다. 누가가 펜을 들지 않았다면, 기독교 자료는 매우 빈약했을 것입니다. 누가복음과 사도행전의 저자는 우리에게 매우 소중한 선물을 주었습니다.

저자 누가

누가는 누구였나요? 그의 이름은 그의 글에서 언급되지 않기 때문에 바울의 편지들 여기저기를 살펴보아야 합니다. 바울은 할례받은 자들과 그가 갇혔을 때 함께 있었던 사람들에 대해 언급합니다(골 4:10~14). 이방인으로 보이는 누가는 그 사람들 중에 하나였습니다. 사도행전에서 '그'와 '그들'이라는 인칭대명사가 '우리'로 바뀝니다. 누가는 바울의 2차 전도 여행에 동행했음이 틀림없습니다.

감옥에서 바울은 '사랑을 받는 의사 누가'의 문안을 전하고 있습니다(골 4:14). 병자와 허약한 사람들에 대한 누가의 깊은 애정은 그가 의사였다는 사실을 말해 줍니다. 의사가 되기까지의 훈련은 그가 세밀한 데까지 정성을 쏟도록 도와 주었습니다.

누가는 사건과 관계없는 것들을 기록하는 사람이 아니었습니다. 그는 바울과 나란히 전도 여행을 다녔던 열정적인 기독교인이자 지도자였습니다. 바울이 로마 황제의 감옥에 2년 동안 갇혀 있었을 때, 로마로 가던 중 배가 난파되었을 때, 로마에서 체포되었을 때, 누가는 언제나 바울과 함께 있었습니다.

누가는 왜 기록했을까요? 두 책의 첫 구절들을 보십시오. 도입은 매우 형식적으로, '데오빌로 각하'에게 보내는 것으로 되어 있습니다. 그 이름은 희랍어로 '하나님의 친구'란 뜻입니다.

주후 1세기 후반에 접어들면서 많은 문서들이 – 개인적인 회고와 예수의 가르침 – 쓰여지기 시작했습니다. 더욱이 지중해 전역에서 복음 전도자, 사도, 교사, 증인들이 예수의 삶과 죽음, 부활을 기억하며 전파하고 설명하였습니다. 어떤 이야기들은 다소 억지스럽고, 또 어떤 것들은 부정확하고 균형이 맞지 않습니다.

반면 누가는 목적과 의도에 따라 깔끔하게 쓰려고 했습니다. 자신이 쓰는 글이 참되고 정확하길 바랐습니다.

비록 개인에게 보내려고 쓴 것이지만, 그의 원고는 많은 사람들에게 적용되는 것이었습니다. 누가는 그의 원고를 돌아가며 읽도록 할 작정이었습니다. 그는 바울의 여행 보도자가 아니라 동역자였습니다.(몬 1:24)

여행 기간 내내, 개척 교회에서 수많은 기독교인들을 만날 때마다 좋은 원고를 쓰기 위해 노트를 했고 일기를 썼습니다.

누가는 직접 체험하지 못한 사건들에 대한 자료들을 어디서 얻었을까요? 물론 그는 마가가 기록한 복음서를 가지고 있었음이 틀림없습니다. 누가복음의 1/3 가량이 마가복음을 재구성한 것이기 때문입니다. 마태처럼 누가는 학자들이 'Q자료'라고 부르는 예수님의 가르침에 관한 귀중한 자료를 가지고 있었습니다. Q는 독일어의 크벨(Quell)에서 왔으며, '자료'를 뜻합니다. 반석 위에 세운 집과 모래 위에 세운 집에 대한 이야기(마 7:24~27; 눅 6:48~49)와 잃어버린 양 이야기(마 18:12~14; 눅 15:4~7)가 좋은 예가 될 것입니다.

그러나 많은 자료들이 누가 자신의 것인데, "처음부터 말씀의 목격자 되고 일꾼 된 자들의 전하여 준 그대로(눅 1:2)" 쓴 것입니다. 누가는 예수님을 직접 따라다니던 사람은 아니었지만, 예수님의 사역을 잘 아는 사람들을 많이 알고 있었습니다. 예를 들면, 그는 예수님의 형제 야고보와 예루살렘에 함께 있었는데, 이로 인해 예수님의 유년 시절에 대한 지식을 얻을 수 있었습니다. 물론 사도행전에서 그의 초대교회에 대한 기억은 바울과의 대화와 그와의 여행에서 얻은 경험으로부터 가능한 것입니다. 학자들은 누가가 직업 쓴 자료를 'L' 이라고 합니다.

누가의 주제

조심스런 전도자요 동시에 작가인 누가의 주된 주제는 무엇인가요? 누가는 예수님 안에 나타난 분명하고도 강력한 회개와 용서의 메시지를 제시합니다. 그는 하나님께서 예수님과 그의 메시지 안에 강력하게 역사하셔서 모든 사람이 하나님의 기쁨의 통치를 경험한다고 말합니다. 또 그것의 완전한 결실을 대망하는, 구원받고 그리고 구원을 소개하여 주는 한 공동체에 들어갈 수 있다고 단언합니다.

누가는 이 주요한 주제를 계속적이 거절의 상황에 설정합니다. 자비와 친교의 복음이 전진하게 하는 힘이라면 두려움, 불신앙, 분노는 그에 역행하는 힘입니다.

역사를 두 단계로 보는 누가의 생각은 그의 구원론에 스며 있는 것 같습니다. 비록 그는 희랍인이고 이방인이지만, 복음이 이스라엘이라는 모태에서 태어났다는 점을 알았습니다. 아브라함, 출애굽, 모세의 율법은 새 언약 공동체를 위한 신앙 기초를 형성했습니다. 다음 단계로 하나님은 예수 그리스도의 사역과 성령으로 세워진 교회를 통해 역사하십니다. 그 신앙 공동체는 인자가 영광으로 올 때까지 증거하고 일할 것입니다.

부주제들

누가는 많은 부주제들, 다시 말해서 특별한 강조점들을 전개합니다.

보편성_ 어떤 사람들은 구약 인용이 많은 마태복음과 대조적으로 누가복음을 이방인들을 위한 복음이라고 불렀습니다. 그러나 누가도 기원전 3세기경 희랍어로 번역된 70인역 성경을 동해서 구약을 완진히 이해하고 있었습니다. 누가는 유대인들의 성경을 매우 존중하고 있습니다. '모세의 법대로' 결례를 행하는 예수에 대한 기록을 보십시오(눅 2:22; 레 12:2~8). 누가가 이사야를 인용한 부분은 분명하고 정확한데, 이것은 회당의 관례를 잘 이해하고 있음을 보여 줍니다(눅 4:16~21). 부활하신 예수님은 엠마오로 가는 길에서 "모세와 모든 선지자의 글로 시작하여 모든 성경에 쓴 바 자기에 관한 것을 자세히 설명"하셨습니다(24:27). 누가는 스데반의 설교를 길게 기록하고 있는데, 이것은 시편 105편과 같이 히브리 역사를 진지하게 회고하고 있는 것입니다. (행 7:2~53)

예루살렘과 성전은 누가복음과 사도행전의 중심점입니다. 그러나 누가의 세계는 더 확장됩니다. 그는 베들레헴과 예루살렘뿐만 아니라 아덴과 로마를 기록하고 있습니다. 온 세상을 아우르는 것입니다. 마태복음에서는 예수님의 족보가 아브라

섭투아진트(Septuagint, 70을 의미하고 LXX라는 기호를 사용함)는 구약성경을 희랍어로 번역한 가장 오래된 번역본이다. 유대 전설에 따르면, 기원전 285~246년 사이에 알렉산드리아의 프톨레미 필 라 델 푸 스 (Ptolemy Philadelphus of Alexandria)가 희랍어를 알고 있는 현명한 서기관 70명의 유대 장로들에게 모세오경을 희랍어로 번역하도록 하였다(어떤 자료에 의하면 이스라엘 각 지파에서 6명씩 뽑은 72명의 학자들이라고도 함). 이 서기관들은 각자의 방에서 모세오경 모두를 번역하였다. 번역 작업이 끝나고 서로 비교해 보니 모든 번역판이 글자 하나 틀리지 않고 모두 똑같았다. 나머지 다른 구약성경은 기원전 150년경에 번역이 완료되었다. 섭투아진트는 모든 구약성경의 가장 오래된 번역본으로 인정되는데, 몇몇 신약성경 기자들이 이것을 사용했다.

예수님 당시와 초대교회 당시의 로마제국은 서쪽으로는 스페인으로부터 동쪽으로는 카스피해까지 이르렀다.

함에게까지 올라가나(마 1:1~16), 누가복음에서는 아담에게까지 올라가는 것(눅 3:23~38)을 알고 있습니까? 누가에게 예수 그리스도는 모든 사람의 구세주가 되기 위하여 이스라엘에서 나오신 분입니다.

기도_ 다른 어떤 복음서 기자도 누가만큼 예수님의 기도 유형을 강조하지 않습니다. 사도행전은 몇 편의 설교와 몇 번의 여행, 그리고 몇 번의 재판들로 짜인 한 편의 기도회로 서술될 수 있습니다. 누가에게 예수님의 사역과 초대교회의 사역은 기도에 흠뻑 젖어 있습니다.

기쁨_ 누가는 복음을 전할 때마다 기쁨에 가득 차 있습니다. 예수님을 수태하고 있던 마리아가 엘리사벳 가까이 있을 때에 엘리사벳의 복중의 아이가 "기쁨으로 뛰어놀았습니다(눅 1:44)." 빌립이 에디오피아 내시에게 세례를 베푼 후, "내시는 기쁘게 길을 갔습니다."(행 8:39)

여자들_ 누가는 여자들에 대해 특별한 관심을 가지고 있습니다. 여자들의 존재와 힘을 인식하고 있습니다. 누가복음과 사도행전 모두에서 여자들의 사역과 증거를 기록하였습니다. 누가 마리아와 마르다를 방문한 예수님(눅 10:38~42)을 잊을 수 있을까요? 막달라 마리아가 일곱 귀신 들렸다가 고침받았다는 사실을 모른다면, 그녀가 십자가 아래서 슬피 울었던 것과 무덤으로 달려갔던 것을 잘 이해할 수 없을 것입니다(8:2). 베들레헴 사건을 깊이 숙고했던 예수님의 어머니 마리아는 아들의 십자가 곁에 있었고, 성령 강림 전에 제자들과 함께 다락방에 모여 있었습니다(행 1:14). 루디아가 빌립보 강가에서 말씀을 전한 바울을 자신의 집에 초대함으로 교회가 시작되었습니다(16:13~15). 브리스길라와 그녀의 남편 아굴라는 고린도와 에베소에서 교회가 시작되는 것을 도왔습니다.

가족_ 누가복음에서 예수님은 가족 관계를 강화시켰습니다. 수시로 남자와 여자들에 둘러싸인 채 가정 속에 있었고, 어린이들을 환영하였습니다. 잃어버린 아들과 장남 이야기보다 실감나게 가족 이야기가 그려지는 곳은 없습니다.(눅 15:11~32)

가난한 사람들_ 누가의 복음은 예수님이 가난한 사람들에게 동정을 보여 주신 사실로 우리에게 도전을 줍니다. 삭개오와 같이(19:1~10) 몇몇 부자들이 호의적으로 언급됩니다. 그러나 가난한 사람들은 특별한 관심의 대상입니다. 가난한 사람들은 너무 가난하고 부자들은 엄청난 부자지만, 언젠가 상황이 역전될 것이라고 예수님은 말씀하십니다.

죄인들_ 그리스도는 죄인들을 위해 왔고, 그들을 위해 죽으셨습니다. 누가는 법을 어기고, 죄로 가득하고, 세상 사람들로부터 따돌림을 당하는 사람들에게 용서와 치료와 친교로 접근하고자 고의적으로 관습을 파괴하는 인자로 예수님을 그리고 있습니다. 그는 죄인들과 함께 먹음으로 의로운 자들의 양심을 건드리셨습니다.

인자_ 누가는 반복해서 예수님의 호칭을 '인자'로 씁니다. 예수님이 인자로 자신을 표현하는 것은 단지 그의 인간적인 면을 나타낼 뿐만 아니라 지상에서와 앞으로 올 세대에서의 그의 신적인 권위를 나타냅니다.

성령_ 가끔 기독교인들은 사도행전 2장의 성령 강림 사건을 읽고, 마치 성령이 그때 그 장소에서 비로소 일어난 것처럼 생각합니다. 누가복음과 사도행전을 한 번에 읽는 목적 가운데 한 가지는, 성령의 드라마틱한 역사를 보기 위해서입니다. 성령은 예수님의 탄생에서 역사하셨고, 세례받을 때 '형체로' 그에게 임하셨으며, 광야에서 시험받도록 하셨고, 또 예수님에게 끊임없는 기도생활을 하도록 하셨습니다. 바로 그 성령이 성령강림절에 여자들과 남자들에게 임하셨습니다. 그 성령이 증인들에게 힘을 주셨습니다. 그 성령이 기독교인들로 하여금 온 세상에 복음을 전하게 하셨습니다.

누가의 위대한 사명은 "모세의 율법과 선지자의 글과 시편에 기록된 모든 것이 이루어"지고 "죄 사함을 얻게 하는 회개가 예루살렘으로부터 시작하여 모든 족속에게 전파되게 하는 것"입니다.

누가는 예수님이 희랍이나 로마 사람들에게 쉽게 잊혀질 수 있는 정치적인 혁명가가 아니었다는 점을 조심스럽게 지적하면서, 빌라도가 예수님의 무죄를 선언했다는 것을 강조하였습니다. 로마의 관리 아그립바 왕은 바울에게 똑같이 했습니다. 이방인들은 한 유대 종파나 정치적 혁명이 아니라, 온 세상에 기쁨과 치유를 주시기 위해 역사 안에서 일하시는 하나님의 위대하심을 보아야 합니다.

⬆ 세상 속으로

읽으면서 써 놓은 것을 다시 보십시오. 성경을 덮고 편안히 앉아서 다음 질문들에 대해 생각해 보십시오. 놀라운 점들은 무엇입니까? 더 확신을 갖게 된 점은? 내 신학과 믿음, 도덕적 행위에 어떤 도전이 있었습니까? 받아들이기에 어려운 도전이 있었습니까?

이번 주간 내내 성서적 믿음을 깊이 사색하여, 세상에 나가 어떻게 응답하며 살 것인지 분명한 입장을 가질 수 있도록 하십시오.

> **세상 속에서의 하나님 말씀**
> 하나님의 말씀에서 얻은 이 메시지가 이번 주 내 사역의 나침반이 될 것입니다.
>
>
> 나는 이러한 방법으로 응답할 것입니다.

♡ 안식일

안식일은 예수 그리스도 안에서 특별한 방법으로 알려진 하나님과 인간 사이의 지속적인 언약을 환기시킵니다. 안식일이 사람을 위하여 있는 것이지 사람이 안식일을 위하여 있는 것이 아니라고 하신 예수님의 말씀을 상기하십시오.

⊙ 더 알아보기

■ 공관복음에 기록된 사건들과 이야기들을 누가복음과 비교해 보되, 복음을 증거하기 위해 누가가 어떻게 그것들을 구성하고 있는지 살펴보십시오.

- 백부장 : 누가복음 7:1~10; 마태복음 8:5~13
- 거라사의 귀신 : 누가복음 8:26~39; 마가복음 5:1~20; 마태복음 8:28~34
- 잃어버린 양 : 누가복음 15:1~10; 마태복음 18:10~14

18

우리에게 오신 구세주

무서워하지 말라 보라 내가 온 백성에게 미칠 큰 기쁨의 좋은 소식을
너희에게 전하노라 오늘 다윗의 동네에 너희를 위하여 구주가 나셨으니
곧 그리스도 주시니라 (누가복음 2:10~11)

우리의 모습

어떤 일들은 '하나님의 시간 안에서' 일어납니다. 누가 생명의 탄생 순간이나 장미꽃 봉오리가 터지는 순간을 알 수 있습니까? 인간은 꽃봉오리가 빨리 터지도록 안달하거나 혹은 다른 일들에 신경 쓰느라 그 순간을 놓쳐버리고 맙니다. 우리가 어떻게 '하나님의 시간'에 민감할 수 있을까요? 어떻게 하나님으로부터 받을 수 있는 준비를 갖출 수 있을까요?

내려놓기

성경 공부를 하기 전에 먼저 하나님께 기도를 드립니다. 아래의 시편 말씀이 좋은 길잡이가 될 것입니다.

> 주의 백성을 구원하시며 주의 산업에 복을 주시고 또 그들의 목자가 되시어 영원토록 그들을 인도하소서 (시편 28:9)

이번 주 기도 제목을 구체적으로 적어 기도합시다.

귀 기울이기

평범하지 않은 세밀한 부분들을 찾아 낼 수 있도록 천천히 읽으십시오. 유대 관습과 제의들, 그리고 부주제들이 소개되는 곳들을 찾아보십시오. 단, 세례 요한과 예수님 사이의 평행 구조를 유념하십시오.

연결고리 : 성경에서 다 이루어졌다고 말하는 구절을 읽을 때, 그 부분을 지금 읽고 있는 구절과 연관해서 참고하고 연구하십시오.

D1 누가복음1:1~25, 57~80(요한의 탄생)

D2 누가복음 3:1~26, 7:18~35(요한의 사역과 예수님에게 질문함)
마태복음 14:1~12; 누가복음 9:7~9(요한의 죽음)

D3 누가복음 1:26~56(수태의 예고와 마리아의 송가),
2:1~20(예수님의 탄생)

D4 누가복음 2:21~52(성전에 있는 소년 예수)

D5 누가복음 3:21~38(예수님의 세례)
누가복음 4:1~13(광야에서의 시험)

D6 교재 내용

🔥 말씀 속으로

예수님은 누구십니까? 누가는 우리가 예수님에 대해 알기를 원합니다. 그래서 그는 구세주 예수가 어떤 분인지를 묘사하는 데 도움이 되도록 자료를 배열하고 찬송들과 예언들을 골랐습니다.

세례 요한의 탄생

누가복음은 왜 세례 요한으로부터 시작할까요? 그 이유는 예수님은 확고하게 이스라엘에 근거하고 있다는 사실을 우리에게 이해시키고자 하기 때문입니다. 메시아에 대한 유대인의 기본 신앙은, 엘리야 혹은 엘리야와 같은 인물이 길을 예비하기 위해 미리 올 것이라는 것입니다. 오늘날에도 신앙이 깊은 유대 사람들은 유월절 식사를 할 때 엘리야에 대해 잠시 생각합니다.

요한의 아버지 사가랴와 어머니 엘리사벳은 경건한 사람들이었고, 두 사람 모두 아론의 후손이었습니다. 그들은 유다의 남쪽 기슭에 있는 작은 마을에 살고 있었습니다(눅 1:65). 사가랴는 제사장이었습니다. 마을 제사장은 일 년에 두 차례씩 예루살렘으로 가 성전 일을 돕기로 되어 있었습니다. 그리고 제비를 뽑아 누가 희생제 혹은 번제를 드릴지 결정하였습니다. 한 주간 동안 성전 일을 도울 수 있는 약 800명 중에 단 한 사람도 중요한 임무를 위해 미리 결정될 수 없게 되어 있었습니다.

사가랴도 제비를 뽑았고, 아침저녁으로 분향하면서 이스라엘을 위해 기도하는 일로 정해졌습니다. 놀라운 특권입니다. 그의 기도는 무엇이었습니까? 제사장의 의무 외에 그에게는 개인적인 아픔이 있었습니다. 아내인 엘리사벳이 아이를 낳지 못했던 것입니다. 유대 신앙의 관점에서 보면 아이 없는 부부는 하나님의 눈 밖에 난 것이었습니다. 율법에 의하면 아이를 낳지 못하는 것은 이혼 사유가 되었습니다. 엘리사벳은 늙어가면서 하나님께 아이를 간청했던 사라, 리브가, 라헬, 삼손의 어머니, 그리고 한나의 대열에 서 있었습니다.

하나님의 사자가 나타났습니다. 친숙한 이야기 전개에 주목하십시오. 천사는 사가랴에게 두려워 말라고 말한 후, "엘리사벳이 아들을 낳을 것이고 큰 기쁨이 있을 것이다. 그는 반드시 삼손과 사무엘처럼 나실인으로 길러져야 한다."고 말했습니다. 나실인에 대한 규례는 민수기 6장 1~8절에 있습니다. 자연의 신비로운 비전에서 공통적으로 나타나는 것처럼 스가랴는 의아해하는데, 그 이유는 그와 그의 아내 엘리사벳은 늙었기 때문입니다. 가브리엘 천사는 약속을 재확인해 주지만, 그가 의심했기 때문에 말을 할 수 없도록 했습니다.

사가랴는 성전을 떠나 집으로 돌아갔고, 얼마 되지 않아 엘리사벳은 임신했습니다. 그녀는 "주께서 …… 사람들 앞에서 내 부끄러움을 없게 하시려고 이렇게 행하심이라."고 말했습니다(눅 1:25). 아들이 태어나자 모든 친척과 그들의 작은 마을의 이웃이 모두 기뻐했습니다(누가의 일반적인 주제). 8일째 되는 날, 그들은 아기에게 할례를 베풀고 이름을 짓기 위해서 모였습니다.(1:59~60)

관습이 유대인들의 마을을 지배합니다. 물론 아이는 아버지 혹은 적어도 할아버지의 이름을 따서 이름 지어집니다. 그런데 엘리사벳은 아이의 이름을 '하나님께서 호의를 베푸신다' 는 뜻의 요한이라고 지었습니다. 요한이란 이름은 사독 제사장 혈통에서 사용하던 요하난이란 이름에서 왔습니다. 이웃들은 당황해하며 "이 아이가 장차 어찌 될꼬." 하였습니다.(눅 1:66)

혀가 풀리자 사가랴는 "찬송하리로다 주 이스라엘의 하나님이여(1:68)".라고 찬양의 탄성을 질렀습니다. 그 찬송은 라틴어 첫 글자를 따서 '영광송' 이라고 불립니다.

스가랴는 아들 요한을 지극히 높으신 이의 선지자로 여깁니다. "주 앞에 앞서 가서 그 길을 준비하여." 무엇을 합니까? "주의 백성에게 그 죄 사함으로 말미암는 구원을 알게" 합니다(눅 1:76~77). 그래서 그는 술을 마시지 않고, 머리도 깎지 않고, 사람이든 짐승이든 죽은 것을 멀리하고, 빈들에서 공적 사역이 시작될 때까지 성장했습니다.

요한의 사역

누가복음을 통독해 보면, 요한과 예수님 사이에 놀라운 유사점이 있음을 보게 됩니다. 예고, 탄생의 놀라운 경이, 유대교 결례를 따름, 몸과 영의 성장.

예수님의 탄생을 공부하기 전에 먼저 요한의 사역을 살펴봅시다. 누가복음 3장 1~2절에서 누가는 그 당시 정치적·종교적 지도자들을 일괄하고 있습니다. 요한은 듣고자 하는 모든 사람 – 유대인들, 로마인들, 희랍인들, 사마리아인들 – 에게 회개의 메시지를 선포하기 시작했습니다. 그의 세례는 유대교로 개종하기 위한 유대적 세례가 아니었습니다. 그는 삶의 변화를 위한 회개를 요구했습니다. 요단 강에서의 세례는 하나님의 용서를 상징했습니다. 그의 메시지는 무서운 것이었습니다. "독사의 자식들아, 누가 너희를 가르쳐 장차 올 진노를 피하라 하더냐? 그러므로 회개에 합당한 열매를 맺고 ……(3:7~8)." 심판의 때가 임박했습니다. 회개와 변화의 시간은 바로 지금입니다. 단지 유대인, 아브라함의 자손인 것만으로는 부족합니다.

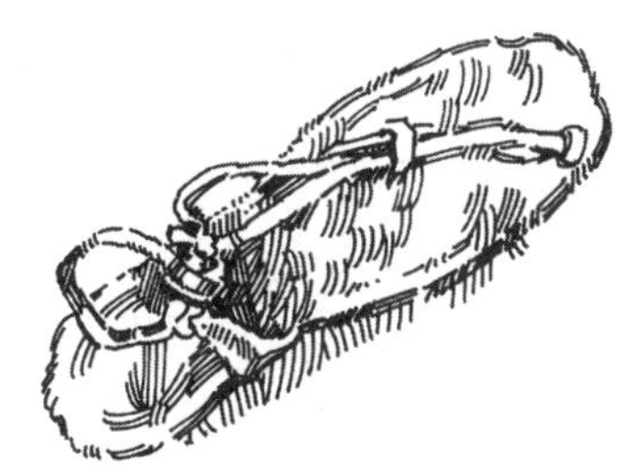

요한은 계속해서 자신은 '광야에서 외치는 자'이며 "주의 길을 준비하라(3:4)."고 강조했습니다. 그의 세례는 물세례로서, 내적 회개와 영적 정화를 상징합니다. 그보다 큰 자가 왔는데 그는 성령과 불로 세례를 줍니다. 약속된 자가 와서 알곡과 쭉정이를 구별하는 심판을 할 것이라고 요한은 선포했습니다.(3:17)

요한의 메시지가 모세 율법에 어떻게 근거하고 있는지 주목하십시오. "겉옷을 두 개 갖고 있다면 하나는 남을 주라. 배고픈 자와 음식을 함께 나누라. 정직하게 사업하라. 가난한 사람들로부터 돈을 강탈하지 말라." 그는 십계명을 상기시켰습니다.

그는 헤롯 안디바(Herod Antipas)를 불륜의 대표적 예로 사용합니다. 마태복음 14장 1~12절에 의하면,(유대 역사학자 요세푸스가 살로메라고 확인한) 헤롯의 의붓딸이 그를 위하여 춤을 추고 보상으로 요한의 머리를 소반에 담아 줄 것을 요구했습니다. 헤롯은 두 가지 이유로 주저했는데, 우선 이스라엘의 선지자들은 언제나 존경을 받았고, 또 민중에게 그렇게 인기 있는 한 사람을 죽임으로써 자신의 정치적 야망과 로마와의 관계가 타격을 받을 수 있었기 때문이었습니다.

어쨌든 살로메의 요구는 받아들여졌고 요한은 교수형에 처해졌습니다. 나중에 예수님이 처형당하시고 난 후, 헤롯이 로마에 가서 왕이 되고자 원했을 때 그는 황제로부터 일언지하에 거절당하고 맙니다. 그는 헤로디아와 함께 골(Gaul)의 국경 지역으로 추방당했습니다.

감옥에 갇혀 있을 때 요한은 예수님에게 제자들을 보내 그가 정말 오시기로 되어 있는 그분인지를 직접 물었습니다. 예수님의 응답은 그와 요한이 완성되기를 고대해 왔던 하나님 나라의 징표들을 열거하는 것이었습니다(눅 7:18~35). 요한에 대하여 예수님은 무리에게 말씀하셨습니다. "너희가 무엇을 보려고 광야에 나갔더냐? 바람에 흔들리는 갈대냐(7:24)?" 이와는 반대로 세례 요한은 다윗 왕 앞의 나단과 같이, 아합 왕 앞의 엘리야와 같이 두려움 없는 예언자 대열에 서게 되었습니다.

수태 예고

의사였던 누가는, 천사가 마리아에게 수태 예고를 했을 때 엘리사벳은 임신 6개

월째였다는 것을 지적합니다(눅 1:26). 마리아는 부모에 의해 맺어진 약혼 상태에 있었는데, 이것은 이혼이나 죽음으로만 파기될 수 있었습니다. 처녀에게 율법이 얼마나 엄격했는지를 이해하기 위해서 신명기 22장 13~21절을 읽어 보십시오. 요셉은 다윗 왕의 후손이었고, 아마도 마리아도 그랬던 것 같으며, 따라서 베들레헴은 그들의 가족들이 있는 도시였습니다.

천사가 마리아에게 나타나서 두려워 말라고 했습니다. "네가 수태하여 아들을 낳으리니 그 이름을 예수라 하라(눅 1:31)." 예수라는 이름은 여호수아의 희랍어 파생어로, 그 뜻은 '하나님께서 구원하신다.' 입니다.

"나는 사내를 알지 못하니 어찌 이 일이 있으리이까(1:34)?"라고 마리아가 물었습니다. 그러자 천사가 놀라운 말을 합니다. "성령이 네게 임하시고 지극히 높으신 이의 능력이 너를 덮으시리니……(눅 1:35)." 성막을 뒤덮었던 구름 속의 하나님을 기억하십니까?

하나님께서 모세를 부르시는 장면을 공부할 때에 우리는 모세의 어설픈 핑계들을 들었습니다. 하나님의 부르심에 대한 이사야의 반응은 "나에게 화있을진저!"였습니다. 예레미야는 자기는 어린 아이에 불과하다고 항거합니다. 성경 안에서 누구도 마리아만큼, 예수님을 제외하고, 하나님 앞에 완전히 자신을 맡긴 사람은 없습니다. "주의 계집종이오니 말씀대로 이루어지이다."(1:38)

마리아는 급하게 친척들을 보러갔습니다. 엘리사벳이 마리아를 보았을 때, 복중에 있는 아이(세례 요한)는 이미 구세주를 알아보았습니다(1:43~44). 두 여자는 공통의 경험을 나누었습니다. 두 사람 모두는 하나님의 신비에 붙잡혔습니다. 두 사람 모두는 임신 중이었습니다. 우리는 유대의 작은 고을에서 두 사람이 함께 웃는 모습을 그려볼 수 있습니다. 한 여자는 늙었고, 아모스와 같이 강하고 엘리야같이 격렬한 그녀의 아들은 한 시대를 마감하게 될 것입니다. 다른 한 여자는 젊은 처녀인데, 모세 혹은 예언자들보다도 더 위대한 그녀의 아들은 새로운 시대를 열게 될 것입니다.

라틴어 번역의 첫 글자를 따라 '마그니피카트(Magnificat)'이라고 불리는 '성모 마리아의 송가'는 영적 혁명의 씨앗을 뿌렸습니다. "마음의 생각이 교만한 자들을 흩으셨고(1:51)." 정치 혁명이 일어납니다. "권세 있는 자들을 그 위에서 내리치셨으며(1:52)." 경제 혁명이 서서히 고개를 듭니다. "주리는 자를 좋은 것으로 배불리셨으며 부자를 공수로 보내셨도다(1:53)." 인간의 태도를 변화시키고, 왕국들을 와해시키며, 경제 질서를 완전히 뒤바꾸는 혁명이 예수 안에서 일어날 것입니다.

오늘 우리의 세상에서는 이 혁명의 증거를 어디서 찾아볼 수 있습니까?

예수의 탄생

누가복음 2장 1절은 친근한 성탄절 이야기로 시작하지만, 누가는 탄생 이야기보다 예수님이 누구이신지를 전하는 데 더 관심이 있습니다. 누가는 이 사건의 위치를 역사적으로 로마 황제 아구스도(Augustus) 치하에서 상대적으로 평화로웠던 40년 동안으로 정했습니다. 그는 장소를 베들레헴에 고정시키고 예수님은 다윗 왕의 후손이라는 것을 우리에게 상기시킵니다.

아이는 헛간 혹은 마구간에서 태어났고, 농부의 옷에 쌓여서 구유에 누였습니다. 어떤 사람이 – 가난하든 혹은 억압을 받고 있든 – 이렇게 비천한 아이와 친밀하게 될 수 있을까요? 하나님은 이 영광스런 사건을 가장 낮은 계층의 사람들인 목자들에게 알렸습니다. 목자들은 일반적으로 형편없는 임금을 받는 고용인들이었고, 예배할 만큼 말끔한 상태를 유지하는 것이 불가능했으며, 회당이나 성전에 거의 가지 않았습니다. 그들은 좋은 유대인들로 취급받지 못했습니다. 하나님은 그 가난한 사람들이 복음을 먼저 들을 수 있도록 했습니다. 구세주와 메시아라는 말이 목자들에게 전하는 천사의 말에서 튀어나옵니다.(2:11)

이방인 전도자 누가는 조심스럽게 요셉과 마리아가 모세의 율법에 따라 결례를 마쳤음을 언급했습니다(2:22). 아브라함과 모세의 율법에 따라 예수님의 부모들은 8일째 되는 날에 예수님에게 할례를 베풀고 이름을 주었습니다.

두 가지 희생이 더 요구되었습니다. 종교법은 첫 추수의 열매, 첫째 아이, 첫째 짐승을 존중했습니다. 장남은 아버지의 축복과 권위를 승계받게 되어 있습니다. 아이는 하나님께 받쳐졌다가 구원 혹은 다시 돌려받게 되는데, 이는 이집트에서 죽음의 사자가 히브리인의 장자는 해치지 않은 사건을 기억하기 위해서입니다. 구원의 대가는 히브리 돈으로는 다섯 세겔인데, 탄생 한 달 후에 갚아야 합니다. 로마의 화폐는 성전에서 사용할 수 없기 때문에, 돈을 바꾸어 주는 사람들이 예배드릴 때 동전을 사용할 수 있도록 로마 돈을 히브리 세겔로 바꿔 주었습니다.

종교법은 또 다른 의례를 요구하는데, 그것은 정결제입니다(레 12:2~8). 출산한 여자는 아들을 낳았을 경우 약 40일이 지난 후에, 딸을 낳았을 경우엔 그 두 배만큼 지난 후에 희생제를 드릴 때까지 의례상으로 부정합니다. 희생제를 드리기 위해서 갓난아이와 성전까지 멀리 여행해야 하는 가난한 사람들의 엄청난 고역을 생각해 보십시오. 마리아와 요셉은 명백하게 장자를 구속하는 의식과 정결케 하는 의식을 동시에 행했습니다. 양과 어린 반구 혹은 비둘기로 드리는 보통의 희생제는 비용이 많이 들었습니다. 양을 준비하지 못하는 가난한 여자들을 위한 특별 조항이 있었습니다. 그들은 비둘기 한 쌍이나 어린 반구 둘로 제사할 수 있었는데, 이것은 자비로운 법입니다(12:8). 마리아도 이렇게 했습니다. 예수님의 어머니는 가난한 자들이 드리는 것밖에 드릴 수가 없었습니다.

시므온이라는 독실한 노인은 한평생을 메시아를 위해 기도하며 살아왔습니다. 이스라엘에는 시므온 같은 사람들이 많았습니다. 시므온은 자신이 그리스도를 볼 때까지 죽지 않으리라 확신하고 있었습니다. 그는 아이를 안고서 유대인들과 이방인들에게 계시와 영광을 선언하는, '모든 사람'을 위한 "주의 구원을 보았사오니"라고 말하며 하나님을 찬양했습니다(눅 2:29~32). 기독교 예배학에서 그의 노래는 '이제 놓아 주신다'라는 뜻의 라틴어인 '눈크 디미티스(Nunc Dimittis)'라고 불립니다.

시므온은 아이에게 십자가의 어두운 그림자를 비추어 줍니다. 어떤 사람들은 흥하고 어떤 사람들은 망하게 됩니다. 그리고 예수님은 마음의 비밀스런 생각들을 드러낼 것입니다. 칼이 마리아의 마음을 찌를 것입니다(2:34~35). 기도하고 금식하며 성전에서 살던 84세의 과부 안나도 역시 이 아이를 보았습니다. 그녀는 이스라엘을 구원할 자를 한눈에 알아보았습니다. 마리아와 요셉은 '주의 율법을 좇아 모든 일'을 필했습니다.(2:39)

예수님은 나사렛에서 그의 성인식(bar mitzvah)을 행하셨습니다. 그는 12세가 되어 '율법의 아들' 이스라엘인으로 예루살렘에 왔습니다. 그는 성전에서 교사들과 함께 앉았습니다. 그러나 돌아갈 시간이 되었는데도 예수님은 순례자들의 무리와 함께하지 않았습니다. 마리아와 요셉은 그를 찾아야만 했습니다. 평범한 인간이었던 마리아는 "네 아버지와 내가 근심하여 너를 찾았노라."고 말합니다.

본디오 빌라도가 발행한 이 동전에는 가이사 디베리아(Tiberius Caesar, 주후 29~30년)의 이름이 새겨져 있다. 이 동전은 성전에서 장사하던 사람들이 히브리 돈으로 바꾸어 준 동전 중에 하나였을 것이다.

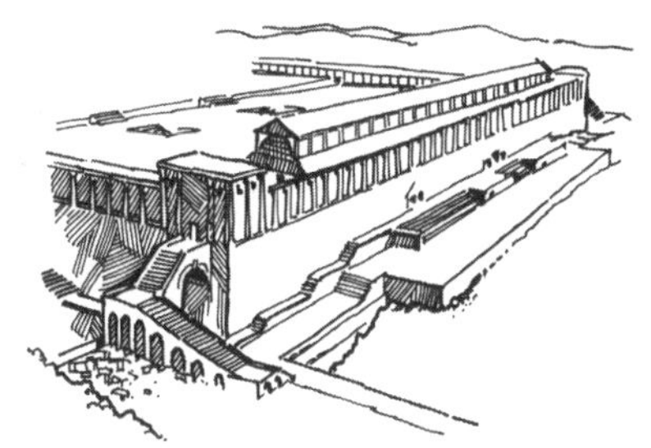

이 헤롯 성전의 그림은 남서쪽으로부터 성전 꼭대기에 이르는 길을 보여 준다. 예수가 사용했을 이 계단은 최근에 발굴되었다.

그러나 예수님의 아들 됨은 벌써 하늘 아버지에게 맞추어져 있습니다. 그는 예루살렘 그의 아버지의 집에서 시작하여, 인자로서 돌아와 거기서 죽게 될 것입니다.

준비된 예수

마태복음이 전하는 바에 따르면, 예수께서는 '모든 의를 이루기 위하여(마 3:15)' 세례를 받으셨습니다. 누가는 사건 자체보다 의미에 더 관심을 두는데, 왜냐하면 성령이 예수 위에 '비둘기같이' 임했다는 것은 그의 거룩한 아들 됨을 확증하고(눅 3:22), 하나님이 그를 온 세상을 위한 그리스도로 보냈다는 것을 선언하기 때문입니다.

이스라엘인들이 시내 반도로 흩어졌듯이 예수께서 세례받은 후에 광야에서 헤매신 것이 아닙니다. 그는 '성령의 충만함을 입어' 광야로 가셨습니다(4:1). 그는 어떤 구세주였을까요? 그의 메시지와 스타일, 그리고 행위는 어떠했을까요? 시간이 없습니다. 모든 행동과 모든 말은 하나님 나라를 선언하고 안내해야만 했습니다.

40주야를 금식하며 기도한 예수님은 육체적으로 영적으로 지치셨습니다. "너는 내 사랑하는 아들(3:22)"이라는 하나님의 음성은 더 이상 들리지 않았습니다. 그가 들은 것은 마귀의 소리였습니다. 첫 번째 말은 의심하게 만들기 위해서였습니다. "하나님의 아들이거든……." (4:3)

우리에게도 그렇듯이 시험은 실재(實在)적인 것이었습니다. 첫 번째 시험은 경제에 관한 것으로, 가난한 자들을 돕고 주린 자들을 먹일 수 있는 것이었습니다. 어느 시대건 필수적인 요구입니다. 그러나 예수께서는 만나 그것만으로는 부족한 것을 아셨습니다. 광야에서 이스라엘 백성이 그랬던 것처럼 우리는 전적으로, 숨 쉴 때마다, 걸음을 옮길 때마다, 하나님의 말씀에 의지해 살도록 부름받았습니다. 예수님은 "사람이 떡으로만 사는 것이 아니요 여호와의 입에서 나오는 모든 말씀으로(신 8:3)" 산다는 모세의 말을 인용하셨습니다. 떡은 필요한 것이고, 믿음은 영원합니다.

두 번째 시험은 정치적인 것이었습니다. 경건한 유대인들은 로마 군대를 몰아 내고 가이사 얼굴 대신에 종려나무가 새겨진 유대 동전을 사용할 수 있게 할, 다윗과 같은 메시아를 보내 달라고 하나님께 탄원했습니다. 모든 유대인이 이방인들에 의한 압제를 경험하고 있었습니다. 정치적 폭동은 모든 술책과 폭력과 이 세상의 정치적 타협을 필요로 했습니다. 이것은 마귀의 책략을 요구하게 됩니다. 예수님은 다시 신명기를 인용하십니다. "기록하기를 주 너의 하나님께 경배하고 다만 그를 섬기라."(눅 4:8)

세 번째 시험은 종교적인 것이었습니다. 사람들은 징표, 이적, 영적 힘의 극적인 실현을 기대하고 있었습니다. 성전 꼭대기에서 뛰어내린다면 그들의 관심을 집중시킬 수 있을까요? 이적이 정말 사람들을 회심시킬까요? 마귀가 시편 91편 11~12절을 인용함으로써 자신의 논점을 강화하는 것에 주목하십시오. 예수님이 응답한 내용의 전체적인 맥락을 파악하기 위해 출애굽기 17장 1~7절을 읽으십시오. 그 영적 비극에 교훈을 얻은 예수님은 모세를 인용하십니다. "주 너의 하나님을 시험치 말라."(눅 4:12; 신 6:16)

사역의 방향이 정해졌습니다. 구세주, 메시아가 오셨습니다. 그의 사역이 확정되었습니다. 예수님은 '성령의 권능으로(눅 4:14)' 충만하여 갈릴리로 돌아갔습니다. 그의 놀라운 일을 시작하기 위한 준비가 된 것입니다.

🏠 세상 속으로

누가는 예수님이 유대인이었다는 점, 마리아와 요셉이 모세의 율법을 모두 준수했다는 점, 그리고 성전과 회당이 모두 예수님의 경험에 포함되어 있다는 사실을 우리에게 확실히 알리고자 합니다.

유대교에 대하여 얼마나 알고 있습니까? 유대교 전통과 관습을 배우거나 접해 볼 기회가 있었습니까?

유대교와 기독교의 대화를 조성하기 위해, 지역사회에서는 어떤 일들을 실천할 수 있을까요?

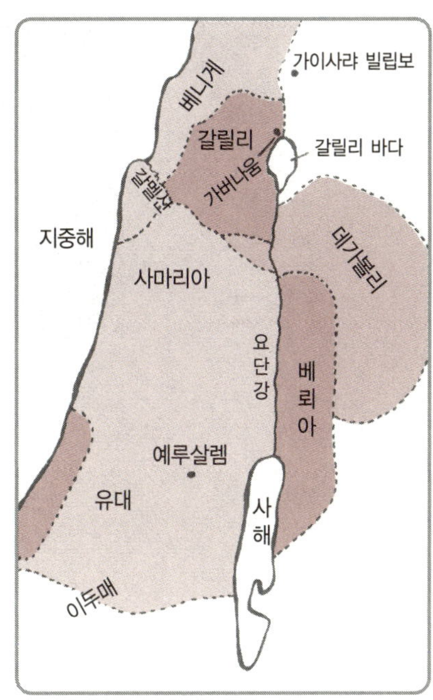

팔레스틴의 로마 통치자들

기원전 37년~주후 4년에 헤롯 왕은 팔레스틴 지역을 통치하였다. 헤롯 대왕이 죽은 후 팔레스틴은 분봉왕이 통치하는 세 지역으로 분리되었다. 아켈라오(Archelaus; 기원전 4~주후 6)는 유대와 사마리아 지역을, 헤롯 안디바(Herod Antipas; 기원전 4~주후 39)는 사마리아 지역을, 빌립(Philip; 기원전 4~주후 34)은 이두매와 드라고닛 지역을 지배했다. 헤롯 아그립바 1세(Herod Agrippa I) 치하에서 전 지역이 다시 통합되었는데 빌립의 지역과 갈릴리를 주후 37년에, 사마리아와 유대를 주후 41년에 함락하여 주후 44년에 죽을 때까지 지배했다. 그 뒤에 북쪽 지역은 수리아로부터 사마리아까지 로마 정치인에 의해, 유대 지역은 가이사로부터 임명받은 로마 총독의 지배를 받았다. 헤롯 왕의 증손자 헤롯 아그립바 2세(Herod Agrippa II)는 빌립의 영역(주후 53년부터)과 갈릴리 일부 지역(주후 56년부터)을 주후 100년경까지 지배했다.

세상 속에서의 하나님 말씀

하나님의 말씀에서 얻은 이 메시지가 이번 주 내 사역의 나침반이 될 것입니다.

나는 이러한 방법으로 응답할 것입니다.

♡ 안식일

안식일이 주는 메시지는, 우리 모두는 소중한 존재들인데, 이는 우리의 업적 때문이 아니라 하나님께서 우리를 사랑하시기 때문이라는 것입니다. 그렇다면 우리도 다른 사람들의 소중함을 알아야 하는데, 그들의 생산력이나 유용도 때문이 아니라 하나님에게 그들이 소중하기 때문입니다.

📖 더 알아보기

■ 공관복음에 있는 세례와 시험 이야기들을 비교하십시오. 마태복음 3:13~17; 마가복음 1:9~13; 누가복음 3:21~22; 4:1~13

■ 예수님 사역의 전혀 다른 서론인 요한복음의 서론(1:1~18)을 읽으십시오. 요한은 세례 요한을 증인의 한 사람으로 간주하고 있음에 주목하십시오.(1:6~7)

19

우리에게 기도를 가르쳐 주소서

내가 또 너희에게 이르노니 구하라 그러면 너희에게 주실 것이요
찾으라 그러면 찾을 것이요 문을 두드리라 그러면 너희에게 열릴 것이니
(누가복음 11:9)

⊙ 우리의 모습

우리는 매우 외롭고 쓸쓸합니다. 영원한 절대자와 대화하기 전까지는 마음속 깊은 곳으로부터 어떤 부족함을 느낍니다. 그래서 도와 달라고 소리치게 됩니다. 우리는 도와 달라는 그 외침이 응답받을 것이라는 사실을 알 필요가 있습니다.

⊙ 내려놓기

성경 공부를 하기 전에 먼저 하나님께 기도를 드립니다. 아래의 시편 말씀이 좋은 길잡이가 될 것입니다.

> 여호와여 나의 부르짖음이 주의 앞에 이르게 하시고 주의 말씀대로 나를 깨닫게 하소서 나의 간구가 주의 앞에 달하게 하시고 주의 말씀대로 나를 건지소서
> (시편 119:169~170)

이번 주 기도 제목을 구체적으로 적어 기도합시다.

⊙ 귀 기울이기

이번 주 과제는 좀 다릅니다. 먼저 기도의 주제를 대략 이해하기 위하여 교재를 읽으십시오. 깨달음이나 질문들을 교재에 적으십시오. 그리고 다음날부터는 주어진 주제에 대해 깊이 생각하면서 기록하십시오. 교재에 언급된 성구들을 찾아 읽고 그 주제들에 따라 필요한 것들을 적으십시오. 동일한 진리를 나타내는 다른 성구들을 더 찾아보십시오. 누가복음과 사도행전에서 기도의 놀라운 경험들을 발견해 보십시오.

연결고리 : 성경을 읽으면서 믿음과 행위가 연결되는 방법을 살펴보십시오.

D1 | 교재 내용

D2 | 예수님의 기도생활

D3 | 번민과 중보의 기도

D4 | 주기도문 I

D5 | 주기도문 II

D6 | 기도에 대한 다른 가르침들

◉ 말씀 속으로

누가복음에서 예수님의 모든 사역은 기도의 순간들로 특징지을 수 있습니다. 누가복음만큼 예수님의 기도생활을 계속해서 강조하는 복음서는 없습니다.

예수님의 기도생활

예수님이 세례를 받고 기도할 때에 하늘이 열리고 성령이 그에게 임했습니다.(누가복음 3:21~22를 마태복음 3:16과 마가복음 1:9~11과 비교하라.) 예수님은 요단 강에서 세례를 받으셨는데 아마 여리고와 사해 사이였을 것입니다. 그는 유대 광야로 가서 금식하며 공생애의 방향을 위해 기도하셨습니다(눅 4:1~13). 세례가 그에게 능력을 주었다면 광야는 그에게 나아갈 길을 주었습니다. 공생애를 위해 하나님 앞에 기도한 이 기간을 과소평가해서는 안 됩니다.

또 다른 위대한 기도의 순간은 예수님이 베드로와 야고보, 그리고 요한을 데리고 다볼 산이나 헤르몬 산에 올라가 기도하신 것입니다(9:28~36). "기도하실 때에 용모가 변화되고 그 옷이 희어져 광채가 나더라(9:29; 시내 산의 모세를 떠올리라. 출애굽기 34:29~30)." 예수 그리스도는 율법(모세)과 예언(엘리야)을 통합했습니다. 이 경험은 모세와 엘리야 모두가 예수님의 사역을 확증했다는 것을 뜻했고, 이것이 예수님을 예루살렘과 십자가의 죽음으로 이끌었습니다.

이스라엘에서 함께 식사한다는 것은 깊은 우정과 공동체의 일원임을 뜻합니다. 떡은 하나님께서 섭리하신 만나를 상징합니다. 예수님에게 떡을 뗀다는 것은 언제나 거룩한 행위였고, 기도 없이는 절대로 경험할 수 없는 것이었습니다. 오천 명의 배고픈 청중 사이에서 예수님은 떡 다섯 개와 물고기 두 마리를 가지고 "하늘을 우러러 축사하시고 떼어(눅 9:12~17)" 주셨습니다. 유월절 식사 때에 주인이 기도하며 떡을 떼는 것은 관습이었습니다. 그리고 떡을 떼기 '전에' 축사하는 것은 예수님의 관습이었습니다(22:19). 엠마오의 두 제자가 예수님을 알아보았던 것도 예수께서 축사하고 떡을 떼실 때가 아니었습니까(24:28~35)? 떡을 떼어 주실 때에 제자들은 예수님을 알아보았습니다.

떡을 축사하고 뗄 때 어떤 느낌을 받습니까?

누가는 예수님이 기도의 사람이었다는 것을 서서히 깨닫게 해 줍니다. 예수님은 '자기 규례대로(4:16)' 기도와 학습의 장소인 회당으로 가셨습니다. 가끔 제자들과 함께 있을 때도 예수님은 혼자서 기도하신 것 같습니다(9:18). 이따금 혼자 나가 밤새 기도하시기도 했습니다.(6:12)

예수께서 겟세마네에서 간절하고도 긴 기도를 드리기 직전의 모습을 그린 누가의 글은 놀랍습니다. "예수께서 습관을 좇아 감람산에 가시매……(22:39)." '그곳에 이르러(22:40)' 부분을 주목하십시오. 그곳이 어디인가요? 평상시에 기도하던 곳인가요? 21장 37절을 보십시오. 그는 제자들에게 이제 닥칠 시험에서 이길 수 있도록 기도하기를 촉구하셨습니다. 그러고 나서 "저희를 떠나 돌 던질 만큼 가서 무릎을 꿇고 기도"하셨습니다.(22:41)

우리 중에 누가 중요한 결정을 앞두고 기도하지 않겠습니까? 주님의 가장 어려운 결정 중에 하나는 12명의 제자를 선택하는 일이었습니다. 그들은 예수님의 메시지와 사역을 맡아, 앞으로 세워질 교회의 증인이 될 사람들이었습니다. 분명히 예수께서 가르침을 주었던 일련의 추종자들이 그를 따르고 있었습니다. 이제 이스라엘 12지파를 대표하는 12명의 지도자를 뽑을 때가 되었습니다. 주님은 산으로 올라가 밤새 기도하셨고, 다음날 열둘을 택하여 사도라 칭하셨습니다.(6:12~16)

주님은 우리에게 구하고, 찾고, 문을 두드리라고 격려하십니다(11:9~10). 그 자신도 하나님께 조언을 구하고 치유의 능력을 구하셨습니다. 마가복음에서 제자들은 왜 자신들이 간질병 소년을 치유하지 못했는지 묻습니다. 기도하러 산에 갔다 방금 돌아온 예수님은 다음과 같이 말씀하셨습니다. "기도 외에 다른 것으로는 이런 유가 나갈 수 없느니라(막 9:29)." 우리는 병자를 위해 그들과 함께 기도하지만, 예수님은 이런 사람들을 고칠 수 있는 능력을 미리 간구하셨던 것 같습니다.

파송했던 70명이 예수님에게 돌아왔을 때(야곱이 70명을 이집트로 보낸 것을 기억하라.) 그가 어떻게 기도하셨는지 찾아보십시오. 그들은 칭찬받고 높임을 받았습니다. 우리는 간청은 많이 하지만 찬양하기는 게을리합니다. 70인은 병자를 고치고 전도하고 귀신을 내어 쫓은 후, 기쁨으로 돌아왔습니다(눅 10:17). 그때에 예수께서는 성령으로 기뻐하며 "아버지 감사합니다."라고 말씀하셨습니다.

번민과 중보의 기도

중보 기도는 신비롭습니다. 우리는 모두 중보 기도를 드립니다. 성경은 열심 있는 중보 기도야말로 놀라운 능력이 있음을 가르쳐 줍니다. 야고보서 5장 13~16절을 읽으십시오. 예수께서 예루살렘을 향할 때부터 베드로는 의심하기 시작했습니다(막 8:32~33). 인자의 성공은 베드로를 끌어들였지만, 인자의 고난은 그를 떠나게 했습니다. 그는 탐탁지 않은 마음으로 유월절 식사를 했고, 예수께서 제자들의 발을 닦을 때 베드로가 마지막 사람이었습니다(요 13:3~11). 그는 예수께서 번민에 싸여 겟세마네에서 기도하실 때에 잠들어 있었습니다(눅 22:45~46). 세 번 예수를 모른다고 맹세했습니다.(22:56~60)

베드로는 누가복음 22장 31~34절에서 감옥에 갈 준비, 심지어 죽을 준비도 되어 있다고 주장했습니다. 그러나 예수님은 베드로가 흔들릴 것을 아셨고, 그의 눈을 똑바로 쳐다보시며 "시몬아, 시몬아, 보라 사탄이 밀 까부르듯 하려고 요구하였으나 그러나 내가 너를 위하여 네 믿음이 떨어지지 않기를 기도하였노니"라고 말씀하십니다(22:31~32). 베드로를 위한 예수님의 기도의 능력을 생각해 보십시오. 예수님은 유다를 위해서도 기도하셨습니다. 예수님은 사탄이 그들 모두를 까부르려 하는 것을 알았습니다.

우리는 하나님이 배고픈 어린이들을 먹일 손과 복음을 전할 증인을 필요로 하신다는 사실을 알고 있습니다. 중보 기노는 ㄱ 이외의 깃으로는 얼리지 않, 성령으로 향하는 문을 열 수 있을까요? 우리가 기도하지 않으면 하나님도 하실 수 없는 일을, 우리가 기도하면 하나님이 행하실 수 있을까요?

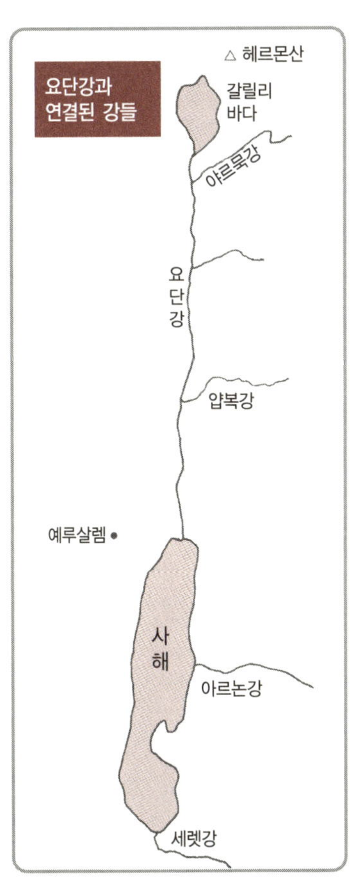

아론이 하나님 앞에 기도와 희생제를 드릴 때, 하나님 앞에 있는 사람들을 대표해서 12개의 보석이 달린 흉패를 어떻게 달았는지 기억합니까? 히브리서 10장 11~25절은 예수님이 우리의 죄를 위한 완전한 희생 제물이 되셨을 뿐만 아니라 우리를 위해 계속해서 제사장적 기도를 드리고 계신다고 말합니다.

예수님이 베드로를 위해 기도하신 것처럼 나를 위해서도 기도하고 계신다는 사실을 아는 것이 내 생활의 어떤 부분에 힘이 되고 도움이 됩니까?

지금까지 드려진 탄원 기도 가운데 가장 위대한 것은, 십자가에 달리신 예수님의 기도입니다. 그는 거룩한 탄원자가 되어, 하나님께 모든 인간을 위해 간절히 탄원의 기도를 드리십니다. "아버지여, 저들을 사하여 주옵소서. 자기들이 하는 것을 알지 못함이니이다."(눅 23:34)

이 세상의 어떤 기도도 예수께서 겟세마네에서 하셨던 기도만큼 하나님과 인간을 한데 묶어 필사적인 영혼의 고뇌로 끌어들이지 못합니다(22:39~46). 예수님은 너무나 솔직히 기도를 드려서 "땀이 땅에 떨어지는 핏방울같이" 되었습니다(22:44). 천사가 그에게 힘을 주어 더 열심히 기도할 수 있도록 도왔습니다(22:43). 문제는 무엇입니까? 그의 고뇌는 무엇입니까?

아직도 고침받아야 할 나병환자가 있고, 시력을 회복해야 할 맹인 거지들이 있으며, 배고픈 사람들도 있습니다. 제자들은 준비가 되어 있었습니까? 유다는 매수되었습니다. 베드로와 야고보, 그리고 요한은 잠들어 있었습니다. 그 시간과 장소는 안전했나요? 그가 동산에 계속 머문다면, 그 다음의 몇 시간 – 재판, 채찍질, 배신, 조롱, 고통, 죽음 – 을 피할 수 없게 됩니다. 어떤 사람이 피할 수 있는데도 끔찍한 죽음을 피해 가지 않을까요? 예수님은 "아버지여, 만일 아버지의 뜻이거든 이 잔을 내게서 옮기시옵소서(22:42)."라고 기도하셨습니다. 아무도 죽기를 원하지 않습니다. 더구나 젊은 나이에는 더욱 죽기를 원치 않습니다. 이것이 신의 뜻인가요?

어떤 때는 우리의 기도가 응답되지 않습니다. '스스로 있는 자'인 하나님은 감언이설로 어르고 달래어 내 뜻대로 할 수 있는 거짓 우상이 아닙니다. 예수님은 우리에게 구하라고 가르치십니다. 그는 구하셨고, 탄원하셨습니다.

그러나 겟세마네 동산에서 예수님은 순종하는 기도를 보여 주십니다. "그러나 내 원대로 마시옵고 아버지의 원대로 되기를 원하나이다(22:42)." 그는 언제나 기도했고, 시험에 들지 않도록 기도하라고 촉구하셨습니다. 기도를 통해 그는 재판에 임할 준비를 하셨습니다. 그는 복종하는 아들이 되셨습니다.

누가는 우리가 예수님이 죽음에 이르기까지 신실하셨다는 사실을 분명히 이해하기를 바랍니다. 그의 마지막 말은 큰 외침이었습니다. "아버지, 내 영혼을 아버지 손에 부탁하나이다(23:46)." 그리고 그는 숨을 거두셨습니다.

주기도문 I

이런 영적 지도 아래서 제자들이 "주여, …… 우리에게도 기도를 가르쳐 주옵소서(눅 11:1)."라고 부탁한 것은 당연한 일입니다. 예수님의 대답은 모든 기독교인들의 기도를 안내하는 것이었습니다.

아버지여. 이 말은 우리가 '아빠'라고 부르는 것처럼 다정다감한 말, 아바(Abba)에서 온 것입니다. 유대교는 하나님이 저 높은 곳에 계실 뿐만 아니라 우리와 가까이 계신다고 가르칩니다. 그러나 아바라는 말은 더 깊은 친근감을 나타냅니다. 이 세상의 모든 종교들이 신을 부르며 기도하는데 - 전능자, 거룩하신 분, 절대자 - 그 어떤 기도도 주기도문처럼 자식과 부모의 친근한 관계 속에서 표현된 것이 없습니다.

이름이 거룩히 여김을 받으시오며. 우리를 돌보아 주시는 친근한 '아버지'는 또한 의로우신 분이십니다. 하나님은 전능하십니다. 이름과 그 실제가 다르지 않습니다. 이름을 거룩히 여기는 것은 거룩한 분을 경외하고 존경하는 것입니다. 하나님이 영속적인 경외와 존경을 원하는 곳은, 바로 믿는 사람들의 마음입니다. 하나님은 거룩하십니다.

나라가 임하시오며. 하나님 나라는 하나님의 통치를 뜻합니다. 하나님이 창조하실 때 의도했던 순전함이 회복됩니다. 샬롬, 즉 하나님의 평화와 정의가 흘러넘칩니다.

유대인들은 "샬롬이 아직 이루어지지 않았는데, 어떻게 예수님이 메시아가 될 수 있습니까?"라고 묻습니다. 기독교인들의 대답은 예수께서 우리에게 천국을 맛보게 해 주셨다는 것입니다. 예수께서 나병환자를 만졌을 때, 맹인의 눈을 뜨게 했을 때, 회개하는 죄인들을 용서했을 때, 배고픈 사람들을 먹이고 죽은 자를 살려냈을 때, 그는 하나님 나라의 증표를 보여 주셨습니다. 그래서 우리는 기도합니다. 하나님 나라에 기쁨을 가져오는 일들을 매일 합니다. 그리고 준비하고 기대하며 주시합니다.

주기도문 II

우리에게 날마다 일용할 양식을 주시옵고. 우리는 만나에 대해 많이 배웠습니다. 예수님은 우리가 하나님의 돌보심을 믿고, 걱정 없이 일용할 양식을 위해 기도하기를 원하십니다. 그러나 기도는 그 이상입니다. 기도는 상호적입니다. 우리는 "나의 양식을 주옵소서."라고 배우지 않았습니다. 우리는 이 세상 모든 사람들의 양식을 위해 기도합니다. 만나는 충분했지만, 어떤 단지는 넘쳐흐르고 어떤 단지는 비었습니다. 분배의 방법이 틀렸습니다. 모든 사람이 먹고 남을 만큼 음식은 충분히 있습니다. 주기도문은 우리로 하여금 주린 자들과 음식을 나누는 것에 민감하게 만듭니다.

우리가 우리에게 죄 지은 모든 사람을 용서하오니 우리 죄도 사하여 주시옵고.

예수님은 이 문장을 계속해서 해석하셨습니다. 그는 자비를 구하는 것이 얼마나 쉬운지, 또 그것을 베푸는 것이 얼마나 어려운 일인지 아셨습니다. 하늘과 땅은 한 쌍입니다. 우리가 용서하는 것처럼, 우리도 용서를 받습니다.

- '용서하지 않는 종'의 비유를 읽으십시오.(마 18:23~35)
- 천국 열쇠에 관해 읽으십시오(마 16:19). 한 쪽 끝은 우리가 통제하고 다른 쪽 끝은 하나님이 통제하시는 것에 주목하십시오. 이 구절이 나에게 용서하고 용서받는 것에 대하여 무엇을 말합니까?

- 마태복음 6장 14~15절에 있는 예수님의 설명을 읽으십시오. 마가복음 11장 25절도 읽으십시오.
- 누가가 전하는 평지 수훈에서 우리가 주면서 어떻게 받을 수 있는지 읽어 보십시오.(눅 6:37~38)

우리를 시험에 들게 하지 마시옵소서. 이 탄원의 핵심 요점은 우리가 언제 어디서 시험을 받게 되고, 또 누가 우리를 시험에 들게 하는지에 관한 것이 아닙니다. 요점은 시험의 한가운데서 견뎌낼 수 있는 신적인 능력을 구하라는 것입니다. 우리는 하나님께서 감당할 수 없는 시험을 허락하지 않으시도록 혹은 시험의 어려운 시간에서 우리를 구원해 주시기를 기도합니다. 마태의 기록이 도움을 줍니다. "악에서 구하옵소서."(마 6:13)

며칠 동안 생각해 보십시오. 나는 시험을 예견할 수 있습니까? 나의 약점은 무엇이며, 그리스의 영웅 아킬레스의 유일한 약점인 발꿈치와 같은 나의 치명적인 영의 약점은 무엇입니까? 종종 시험은 뜻하지 않게 찾아옵니다. 어떻게 준비할 수 있을까요?

아직 마태가 전하는 더욱 완전한 주기도문과 비교해 보지 않았다면, 마태복음 6장 9~13절을 읽으십시오. 성경은 "대개 나라와 권세와 영광이 ……" 부분을 포함하고 있지 않은데, 이것은 초대교회의 기도였습니다.

기도에 대한 다른 가르침들

다른 좋은 것들과 마찬가지로 기도도 잘못 사용될 수 있습니다. 소매가 긴 외투를 입고 기도했던 요셉처럼, 우리도 자만의 옷을 입고 기도할 수 있습니다.

예수께서는 이목을 끌기 위해 공중에서 중언부언하며 기도하는 사람들을 향해 경고하셨습니다. 누가복음 20장 45~47절을 읽으십시오. 물론, 그들이 또한 위선과 이기심으로 가득해서 '과부의 가산을 삼키면' 그 받는 판결이 더욱 중할 것입니다.

성전으로 기도하러 갔던 두 사람에 대한 잊을 수 없는 비유가 있습니다(18:10). 읽으면서, 바리새인들은 철저히 모세의 율법에 따라 살려고 했던 사람들이라는 것을 기억하십시오. 율법에 따르면, 금식은 일 년에 한 번 속죄일에 요구되었지만 바리새인들은 한 주간에 두 번씩 금식했습니다. 이들은 자기가 번 것뿐만 아니라 모든 것에 대해 십일조를 했습니다. 기도의 기간은 아침과 저녁 속죄제 동안에 예정되어 있었습니다. 바리새인들은 율법이 요구하는 것보다 더 많은 것을 행함으로써 율법을 성실하게 준수하려 했습니다. 그들은 다른 사람들로부터 방해를 받지 않기 위하여 성전의 거룩한 기도 방으로 와서 홀로 서서 기도했습니다. 예수님은 바리새인들이 자기 홀로(with himself) 혹은 자기에 관해서(about himself) 기도한다고 하셨습니다.(18:11)

로마 정부와 거래하는 세리들은 유대인들의 증오의 대상이었습니다. 사람들은 그들이 예배하기에 합당하지 않다고 생각했습니다. 제사장들은 세리들의 십일조와 헌금을 받지 않으려 했습니다. 세리들은 모범적인 유대인들이 기도하는 성전의 거룩한 곳에서 기도하는 것이 용납되지 않았기 때문에, 여자들이나 이방인들이 기도하는 성전 뜰에서 기도했습니다. 레위(5:27)와 삭개오(19:2)가 모두 세리였다는 사실에 주목하십시오.

예수님은 계속해서 제자들에게 경계를 늦추지 않도록 경고하셨습니다. 사탄은 기회를 노리고 있습니다. 예수님이 시험받은 이야기에서 알 수 있는 것은 "마귀가 모든 시험을 다 한 후에 얼마 동안"만 떠난다는 사실입니다(4:13). 마귀는 겟세마네 동산의 기도, 유다의 배반, 혹은 베드로의 부인 등과 같이 매우 힘겨운 시간, 즉 또 다른 기회를 기다리고 있습니다.

마태복음 25장 1~13절에서 예수님은 열 처녀 비유를 말씀하셨는데, 그 중에 다섯 명은 신랑이 왔을 때 준비되어 있지 않았습니다. 누가복음 21장 34~36절에서 제자들에게 항상 준비하고 기도하기를 촉구했습니다. 왜 그럴까요? 우리의 마음은 걱정과 두려움에 쉽게 짓눌립니다. 더욱이 우리는 인자 앞에 서게 될 날을 항상 준비하고 있어야 합니다.

예수님의 명령 중에 원수를 사랑하라는 것보다 더 어려운 것은 없습니다. 예수님은 뺨을 돌려대는 것이 실제적으로 불가능하다는 것을 아셨습니다. 그렇기 때문에 자비로우신 하나님, 분내기를 더디 하시는 하나님의 도움을 구하라고 촉구합니다. 누가복음 6장 27~31절을 읽으십시오. 특히 "너희를 모욕하는 자들을 위하여 기도하라."는 말씀에 주목하십시오.

모든 기도가 응답되는 것은 아닙니다. 어떤 때는 시간이 문제입니다. 우리는 종종 기다려야만 합니다. 예수님은 계속해서 기도하기를 촉구하십니다. 하나님은 우리가 생각하는 것보다 더 많이 우리의 기도에 응답해 주십니다. 이제 누가복음 11장 5~13절을 읽으십시오. 이 생생한 이야기는 요점을 집으로 옮겨 갑니다. 농가에서는 모든 가족이 한 방에서 잠을 자고 가축들이 인접한 방에서 잡니다. 모든 식구가 자고 있는 한밤중에 한 친구가 찾아왔다고 생각해 보십시오. 농부는 돌아가라고 하거나 괴롭히지 말라고 말할 것입니다. 그러나 계속해서 문을 두드리면 일어나서 먹을 것을 줄 것입니다.

이제 누가복음 18장 1~8절을 펴고, 또 하나의 인상적인 비유를 읽으십시오. 여기에 사람을 무시하는 한 재판관이 자기를 계속 번거롭게 하는 과부의 간청을 들어준다는 이야기가 있습니다.

순종해야 할 때가 있습니다. 겟세마네의 예수님은 마침내 순종하셨는데, 그것은 어렵고 오랜 기도 후였습니다.

⬆ 세상 속으로

무의식중에도 기도하게 되지만, 영적인 성장은 매일 규칙적인 기도 훈련에서 이룰 수 있습니다. 나에겐 하루 중 언제가 가장 좋은 시간입니까? 어디에서 혼자 기도할 수 있습니까?

식사할 때마다 감사 기도를 하는데 밖에서 식사를 할 때는 문제가 됩니다. 공공장소에서 식사하는 사람이 어떻게 하면 이목을 피하면서 기도하고, 혹은 식사 때마다 감사 기도 하는 것을 어떻게 하면 생략하지 않을 수 있습니까?

어떤 기독교인들은 기도 제목들을 가지고 그것을 위해, 그리고 도움이 필요한 사람들이나 믿음이 흔들리는 사람들을 위해 열심히 기도합니다. 당신도 매일 그렇게 기도하십시오.

어떻게 하면 이 교재를 공부하는 제자 훈련 모임과 교회학교반, 또 교우들과 함께 기도생활을 강화할 수 있을까요?

다른 사람들을 위해 기도하십시오. 그룹에서 회개를 위해 기도하십시오. 교회가 외롭고 상처받고 슬프고 주린 사람들을 위해 무언가 할 수 있도록 기도하십시오. 영적으로 상처받은 사람들의 이름을 불러가며 기도하십시오. 이 세상의 필요를 위하여 기도하십시오.

세상 속에서의 하나님 말씀
하나님의 말씀에서 얻은 이 메시지가 이번 주 내 사역의 나침반이 될 것입니다.

나는 이러한 방법으로 응답할 것입니다.

♡ 안식일

성별된 날에 기도를 위한 시간을 마련하십시오. 기도 제목들과 위해서 기도할 사람들의 이름을 적으십시오. 내가 중요하지 않게 생각하는 사람들, 그리고 보다 큰 공동체와 세상을 위해 기도하십시오. 계속 사용할 수 있는 중보 기도문을 써 보십시오.

◉ 더 알아보기

■ 어떤 사람들은 기도할 때 노래를 합니다. 어떤 찬송가들은 오래된 기도와 시편을 근거로 만들었습니다. 찬송가를 훑어보며 노래하거나 위대한 기도 찬송들을 읽어 보십시오.

그의 선하심을 경멸함

건축자들의 버린 돌이 모퉁이의 머릿돌이 되었느니라
(누가복음 20:17)

⌂ 우리의 모습

우리는 친구들 모임이나 회합에 참여합니다. 따돌림을 받거나 거부당하지 않기 위해서 우리 자신이나 공동체를 비판하지 않습니다. 누군가 우리를 비판하면 우리는 더욱 결속을 돈독히 합니다. 그 비판하는 사람이 우리 중에 한 사람이면 우리는 그를 따돌립니다. 그런 일이 내게는 일어나지 않기를 바랍니다.

⚑ 내려놓기

성경 공부를 하기 전에 먼저 하나님께 기도를 드립니다. 아래의 시편 말씀이 좋은 길잡이가 될 것입니다.

> 주는 나의 반석과 산성이시니 그러므로 주의 이름을 생각하셔서 나를 인도하시고 지도하소서 그들이 나를 위하여 비밀히 친 그물에서 빼내소서 주는 나의 산성이시니이다 내가 나의 영을 주의 손에 부탁하나이다 진리의 하나님 여호와여 나를 속량하셨나이다 (시편 31:3~5)

이번 주 기도 제목을 구체적으로 적어 기도합시다.

영성 훈련

고백 자신의 죄와 불순종을 고백할 때, 우리는 내가 누구인지, 그리고 하나님의 은혜와 용서를 받는 자유로운 존재라는 사실을 알게 됩니다.

✆ 귀 기울이기

예수님이 환영받지 못하셨음을 보여 주는 근거들을 찾으려면 성경을 '제3의 눈'으로 읽어야 합니다. 풍자에 주목하고 행간을 읽으십시오. 어떤 구절은 너무 짧기 때문에 여러 번 읽을 필요가 있습니다. 왜 청중이 예수님의 가르침에, 그리고 그들이 경험하는 것에 그렇게 화를 냈는지 스스로 질문하며 읽으십시오.

연결고리 : 본문에 대해 스스로 질문하십시오. 그것들 사이의 관계, 중요성, 의미, 함축하고 있는 내용은 무엇인가?

D1 | 누가복음 4:16~30(고향의 회당에 계신 예수님)

D2 | 누가복음 4:31~6:16(예수님의 사역, 열두 제자를 택하심)

D3 | 누가복음 14:1~24(저녁식사, 만찬에 대한 이야기)

D4 | 누가복음 20장(성전에서 환영받지 못함)

D5 | 사도행전 4:1~31; 12:1~11; 14:1~28; 28:17~31(초대 교회에서 거절당함)

D6 | 교재 내용

🖋 말씀 속으로

모든 준비가 끝났습니다. 예수님의 사역을 위한 무대가 마련되었습니다. 로마의 군대가 세상을 다스리고 있습니다. 제사장들은 예루살렘에서 매일 희생제를 드립니다. 이스라엘의 아들 예수님은 할례를 받고 세례를 받으십니다. 성령이 그를 인치셨고 시험받도록 광야로 이끌었습니다.

모든 작가들은 첫 문장 때문에 고심합니다. 모든 작곡가들은 그의 주제를 소개할 때 전율을 느낍니다. 누가는 마가복음을 가지고 있었습니다. 마가복음에서 예수님은 "하나님의 나라가 가까이 왔으니 회개하고 복음을 믿으라(막 1:15)."고 하셨습니다. 그런데 중요한 것이 빠졌습니다. 예수님의 삶과 사역을 감싸고 있는 불길한 구름은 어디로 갔습니까? 그것은 반드시 소개되어야 합니다.

첫 설교

누가는 예수님의 초기 몇 주간의 인기를 두 문장으로 압축해 놓았습니다(눅 4:14~15). 그리고 나서 예수께서 고향으로 되돌아가시는 이야기를 자세히 소개하면서 복음서를 시작합니다. 사역 초기부터 벌써 문제가 일어나기 시작했습니다. 성령의 권능에 사로잡힌 예수님은 나사렛에서 설교했고 청중은 분노했습니다.

많은 교회에서 누가복음 4장 16~24절을 본문으로 설교하는데, 마치 이 본문이 하나의 독립된 구절인 것처럼 취급합니다. 사람들은 설교를 듣고 돌아가지만, 왜 나사렛 사람들이 자기 고향의 아들을 죽이려 했는지 의아해 합니다. 선지자는 고향에서 환영을 받지 못하는 것일까요? 회당 사람들이 그냥 듣고 말았다면 이해가 가지만 그들은 화를 냈습니다. 예수를 산으로 끌고 가서 절벽 아래로 밀어 떨어뜨리려 했습니다. 도대체 예수님은 무슨 말씀을 하셨습니까?

회당에서의 장면을 그려 보십시오. 전 세계에 흩어져 있는 유대인 거주지 혹은 나사렛과 같은 유대 마을에 있는 회당들은 모두 비슷하게 되어 있습니다. 유대 남자들은 직사각형 방에 둘러있는 의자에 앉고, 여자들과 아이들은 옆방이나 가장자리에 앉습니다. 희생제는 회당에서 드려지지 않고 성전에서 사제들에 의해 드려집니다. 여기서 율법을 공부한 남자들이 율법을 변론하고 아이들에게 전통을 가르칩니다. 그들은 기도함으로써 성전 분향에 참여합니다. 그들이 낸 돈의 일부는 예루살렘으로 보내져 성전을 수리하는 데 쓰입니다. 그들의 삶이 하나님께 산 제사가 되는 것입니다. 여행하는데 로마인들에게 내야 할 세금이 너무 많고, 여행길에 도적들도 많아서 성전으로 여행하는 것은 너무 어려운 일이었습니다.

성경 봉독을 위해 모든 사람이 일어섰습니다. 참례자들과 두루마리 경전을 관리하는 사람들과 회당을 지키는 사람들이 예수님에게 건네 준 그날의 본문은 이사야였습니다. 예수님은 그것을 풀어 이사야 61장을 찾아 읽으셨습니다. 그리고 나서 자리에 앉으셨습니다. 이것은 그날 가르칠 사람의 상징적 몸짓이었는데, 이에 따라 다른 모든 사람들도 따라 앉았습니다.

그는 기쁨의 어조로 메시아같이 말했습니다. "오늘은 가난한 자들이 새 희망을 얻고, 소경이 보게 되고, 억압받는 자들이 자유롭게 되는 날이다." 모든 것이 좋았습니다. 그러나 예수님은 충격적인 말씀을 하셨습니다. "너희가 믿지 않기 때문에 이 복음은 다른 사람들에게 전해질 것이다. 메시아를 위해 기도해 온 너희가 바로 너희가 기도해 왔던 그 사람을 거부한다. 그는 다른 곳으로 가야만 하리라!"

누가복음 4장 25~27절에 두 개의 예화가 있습니다. 전체적인 설명을 위해 열왕기상 17장 8~16절과 열왕기하 5장 1~14절을 읽으십시오.

이스라엘에는 과부들이 많았는데, 하나님은 선지자 엘리야를 한 늙은 사르밧 여인에게 보내어 음식을 준비하게 하셨습니다. 그녀는 이교도였고, 아마 바알 신을 섬겼을 것입니다. 또 이스라엘에는 나병환자도 많았는데, 엘리야는 다메섹 출신의 수리아 장군 나아만을 고쳤습니다. 사람들은 이 이야기를 알고 있지만 되새기고 싶어 하지 않았습니다. 이제 메시아를 위해 기도해 왔던 사람들이 그를 거부하고 강제로 다른 곳으로 보내 버리려고 합니다.

누가는 그의 주제를 정했습니다. 복음은 많은 유대인들에게 거부당했습니다. 메시아는 동족들로부터 거부당하고 무시당하는 사람들, 사마리아인들, 그리고 이방인들에게 보내져야 했습니다. 우리는 이 주제를 누가복음 전체에서, 특히 예수님의 십자가 처형과 초대교회가 형성되어 가는 모든 과정에서 보게 될 것입니다.

'모세의 자리'는 회당을 찾아온 특별한 손님이나 존경받는 장로가 앉을 수 있도록 돌로 깎아 만든 의자다. 고라신의 폐허에서 발견되었다.(눅 10:31)

반대

반대가 있었습니다. 어떤 바리새인들은 예수님이 안식일법을 재해석하는 것에 반대했습니다. 사두개인들은 부활에 대한 그의 주장에 동의하지 않았습니다. 열심당원들은 오른뺨을 때리면 왼뺨을 돌려대라는 예수님의 가르침에 등을 돌렸습니다. 보통 사람들은 예수님의 가르침을 기쁘게 받아들였지만, 권세 있는 사람들은 민중 보기를 두려워했습니다. 많은 사람들이 무관심하고 냉담했습니다. 성전과 자기들의 권위에 위협이 된다고 생각한 대제사장들과 산헤드린 의원들은 예수님을 없애버리려 했습니다. 그러나 실제로는 로마인 본디오 빌라도와 이방 군인들이 예수님을 죽였습니다. 그러므로 우리는 예수님이 '유대인들에 의해' 거부되었다고 일반화시켜 말하는 것을 피해야 합니다. 많은 유대인들이 예수님을 따랐고, 또 많은 계층의 사람들이 예수님을 거부했습니다.

신성 모독

유대인들은 누구든지 하나님인 것처럼 가정하여 말하거나 행동하는 것을 신성 모독으로 간주했습니다.

약 6천 명의 바리새인들, '구별된 자들'이 이스라엘 전역에 흩어져 살고 있었습니다. 교사요 스스로 율법 수호자라고 생각하는 이들의 목적은, 모세 율법과 랍비들의 구전 전통을 엄수함으로써 모든 사람을 하나님의 거룩하심으로 인도해 내는 것이었습니다. 그들 중에 많은 사람이, 어느 날 예수님의 가르침을 듣고 병자를 고치는 것을 보았습니다. 집에 사람들이 가득 차서 어떤 사람들은 중풍병자를 지붕을 통해서 내려야 했습니다. 예수님은 그들의 믿음에 놀라 그 중풍병자에게 "이 사람아, 네 죄 사함을 받았느니라(눅 5:20)."고 말씀하셨습니다. 몇 가지 문제가 생겼습니다. 첫째, 하나님께서 중풍병자를 고치기를 원하셨습니까? 바리새인들은 도덕적 관념에 사로잡혀 그 놀라운 치유의 사건을 기뻐하지 않았습니다. 둘째, 하나님만이 죄를 용서하시지 않습니까? 우리가 주기도문을 공부하면서 배웠듯이, 예수님은 사람들 사이의 용서와, 사람과 하나님 사이의 용서를 분리할 수 없는 것으로 연결시켜 놓으셨습니다. 인간은 하나님의 용서하심을 전달할 수 있는 힘이 있습니다. 그런데 예수님은 주저함 없이 하나님처럼 말하고 행동하셨습니다. 랍비들이 논쟁할 때는 다른 랍비를 인용하거나 성경을 인용하는데, 예수님은 간단명료하게 "내가 네게 이르노니(5:24)"라고 말씀하십니다. 사람들은 그의 말씀에 권세가 있었기에 놀랐습니다.(4:32)

몇 번에 걸쳐 권세에 대한 문제가 언급됩니다. 한 번은 권세에 대한 질문에 대해, 예수께서 세례 요한이 누구의 권세에 따라 행했는지 공개적으로 바리새인들과 서기관들에게 물으신 적이 있습니다. 누가복음 20장 1~8절을 보십시오.

바리새인들은 과거에 하나님이 말씀하시고 일하셨다고 믿습니다. 그리고 미래에도 하나님이 말씀하시고 일하실 것으로 믿습니다. 그러나 그들은 하나님께서 지금 그들의 한가운데서, 예수 안에서, 말씀하시고 역사하시는 것은 믿지 못했습니다.

하나님이 현재 말없이 잠잠히 계시다고 사람들이 믿고 있다고 여길 만한 증거는 무엇입니까?

예수님이 함께했던 사람들

예수께서 세리 출신 레위를 불러 제자가 되도록 하셨을 때 레위는 큰 잔치를 열었습니다. 레위는 많은 세리 친구들과 사회적·종교적으로 천대받고 있던 사람들을 초대했습니다(눅 5:27~29). 종교적 해석에 의하면 사람은 접촉에 의해 부정하게 됩니다. 바리새인들은 계속 깨끗한 상태를 유지하려 했고, 예수님은 사람들이 건강한 상태에 있게 하셨습니다.

예수께서는 출발점을 도덕에서 병을 고치는 것으로, 순결한 상태에 있으려는 것에서 도움이 되려는 것으로 바꾸셨습니다. "건강한 자에게는 의원이 쓸 데 없고 병든 자에게라야 쓸 데 있나니 내가 (바리새인과 같은) 의인을 부르러 온 것이 아니요, (세리들과 부랑자들 같은) 죄인을 불러 회개시키러 왔노라(5:31~32)." 메시아는 사람을 구원하려고 일하셨으나 종교인들은 인정하지 않았습니다.

안식일

안식일 문제 때문에 투덜대는 일이 많아졌습니다. 유대인들에게 안식일을 지키는 일은 매우 중요합니다. 모든 사람들이 안식일을 지켜야 한다고 생각했습니다. 문제는 어떻게 지키느냐 하는 것입니다. 바리새인들 사이에 논쟁은 끝이 없었습니다.

예수님은 인간의 필요에 따라 안식일을 자유롭게 해석한다고 비난받으셨습니다. 어느 안식일에 제자들이 밀밭을 지나다가 이삭을 잘라 손으로 비벼 먹었습니다(눅 6:1). 예수님은 바리새인들에게 다윗과 그의 동료들이 성소에서 하나님께 바쳐진 떡을 먹은 것을 상기시키셨습니다. 인간의 필요가 성례전 준수보다 우선합니다.

예수님은 안식일에 병자도 고치셨습니다. 율법에는 응급 사태에 대한 규정이 있습니다. 그러나 오른손 마른 사람을 고치는 것은 하루쯤 기다릴 수 있는 일입니다. 예수께서 물으셨습니다. "안식일에 선을 행하는 것과 악을 행하는 것 …… 어느 것이 옳으냐?" 사람들은 아무 말 못했고, 예수님은 그 사람의 손을 고치셨습니다(눅 6:6~11). 사람들은 기뻐하고 찬양했을까요? 전혀 그렇지 않았습니다. "그들은 노기가 가득"했습니다.(6:11)

바리새인들은 율법을 최고의 것으로 신봉합니다. 예수님은 율법 위에 자신을 놓으셨는데, 그것을 해석할 수 있고, 그것을 가지고 거룩한 일을 할 수 있다고 생각하셨습니다. "인자는 안식일의 주인이니라(6:5)." 이 말은 신성 모독이거나 진실, 둘 중에 하나입니다. 긴장감이 감돕니다.

큰 잔치로의 초대

모든 종교 지도자들이 예수님을 따돌린 것은 아닙니다. 한 바리새인 지도자가 예수님을 안식일 식사에 초대했습니다(눅 14:1). 안식일이라고 하더라도 아이나 짐승이 우물에 빠졌으면 곧 건져내도록 허락한 율법을 상기시키며 예수님은 수종병 든 사람을 고쳐 주셨습니다(14:2~5). 사람들은 잠잠했습니다.

예수님은 청함받은 사람들이 주인 옆 상좌에 앉으려 하는 것을 아셨습니다. 예수님은 청함을 받았을 때에 말석에 앉아야 윗자리로 옮겨 앉을 수 있다고 말씀하셨습니다(14:10). 상좌에 앉았다가 주인이 내려앉으라 하면 창피를 당할 것입니다. 여기에 사회적 예절이나 적절한 행동보다 더 중요한 어떤 것이 있습니다. 하나님은 일을 뒤집어 자기를 낮추는 자가 높아지게 하실 것입니다.(14:11)

이제 예수님은 잔치를 베푼 사람을 향하여 '주린 자들을 위해 베풀라.' 는 토라의 중심적인 진리를 말씀하십니다. 부자 친구들과 친척들을 초청하는 명부를 만드는 대신에 가난한 자들, 불구자들, 절름발이들, 그리고 소경들을 초대하십시오. 그들은 답례할 수 없습니다. 예수님은 비슷한 문구를 사용하셨습니다. "의인들의 부활시에 네가 갚음을 받겠음이라(14:12~14)." 이 표현이 반응을 불러일으켰습니다. 유대인들은 하나님의 신실한 자들, 유대인들이 동서남북으로부터 하나님의 식탁에 모여 함께 언약의 음식을 나누는 꿈을 꾸어 왔습니다. 예수께서 이 말을 하시자마자, 한 경건한 사람이 "하나님의 나라에서 떡을 먹는 자는 복되도다(14:15)."라고 소리쳤습니다.

이제 사람들이 예수님을 주목했습니다. "그 식사에 대해 말해 보자."라고 그가 말했습니다. 청함받은 모든 사람이 귀를 기울였습니다. 예수님이 말씀하시려느 참이고, 사람들은 숨을 죽였습니다. 많은 종을 거느린 부자가 큰 잔치를 열고 초청장을 보냈습니다. 그런데 사람들이 오질 않았습니다. 그들은 핑계거리를 찾았습니다. 왕의 잔치에 오질 않아? 잠깐만! 우리는 지금 하나님의 잔치를 이야기하고 있습니다. 언약 백성이 초대되었지만 그들은 오지 않았습니다. 어찌된 일일까요? 그래서 가난한 사람들, 절름발이들, 불구자들, 그리고 소경들이 초대되었습니다. 그들은 누구인가요?

아직 잔치엔 자리가 있습니다. 왜냐하면 선택받은 백성이 오기를 거부했기 때문입니다. 이 이야기가 마음에 새겨집니다. 이스라엘의 많은 사람들이 복음으로의 초대를 거부했기 때문에, 하나님의 식탁은 뒷골목과 샛길에서 온 하나님의 자녀들에 의해서 채워질 것입니다. "전에 청하였던 그 사람들은 하나도 내 잔치를 맛보지 못하리라."(14:24)

예수께서 이 이야기를 우리집 저녁 파티에서 하셨다면 어떤 일이 일어났을까요?

거부된 돌

이사야 선지자는 구약성경에서 가장 먼저 모퉁이 돌을 들어 비유로 사용했습니다. 이사야는 앗수르로부터 이스라엘을 방어하기 위해 이집트와 손잡은 사제들, 예언자들, 그리고 정부 관료들을 신랄하게 비판했습니다. 그들은 의기양양하여 어떤 나쁜 일도 자기들에게 생기지 않았다고 떠벌렸습니다. 그러나 하나님은 믿음이 좋은 소수의 남은 자들을 두셨는데, 지금은 비록 잠잠히 있지만 그들은 언젠가 모퉁이의 돌이 될 것입니다.

"…… 보라 내가 한 돌을 시온에 두어 기초를 삼았노니 곧 시험한 돌이요 귀하고 견고한 기촛돌이라……."(사 28:16)

시편 118편은 이 이미지를 택해서 격언으로 사용하였습니다. 시편 118편은 유월절뿐만 아니라 오순절과 장막절에도 노래했습니다.

"건축자가 버린 돌이 집 모퉁이의 머릿돌이 되었나니 이는 여호와께서 행하신 것이요 우리 눈에 기이한 바로다."(시 118:22~23)

예수님은 이 시편을 인용하셨는데, 사람들이 잘 알고 있었기 때문입니다. 예수님은 이 시편을 그의 가장 노골적인 비유, 즉 악한 소작인 비유(눅 20:9~16)에서 인용합니다. 포도원은 종종 구약성경에서 이스라엘로 비유됩니다. 이 비유를 듣는 사람들은 매맞고 쫓겨난 종들이 예언자들이라는 것과 아들이 메시아라는 것을 알고 있습니다. 다른 경우에서와 마찬가지로 예수님은 그의 고난과 죽음을 예고하셨습니다.

"인자가 많은 고난을 받고 장로들과 대제사장들과 서기관들에게 버린 바 되어 죽임을 당하고 제삼일에 살아나야 하리라(눅 9:22)." 마가는 예수께서 그의 고난을 예언하셨을 때 베드로가 예수님을 꾸짖었다고 전하고 있습니다(막 8:32). 그런 생각은 사도들의 메시아 상과 전혀 달랐습니다.

오늘날의 제자들도 제자 됨의 한 부분으로서의 고난 직시를 꺼려하는데, 어떤 점에서 그렇습니까?

저항에 부딪친 초대 기독교인들

복음을 전한 초대 증인들은, 메시아와 마찬가지로 저항에 부딪쳤습니다. 사도행전에서 누가는 계속 좌절과 박해를 그리고 있습니다. 베드로와 요한은 날 때부터 절름발이였던 사람을 고쳐 주고 예루살렘 성전의 권위 있는 사람들 앞에 불려갔습니다. 그들의 변론에서 사도들이 예수를 증거하고 부활을 확증하기 위해 '모퉁이 돌'

을 인용하는 것에 주목하십시오(행 4:1~31). 그들은 풀려났으나 곧 다시 붙잡혀 채찍질을 당했습니다(행 5:40). 계속 거부되는 것입니다.

헬라 지방에 살던 유대인 스데반은 기독교인이 되었는데 돌에 맞아 죽었습니다(7:54~60). 요한의 형제 야고보는 헤롯 왕에 의해 죽임을 당했습니다(12:1~2). 어려움이 한두 가지가 아니었습니다.

바울이 루스드라에서 복음을 전할 때, 안디옥과 이고니온에서 온 유대인들에 자극받은 군중이 그에게 돌을 던졌습니다. 그가 에베소에서 복음을 전할 때, 우상을 섬기는 이방인들이 사람들을 자극하여 그에 대한 적개심을 불러일으켰습니다(19:24~41). 학문적인 도시 아덴에서는 단지 몇 사람만이 믿었습니다(17:32~34). 대부분의 사람들이 복음을 피했고, 예수님의 부활을 전하는 유대인 선교사들을 매정하게 대했습니다.

사도행전은 로마 감옥에서 설교하고 가르치는 바울로 끝을 맺습니다. 이방인들과 유대인들 중에 몇 사람이 복음을 받아들였습니다. 그런데 누가의 주제가 바울이 선지자 이사야를 인용하는 것에서 다시 나타납니다.

"너희가 듣기는 들어도 도무지 깨닫지 못하며 보기는 보아도 도무지 알지 못하는도다."(행 28:26)

예수님이 나사렛에서 거부되었던 것처럼 복음과 그 증인들이 세상에서 계속 거부되고 있습니다.

🔼 세상 속으로

거부되는 일이 종종 있습니다. 화해하는 일도 있습니다. 화해의 사역을 할 수 있습니까? 유대교 회당과 연합하여 공부하는 모임을 조직해 보십시오. 믿음, 전통, 의례, 특별한 행사 등을 살펴보십시오.

혹은 우리 교회와 회당이 함께, 서로 이해하는 교재를 만들어 보십시오. 예를 들어 십계명의 의미나 현대 사회의 문제, 혹은 결혼과 가정을 강화하는 방법 등이 주제가 될 수 있을 것입니다. 우리 모임이 공동의 유산을 탐구할 수 있도록 하고, 친밀한 상호 교류와 친교를 위한 충분한 시간을 할애하십시오.

교우들 중에 어떤 이유에서건 거부되는 느낌이 있는

사람이 있는지 살펴보십시오. 그를 위해 기도하고 심방하십시오. 그가 다른 사람들과 친교를 나누도록 도울 수 있는지 살펴보십시오.

세상 속에서의 하나님 말씀

하나님의 말씀에서 얻은 이 메시지가 이번 주 내 사역의 나침반이 될 것입니다.

나는 이러한 방법으로 응답할 것입니다.

♡ 안식일

안식일은 총체적 관점을 제공합니다. 복음을 들고 치유를 필요로 하는 세상으로 나아가는 모든 사람을 위해 기도하십시오. 복음을 위해 고난당하는 모든 사람을 위해 기도하십시오. 종종 큰 어려움을 당하는 선교사들을 위해 기도하십시오. 가족들과 문화로부터 단절되고 배척당하는 전 세계의 새 신자들을 위해 기도하십시오. 희생을 감수하는 기독교인들을 위해 기도하십시오. 자신을 위해 기도하되, 사람에게 거부되더라도 그리스도에게 진실할 수 있도록 기도하십시오.

⊚ 더 알아보기

■ 베드로전서 3장 8절에서 4장 19절을 읽으십시오. 성령이 여러 종류의 고난에 대해, 어떤 것들은 피해야 하고 어떤 것들은 인정해야 하는지 말해 줍니다. 이 구절들은 박해를 당했던 초대 기독교인들에게 큰 도움이 되었습니다.

우리에게 살 길을 가르쳐 주소서

용서하라 그리하면 너희가 용서를 받을 것이요 주라 그리하면 너희에게 줄 것이니
곧 후히 되어 누르고 흔들어 넘치도록 하여 너희에게 안겨 주리라
너희의 헤아리는 그 헤아림으로 너희도 헤아림을 도로 받을 것이니라
(누가복음 6:37~38)

이 과의 주제

길

⬆ 우리의 모습

많은 사람들이 사는 법에 대해 말하고 있습니다. 어떤 선생들의 가르침은 '하라' 혹은 '하지 말라' 로 가득 차 있어 제한적인 것처럼 보입니다. 어떤 이들은 '될 대로 되라' 는 식으로 이야기합니다. 어떻게 하면 사는 법을 제대로 알 수 있을까요?

✚ 내려놓기

성경 공부를 하기 전에 먼저 하나님께 기도를 드립니다. 아래의 시편 말씀이 좋은 길잡이가 될 것입니다.

> 하나님이여 나를 살피사 내 마음을 아시며 나를 시험하사 내 뜻을 아옵소서 내게 무슨 악한 행위가 있나 보시고 나를 영원한 길로 인도하소서 (시편 139:23~24)

이번 주 기도 제목을 구체적으로 적어 기도합시다.

🜂 귀 기울이기

학자들은 누가와 마태 모두 예수님의 가르침에 대한 '자료' 문헌을 가지고 있었다고 말합니다. 누가복음 6장 17~49절과 마태복음 5~7장을 비교하십시오. 유사점과 차이점을 살펴보십시오. 각각의 복음 전달자들이 예수님에 대해 약간씩 다른 관점을 보이기 때문에 많은 해석들이 나오게 됩니다.

예수께서 누구의 병을 고치시고, 그것이 언제 일어났는지, 그리고 그의 언급을 눈여겨보십시오. 열두 제자의 훈련을 살펴보십시오.

연결고리 : 작지만 중요한 접속사들을 살펴보십시오. 그러므로, …이므로, …할 때, 왜냐하면, 그리고, 그러나, 만약 등. 앞서 일어난 일들과 뒤이어 일어난 일을 살펴보십시오.

영성 훈련

봉사 예수께서 주시는 권능을 받으면, 봉사의 생활양식을 선택하게 됩니다. 그래서 자신을 내어주며, 다른 이들의 요구에 응하게 됩니다.

D1	누가복음 6:17~49(평지 설교)

D2	마태복음 5~7장(산상 설교)

D3	누가복음 7장(병 고침, 예수님과 요한, 용서받은 여인)

D4	누가복음 8장(하나님 나라 비유들, 병 고침)

D5	누가복음 9:1~50(열두 제자 훈련, 베드로의 고백, 예수님의 변형)

D6	교재 내용

● 말씀 속으로

성경 어디를 찾아보아도 이처럼 어려운 예수님의 말씀은 없습니다. 어떤 합리화도 이 말씀의 힘을 감할 수 없습니다. 어떤 정교한 학식도 이 말씀을 잘 설명해 주지 못합니다. 이 명령들을 해석하기 전에 먼저 면밀하게 살펴봅니다.

가난한 사람들

"가난한 자는 복이 있나니 하나님의 나라가 너희 것임이요(눅 6:20)." 이 말씀을 읽는 즉시 우리는 혼란스러워집니다. 우리 대부분은 가난에서 벗어나고자 열심히 일하고 기도하며 노력하고 있는데, 가난한 자가 복이 있다는 것입니다. 그러나 예수님은 가난을 축복하시지 않습니다. 그는 가난한 사람들을 축복하십니다.

로마는 경제적으로 억압하는 통치를 펼쳤습니다. 유산으로 받은 그리 넓지 않은 자갈밭을 경작하던 농부들은 수확의 일부를 곤충에게 빼앗기고, 기근에 빼앗기고, 그리고 세금으로 빼앗긴다는 사실을 알고 있었습니다. 땅에 대한 세금은 모든 수확의 십분의 일이었고, 포도주와 기름에 대해서는 오분의 일이었습니다. 또 다른 세금은 도로 사용, 마차 소유권, 그리고 그 마차의 바퀴와 말에 대한 것이었습니다. 세금 징수자는 사람들을 억지로 길에 세운 뒤, 짐들을 열어 보고는 제 맘대로 세금을 징수했습니다. 만약 세금을 지불할 수 없을 경우에는 높은 이자의 대부를 제공했습니다. 사람들이 세금 징수자들을 공공연히 살인자, 강도들과 같은 그룹으로 여긴 것은 당연했습니다.

종교 지도자들도 가난한 이들을 어렵게 했습니다. 어떻게 가난한 농부들이 예식 면에서 성결할 수 있었겠습니까? 어떻게 가난한 여인이 아이를 낳을 때마다 성결 제사를 위해 예루살렘에 갈 수 있었겠습니까? 예수께서 부유한 서기관들과 율법학자들에게 심하게 말씀하신 것은 놀랄 일이 아닙니다. "화 있을진저 또 너희 율법교사여, 지기 어려운 짐을 사람에게 지우고 너희는 한 손가락도 이 짐에 대지 않는도다."(눅 11:46)

부유한 자들이 말합니다. "그러나 강도질하며, 게으르고, 지독스럽게 가난한 자들은 어떠하뇨?" 예수님은 그러한 태도나 행동에 대해 확실히 하지 않으셨습니다. 예수님은 겸손하고 열심히 일하는 사람들을 동정하십니다. 그리고 그는 요컨대, "하나님은 너희가 기쁨과 축복을 소유하기를 원하신다. 그리고 너희는 그것을 가질 것이다."라고 말씀하셨습니다.

예수 그리스도는 부익부 빈익빈적인 경제 구조를 못마땅하게 여기셨습니다. 누가복음에서 예수님은 '축복'과 '저주'를 일일이 결부시킵니다.

"그러나 화 있을진저 너희 부요한 자여, 너희는 너희의 위로를 이미 받았도다."(6:24)

예수님의 가르침은 너무 어려워서 대부분 노동자였던 제자들은 놀라움을 금치 못했습니다. 한 부유한 관원이 예수께 와서 제자가 되고자 물었을 때, 예수님은 "네게 있는 것을 다 팔아 가난한 자들에게 나눠 주라.…… 그리고 와서 나를 따르라(18:22)."고 말씀하셨습니다. 그러자 그 사람은 근심하며 떠났습니다. 예수는 "재물이 있는 자는 하나님의 나라에 들어가기가 얼마나 어려운지"라고 덧붙이셨습니다.

지금 제자들은 심히 혼돈스럽습니다. "그런즉 누가 구원을 얻을 수 있나이까?" 부자들에게도 한 줄기 희망이 있음이 예수님의 응답에서 드러납니다. "무릇 사람이 할 수 없는 것을 하나님은 하실 수 있느니라."(18:27)

부자들이 정말로 가난한 자들을 돌볼 수 있을까요? 그렇습니다. 때로 하나님이 그것을 가능케 하십니다. 누가가 부자 관원을 언급한 뒤에 부자 세금 징수자인 삭개오를 언급한 점을 주목하십시오.(19:1~10)

예수께서 방문하신 후에, 삭개오는 "보시옵소서. 내 소유의 절반을 가난한 자들에게 주겠사오며 만일 누구의 것을 속여 빼앗은 일이 있으면 네 갑절이나 갚겠나이다(19:8)."라고 말했습니다. 불가능한 일이 일어났습니다. 예수께서는 "오늘 구원이 이 집에 이르렀다(19:9)."고 말씀하셨습니다.

이제 마태가 한 말, "심령이 가난한 자는 복이 있나니"를 고려해 봅시다. 먼저, '복을 받다'라는 말은 행복하다는 것을 의미합니다. 이 행복은 회전목마 위의 어린

이들이 맛보는 행복이 아니라, 보다 평화로운 내적인 만족을 말합니다. 그러면 왜 '심령의 가난' 을 말할까요?

누가 심령이 가난한 자입니까? 그들은 열려 있는 자들이며, 받아들일 준비가 된 자들이며, 겸손한 자들입니다. 어떤 사람들은 '닫힌 마음' 을 소유합니다. 잘난 체하거나 자신의 의를 추구하면 절대로 복음을 다른 사람들에게 심을 수 없습니다. 다른 '산상 설교들' 은 우리가 먼저 마음을 열고 겸손할 때에만 가능합니다.

또한 '심령의 가난' 은 마음이 허탈하고, 의기소침하고, 우울해진 상태를 의미합니다. 어떤 의미에서 이 상태가 '축복받다' 혹은 '행복하다' 라고 선언되었을까요?

예수님의 삶의 양식 I

마태의 산상 설교와 누가의 평지 설교를 비교하며, 공통적인 말에 주목하십시오. 학자들은 마태와 누가가 설교의 많은 부분에 예수님의 가르침을 모은 어록집을 이용했다고 믿습니다. 신학자들은 어려운 예수님의 교훈들을 열심히 연구합니다. 어떤 이들은 이 교훈들이 세상에서는 실천되기 어려운 윤리라고 말합니다. 또 어떤 이들은 예수가 곧 재림할 것이라고 믿었던 자들을 위한, '마지막 때' 의 윤리라고 합니다. 또한 어떤 이들은 여전히 전적으로 새로운 윤리로, 모세의 옛 율법의 폐지라고 믿습니다.

그러나 예수님은 누구에게 이야기하고 계셨나요? 이 세상 사람들에게 한 말이 아닙니다. 그는 이미 예수님을 따르기로 결정한 자와 신앙의 도약에 관심 있는 자들에게 이야기하셨습니다. 이 설교에서 우리는 제자들의 삶의 방식을 보지 않았습니까? 예수님은 대중을 가르치신 것이 아니고, 그를 따르던 자들이 추구하기를 원하는 삶의 길을 가르쳐 주셨습니다.

왜 우리는 삶의 방식의 기초를 이 가르침에 두는 데 어려움을 느낄까요?

마가의 이해에 따르면, '마지막 때' 는 긍정과 부정 두 가지로 나타납니다. 우리는 항상 다가올 하나님의 나라를 기대하면서 삽니다. 그런데 그 시간이 얼마나 길든지 간에, 이 가르침은 하나님 나라의 생활을 위한 지침입니다. 예수님은 그가 그 날을 모른다고 힘주어 말씀하셨습니다.

예수님은 모세법의 완전한 의미를 강조하셨습니다. "그러나 율법의 한 획이 떨어짐보다 천지가 없어짐이 쉬우리라(눅 16:17)." 청렴결백을 예로 들어봅시다. 율법은 너희가 거짓 증언을 하지 말라(출 20:16) 혹은 맹세를 파기하지 말라(민 30:2)고

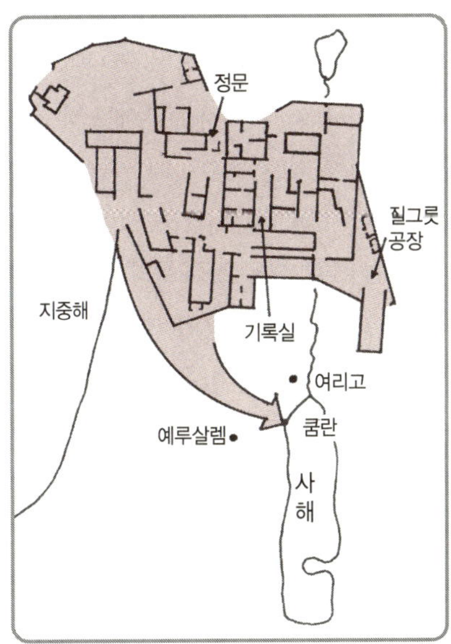

쿰란에 있는 주 건물의 그림은 사해사본이 기록된 곳으로 추정되는 기록실과 사해사본이 발견되었던 도자기 도공의 작업실을 보여 준다.

말합니다. 예수님은 제자들에게 진리를 위해서 언제나 증인이 되라, 말하자면 매일 증언대에 서야 한다고 가르치셨습니다. "오직 너희 말은 옳다 옳다, 아니라 아니라 하라."(마 5:33~37; 약 5:12)

이혼에 대해 생각해 보십시오. 모든 모세의 법은 근친상간, 간음, 그리고 다른 사적인 성적 폭력으로부터 결혼을 보호합니다. "무릇 자기 아내를 버리고 다른 데 장가드는 자도 간음함이요, 무릇 버림당한 여자에게 장가드는 자도 간음함이니라(눅 16:18)." 사실 예수님은 결혼 계약이 창조 자체에 근거를 두어(마 19:3~6; 창 2:24), 모세법보다 훨씬 심오하다고 하셨습니다.

이것은 곧 이혼은 있을 수 없다는 것을 의미할까요? 아닙니다. 모세는 인간의 잘못에 기인한 이혼법을 주었습니다(마 5:31~32; 19:8~9). 이 말은 곧, 간음은 용서받을 수 없다는 것인가요? 그렇지 않습니다. 거짓말하는 것, 도둑질하는 것과 마찬가지로 간음도 용서받을 수 있습니다. 그러나 그것은 기독교인 제자들이 결혼의 완전 무결과 순수성을 유지하는 데 최선을 다하라는 의미입니다. 예수님은 이 문제를 마음의 은밀한 곳에까지 끌고 들어가십니다. "음욕을 품고 여자를 보는 자마다 마음에 이미 간음하였느니라(5:28)." 악은 마음으로부터 오고, 훈련은 마음을 정결하게 합니다. 그러나 이 가르침은 우리가 얼마나 나약한 존재인지, 그리고 돌을 던지기가 얼마나 어려운 자들인지를 깨닫도록 돕습니다. 간음한 여인에 대한 예수님의 언급은 이 문제를 동정적인 균형 안에서 풀어갑니다(요 8:2~11). 이는 한편으로는 하나님의 거룩하심을 약화시키지 않는 강한 명령이요, 다른 한편으로는 하나님의 자비하심을 제한시키지 않는 측은히 여기는 강한 마음입니다. 안에는 율법으로, 위에는 자비로 가득했던 언약의 궤를 기억하십시오.

예수님의 삶의 양식 II

근심과 걱정을 떠올려 보십시오. 우리는 히브리인들이 광야에서 먹을 것이나 마실 것을 염려하면서 불평했던 것을 알고 있습니다. 하나님은 모든 것을 공급하셨습니다.

예수님은 그의 추종자들에게 하나님을 신뢰하라고 가르치셨습니다(눅 12:22~34). 그러나 우리는 침실에서까지도 주식 시장, 더 좋은 직장, 새 차 등으로 고민합니다. 이것은 이교도들의 삶의 양식입니다. 예수께서는 우리에게 백합화와 새들, 그리고 하나님이 피조물에게 베푸시는 보살핌을 기억하라고 하십니다. "다만 너희는 그의 나라를 구하라. 그리하면 이런 것들을 너희에게 더하시리라."(12:31)

보복을 생각해 보십시오. "다른 사람이 너희에게 하지 않기를 바라는 바대로 그들에게도 하지 말라."는 황금률의 부정형의 표현이 율법적 유대주의에서도 발견됩니다. 예수님은 그것을 긍정적인 법으로 바꾸십니다(6:31). 선지자 호세아는 매춘부 여인을 해방시킴으로 그녀와 재혼을 합니다(호 3:1~3). 용서는 이스라엘인에게는 새로운 것이 아니었습니다.

그러나 예수님은 기존의 용서의 틀을 깨셨습니다. 기독교인의 삶의 양식은 보복을 피합니다. 만약 어떤 사람이 나에 대한 험담하거든 잊어버리십시오. 만일 누가 뺨을 치거든 다른 뺨도 내미십시오. 적을 위해 기도하십시오. 그러나 그러한 행동에 대한 이유를 살피십시오. "너희는 지극히 높으신 이의 아들이 되리니 그는 은혜를 모르는 자와 악한 자에게도 인자하시니라. 너희 아버지의 자비로우심같이 너희도 자비로운 자가 되라(눅 6:35~36)." 그리스도 예수는 하나님과 같이 은혜를 베풀고, 친절하고, 남에게 베푸는 사람들을 키워냅니다.

판단하는 것을 생각해 보십시오. 이 가르침은 고용주가 누구를 승진시킬지 결정해서는 안 된다는 것이 아닙니다. 또한 재판관이 법적 판단을 한다든지, 예술가가 예술품을 선별한다든지, 부모가 자식을 꾸짖지 말라는 것을 의미하지 않습니다. 예수님은 우리를 신물 나게 하는 독약과도 같은 것을 지적하십니다. 판단하는 것은 남을 비판하고, 잘잘못을 찾고, 혹평하고, 헐뜯고, 입술을 함부로 놀리는 것을 의미합니다.

성경의 가장 아름다운 두 구절이 우리에게 가르침을 줍니다. "용서하라 그리하면 너희가 용서를 받을 것이요, 주라 그리하면 너희에게 줄 것이다(눅 6:37~38)." "후히 되어 누르고 흔들어 넘치도록 하여 너희에게 안겨 주리라. 너희가 헤아리는 그 헤아림으로 너희도 헤아림을 도로 받을 것이니라."(6:38)

제자의 본성

마태, 마가 두 복음서에서 예수님의 설교는 반석 위의 집, 혹은 두 주초에 관한 이야기로 결말짓습니다(마 7:21~27; 눅 6:46~49). 이 자비로운 삶의 양식은 미래 지향적인 믿음의 공동체를 위한 방법이며 하나님, 즉 든든한 반석 위에 지어지는 것입니다. 폭풍우가 몰아닥치면 비판, 근심, 거짓 위에 세운 집은 무너질 것입니다. 반면 예수님의 말씀을 듣고 행하는 집(삶)은 반석 위에 지어질 것이고, 홍수가 와도 굳건히 견딜 것입니다.

어떻게 하면 그런 삶의 양식을 만들 수 있을까요? 하나님의 것을 사모하고자 할 때, 그것은 가능합니다.

네 가지의 놀라운 치유들

기독교인의 삶을 숙고해 볼 때, 네 가지의 특별한 치유들을 언급하게 됩니다.

먼저 백부장의 종을 생각해 보십시오(눅 7:1~10). 로마의 백부장은 100명의 부하를 거느리는 군대의 장교입니다. 이 백부장은 갈릴리바다 근처에 있는 유대인 마을, 가버나움에 살고 있었습니다. 유대의 장로들은 그를 훌륭한 사람으로 칭찬하며, "그는 우리 백성을 사랑합니다." "우리에게 회당을 지어 주었습니다."라고 말하였습니다. 백부장은 사랑하는 병든 종을 구하기 위해 대단히 애쓰고 있었습니다. 예수님은 그가 이방인이라는 점을 나사렛 회당에서 설교하실 때 강조하셨습니다.(4:24~27)

백부장의 말에서 우리는 그의 강한 신앙을 엿볼 수 있습니다. "주여, 수고하시지 마옵소서. 내 집에 들어오심을 나는 감당하지 못하겠나이다.…… 말씀만 하사 내 하인을 낫게 하소서(7:6~7)." 유대인들이 이방인의 집에 가는 것이 금지되었으므로, 백부장은 예수님이 난처한 경우를 당할까 봐 신중하게 대처하였습니다. 백부장이 예수님의 영적인 힘을 의심 없이 믿었기에, 예수님은 그의 믿음에 놀라셨습니다. "이스라엘 중에서도 이만한 믿음은 만나 보지 못하였노라."(7:9)

거라사에서 군대 마귀를 쫓은 이야기는 정말로 놀랍습니다(8:26~39). 그 남자는 정신병자로, 때때로 그를 결박한 쇠사슬과 고랑을 끊을 수 있었습니다. 예수께서 그를 발견하였을 때, 그는 옷을 입지 않고 무덤 사이에 거하면서 두려워하였습니다. 옷을 입지 않는 것이나 무덤에 손대는 것은 유대인에게 금지 사항이었습니다. 그러나 그 사람은 병의 정도가 심하여서 전혀 문젯거리로 여기지 않았습니다.

그 사람 속에 있던 군대 귀신들은 예수가 진짜 누구인지 알아보았습니다. "지극히 높으신 하나님의 아들 예수여."(8:28)

"네 이름이 무엇이냐?" 예수님이 문제를 심각히 여기고 물으셨습니다. 그는 자기가 누구인지조차 모를 정도로 혼돈되어 있었습니다. 그는 많은 소리를 들었습니다. 그의 안에는 많은 귀신이 있었습니다. 그는 자신의 이름을 '군대'라고 하였습니다(8:30). 이내 예수께 고침을 받은 그는 옷을 입고 예수님의 발 앞에 '온전한 정신으로' 앉았습니다.(8:35)

다른 두 치유는 서로 얽혀 있습니다(8:40~56). 하나는 회당의 지도자인 야이로의 딸입니다. 예수님은 자신의 사역을 가난한 자들에게 국한시키지 않았습니다. 야이로의 집에 가는 도중, 혈루증으로 12년간 앓고 있는 한 여인이 손을 뻗어 예수님의 옷가를 만졌습니다. 그녀는 불결한 자로서, 정결 제물을 바칠 수 없었습니다. 그리고 자기가 가진 모든 것을 의사에게 바쳤으므로 가난하였습니다. 그러나 가장 중요한 사실은 어떤 여자도 회중 앞에서 남자에게 말을 걸거나 남자를, 그것도 낯선 남자를 만질 수 없었습니다. 그녀의 몸이 즉시 나았습니다. 그러나 영적인 치유에 주목하십시오. 그녀는 자신을 숨기고 떨면서 예수님 앞에 엎드렸습니다. 예수님이 회중 앞에서 자신을 만진 여자에게 무슨 말씀을 하셨을까요? "딸아(8:48)." 자식이 아버지를 만졌을 때 하는 친밀한 음성이었습니다. 예수님은 그녀가 평안히 그녀의 길을 가도록 하셨습니다.

그녀를 위해 발걸음을 멈췄을 때 예수님은 회당장의 집으로 가는 도중이었습니다. 이제 다시 예수님은 가던 길을 재촉했고, 야이로의 딸을 일으키셨습니다.

여성 추종자들

누가복음 8장 1~3절을 한 마디씩 살펴보십시오. 사도행전에서 보았던 사회 개혁이 막 시작되고 있습니다. 여자들이 남자들과 동행하고 있습니다. 신체적으로 혹은 정신적으로 병 고침을 받은 몇몇의 여성들이 예수님과 제자들을 후원하고, 북돋워 주고, 경청하고, 여행 경비를 대주기 위해 그들과 함께 여행하였습니다. '일곱 귀신이 나간' 정신병을 앓았던, 그리고 전통에 따르면(성서는 아니지만) 창녀였던 막달라 마리아가 거기에 있었습니다. 요안나는 헤롯의 청지기 구사(Chuza)의 아내로 상류 출신이었습니다. 그녀는 부활절 주일 막달라 마리아와 야고보의 어머니인 마리아와 예수님의 무덤에 바삐 갔었습니다

(24:10). 수산나는 누구였는지 언급이 되지 않고, 거기에는 '다른 많은 여성들'이 있었습니다(8:3). 예수님의 사역에 여성들이 동참한 사실은 강한 남성 위주로 된 사회에서 주목할 만한 가치가 있습니다. 또한 기독교 공동체에는 여러 사회 계층이 혼합되어 있었고, 새로운 형태의 종교적 공동체가 형성되고 있었습니다.

전환점

누가복음 9장은 극적인 전환을 보여 줍니다. 예수님은 열두 제자들에게 '어디에서든지' 복음 전파와 병 고치는 능력과 권위를 주어 보내십니다(9:1~6). 헤롯은 혼동했습니다. 그는 요한을 제거했습니다. 그는 예수님과 무슨 관계가 있었습니까? 사실 그는 예수님을 만나려고 했습니다.(9:7~9)

예수님은 오천 명을 먹이셨습니다(9:12~17). 이 사건은 인간 요구에 대한 극적인 응답이었고, 하나님은 우리를 돌보시고 필요한 것을 공급해 주신다는 사실을 기억하게 했습니다. 기독교인은 항상 기도하고 떡을 뗍니다.

그러나 9장 18절에서 시작하여 대망의 분위기가 높아져 있습니다. 예수께서는 메시아의 의미를 말할 준비가 되어 있으십니다.

베드로가 예수님을 '하나님의 메시아'라고 선언했을 때(9:20), 예수님은 제자들에게 아무에게도 말하지 말라고 경고하셨습니다. 그리고 나서 자신의 용어를 사용하셨습니다. "인자가 많은 고난을 받고(9:22)." 제자들은 또한 '매일 자신의 십자가를 질' 준비가 되어 있어야 합니다. 그 십자가는 자신을 부인하는 십자가였습니다. "누구든지 제 목숨을 구원하고자 하면 잃을 것이요, 누구든지 나를 위하여 제 목숨을 잃으면 구원하리라."(9:24)

누가복음에서 예수님의 변형을 지켜보십시오(9:28~36). 이것은 세례받을 때 성령을 경험한 것 같은, 하나님으로부터 온 재확증입니다. 그리고 뒤이어 간질병 걸린 아이를 고친 사건과 제자들이 이해하지 못한 진술이 나옵니다. "인자가 장차 사람들의 손에 넘겨지리라(9:44)." 곧이어 예수님은 진실로 위대한 사람은 어린아이와 같다고 가르치셨고, 자신의 이름으로 병 고치는 자들

을 비난하지 말라고 권고하셨습니다. 지금 예수님은 준비가 되어 있으십니다. "예수께서 승천하실 기약이 차가매 예루살렘을 향하여 올라가기로 굳게 결심"하셨습니다.(9:51)

⌂ 세상 속으로

도움이 필요한 사람을 돕는 정부 기관이나 자선단체에 대해 얼마나 알고 있습니까? 그런 사무실을 찾는 것이 어렵습니까? 그런 기관에는 어떤 사람들이 봉사에 참여하며, 형식주의는 얼마만큼 만연되어 있습니까? 가난한 자들을 실제로 돕는 가장 적절한 일을 하는 사람은 누구입니까?

세상 속에서의 하나님 말씀

하나님의 말씀에서 얻은 이 메시지가 이번 주 내 사역의 나침반이 될 것입니다.

나는 이러한 방법으로 응답할 것입니다.

♥ 안식일

안식일은 정의와 사랑을 위한 우리의 작은 행동에 거룩함을 부여합니다. 옷장을 뒤져 보십시오. 옷이 필요한 사람 혹은 의복 나눔 센터에 갖다줄 만한 옷이 있습니까? 식품 저장소를 살펴보십시오. 나눠 줄 여분의 음식이 있습니까? 만약 자녀가 있다면, 그들도 돕도록 하십시오. 매순간을 가르침에 이용하십시오.

▣ 더 알아보기

■ 마태복음 5~7장의 가르침과 평행을 이루는 마가복음와 누가복음의 내용을 비교해 보십시오. 똑같은 용어 등 유사성을 찾으십시오. 강조와 해석의 다양성을 찾아보십시오.

하나님 나라의 표적들

예수께서 이르시되 내가 다른 동네에서도 하나님의 나라 복음을 전하여야 하리니
나는 이 일로 보내심을 입었노라 하시고
(누가복음 4:43)

이 과의 주제

하나님 나라

영성 훈련

복종 우리의 요구가 항상 조절되고, 우리 자신이 다른 사람들에게 쓰임받을 수 있게 합니다.

🏠 우리의 모습

나의 관례는 최고의 것을 좇는 것입니다. 이것은 좋은 일일까요? 나는 다른 사람들이 나와 같기를 바랍니다. 나는 헌신을 요구하는 사람을 의심스러워합니다. 특별히 급작스러운 요구에 주저합니다. 우리는 시간이 충분히 있습니다.

✝ 내려놓기

성경 공부를 하기 전에 먼저 하나님께 기도를 드립니다. 아래의 시편 말씀이 좋은 길잡이가 될 것입니다.

> 내가 두려워하는 날에는 내가 주를 의지하리이다 ……
> 내가 하나님을 의지하였은즉 두려워하지 아니하리니 (시편 56:3~4)

이번 주 기도 제목을 구체적으로 적어 기도합시다.

👂 귀 기울이기

왜 우리는 본문 중간에서 시작했을까요? 누가복음 9장 51절에서 '고난을 향한 행로'라는 누가복음의 주요한 주제가 시작되기 때문입니다. 예수님은 '예루살렘으로 향했습니다.' 주님은 계속해서 메시아를 재해석하셨습니다. 그는 조심스럽게 하나님 나라의 삶의 방식을 가르치셨습니다. 예수께서 제자직의 대가를 분명히 한 것에 귀를 기울이십시오. 또 기쁨을 가져오는 취약성에 대해 설명하는 예수님을 관찰하십시오.

연결고리 : 성경을 해석하고 적용할 때 무엇이 본문에서 중요한 문제이고, 무엇이 부수적인 문제인지를 결정하십시오.

D1 | 누가복음 9:51~10:24(제자직의 대가, 70인의 임무)

D2 | 누가복음 10:25~37(이웃)

D3 | 누가복음 10:38~11:23(마르다와 마리아, 사랑의 아버지, 예수님과 마귀들)

D4 | 누가복음 11:24~12:34(서기관과 바리새인을 향한 저주)

D5 | 누가복음 12:35~13:35(준비하라, 열매를 맺으라, 안식일 치유, 예루살렘)

D6 | 교재 내용

🖋 말씀 속으로

누가는 예루살렘이 이스라엘의 중심인 것과 성전이 예루살렘의 중심점인 것을 우리가 분명히 이해하기를 원했습니다. 예수님은 '이새의 자손'으로 이스라엘의 이야기와 혈육에서 나왔습니다. 그래서 "선지자가 예루살렘 밖에서는 죽는 법이 없느니라."고 말했습니다.(눅 13:33)

누가복음 9장 51절에서 예수께서는 '예루살렘을 향하여 올라가기로 굳게 결심' 하셨습니다. 그러나 그것은 지리적인 여행이 아니었습니다. 그것은 영적인 것이었습니다. 누가에게는 예수께서 갈릴리, 사마리아, 유대 혹은 그 지역들을 왔다갔다하시는 것이 별로 중요하지 않았습니다. 그가 어디로 발길을 옮겼든지 상관없이, 예수님은 결심에 흔들림 없이 예루살렘을 향해 가셨습니다. 예수께서는 계속해서 그가 고난을 당한다고 이야기하셨습니다.(9:22)

제자직

우리는 예수님과 함께할 수 있을까요? 그렇습니다. 그러나 높은 대가를 지불해야 합니다. 많은 사람들이 그 대가를 지불하기를 꺼려합니다. 어떤 사람이 "어디로 가시든지 나는 따르리이다."라고 말하자, 예수께서는 "인자는 머리 둘 곳이 없도다."라고 응답하셨습니다. 그러자 따르겠다던 사람은 사라졌습니다(눅 9:57~58). 예수님은 다른 사람을 초청하셨습니다. 그 사람은 예수를 '주' 라 불렀습니다. 그러나 그는 예수께 한 가지 부탁을 했습니다. "나로 먼저 가서 내 아버지를 장사하게 허락하옵소서(9:59)." 이 말은 아버지가 살아 있는 동안 그와 집에서 함께 있다가, 그가 죽고 모든 일이 끝났을 때 당신을 따르겠다는 것이었습니다. 예수께서 말씀하셨을 때 그는 현재 시점에서 이야기했습니다. 곧 닥칠 하나님 나라는 그 무엇으로도 대신할 수 없었습니다. "죽은 자들로 자기의 죽은 자들을 장사하게 하라(9:60)." 즉 죽고 썩어질 일상적인 일들에 얽매여 있는, 죽어 가는 자들에게 장례를 치르게 하라는 것입니다. "너는 가서 하나님의 나라를 전파하라."(9:60)

또 다른 사람도 "나로 먼저 내 가족을 작별하게 허락하소서."라며 거절했습니다(9:61). 그 이유는 아들이 가족을 떠날 때는 허락을 받아야 했기 때문이었습니다. 이것은 가서 상황이 좋으면 아버지의 축복을 받고 와서 제자가 되겠다는 것을 의미했습니다. 예수님은 하나님 나라의 부름은 가족의 요구보다 우선되어야 한다고 주장하셨습니다. 예수님은 어머니의 목전에서 "내 어머니와 내 동생들은 곧 하나님의 말씀을 듣고 행하는 이 사람들이라."고 말씀하셨습니다(8:21). 예수님은 메시지를 믿을 수 없을 정도로 강하게, 그리고 분명하게 제시하셨습니다.

"무릇 내게 오는 자가 자기 부모와 처자와 형제와 자매와 더욱이 자기 목숨까지 미워하지 아니하면 능히 내 제자가 되지 못하리라(14:26)." 그렇습니다. 미워하는 것입니다. 여기서 미움은 '덜 사랑하는' 것을 의미합니다. 극적인 효과를 위해서, 예수께서는 가족이 하나님 나라에 가는 것을 막을 수 없다고 분명히 말씀하셨습니다.

어떻게 하면 가족보다 하나님 나라를 더 우선으로 둘 수 있을까요?

우리는 대담하게 포기하거나 거절하지 않습니다. 제자들은 구원의 부름이 왔을 때 뒤돌아보지 않았습니다. "손에 쟁기를 잡고 뒤를 돌아보는 자는 하나님의 나라에 합당하지 아니하니라(9:62)." 왕국에는 절대적 주권자인 왕이나 왕비가 있습니다. 하나님 나라는 하나님의 절대적이며 완전한 통치가 있는 영역입니다. 하나님 나라에 사는 것은 하나님의 주권에 완전히 복종하는 것입니다. 아들이신 예수님은 우리를 제자로 부르십니다. 이것은 사실상 하나님 나라에 완전히 참여하라는 부름입니다.

하나님은 이 세상을 지배하고 계십니까? 완전한 의미에서는 아닙니다. 자유가 있는 사람은 하나님을 거역할 수 있습니다. 우리는 가끔 우리가 하고 싶은 대로 합니다. 모든 죄는 사람들을 하나님으로부터 분리시킵니다.

사실 예수님은 종종 사탄이 죄와 병, 고통, 그리고 죽음을 지배하고, 인자가 그 세력을 깨뜨리러 왔다고 하셨습니다. 그러므로 이는 권위에 복종하는 문제입니다. 나는 어느 편에 있습니까? 선택은 열려 있습니다. 하나님은 강압적으로 하시지 않습니다. 그러나 문제는 삶이냐 죽음이냐, 하나님이냐 아니면 사탄이냐 하는 것입니다. 선택할 때가 왔습니다.

선한 이웃

누가는 선한 이웃을 기록한 유일한 복음서 기자입니다(눅 10:25~37). 이것은 완벽한 이야기로 교회에서 좋아하는 이야기 중의 하나입니다. 그러나 우리가 이 내용을 제대로 이해한다면 그리 좋아하지는 않을 것입니다. 예수님 당시 그의 말을 들었던 자들이 그것을 싫어했던 것같이, 우리도 싫어하게 될지도 모릅니다.

우리의 문제는 유대인들과 사마리아인들 간의 증오를 완전히 이해하지 못하는 것입니다. 사마리아인들과 유대인들의 상호 경멸은 표현할 수 없을 정도로 심했습니다. 사마리아인들은 이스라엘 사람들입니다. 그 중 일부는 이스라엘이 앗수르인들에게 함락되었을 때 국제 결혼한 자들입니다. 그들은 예루살렘이 아닌 그리심 산에서 제사를 드렸고, 선지서나 다른 문헌은 읽지 않고 오로지 오경만을 읽었습니다. 그들은 예루살렘 북쪽, 그리고 갈릴리 남쪽 요단 강 서편에 자리잡고 살았습니다.

예루살렘에서 갈릴리로 여행하는 유대인들은 먼저 동쪽으로 가서 요단 강을 건너 북쪽으로 걸어다녔습니다. 이는 사마리아인을 싫어하기도 하고, 또한 두려워하여 사마리아를 거쳐 가는 것을 피했기 때문입니다. 누가복음 9장 51~56절에서 예수님은 제자들을 보내 사마리아에서 그가 환영받을지 알아보고, 거절당했다는 사실을 아시게 됩니다.

이제 '착한 사마리아인' 이야기를 자세히 살펴봅시다. 이 비유에서 예수님과 율법사의 대화는 우리의 이해를 돕는 중요한 문맥을 제공합니다. 율법사와 서기관이란 단어는 같은 그룹을 지칭합니다. 잘 교육받은 유대의 평신도, 율법학자들, 그리고 유대법을 잘 해석하는 달변가들이었습니다.

율법사가 '일어났다(10:25)', 이는 존경의 표시입니다. 그리고 '선생님'이라고 말하며, 부자 관원처럼 아첨하지 않고 18장 18~19절에 나타난 바와 같이 똑같은 질문을 던졌습니다. "내가 무엇을 하여야 영생을 얻으리이까(10:25)." 예수님은 두 가지 방법 중 하나로 대답하셨습니다. 구약성경 여러 곳에서 생명은 하나님의 선물이라고 가르칩니다. 이스라엘의 유산은 하나님의 귀중한 선물입니다. 그것은 기독교인들이 은혜로 구원받았다는 말과 같습니다. 그러나 랍비들의 가르침에서 형성된 히브리 사상은 법을 지키는 것이 하나님이 기뻐하시는 삶이라고 믿었습니다. 이 진리는 또한 구약성경의 근간을 이룹니다. 이 질문을 한 사람은 율법사였습니다. 예수님은 자신의 용어로 그에게 응답해야 했습니다. 그 사람은 자신의 구원을 추구하

예수께서 예루살렘으로 가신 마지막 여정이 누가복음 9장 51절에서 19장 27절에 기록돼 있다.

지 않고, 단지 법에 대한 예수님의 생각을 알고 싶었습니다. 예수님의 신앙을 시험하고 싶었던 것입니다.

그래서 예수님은 다시 율법사에게 되물으셨습니다. "율법에 무엇이라 기록되었으며 네가 어떻게 읽느냐(10:26)?" 그 법은 오경에 기록된 것과 해석의 구전 전승을 의미했습니다. 핵심적인 대답은 무엇이었을까요? 신명기 6장 5절에서 그 명령은, 하나님을 사랑하는 것입니다. 레위기 19장 18절에서 그 명령은, 이웃을 사랑하는 것입니다. 율법사가 이 본문으로 대답했을 때(눅 10:27), 예수님은 그를 칭찬하셨습니다. 그 사람의 신학은 훌륭했습니다. 그렇다면 그가 기꺼이 그 명령대로 행했을까요?

그러나 율법주의자의 문제는 정의(定義)입니다. 이 사람은 몇 가지를 실천해서 의롭게 되기를 바랐습니다. 누가복음 18장 18~23절의 부자 관원과 다시 비교하십시오. 성공적 도덕주의자가 되는 유일한 길은 — 유대인이든, 기독교인이든, 혹은 다른 사람들이든 — 규칙의 명부, 즉 해야 할 것들과 하지 말아야 할 것들을 작성하고 그것을 지키는 것입니다.

그래서 율법사는 '자신을 옳게 보이려고(10:29)' 어떤 일은 행해도 되고, 어떤 일은 삼가야 하는 입장에서 예수님과 더 토론합니다. "그러면 내 이웃이 누구니이까?" 랍비들은 이 문제로 몇 세대 동안 토론해 왔습니다. 가족, 그렇습니다. 유대인 단체, 대부분의 경우 그렇습니다. 개종자, 아마도 아닙니다. 죄인들, 이방인들, 외부인들, 아닙니다. 하나님의 벌을 받는 사람들, 결코 아닙니다. 그 사람은 예수께서 이웃을 "네 가족과 네 이웃에 사는 자들이다."라고 정의하기를 바랐습니다. 그는 제한적인 정의를 원했습니다.

예수님은 한 이야기를 들려주셨습니다. 청중들은 예루살렘에서 여리고에 이르는 길이 17마일이나 되고, 해발 2,300피트에서 시작하여 와디 퀼트(Wadi Qelt)를 통과하여 요단 강을 향해 있으며, 구불구불한 좁은 길이어서 위험하다는 것을 다 알고 있었습니다. 그 길은 불모의 자갈밭으로 아래로 깊게 경사가 졌고 큰 바위 뒤에서는 도둑들과 살인범들이 범행할 기회를 기다리고 있었습니다.

그 행인은, 예수께서 이야기하시지 않았지만, 유대인으로 추측됩니다. 강도들이 그를 넘어뜨리고, 옷을 찢고, 두들겨 패서, 거의 죽을 지경에 이르게 되었습니다. 그들은 돈을 다 빼앗은 뒤, 그를 길가에 처박았습니다. 보통 일어나는 일이었습니다. 제사장이 당나귀를 타고 그 길을 내려갔습니다. 그에게는 재산과 사회적 지위가 있었습니다. 지쳐 쓰러진 사람을 보고 그는 종교적 심성이 발동했습니다. 만약 강도 만난 사람이 좋은 유대인이고 살아 있었다면, 제사장은 그를 도왔어야 했습니다. 반면 그 사람이 하나님이 버린 고통당하는 죄인이나 이방인이었다면, 도울 필요가 없었습니다. 그는 강도에게 구타당한 유대인을 도와 주어야 하는 율법을 기억했습니다. 그러나 이미 너무 늦었습니다.

그 강도 만난 사람은 살았나요, 아니면 죽었나요? 제사장은 알지 못했습니다. 만약 그가 4규빗(1.82미터) 가까이에서 시체를 보았다면, 그는 불결해집니다. 불결해 진다면 예루살렘으로 다시 돌아가 상당한 비용과 수고를 들여 정결 예식을 받아야 합니다. 그렇게 하기 전까지는 제사장으로 일할 수 없었습니다. 그 제사장은 좋은 사람이 되고자 했지만, 이런 복잡한 문제들이 그를 무기력하게 했습니다. 그와 그 의 당나귀는 강도 만난 사람을 지나쳤습니다.

레위인도 만약 강도 만난 사람이 죽었다면 똑같은 문제에 봉착했을 것입니다. 살아 있다 해도, 그 육체는 더러워졌고 감염되었을 것입니다. 또 강도들은 여전히 그 부근에 있었을 것입니다. 그는 망설였습니다. 그밖에 여행자들은 보통 같은 도 로에서 누가 여행하고 있는지 알고 있었습니다. 그는 질문을 던졌습니다. "만약 제 사장이 나보다도 먼저 이 자리에 있었다면?" 그는 그 율법주의자가 강도 만난 사람 을 무시했을 것이라는 사실을 알고 있었습니다. 제사장의 뜻을 거슬러 행하는 것은 제사장의 결정을 비판하는 것이었습니다. 그 레위인은 이렇게 물었을 것입니다. "네기 무얼 해아 하지?" 그는 눈여겨 살폈습니다. 어떤 사람이 거기에 누워 있었습 니까?

오늘날에도 여전히 그러하지만, 예수님 당시에는 민족 중심으로 된 특유한 종교 공동체가 뚜렷했습니다. 옷차림이나 말하는 것으로 각 민족 사람들을 금방 알아볼 수 있었습니다. 멀리서도 유대인, 그리스인, 로마인, 사마리아인을 구별할 수 있었 습니다. 한두 가지 질문을 해 보면 특별한 지역의 언어를 알 수 있었습니다. 고랑에 처박혀 있던 사람은 말이 없었습니다. 그 순간 그는 어떤 종교적 혹은 민족적 공동 체에도 속하지 않았습니다. 그는 어떤 사람의 이웃이 아닌, 모든 사람의 이웃이었 습니다. 이내 레위인도 그냥 지나쳐 갔습니다.

이제 청중은 유대인 평신도가 나타나길 기대하고 있습니다. 그것은 유대인의 세 범주의 자연스런 순서였습니다. 제사장, 레위인, 그리고 평신도.

그러나 세 번째 사람은 증오받는 사마리아인이었습니다. 제사장은 그냥 지나갔 습니다. 레위인 또한 모르는 체했습니다. 사마리아인이 '가까이 갔습니다(10:34).' 그 사람 역시 감염될 위험에 있었습니다. 존경받는 제사장이나 레위인보다도 더 많 이 강도들에게 약탈당할 수 있는 처지였습니다. 만약 부상당한 사람이 유대인이라 면, 사마리아인은 그의 가족들로부터 그 사람을 여관으로 데려간 데 대한 보복을 당할 수도 있었습니다.

상처를 싸매 주는 것은 하나님이 언약 백성을 구원할 때 쓰이던 이미지입니다. "내가 너의 상처로부터 새 살이 돋아나게 하여 너를 고쳐 주리라(렘 30:17)." 포도주 와 기름은 병균을 막아 주고 치료하는 데 쓰일 뿐만 아니라, 성전에서 제사장들과 레위인들이 뿌렸던 제주(祭酒)였습니다.

사마리아인은 그 사람을 나귀에 싣고, 자신은 걸으면서 나귀를 이끌었습니다. 그리고 여관에서 날을 새며, 그 사람을 간호했습니다. 다음날 떠날 때는 치료를 위 해 이틀 품삯인 이백 데나리온을 남겨 두었습니다. 여관 주인은 부상당한 사람이 여관비를 내지 않으면 잡아두었을 것입니다. 강도들이 약탈한 것을 사마리아인이 갚아 주었습니다.

그때 예수께서 물으셨습니다. "이 세 사람 중에 누가 …… 이웃이 되겠느냐(눅 10:36)." 예수께서 질문의 초점을 '누가 이웃인가?' 에서 '누가 이웃답게 행동했는가?' 로 옮기셨다는 사실에 주목하십시오. 그 율법사가 대답했습니다. "자비를 베푼 자니이다(10:37)." 예수님은 "가서 너도 이와 같이 하라."고 말씀하셨습니다.

초대교회는 '선한 사마리아인' 을 동정심과 사랑을 가지고, 예루살렘으로 가고 계신 예수님으로 보았습니다. 그 율법사는 그가 알았던 것보다도 더 가까이 '착한 사마리아인' 곁에 서 있었습니다.

더 좋은 쪽을 택함

마르다, 마리아, 나사로는 예루살렘에서 동쪽으로 3km 정도 떨어진, 올리브산 동쪽 경사진 곳에 위치한 베다니라는 조그만 마을에 살고 있었습니다. 두 자매와 한 형제는 같이 살고 있었는데, 이들은 예수님과 아주 친한 친구로 지냈습니다. 예수님은 기꺼이 그들의 집을 방문하셨습니다. 요한복음은 나사로가 무덤에서 일어난 사건을 기록하고 있습니다. 단지 누가만이 예수님을 환대하는 마르다와 마리아 이야기를 합니다(눅 10:38~42). 이것은 모든 가정에서 일어나는 정말 인간적인 장면입니다.

마르다는 '책임을 맡고 있는' 자였습니다. 그녀는 나사로가 죽었을 때 급히 예수님을 모시고자 했습니다. 그런 그녀가 지금 예수님을 위한 식사를 준비하고 있습니다. 할 일은 많은데 그 누이 마리아는 어디 있었습니까? 그녀는 '예수가 하는 말' 에 귀를 기울이며, 그의 발 바로 곁에 앉아 있었습니다.(10:39)

마르다는 할 일이 너무 많았습니다. 우리는 그녀의 일을 인정할 수 있습니다. 그녀는 우리가 배고플 때 의지할 수 있는 여인입니다. 그녀는 예수님을 '주' 라고 불렀지만, 그와 매우 친했습니다. "주여, 내 동생이 나 혼자 일하게 두는 것을 생각하지 아니하시나이까. 그를 명하사 나를 도와 주라 하소서."(10:40)

예수님은 엄숙하게 예루살렘으로 가시는 중이었습니다. 그는 음식보다 우정이 필요했습니다. 마리아의 주님은 그녀와 오래 있지 않을 것입니다. 마리아는 저녁 먹는 것보다도 그의 말을 듣기를 원했을 것입니다.

"마르다야 마르다야, 네가 많은 일로 염려하고 근심하나 …… 한 가지만이라도 족하니라(10:41~42)." 마리아는 더 좋은 쪽을 택했습니다. 왜냐하면 "사람이 떡으로만 사는 것이 아니요 여호와의 입에서 나오는 모든 말씀으로" 살기 때문입니다.(신 8:3)

준비하라

하나님의 나라 혹은 하늘 나라라는 말에는 최소한 세 가지의 의미가 있습니다. 첫 번째 의미는 예수님과 함께 하나님 나라를 즉시 경험하는 것입니다. 예수님은 오셔서 하나님 나라를 설교하셨습니다. 예수님을 대면하는 것은 곧 하나님 나라 요구에 직면하는 것입니다. "때가 찼고 하나님의 나라가 가까이 왔으니 회개하고 복음을 믿으라."(막 1:15)

70명의 제자들이 기쁨으로 돌아왔을 때, 그들은 "주여, 주의 이름이면 귀신들도 우리에게 항복하더이다!"라고 보고했습니다(눅 10:17). 예수님은 "사탄이 하늘로부터 번개같이 떨어지는 것을 내가 보았노라."고 대답하셨습니다(10:18). 사람들은 하나님의 통치에 감동하였습니다.

놀라운 병 고침 후에, 어떤 사람이 "그가 귀신의 왕 바알세불을 힘입어 귀신을 쫓아낸다."고 했습니다(11:15). 그것은 잘 모르고 하는 소리입니다. 더 강한 자가 바알세불의 왕국에 침입한 것입니다. "만일 하나님의 손을 힘입어 귀신을 쫓아낸다면 하나님의 나라가 이미 너희에게 임하였느니라."(11:20)

두 번째 의미는 하나님의 심판과 관계됩니다. 하나님의 심판은 아무 때나, 개인에게, 도시 위에, 나라 위에 임합니다. 우리는 소홀히 하거나 무관심해서는 안 됩니다. 예수님은 예루살렘을 보고 우셨습니다(19:41). 왜냐하면 파괴의 힘이 이미 일어나고 있었기 때문입니다. 그로부터 몇 년 뒤에 성전은 파괴되었고(주후 70년), 다시 재건되지 않았습니다. "예루살렘아,…… 암탉이 제 새끼를 날개 아래에 모음같이 내가 너희의 자녀를 모으려 한 일이 몇 번이냐. 그러나 너희가 원하지 아니하였도다."(13:34)

하나님의 통치는 두 가지 방법으로 나타납니다. 그것은 준비되지 않은 자는 심판하고, 준비된 자는 구원하는 것입니다.

세 번째 의미는 역사의 절정과 관계가 있습니다. 하나님이 구원 역사의 마지막 장을 여실 때, 인자가 모든 천사들과 함께 영광 중에 오는, 소위 말하는 재림을 보게 될 것입니다. 예수님은 제자들에게 항상 깨어 준비하라고 다짐하셨습니다. 누가복음 12장 35~48절을 주의 깊게 읽으십시오. 한 종이 서둘러 일하기 위해 긴 옷을 말아 허리띠 안으로 넣습니다. 등불의 심지를 다듬어야 합니다. 누가 신랑이 올 때를 알 수 있을까요? 준비하십시오. 하나님 나라 건설에 참여하십시오. 왜냐하면 "인자가 생각하지 않은 때에 오기" 때문입니다.(12:40)

하나님 나라가 주는 의미가 나의 일상생활에 어떤 영향을 미치고 있습니까?

⬆ 세상 속으로

우리는 주기 전에 받아야 합니다. 영적 여정을 시작하기 전에, 설 장소가 필요합니다. 이 때문에 예수님은 영혼의 중심이 성령이라 불리는 애정의 불꽃으로 채워져야 한다고 주장하셨습니다. 세상으로 나가기 전에, 예수님의 영이 들어와 나를 주관하고 나와 함께 거주하도록 초청하십시오.

이번 주에 우리는 제자직의 대가에 대해 생각해 봅니다. 하나님의 나라는 복종하는 자, 언약한 자의 것입니다.

우선순위를 바꾸려고 노력하십시오. 우리 대부분은 일상적인 패턴을 고집함으로써 고통당하는 여성, 장애인, 배고픈 아이들을 보지 못합니다. 고립된 자기 보호의 리듬을 깨기 위해 우리는 무엇을 할 수 있을까요?

여기에 우리의 영을 깨울 수 있는 방법들을 제안합니다. 병원 응급실에 가서 한 시간 동안 앉아 있어 보십시오. 하루 저녁 경찰차를 타 보십시오. 하루 동안 구제 단체나 복지관에 가서 도와 주십시오. 음식이나 옷을 가지고 저녁때를 기다려 노숙자들을 방문하십시오.

왜 이러한 행동들이 이상하게 보입니까? 예수님은 인간의 고통을 가라앉혀 주셨습니다. 우리는 자신을 그것으로부터 떨어뜨리려고 합니다. 우리의 마음은 서서히 굳어져 더 이상 아픔을 보지도 듣지도 못합니다. 때때로 충분히 그 고통에 가까워져 있다면, 우리는 자신을 새로운 흥분으로 채워 줄 사역을 찾을 것입니다.

세상 속에서의 하나님 말씀

하나님의 말씀에서 얻은 이 메시지가 이번 주 내 사역의 나침반이 될 것입니다.

나는 이러한 방법으로 응답할 것입니다.

♡ 안식일

안식일은 우리를 에워싸고 있는 문화의 가치에서 하나님 나라의 가치로 우리를 부릅니다. 문화는 우선순위에 나자신을 먼저 놓습니다. 하지만 하나님 나라는 다른 사람들을 첫 번째로 둡니다.

● 더 알아보기

■ 마태복음에는 "하늘 나라는 이와 같으니……"로 시작하는 비유들이 많습니다. 하나님 나라에 대한 이해를 넓히기 위해 마태복음 13장 44~50절, 18장 23~35절, 20장 1~16절을 읽으십시오.

제자의 길

무릇 자기를 높이는 자는 낮아지고 자기를 낮추는 자는 높아지리라
(누가복음 18:14)

겸손

⬆ 우리의 모습

겸손은 약하고 줏대가 없는 것처럼 보입니다. 그래서 우리는 대부분 역할 모델을 의욕적이고 자기중심적인 사람들로 둡니다. 그러다 보니 우리는 여전히 겸손할 줄 모르고, 누구보다 강해지거나 자신을 드러낼 수 있는 방법만을 모색합니다.

✝ 내려놓기

성경 공부를 하기 전에 먼저 하나님께 기도를 드립니다. 아래의 시편 말씀이 좋은 길잡이가 될 것입니다.

> 여호와여 영광을 우리에게 돌리지 마옵소서 우리에게 돌리지 마옵소서 오직 주는 인자하시고 진실하시므로 주의 이름에만 영광을 돌리소서 (시편 115:1)

이번 주 기도 제목을 구체적으로 적어 기도합시다.

영성 훈련

검소한 생활 물질을 우리의 안전으로가 아니라 하나님께 받은 것으로 볼 때, 우리는 그것을 다른 사람을 위하여 즐겁게 쓸 것입니다.

🎧 귀 기울이기

예수님은 비유를 들어 하나님 나라에 대해 계속 말씀하셨습니다. 몇 가지 측면에 귀를 기울여 보십시오. 이야기 듣기를 좋아하는 군중처럼 읽어 보십시오. 의미의 핵심을 이해하려고 애쓰는 제자들처럼 읽어 보십시오. 내 삶의 영적 지침을 발견하기 위해 십자가 처형과 부활에 비추어 읽어 보십시오.

연결고리 : 중요 단어나 구절에 밑줄을 치십시오. 그것들의 반복에 주목하십시오.

D1 누가복음 14:25~35(제자의 각오)
누가복음 15장(잃은 양 찾기)

D2 누가복음 16장(불의한 청지기, 부자와 나사로)

D3 누가복음 17장(죄, 믿음, 감사, 준비)

D4 누가복음 18장(끈질긴 과부, 바리새인과 세리, 부자 관원, 예수의 고난 예언)

D5 누가복음 19:1~27(삭개오, 열 므나의 비유)
마태복음 25:14~46(달란트, 대 심판)

D6 교재 내용

🔴 말씀 속으로

예수님은 자신이 고난받을 때가 가까웠을 때, 사람들에게 제자직은 대가를 요구한다고 상기시켰습니다. 학생은 선생 위에 있지 않습니다. 만약 선생이 십자가를 향해 가고 있다면, 제자들은 "자기를 부인하고 날마다 제 십자가를 져야" 할 것입니다.(눅 9:23)

망대(14:28~30)는 아마도 포도원 망대일 것이며, 주인이 수확기에 도둑을 지키기 위해서 지었을 것입니다. 완성되지 않은 건물은 건축자에게는 창피스런 일입니다. 모든 건축자는 맨 먼저 "비용이 얼마나 들겠나?"라고 물어야 합니다.

전쟁은 흔한 것이었습니다. 한 왕이 다른 왕을 대적합니다. 예수께서는 어떤 전쟁을 염두에 두고 말씀하셨을 것입니다(14:31~33). 소규모의 군대를 가진 왕은 망하기보다는 많은 조공을 바칠 것을 결정할 것입니다.

고대에는 소금(14:34~35)이 비쌌습니다. 소금 결정체는 바위에서 찾을 수 있었습니다. 소금을 함유한 바위는 깨뜨려졌으며, 사람들은 음식을 준비하면서 혹은 식탁에서 소금 결정체를 골라냈습니다. 나머지 것들은 필요가 없어 내버렸습니다.

만약 우리가 제자가 되고자 한다면, 특별하게 쓰임을 받거나 아니면 쓸모없게 될 것입니다.

잃은 자들 찾기

누가의 상황을 포착하지 못하면, 잃어버림에 관한 세 이야기 – 잃은 양, 잃은 동전, 잃어버린 아들 – 를 이해하지 못할 것입니다(눅 15:1~3). 종교 지도자들은 투덜대고 있었습니다. 무엇이 문제였습니까? 예수께서는 더러는 비도덕적이고 더러는 불결한 죄인들과 함께 음식을 드셨습니다. 물론 율법 안에 거하는 지도자들도 가난한 자에게 음식을 주고 상처당한 자를 보살피며 빈곤한 자를 돌보아주었지만, 그들은 한 식탁에서 음식을 나누지는 않았습니다. 바리새인들은 공동체의 이름으로 그들을 회피했고, 예수님은 공동체의 이름으로 그들을 포용하셨습니다. "이 사람이 죄인을 영접하고(15:2)." 중동 지역의 집주인이 꺼낸 첫 마디가 무엇입니까? "당신은 나

를 영화롭게 합니다. 당신은 나의 천한 식탁에 오심으로써 나의 집을 영화롭게 하셨습니다." 세리, 창녀, 사마리아인, 노동자, 이 모든 사람이 예수님과 식탁을 나눔으로써 예수님을 영화롭게 했을까요? 무슨 일이 벌어지고 있을까요?

그 이야기를 살펴봅시다. "너희 중에 어떤 사람이 양 백 마리가 있는데……(15:4)." 마을에는 다섯 마리 혹은 열 마리, 스무 마리의 양을 치는 가족이 있었습니다. 또 삼촌들, 사촌들, 이웃을 포함해서 대가족을 이루어 백 마리 이상의 양 무리를 치는 가족도 있었습니다. 그들은 가족 중 두세 명을 양 무리를 돌보기 위해 내보냈습니다. 한 사람만이 목자 노릇을 할 수는 없었습니다.

목자들 중 한 명이 들에서 양들을 세어 보고 잃은 양을 찾으러 갔습니다. 그 당시 양 한 마리는 사람 한 명 만큼이나 중요했습니다. 양의 울음소리를 듣게 된 목자는 무척 기뻤을 것입니다. 그러나 한편으론 씁쓸한 웃음을 지었을 것입니다. 양이 다쳤든지 혹은 괜찮든지 양을 몰고 집으로 돌아오는 것은 불가능합니다. 목자는 양을 어깨에 메고 다리를 손으로 붙잡고 집을 향해 먼 길을 걸었을 것입니다.

아흔아홉 마리의 양들은 다른 목자들에 의해 마을로 돌아왔습니다. 목자가 어른이건 아이건, 혼자 양을 찾으러 가는 것은 위험했습니다. 마을 사람들은 어둠 속에서 그 사람을 눈이 빠지게 기다립니다. 이내 목자가 집으로 돌아왔습니다. 그 양, 즉 공동 재산의 일부는 회복됩니다. 모두가 즐거워합니다. 그러나 바리새인과 서기관들은 그렇지 않았습니다. 그들은 예수가 잃은 자를 하나님께 데려왔을 때 투덜거렸습니다. 예수님은 소외당한 사람들을 공동체로 데리고 오셨습니다.

두 번째 이야기(15:8~10)는 그 당시 문화에서는 특이했던 일로, 한 여인이 주인공으로 나옵니다. 한 유목 여인이 머리와 목에 두른 장식 목걸이에 열 개의 은 동전을 결혼 지참금으로 가지고 있었습니다. 동네 여인들은 그 동전들을 손수건에 단단히 싸서 묶었을 것입니다. 마을에서 현금은 늘 부족했습니다. 그래서 그들은 농작물을 재배했고, 옷은 만들어 입었습니다. 돈은 부족했지만

그 와중에도 아껴 모아 저축했습니다.

최소한 그녀는 **잃어버린 동전**이 어디에 있을지 알았습니다. 그것은 집안 어딘가에 있습니다. 그녀는 이곳저곳을 열 번이나 찾아보았습니다. 침구를 옮기고 동전이 나올 때까지 먼지까지도 다 더듬어 보았습니다. 그녀의 열성과 애씀에 주목하십시오. 동전을 찾았을 때 그녀는 기쁨으로 가득 차 친구와 이웃 사람들을 불렀습니다. 천사들은 회개한 한 사람을 기뻐합니다.

단지 누가만이 잃어버린 아들, 더 좋은 말로는 인정이 많은 아버지에 대한 이야기를 기록하고 있습니다(15:11~32). 그 당시 아버지가 세상을 떠나면, 장자는 부모 재산의 3분의 2를, 차자는 3분의 1을 상속받았습니다. 유산을 요구하는 것은 "아버지, 나는 아버지가 죽기를 바랍니다."라고 말하는 것과 같습니다. 주어질 재산은 아버지의 동의 없이는 팔 수가 없었습니다. 그 아버지는 친구들과 친척들이 놀랄 만한, 그리고 가족에게는 부끄러울 정도의 액수를 주었습니다. 그 아들은 돈을 가지고 먼 나라로 가서 '허랑방탕한 생활'로 다 소비해 버렸습니다(15:13). 기근이 왔습니다. 그는 일자리를 찾았고, 가장 천한 일인 돼지 치는 일을 하였습니다. 그는 돼지 먹이까지도 먹었을 것입니다. 아버지에게 용서를 빌고 일꾼으로 써 달라는 말을 여러 번 연습했을 것입니다. 그것은 천한 직업이었지만, 그래도 먹고 살 수는 있었습니다. 그렇게 하면 그는 아버지에게 진 빚을 청산할 수 있었을 것입니다. 그러나 결정적으로 그가 깨뜨린 아버지와의 관계 문제는 해결할 수 없었습니다.

아버지는 아들을 '여전히 멀리서' 보았을 때(15:20) 달려가기 시작했습니다. 팔레스틴에서는 30세 이상인 사람은 뛰지 않습니다. 어른은 자신의 긴 겉옷에 발을 감추고, 근엄하게 천천히 걷는 법을 배웁니다. 겉옷을 손으로 붙잡아 무릎까지 올리고, 마을 길을 가로질러 헐레벌떡 달려가는 아버지를 상상해 보십시오. 이웃 사람들은 놀라며 한숨을 쉬었을 것이고, 마을 어린이들은 그 뒤를 따라갔을 것입니다. 이제 그 아들의 뺨에 입맞춤을 하고, 아무 말도 못하게 막는 아버지를 그려 보십시오. 그는 가지고 있는 가장 좋은 겉옷과 권위의 상징인 반지와 샌들을 가져오라 명했습니다. 노예들과 종들은 맨발로 다녔습니다. 아들만이 신발을 신었습니다. 아버지는 특별한 날을 위해 준비해 놓은 살진 소를 잡으라고 명했습니다.

마을 사람들은 그 방탕한 아들을 인정하려 하지 않았습니다. 아버지는 부끄러움, 비웃음, 조롱 등과는 상관없이 그를 환대했습니다. 왜냐하면 아버지는 실제적인 문제에 대하여 이해했기 때문입니다. 아버지와 아들은 함께 있었습니다. 그 아들은 다시 살아났습니다.

어떤 사람은 다른 비유가 이어진다고 생각합니다. 그러나 그렇지 않습니다. 그 비유는 끝나지 않았습니다. 그 이유는 전체 요점이 인정 많은 아버지에 의해서 공동체로 다시 돌아왔기 때문입니다. 맏아들은 기분이 좋지 않았습니다. 그래서 집에 들어오려고 하지 않았습니다. 그는 동생이 '창녀들과 함께(15:30)' 돈을 탕진했다고 주장하며 그를 욕했습니다. 동생을 '당신의 아들'이라 불렀으며, '내 동생'이라고

잃어버린 동전을 찾았던 여인은 어두운 집안 구석구석을 비추기 위해 등불을 켰다(눅 15:8~10). 위의 등불은 족장 시대에 썼던 것이고, 아래 것은 예수님 시대의 것이다.

말하기를 거절했습니다. 자신이 성실히 일하고, 집에 머물러 있었음을 후회했습니다. 어떤 동정이나 겸손도 그의 마음에는 없었습니다.

지금 아버지는 손님들이 품위를 잃은 그의 행동 때문에 어리둥절해하고 있는데도, 밖으로 나가 맏아들에게 돈이 아니라 가족에 근거하여 변호합니다. "아들아, 너는 항상 나와 함께 있었다." 꾸지람이 아니라 확인입니다. "내가 가진 모든 것이 너의 것이다." 그는 이미 재산을 나누었습니다. '네 동생', 이것이 문제입니다. 아버지는 화해의 비싼 대가를 지불하려고 했습니다. 남겨진 질문은 '맏아들이 화해해서 가족이 다시 모이게 될까?' 하는 것입니다.

약삭빠른 청지기

우리는 이 비유(눅 16:1~13)가 어렵다는 것을 압니다. 그 이유는 내용을 이해하지 못해서가 아니라 의미를 이해하지 못하기 때문입니다. 우리는 예수께서 요점을 말하기 위해서 한 악인을 사용하셨다는 사실에 놀라지 않을 수 없습니다. 그런데 신실하지 못한 이 청지기는 그의 주인과 예수님께 칭찬을 받습니다.

마을 부자는 몇 개의 농장을 갖고 있었습니다. 그래서 계약을 맺거나 재산을 돌볼 청지기를 데리고 있었습니다. 소작인들은 수확이 얼마든 간에 상관 없이 꽤 많은 올리브기름이나 밀을 지불하기로 동의했습니다. 그 양은 수확되면 갚기로 되어 있었습니다.

주인은 그의 청지기를 불러서 '소유를 낭비한다(16:1)'는 이유로 해고했습니다. "네가 보던 일을 셈하라. 원장을 가져와라. 직무를 계속하지 못하리라." 주석가들은 그 주인이 청지기를 감옥에 넣거나 저주하거나 때리지 않은 점에 주목합니다. 그냥 단순히 가게 했습니다. 청지기는 침묵으로 자신의 죄를 인정했습니다.

청지기는 자신의 미래에 대해 생각하게 되었습니다. 얼마 전까지만 해도 지위, 세력, 그리고 충분한 수입이 있었습니다. 그러나 지금 그는 노동하기에는 너무 늙었고, 구걸하기에는 부끄럽다고 느꼈습니다. 이제 그에게는 아무런 권위와 세력이 없습니다. 직장도 없고, 친구도 없고, 미래도 없습니다. 그는 어떤 권유도 듣고 싶지 않았습니다. 막다른 지경에 이르고 말았습니다.

그때 갑자기 좋은 생각이 떠올랐습니다. 재빨리 그는 소작인들을 불렀습니다. 계약은 흉년이 들거나 곤충의 피해를 입어 소작인들의 요구가 있으면 다시 논의될 수 있었습니다. 소작인들은 영문도 모른 채 고무되었습니다. 청지기는 "네 증서를 가지고 빨리 앉아 백 말이라 쓰지 말고, 오십이라 쓰라."고 말했습니다. 이어 다른 사람에게는 "밀 백 석이라 하지 말고 팔십이라 쓰라."고 했습니다. 그 둘은 주인이 이미 허락한 것으로 믿고 그렇게 했습니다. 청지기는 당연히 자신이 주인에게 감해 달라고 부탁했다는 암시를 주었습니다. 소작인들은 청지기에게 너무 감사했습니다. 그는 그들의 친구가 되었습니다. "조만간 우리 집에 와서 함께 식사합시다."

아마도 몇 시간 이내에 모든 마을 사람들이 그 행동을 사기가 아닌 관대함으로 이해했을 것입니다. 청지기가 그 증서들을 가지고 왔을 때, 주인은 이미 그가 칭찬 받고 있음을 알았습니다. 주인은 두 가지 선택의 길에 있었습니다. 청지기의 행동을 취소하여 마을 사람들이 그에게 격분하게 할 수 있었고, 혹은 그대로 놔 두어 소작인들이 계속해서 자신을 칭송하고 청지기에게 감사하게 하는 것이었습니다.

그는 감해진 계약을 그대로 인정하는 길을 택했습니다. 이것은 청지기가 의도했던 것이었습니다. 청지기는 마음속으로 구원의 근원, 즉 그가 자비를 베풀었던 소작인들의 선의가 있었다는 것을 알았습니다.

주인과 예수님은 영리한 청지기를 칭찬했습니다. 무엇 때문이었을까요? 긴급한 상황에서 지혜롭게 행동하여 자신의 복지를 찾았기 때문입니다. 사취해서가 아니라 자신의 미래의 운명에 힘썼고, 그가 도왔던 사람들의 선의를 신뢰했기 때문입니다. 예수님은 '빛의 자녀들'은 그처럼 지혜로워야 한다고 말씀하셨습니다(16:8). 재물을 영원한 집을 확보하는 데 쓰라고(16:9) 말씀하셨습니다. 우리는 도움이 필요한 사람들에게 관대와 친절을 베풂으로, 하늘에 집을 사는 것이 아니라 하늘 집을 확보합니다.

어린이들

예수님은 어린이들을 하나님 나라의 본보기로 제시하셨습니다. 가르침들을 보십시오. "하나님의 나라가 이런 자의 것이니라(눅 18:16)." "하나님의 나라를 어린 아이와 같이 받아들이지 않는 자는 결단코 거기 들어가지 못하리라."(18:17)

제자들이 예수께 물었습니다. "천국에서는 누가 크니이까(마 18:1)?" 예수님은 아이들을 무릎에 앉히고 가르치셨습니다. "너희가 돌이켜 어린 아이들과 같이 되지 아니하면 결단코 천국에 들어가지 못하리라."(18:3)

누가 가장 큰 자입니까? 예수님은 다시 한 아이를 데리고 와서 말씀하셨습니다. "너희 모든 사람 중에 가장 작은 그가 큰 자니라."(눅 9:46~48)

여기에 강력한 가르침이 있습니다. "또 누구든지 내 이름으로 이런 어린 아이 하나를 영접하면 곧 나를 영접함이니(마 18:5)." 만약 우리가 어린이를 도우면, 예수님을 돕는 것입니다. 마태복음 25장 35~40절을 보고, 그 구절을 어린이를 대우하는 데 적용하십시오. 이 구절이 오늘의 사회에 주는 의미는 무엇입니까?

다른 사람이 죄짓도록 하는 것은 통탄할 행위입니다. 그런데 한 어린이를 죄짓도록 한다면 어떨까요? "누구든지 나를 믿는 이 작은 자 중 하나를 실족하게 하면 차라리 연자 맷돌이 그 목에 달려서 깊은 바다에 빠뜨려지는 것이 나으니라."(18:6) 우리는 어린이들 앞에 어떤 방해물을 놓고 있습니까?

종이 할 일은 무엇입니까?

사람들은 왕이 되려고 하는 부자 귀인의 이야기를 좋아합니다(눅 19:12). 그가 열 명의 종에게 각각 은 열 므나씩을 주고, "내가 돌아올 때까지 장사하라."고 말할 때는 흥미진진하기까지 합니다(19:13). 이미 우리는 그가 미움을 받았다는 것을 압니다(19:14). 그리고 조금 뒤에 그가 "두지 않은 것을 취하고 심지 않은 것을 거두는 엄한 사람"인 것을 깨닫습니다(19:21). 그 사람은 그런 결과를 원했습니다.

우리는 첫 번째 종 같은 사람을 – 비록 그가 어떻게 한 므나로 열 므나를 벌었는지 알지 못하지만 – 투자 상담가로 고용하기를 원합니다. 그는 그것을 '남겼다' 고 말했습니다(19:16). 왕이 된 그 부자는 '잘하였다' 는 말과 함께 그에게 열 도시를 다스리도록 하였습니다. 두 번째 종은 다섯 므나를 남겼습니다(19:18). 그는 '잘했다' 라는 말은 듣지 못했으나, 다섯 도시를 차지했습니다. 세 번째 종은 두 가지 실수를 했습니다. 왕을 잘못 판단했으며, 아무것도 남기지 않았습니다. 그는 왕의 기대에 맞게 용감하게 행동했어야 했습니다. 소심하게나마 돈을 은행에 넣어 조금의 이자라도 벌었어야 했습니다.

이야기는 지켜보는 사람조차 혹독하게 느낄 정도로 진행됩니다. "그 한 므나를 빼앗아 열 므나 있는 자에게 주라(19:20)." 그 행위는 불공평해 보입니다. 적게 가진 자의 것을 빼앗아 가장 많이 가진 자에게 주었습니다. 왜 다섯 가진 자에게 주어 더 많게 하지 않았을까요? 그러나 왕은 그렇게 하지 않았습니다. "무릇 있는 자는 받겠고, 없는 자는 그 있는 것도 빼앗기리라."(19:26)

무엇이 이 비유의 기본 가르침입니까? 마태복음은 우리에게 재판 장면을 보여 줌으로써(마 25:14~30) 이해를 돕습니다(25:31~46). 비유에서와 같이 재판에서 어떤 사람은 보답받았고, 어떤 사람은 심하게 벌을 받았습니다. 왕은 무엇을 원하였을까요? 왕은 무엇을 기대했을까요? 누가복음 19장 비유에서 왕은 돈과 이익을 원했습니다. 마태복음 25장 재판 장면에서 왕은 배고픈 자가 배부르고, 목마른 자가 마시고, 낯선 자가 영접받고, 벗은 자가 옷을 입고, 병든 자가 보살핌받고, 수감자가 방문받는 것을 원했습니다(25:34~40). 이것이 요점입니다. 내가 누구를 위해 일하고 있는지 아는 것이 중요합니다!

예수님은 "나더러 주여 주여 하는 자마다 다 천국에 들어갈 것이 아니요, 다만 하늘에 계신 내 아버지의 뜻대로 행하는 자라야 들어가리라(마 7:21)."고 말씀하셨습니다. 세 번째 종은 "주여, 주여"만 했지, 왕의 뜻을 행하지 않았던 것입니다.

⬆ 세상 속으로

대개 우리는 복음 전도를 회개와 믿음으로 인도하는 증언으로 생각합니다. 이번 주에는 복음 전도를 식탁 교제로 생각해 보십시오. 공동체에 들어오기를 원하는 사람과 함께 식사를 해 보십시오. 어떻게 하면 의무적인 관심이 아닌 진정한 관심을 보여 줄 수 있을까요?

성경 공부의 요점 중 하나가 어린이에 관한 것이었습니다. 수많은 어린이들이 예방 주사를 맞지 못하고 있습니다. 교회가 어린이들의 면역력 증진을 위해 무엇을 할 수 있을까요? 무료 진료소를 세울 수 있을까요? 맞벌이 부모의 자녀들을 위해 방과 후 프로그램을 운영할 수 있을까요? 아니면 학교 부적응 학생들을 위한 상담소를 설치할 수 있을까요? 미국의 어떤 마을에서는 어린이들을 위해 학교나 라디오 방송국, 세탁소의 후원 하에 '겉옷 모집 운동' 을 한다고 합니다. 이런 계획을 갖고 있거나 실천할 생각이 있습니까?

세상 속에서의 하나님 말씀

하나님의 말씀에서 얻은 이 메시지가 이번 주 내 사역의 나침반이 될 것입니다.

나는 이러한 방법으로 응답할 것입니다.

♡ 안식일

안식일에 일을 멈추는 것은 우리가 무엇을 생산하고 소비하는지에 따라 우리 자신을 정의하려는 것이 아니라 하나님의 형상 안에서 우리 자신을 보기 위해 자유로워지려는 것입니다. 우리는 경쟁하는 마음, 능률을 위한 시도, 성취하려는 노력을 포기합니다. 대신 휴식, 거룩, 평화, 자유라는 하나님의 선물을 받아들입니다.

⊙ 더 알아보기

■ 우리는 누가복음에서 자주 사마리아인에 대해 읽습니다. 요한복음 4장 1~42절을 읽으십시오. 만약 이 경험이 사마리아로 전파되는 복음을 소개하는 것이라면, 예수님의 절대적 겸손과 취약성에 대해 생각해 보십시오. 예수께 조심스럽게 말한 여인의 첫 물음을 생각해 보십시오. 누가 사마리아인들에게 처음으로 복음을 전파했는지 깨달으십시오.

증인으로 보내심을 받음

죄 사함을 받게 하는 회개가 예루살렘에서 시작하여
모든 족속에게 전파될 것이 기록되었으니 너희는 이 모든 일의 증인이라
(누가복음 24:47~48)

이 과의 주제

부활

♱ 우리의 모습

우리는 단지 자신이 경험했던 일에 대해서만 증인이 될 수 있습니다. 그런데 문화를 거스르는 생각이나 행동, 또는 비유행적인 일들의 증인이 되고자 한다면, 그때에는 협박, 멸시, 위험까지도 감수해야 합니다. 그것은 불편한 일입니다.

✦ 내려놓기

성경 공부를 하기 전에 먼저 하나님께 기도를 드립니다. 아래의 시편 말씀이 좋은 길잡이가 될 것입니다.

> 주의 구원의 즐거움을 내게 회복시켜 주고 자원하는 심령을 주사 나를 붙드소서
> 그리하면 내가 범죄자에게 주의 도를 가르치리니 죄인들이 주께 돌아오리이다
> (시편 51:12~13)

이번 주 기도 제목을 구체적으로 적어 기도합시다.

⟳ 귀 기울이기

우리는 예수님의 고통 – 체포, 재판, 십자가 처형, 장사 지냄 – 을 고난이라고 부릅니다. 복음서 기자들은 '고난의 모습'을 보여 주고, 죽음을 이기는 그리스도의 부활의 승리를 각각 보도합니다. 누가는 독특하게 성전의 가르침들을 많이 포함합니다. 또한 인간으로서 복종하신 예수님을 강조합니다. 본문을 천천히 읽으십시오. 왜냐하면 이 사건들 이전에 일어난 성경의 모든 것은 단지 전주곡에 불과하기 때문입니다.

연결고리 : 본문을 처음 들었던 사람들과 그들의 상황에 대해 알려 주는 모든 구절을 적으십시오.

영성 훈련

기도 하나님의 지속적인 존재를 인식하면, 우리는 끊임없이 기도하는 태도를 갖게 됩니다.

D1 | 누가복음 19:28~48(종려주일)

D2 | 누가복음 20~21장(성전에서의 가르침들)

D3 | 누가복음 22장(배반, 유월절 식사, 동산, 체포와 재판)

D4 | 누가복음 23장(십자가 처형과 장사 지냄)

D5 | 누가복음 24장(부활과 빈 무덤, 엠마오 길, 지상 명령)

D6 | 교재 내용

🔥 말씀 속으로

예수님의 십자가 처형과 부활은 초대교회에 의해 선포된 메시지와 초대교회 설교의 중심이었습니다. 사복음서는 각각 체포, 재판, 처형, 그리고 부활을 기록합니다. 그 이야기들은 구체적으로 들어가면 다르나, 중심 사건은 놀랄 정도로 같습니다. 믿음의 공동체는 몇 사람이 그것을 기록할 때까지 그 이야기를 계속 전하였습니다.

누가복음은 초대교회의 증언을 보여 줍니다. 그러므로 이 증인들이 그들의 세계에(그리고 우리에게) 무엇을 말하고 있는지 질문을 던지면서 예수님의 고난, 죽음, 그리고 부활에 대한 공부를 해 봅니다.

대결

누가복음에서, 예수님은 시종일관 사역을 하면서 예루살렘을 향해 가셨습니다. 지금 그는 감람산 아래로 내려가고 계십니다. **나귀**는 필수적이었습니다. 이는 스가랴의 예언(슥 9:9)을 성취하는 것뿐만 아니라, 예수님이 평화적 메시아임을 보여 주고 있습니다. 두 제자가 나귀의 줄을 풀며 "주께서 쓰시겠다."고 말했을 때, 그 주인은 그것이 예수님을 위한 것인 줄 알고 기쁘게 빌려 주었습니다.

이른 아침의 해는 석회암 건물들을 금빛으로 장식했습니다. 감람산 꼭대기에서 예루살렘을 바라보며, 예수님은 그 도시가 햇빛으로 가득 찬 것이 아니고 적대감, 공포, 탐욕, 그리고 음모로 가득 차 있음을 보셨습니다. 예수님은 흐느껴 우셨습니다. "너도 오늘 평화에 관한 일을 알았더라면 …… 날이 이를지라. 네 원수들이 …… 너를 …… 땅에 메어치며 돌 하나도 돌 위에 남기지 아니하리니 이는 네가 보살핌받는 날을 알지 못함으로 인함이라."(19:41~44)

초대교회가 우리에게 말하는 증언은 무엇인가요? 회개하고 할 수 있는 대로 은혜를 받으십시오. 너무 늦었다는 생각이 들 때, 시간은 속히 임합니다. 예루살렘은 대답하지 않았습니다. 유대인의 독립에 대한 열망 때문에, 주후 70년 로마 군대가 그 도시를 함락하여 성전을 불경하게 하고 파괴시켰을 때까지 반란과 전투가 간간히 계속되었습니다. 주후 135년에는 잔인한 파괴가 더 심했습니다. 로마인들은 도시를 완전히 약탈하고 기독교인들을 포함한 모든 유대인을 억류시켰습니다.

예수님은 왜 성전을 정화하셨나요? 환전상들이 성전 세금을 지불하는 데 용이하도록 로마 돈을 유대 돈으로 바꿔 주고 있었습니다. 그렇다면 그들은 하나님을 경외하지 않았나요? 그렇지 않습니다. 그러나 경제적 수입이 예배의 자리를 차지하고 말았습니다. 성전의 매매가 예배, 고결, 평화가 아닌 파괴의 토대가 되었습니다.

예수께서 동전 두 닢을 헌금으로 바친 가난한 여인을 강조하셨던 때와 얼마나 대조적인가요? 과부인 그녀는 자신이 가진 모든 것을 가져왔습니다(21:1~4). 그녀의 믿음은 진정한 것이었습니다. 그것을 권력 구조에 불어넣었다면, 예루살렘을 구했을 것입니다.

누가의 증언은 예수님에게 고난이 왔던 것처럼 제자들에게도 올 것이라고 경고합니다. 예수님은 사역 초기에 다음과 같이 가르치셨습니다. "인자로 말미암아 사람들이 너희를 미워하며 멀리하고 욕하고 너희 이름을 악하다 하여 버릴 때에는 너희에게 복이 있도다. 그 날에 기뻐하고 뛰놀라. …… 그들의 조상들이 선지자들에게 이와 같이 하였느니라(6:22~23)." 지금 예루살렘에서 폭풍우가 예수님과 제자들에게 몰아닥치고 있습니다. 지독한 박해가 이 말들이 기록되기 전에 이미 일어났습니다. 다른 박해도 뒤따랐습니다. "이 모든 일 전에 내 이름으로 말미암아 너희에게 손을 대어 박해하며 회당과 옥에 넘겨 주며 임금들과 집권자들 앞에 끌어가려니와."(21:12)

우리에게는 대부분 박해가 없거나 혹 있더라도 아주 미약합니다. 그러나 아직도 많은 나라에선 기독교인들이 신앙 때문에 고통당하거나 죽임을 당하고 있습니다. 얼마나 많은 기독교인이 불의를 거절한다는 이유로 직장을 잃는지, 얼마나 많은 사람이 비도덕적인 관계를 거절하여 애인을 잃고 있는지, 그리고 얼마나 많은 사람이 군중과 함께 행동하기를 꺼려하여 소외되고 있는지를 안다면 놀랄 것입니다.

그러나 배제당하고 모욕당할 때마다, 그 순간이 우리에게는 '증언할 기회(21:13)'를 제공할 것입니다. 예수님은 우리에게 우리가 무엇을 말해야 하는지 걱정 말라고 말씀하십니다. 그가 우리가 할 말을 알려 주실 것입니다.(21:15)

저항

예수님의 인기가 올라가자 그에 대한 저항이 심화되었습니다. 유월절 순례자들은 예루살렘에 모여들었습니다. 군중은 예수님의 가르침을 들으려고 성전에 몰려들었습니다. 종교 지도자들은 예수님의 인기에 당황하여, 또한 예수님의 세력이 강해질 것을 두려워하여 '예수님을 죽음에 처하게 하는 방법'을 모색하였습니다.(눅 22:2)

유다

유다는 그때 딴 짓을 함으로써 우리를 혼동과 당황 속에 빠뜨립니다. 무엇이 잘못되었나요? 예수께서 유다를 선택하기 전 밤을 새워 기도하지 않으셨던가요? 유다는 구세주가 고난의 길을 가고 계셨을 때, 환멸을 느꼈을까요? 그는 예수님에게 정치적 혁명가가 되도록 강요했을까요? 유다는 언제 처음으로 사탄이 그의 마음을 조정하도록 했을까요? "유다에게 사탄이 들어가니(눅 22:3)." 우리는 무시무시한 결말을 보게 됩니다.

누가는 사도행전 1장 15~20절에서 베드로가 유다 대신으로 믿음의 사람을 선택할 때까지, 유다의 죽음을 보류했습니다. 유다는 부정적인 증인이 되었습니다.

증인들은 우리가 악의 세력을 알고 항상 준비하기를 원했습니다. 사탄은 우리 생각과 행동에 들어갈 수 있습니다. 신앙의 전투는 결코 끝나지 않습니다. 예수님이 주기도문을 통해 우리에게 기도하는 법을 가르치신 것은 당연한 일입니다. "우리를 악에서 구하옵소서."(마 6:13)

자신이 잘못을 행하고 있다는 것을 알면서도 그것을 그대로 진행한 경험이 있습니까?

....

....

....

식사

세더(Seder), 즉 유월절 식사는 예수님에게 대단히 중요했습니다. 그는 준비를 했습니다. 제자들은 한 남자가 물 항아리를 옮기는 것을 보았습니다. 정상적으로는 여자가 물을 날랐습니다. 이것은 보기 드문 일이었습니다. 그 사람은 이층 방을 완벽하게 준비해 놓았습니다.(눅 22:10~12)

"보라 네 왕이 네게 임하나니 그는 공의로우며 구원을 베풀며 겸손하여서 나귀를 타나니 나귀의 작은 것 곧 나귀새끼니라."(슥 9:9)

저녁 식사 때 예수님은 그의 고난이 곧 올 것이라고 설명하셨습니다. "이 유월절이 하나님의 나라에서 이루기까지 다시 먹지 아니하리라(눅 22:16)." 믿는 자들이 동서남북 사방으로부터 왔을 때, 그들은 주와 함께 식탁에 앉아서 떡을 떼며 음료수를 마실 것입니다.(13:29)

주님은 우리에게 이 떡을 먹고 잔을 마시라고 명령하셨습니다. 이것은 그의 고난, 식탁 교제, 그의 재림에 대한 우리의 증언 중의 일부입니다. 기독교인들은 이 거룩한 식사를 '감사드림'을 의미하는 성찬이라고 불렀습니다.

고통

교회는 시작부터 예수님의 고난을 상기시켰습니다. 베드로의 부인, 유다의 배반, 동산에서의 고뇌 등 그의 영적 고난은 확실히 고통스러운 것이었습니다. 그러나 육체적인 고통은 더 지독했습니다. 동산에서 그를 사로잡았던 병사들은 로마 병사들이 아니었습니다. 그들은 성전 군관이었습니다(눅 22:52). 그들은 죄수를 대제사장 집으로 끌고 갔습니다(22:54). 그러고는 그의 눈을 가리고, 때리고, 조롱했습니다.(22:63~65)

누가복음에서 재판이 비록 급하게 소집되었고, 그래서 전원이 참석하지 못한 불법적인 회의처럼 보이지만, 산헤드린 앞에서의 청문회로 시작했습니다(22:66). 그 죄목은 불경, 즉 예수가 신적 권위를 주장했다는 것이었습니다. 누가복음에서 예수님은 '하나님의 아들'이란 구절을 사용하지 않으셨습니다. 그래서 그 말은 그들의 것이었습니다.(22:70~71)

로마법에 따르면, 유대인 권력자들은 제한된 권한을 가지고 있었으나 생사의 권한은 없었습니다. 사형 결정은 로마의 승인이 필요했습니다. 그래서 산헤드린은 예수님을 본디오 빌라도, 즉 예루살렘의 로마 통치자에게로 끌고 갔습니다. 죄목은 백성을 미혹하고, 세 바치는 것을 금하며, 자신을 왕이라 주장하는 것이었습니다(23:2). 사실상 이러한 죄목들은 반란, 법 위반, 그리고 반역을 의미했습니다. 빌라도가 고소를 받아들일 수 없다고 하자, 고소자들은 "그가 백성을 소동하게 하나이다

(23:5)." 즉 평화를 파괴하는 심각한 죄목을 주장했습니다. 그 로마 통치자는 뭔가를 받아들였습니다. 그러나 혁명을 일으킬 폭도로서는 아니었습니다.

예수님이 갈릴리 사람이라는 사실을 알게 된 빌라도는, 예수를 유월절 때문에 마을에 있던 갈릴리 통치자 분봉왕 헤롯 안디바에게 보냈습니다. '여우'인(13:32) 헤롯은 오랫동안 예수님을 만나고 싶어 했습니다(9:7~9). 예수님은 질문들과 조롱, 우롱 앞에서 침묵했습니다. 마치 그가 이사야의 예언을 성취하고 있는 것처럼 보였습니다.

"그가 곤욕을 당하여 괴로울 때에도 그의 입을 열지 아니하였음이여."(사 53:7)

이 재판에 관한 분쟁을 해결함으로써 빌라도와 헤롯은 친구가 되었습니다(눅 23:12). 빌라도는 책임을 전가할 기회로 보았고, 헤롯은 그의 권한을 인정해 주는 것으로 받아들였습니다.

누가는 독자들에게 빌라도나 헤롯이 예수의 어떤 잘못도 찾지 못했다는 사실을 알리고 싶었습니다. 누가는 또한 이방인들에게 그의 호소를 확대했습니다. 예수님은 반역이나 선동의 죄가 없었습니다. 그러나 빌라도는 바라바를 풀어 주고 예수님을 로마 군인에게 넘겨주어 십자가 처형을 당하게 했습니다.

예수님이 돌아가시자 하늘이 어두워지고, 성전의 휘장이 찢어졌습니다(눅 23:45). 마태복음은 그 휘장이 '위에서 아래까지' 찢어졌다고 말합니다(마 27:51). 휘장이 처음으로 성막 안에 쳐져서 아론만이 그것을 넘어 일 년에 한 번 법궤 앞에서 속죄제를 드렸던 때를 기억합니까? 지금 하나님은 그 휘장을 하늘에서 땅까지 찢으셨습니다. 완전한 희생양이 바쳐졌기 때문입니다.

누가는 예수께서 겸손하게 죽음에 복종하셨다는 사실을 알리고 싶었습니다. 로마 병사였던 한 이방인은 "이 사람은 정녕 의인이었도다."라고 말했습니다.(눅 23:47)

부활의 증인들

누가가 인자의 사역 전체─사람, 메시지, 십자가, 그

리고 무덤-를 한 이야기로 요약하기를 원했다고 상상해 보십시오. 그가 어떤 사건
을 선택했을까요?

누가는 마지막 장에서 빈 무덤에서의 여인들과 베드로의 대화, 그리고 예수께서
제자들에게 나타난 사건 사이에, 엠마오로 가는 길을 기록했습니다. 그 이야기는
오직 누가만이 기록했습니다. 엠마오는 '따뜻한 샘물'을 의미합니다. 두 제자는 일
어났던 모든 일을 이야기하면서 엠마오를 향해 가고 있었습니다. 그때는 부활한 날
오후였습니다. 그곳은 예루살렘 가까운 곳이었습니다. 두 남자는 십자가 사건과 여
인들이 빈 무덤에서 본 천사의 환상에 대해 이야기하고 있었습니다.

한 낯선 사람이 그들과 함께 걷기 시작했습니다. 그들은 너무 자신들의 대화에
정신이 팔려 있었으므로, 낯선 사람이 어디에서 왔는지 주목하지 않았습니다. 예수
께서 그들에게 질문하셨을 때, 그들은 자기의 슬픔, 좌절된 희망, 여인들의 이야기
에 대한 당혹감을 털어 놓았습니다.

이 제자들은 예수님을 알아보지 못했습니다! 이스라엘 사람들도 그랬습니다. 세
상 또한 그랬습니다. 영적 실명이 그들의 눈을 덮었습니다. 부활하신 예수님이 그
들에게 "미련하고 선지자들이 말한 모든 것을 마음에 더디 믿는 자들이여(눅
24:25)."라고 말했기 때문에, 누가는 우리가 그것을 알아채기 원했습니다.

누가복음 전체에서, 예수님은 계속해서 이스라엘을 위해 성경을 해석해 주려고
하셨습니다. 예수님은 그들의 문제가 예수님과 관계되어 있는 것이 아니라 그들 자
신의 성경과 갈등을 겪고 있다는 사실을 설명해 주려고 했습니다. 그러나 제자들조
차도 십자가 처형과 부활 이후에야 성서의 의미를 이해할 수 있었습니다.

십자가 처형과 부활에 대한 나의 관점이 성경 이해에 어떠한 영향을 줄까요?

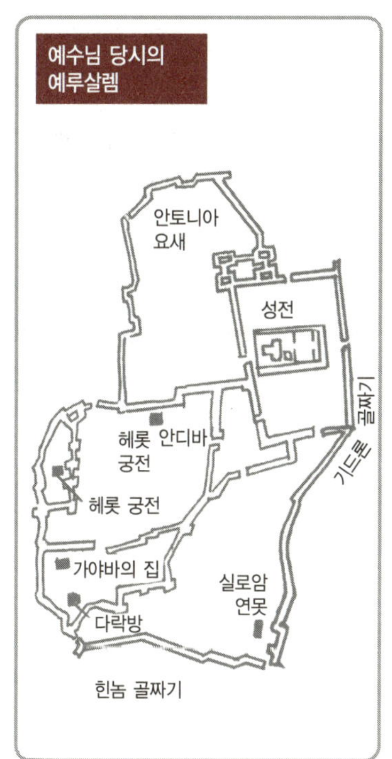

"모세와 모든 선지자의 글로 시작하여(24:27)." 예수님은 그들을 위해 조심스럽
게 성경의 의미를 추적하며 설명해 주셨습니다. 예수께서는 "네 하나님 여호와께서
너희 가운데 네 형제 중에서 너를 위하여 나와 같은 선지자 하나를 일으키시리니(신
18:15)."라고 말한 모세를 인용하셨을까요? 혹은 백성을 위해 샘물같이 눈물을 흘렸
던 예레미야의 고난을 언급하셨을까요? 아니면 "내가 한 목자를 그들 위에 세워
…… 그가 그들을 먹이고(겔 34:23)."라고 한 에스겔의 유연함을 언급하셨을까요?

예수님은 분명히 이사야서를 인용하셨습니다.

"그가 찔림은 우리의 허물 때문이요, 그가 상함은 우리의 죄악 때문이라. 그가
징계를 받음으로 우리가 평화를 누리고, 그가 채찍에 맞음으로 우리는 나음을 받았
도다."(사 53:5)

누가는 우리가 부활의 눈으로 성경을 이해하기 원했습니다. 세상에서 하나님의

방법은 단순합니다. "모세와 선지자들에게 듣지 아니하면 비록 죽은 자 가운데서 살아나는 자가 있을지라도 권함을 받지 아니하리라(눅 16:31)." 그들은 왜 그 낯선 사람을 알아보지 못했을까요? 그 이유는 믿음은 성경을 분명히 이해하는 데서 생기기 때문이었습니다. 그 이해는 십자가 처형과 부활 이후에 왔습니다. 예수께서 사라지시고 난 후에, 그들은 서로 이야기하였습니다. "길에서 우리에게 말씀하시고 우리에게 성경을 풀어 주실 때에 우리 속에서 마음이 뜨겁지 아니하더냐?"(24:32)

저녁이 되었습니다. 제자들은 낯선 사람에게 그들과 머물면서 함께 식사할 것을 청했습니다. 성경이 열리는 것을 경험해 본 적이 있습니까? '천사인 줄 모르고 천사들을' 접대했던 아브라함을 경험하고 있습니까(창 18:1~8; 히 13:2)? "내가 주릴 때에 너희가 먹을 것을 주었고 …… 주여 우리가 어느 때에 주께서 주리신 것을 보고 음식을 대접하였으며 …… 지극히 작은 자 하나에게 한 것이 곧 내게 한 것이니라(마 25:35~40)." 무엇보다도 식탁 교제의 영적인 힘을 받아들일 준비가 되어 있습니까? "그들과 함께 음식 잡수실 때에 떡을 가지사 축사하시고 떼어 그들에게 주시니 그들의 눈이 밝아져 그인 줄 알아보더니."(눅 24:30~31)

예수님은 그들 눈에서 사라지셨습니다. 제자들은 그때가 저녁이었음에도 불구하고 서둘러 예루살렘으로 돌아가 열한 제자와 다른 동료들을 찾았습니다. 누가는 믿음의 사람, 부활한 주를 만난 사람들이 증인들이라는 사실을 우리가 확실히 알기 원했습니다. 사도행전을 막 기록하려던 참이었습니다. 실망했던 두 제자는 흥분해 있었습니다. 그들은 자신들이 경험한 이야기를 전했습니다. "예수께서 떡을 떼심으로 자기들에게 알려지신 것"을 설명했습니다(24:35). 그것은 제자들이 마땅히 해야 할 일이었습니다.

말씀과 떡! 제자들은 하나님의 말씀과 성찬식에서 떡을 떼면서 예수님을 주님으로 계속 경험합니다.

예수님은 제자들에게 자신을 보여 주기 위해 돌아왔을 때, 그들에게 손과 발을 만져 보라고 하셨습니다(24:39). 그 당시 희랍 철학의 영향을 받은 몇몇 초대 기

독교인들은 예수님이 인간의 형상으로 온 신적인 영이어서, 죽었을 때 그의 영은 하나님께로 갔다고 가르치기 시작했습니다. 누가는 예수님이 부활 후에 나타나심을 기록하면서, 부활하여 변하신 예수께서 구운 고기 조각을 먹는 것을 보여 줌으로써 그런 개념들을 부정했습니다.(24:42~43)

마태와 마가같이, 누가복음은 지상 명령을 포함합니다. 누가복음에서, 예수님은 성경을 부활 후의 견지에서 해석하셨습니다. "이같이 그리스도가 고난을 받고 제삼일에 죽은 자 가운데서 살아날 것과 또 그의 이름으로 죄 사함을 받게 하는 회개가 예루살렘에서 시작하여 모든 족속에게 전파될 것이다(24:46~47)." 예수께서는 성경이 성취되는 과정을 지켜본 사도들에게 말씀하셨습니다. 그리고 그들에게 임무를 주셨습니다. "너희는 이 모든 일의 증인이라(24:48)." 누가는 그의 복음을 축복과 예수님의 승천(24:51)으로 결말지었고, 사도행전을 예수님의 승천에서 시작합니다. 그러므로 승천은 마지막이자 동시에 시작입니다.

🔼 세상 속으로

힘있게, 그리고 확신 있게 증언하는 것은 쉽지 않습니다. 효과적으로 증언하기 위해서는 어떤 태도, 행위, 상황이 필요할까요?

....

....

....

어떤 증언 방법들은 '심판적'이고 '설교적'이어서 사람들을 실망시킬 때가 있습니다. 그 예를 들어 보십시오.

....

....

....

증언은 경험을 필요로 합니다. 신앙생활에서 경험한, 기꺼이 정직하게 증언할 수 있는 믿음의 경험은 무엇입니까?

....

....

어떤 사람은 낯선 사람 집에 가서도 자신 있게 증언할 수 있는 재능이 있습니다. 이번 주에 교회나 모임에 그 사람을 초청하십시오. 많은 것을 들으십시오. 그리고 자신의 간증도 나누십시오.

예수님은 듣고자 하는 자들에게 말씀하셨다. 나의 청중은 누구인가?

· 가족
· 직장동료
· 동창
· 사회친구
· 교우
· 제자훈련모임원

위의 명부를 작성하라. 그들과 나눌 수 있는 나만의 증언을 생각해 보라. 그리고 시도해 보라. 그 결과가 어떤지 적어 보라. 증언하는 어려움에 대해 말하는 것 또한 증언이 될 수 있다.

세상 속에서의 하나님 말씀

하나님의 말씀에서 얻은 이 메시지가 이번 주 내 사역의 나침반이 될 것입니다.

나는 이러한 방법으로 응답할 것입니다.

♡ 안식일

안식일은 균형 잡히고, 소망 넘치는 인생관을 제공합니다. 그것은 고통, 슬픔, 아픔을 부정하지 않습니다. 오히려 기쁨, 친교, 친밀, 갱신의 시간으로 그 아픔과 슬픔을 녹여 줍니다.

더 알아보기

■ 복음서 기자들은 모두 예수님의 고난, 즉 체포, 재판, 십자가 처형을 다룹니다(마 26~27장; 막 14~15장; 눅 22~23장; 요 18~19장). 그 내용들을 비교하십시오. 누가는 고난 이야기에서 어떤 것을 특별히 강조하는지 찾아보십시오.

성령의 역사

너희가 회개하여 각각 예수 그리스도의 이름으로 세례를 받고 죄 사함을 받으라
그리하면 성령의 선물을 받으리니 이 약속은 너희와 너희 자녀와 모든 먼 데 사람
곧 주 우리 하나님이 얼마든지 부르시는 자들에게 하신 것이라

(사도행전 2:38~39)

이 과의 주제

성령

✛ 우리의 모습

우리는 힘에 대해 생각할 때, 우리는 흔히 사람과 관련한 것들을 떠올립니다. 명예, 권력, 지위, 연줄, 그리고 젊은 청년은 근육을 떠올릴 것입니다. 사업하는 여성은 조직을 강조하고, 근로자는 조합에 초점을 둘 것입니다. 또한 우리 모두는 '돈은 곧 힘'이라고 알고 있습니다. 오직 소수의 사람만이 힘을 얻기 위해 하나님께 의지합니다. 이것은 세상의 시선으로 봤을 때 이상한 요구처럼 보입니다.

✛ 내려놓기

성경 공부를 하기 전에 먼저 하나님께 기도를 드립니다. 아래의 시편 말씀이 좋은 길잡이가 될 것입니다.

> 여호와여 우리가 주께 바라는 대로 주의 인자하심을 우리에게 베푸소서
> (시편 33:22)

이번 주 기도 제목을 구체적으로 적어 기도합시다.

✛ 귀 기울이기

누가복음의 마지막 몇 절과 사도행전의 첫 몇 절을 보면서 중요한 전환을 발견하십시오. 예수님의 공통 주제들이 제자들의 증언에서 나타날 때 그것들을 지켜보십시오.

설명할 수 없는, 성령의 강력한 권능을 맛보십시오. 성령의 권능의 결과를 주의 깊게 주목하십시오.

연결고리 : 본문의 분위기와 경향을 알게 하는 단서들에 주목하고 귀 기울이십시오.

영성 훈련

인도 하나님은 성령으로, 그리고 성령에 충만한 개인이나 단체를 통하여 우리를 인도하십니다. 그러므로 마음 문을 열고, 그 인도하심에 깨어 있어야 합니다.

D1 | 사도행전 1장(승천, 유다의 후임자)

D2 | 사도행전 2장(오순절, 베드로의 설교, 상호 친교)

D3 | 사도행전 3장(베드로와 요한의 앉은뱅이 치료)

D4 | 사도행전 4장(공회 앞에서 담대하게 증언하는 베드로와 요한)

D5 | 사도행전 5장(아나니아와 삽비라, 인간에게 복종하지 말고 하나님께 하라)

D6 | 교재 내용

🔥 말씀 속으로

누가는 데오빌로에게 보내는 형식으로, 그의 복음을 다시 떠오르게 하는 몇 구절을 사용하여 두 번째 책을 시작합니다. 그는 예수께서 사도들에게 가르침을 주셨고, 40일 동안 "그들에게 확실한 많은 증거로 친히 살아 계심을 나타내사"라고 언급했습니다(행 1:3). 그들은 예루살렘에서 기다리고 있었습니다. 누가의 복음이 예루살렘에서 일어난 예수님의 생애 초기 사건들을 담고 있는 것처럼, 누가의 교회 시작에 대한 이야기가 또한 예루살렘에서 비롯됩니다.

우리는 이 장을 '성령행전'이라고 부를 수 있습니다. 그 이유는 누가의 우선적 관심사가 초대교회 안에, 그리고 초대교회를 통한 성령의 활동을 보여 주는 것이기 때문입니다. 누가는 포괄적인 초대교회사를 쓰려고 했던 것이 아닙니다. 그는 초대 기독교인들이 당면했던 문제들의 이해를 돕기 위해, 베드로와 바울 사역의 주요 사건들을 우리에게 보여 줍니다.

누가는 즉시 성령에 대해 이야기합니다. 예수께서 세례받으실 때 성령이 그에게로 들어가 광야로 그를 인도했던 것과 마찬가지로, 성령은 초대교회를 세상으로 인도할 것입니다. "너희는 몇 날이 못 되어 성령으로 세례를 받으리라(1:5)." 그러나 제자들은 질문을 하였습니다. "주께서 이스라엘 나라를 회복하심이 이 때니이까(1:6)?" 그들은 정치적 구세주에 대한 개념을 지우지 못했습니다. 예수님은 참으셨습니다. "때와 시기는 …… 너희가 알 바 아니요, 오직 성령이 너희에게 임하시면 너희가 권능을 받고 ……."(1:7~8)

승천

오늘날 교회에서는 신약성경의 소수 가르침만을 예수님의 승천으로 여기며 가볍게 다룹니다. 하지만 누가에게 그 경험은 중요한 전환점입니다. 예수께서는 완전히 복종하여 고난의 길을 걸으심으로써 사역을 완성하셨습니다. 하나님은 그를 승리로 일으키셨습니다. 그리고 변화된, 부활하신 예수님은 여성들, 베드로, 엠마오 도상의 두 제자, 오백 명, 그리고 많은 사람들에게 나타나셨습니다. 지상에서의 그의 임무는 끝났습니다. 영광 받기 위해 아버지께로 승천하셨습니다. 그는 자신의 완전한 인간 경험을 하나님의 경험이 되게 하셨습니다. 그는 대제사장으로 승천하셨습니다(히 4:14). 하나님의 의가 이루어지는 절정의 때에 다시 오기 위해 떠나셨습니다(행 1:11). 그는 또한 성령을 제자들에게 보내기 위해 가셨습니다. "나를 믿는 자는 …… 그보다 큰 일도 하리니 이는 내가 아버지께로 감이라(요 14:12)." "어찌하여 서서 하늘을 쳐다보느냐(행 1:11)?" 다시 시작할 때였습니다. 이스라엘에서 행하셨던, 예수 그리스도 안에서 행하셨던 하나님이 이제 제자들 안에서, 그리고 그들을 통해서 행하실 준비가 되었습니다. 예수님의 승천은 교회에 권한을 부여하는 것을 뜻했습니다.

제자들은 다른 제자들이 기도하고 있던 예루살렘의 다락방으로 갔습니다. 예수께서 기도로 사역을 시작하셨던 것처럼, 교회도 그렇게 시작할 것입니다.

베드로가 왜 유다 대신 다른 사람을 뽑자고 했을까요? 열두 제자는 대단히 상징적인 의미입니다. 이스라엘에서 복음이 나왔습니다. 지금 하나님의 새로운 공동체가 세상의 빛으로, 증인으로 출발하려고 합니다.

베드로는 그 자격을 예수님의 세례부터 승천까지 함께 있었던 자, 부활의 증인이 될 사람(1:21~22)으로 분명히 했습니다. 두 사람이 선택되었습니다. 예수께서 제자들을 선택하기 전에 기도하셨던 것처럼, 그들도 기도했습니다. 그리고 제비를 뽑았습니다. 맛디아가 선택되었습니다.(행 1:26)

오순절

오순절은 유대인의 축제였습니다. 원래는 농경 축제였는데, 후에 시내 산에서 율법 받은 것을 기념하는 축제가 되었습니다. 예수님의 말씀에 따라, 모든 믿음의 사람들이 기도하며 기다리고 있었습니다.

신앙 체험을 어떻게 묘사할 수 있을까요? 어떤 말을 써서 성령 세례를 강하게, 완전하게 설명할 수 있을까요? 누가는 그것이 강한 바람 같다고 했고, 불 같은 혀가 그들에게 나타났다고 했습니다.(2:2).

그들은 성령 충만하여 각각 방언으로 말하기 시작했습니다. 분명히 그들은 거리로 나가 신앙 이야기를 했습니다. 각지에서 온 유대인들이 오순절 축제로 모여 있었습니다. 그들은 이 열광적인 사람들이 외국말로 말하는 것을 듣고 놀라며 신기해 했습니다. 예수님의 명령대로 성령을 받은 자들이 "예루살렘에서 시작하여, 온 유다와 사마리아와 땅 끝까지(1:8)" 전파할 것입니다. 각 나라의 언어로 복음을 전파하는 것입니다. 오순절은 교회의 선교 운동을 일으켰습니다.

하나님이 하고 계신 일을 깨닫고 있습니까? 바벨탑에서 사람들은 하나님을 없애 버리려고 했습니다. 그래서 그들은 흩어지고 말았습니다. 의사소통을 할 수 없었습니다. 오순절에 사람들은 자신을 하나님께 복종시키며, 하나님 말씀에 귀 기울이려고 애썼습니다. 하나님의 성령은 그들이 완전한 연합을 이루며, 세상의 모든 언어로 말할 수 있게 하셨습니다. 이제 사람들은 그리스도 안에서 서로 이해하게 됐습니다. 흩어졌던 사람들이 다시 모였습니다. 오순절은 바벨에 대한 하나님의 응답이었습니다.

누가가 베드로 설교에서 초대 기독교인 설교의 핵심 메시지를 제공함에 유의하십시오. 예수에 대한 증언으로 구약성경을 사용했음에 주목하십시오. 그의 십자가 처형에 대한 설명을 연구하십시오. 시편의 재해석을 지켜보십시오. 부활에 대한 증언을 보십시오. 예수님의 승천과 성령의 약속에 대한 언급을 눈여겨보십시오.

설교는 끝나지 않았습니다. 예수께서 말씀하셨던 것처럼, 설교의 목적은 '회개와 죄의 용서(눅 24:47)'를 선포하는 것입니다. 그때 삼천 명이 회개하고 세례를 받았습니다.(행 2:41)

'회개와 죄의 용서'가 교회에서는 어떻게 선포되고 있습니까?

유대인 남자이면 의무적으로 참석해야 하는 세 절기 중 하나인 오순절 축제를 위하여 전 지역 사람들이 예루살렘에 모였다. 오순절은 유월절 후 50일이 되는 날이다.

미문

누가는 세 가지 표현을 같은 의미로 사용했습니다. '성령', '예수의 영', '수의 영'이 그것입니다. 우리가 기억해야 하는 주요한 사실은, 하나님이 일하신다는 것입니다. 성령은 지금 우리와 함께 있는 예수님이기 때문에, 정확하게 예수께서 하셨던 일들을 하십니다. 수세기에 걸쳐 기독교인들은 삼위일체 교리를 이해하려고 부단히 애써 왔습니다. 그러나 몇 가지 중요한 점은 분명히 알 수 있습니다. 우리는 한 하나님을 믿습니다. 하나님은 인간 역사에 예수로 오셨습니다. 하나님의 성령, 즉 예수님을 충만하게 채운 영이 믿는 자의 뜻과 마음속에도 있습니다.

그래서 우리는 베드로와 요한이 정해진 기도 시간에 성전에 간 사실을 발견하고도 이상하게 생각하지 않습니다(행 3:1). 그들이 구걸하는, 태어날 때부터 걷지 못하는 사람을 만나는 장면을 읽을 때도 마찬가지입니다. 예수님은 무엇을 하셨습니까? 주의 대잔치(눅 14:15~24)를 기억합니까? 초청은 '가난한 자들, 몸 불편한 자들,

맹인들, 저는 자들(14:21)’에게 확대되었습니다. 세례 요한이 감옥에 갇혔을 때 예수께서 그에게 보내신 메시지를 기억합니까? “맹인이 보며, 못 걷는 사람이 걸으며, 나병환자가 깨끗함을 받으며, 귀먹은 사람이 들으며, 죽은 자가 살아나며, 가난한 자에게 복음이 전파된다 하라.”(7:22)

따라서 예수님의 영으로 권능을 받은 베드로와 요한이 열중하여 그 사람을 바라볼 때, 우리는 혼동되지 않습니다. “은과 금은 내게 없거니와 내게 있는 이것을 네게 주노니 나사렛 예수 그리스도의 이름으로 일어나 걸으라(행 3:6).” 오랫동안 구걸하는 앉은뱅이로만 살았던 그의 치유를 본 사람들의 반응에 주목하십시오. “심히 놀랍게 여기며 놀라니라(3:10).” 경이와 놀람은 누가의 기록과 공통된 반응입니다.

베드로가 다시 증언하기 위해 그 순간을 사용했습니다. 물론 방해 요소가 오히려 증언의 기회를 주기도 합니다. 믿음을 증언하도록 한 방해물을 생각해 보십시오.

병 고침 이후에 베드로가 한 설교를 보십시오(3:11~26). 먼저 그는 병 고침에서 자신의 능력이나 경건을 부정했습니다. 그러고는 아브라함, 이삭, 야곱의 하나님이 예수님의 하나님이라는 사실을 상기시켰습니다. 그는 빌라도에게 십자가 처형을 당한 예수님을 언급했습니다. “하나님이 죽은 자 가운데서 그를 살리셨으니 우리가 이 일에 증인이라(3:15).” 나면서부터 못 걷던 사람은 예수님의 ‘이름을 믿음으로’ 치유되었습니다(3:16). 더 나아가 베드로는 “너희가 회개하고 돌이켜 너희 죄 없이함을 받기(3:19)” 위해, 바로 이 순간 이 자리에서 회개하라고 말했습니다.

죄는 단지 실수를 저지르는 것만이 아닙니다. 우리는 태어날 때부터 빚을 지고 나옵니다. 모든 사람은 갚아야 하는 큰 빚을 지고 있습니다. 우리는 거룩한 하나님께 빚졌습니다. 그 빚은 너무나 엄청나서 도저히 갚을 수가 없습니다. 그러나 우리에게는 재판관이신 예수님이 계십니다. 예수 그리스도만이 그 빚을 용서하고, 취소하고, 지울 수 있습니다. 복음은 회개하고 믿는 자에게 그 빚이 취소되는 것을 의미합니다. 주기도문에서 예수님은 우리에게 기도하라고 가르치셨습니다. “우리 죄를 사하여 주시옵고(마 6:12)”, “우리 죄도 사하여 주시옵고.”(눅 11:4)

자신의 죄가 소멸되는 자유를 경험한 적이 있습니까?

공회

누가가 사도행전을 기록할 때까지, 기독교인들은 다양한 이유로 여러 곳에서 핍박당하고 있었습니다. 헬라계 유대인이었던 스데반은 유대인 권력자들의 손에 예루살렘에서 순교를 당했습니다. 지중해 동부 지역에서 시작된 새 교회들은 배척을 받았습니다. 때로는 육체적으로 폭행을 당했습니다. 이방인들은 성전에서 경배와 우상 판매가 쇠퇴하자 격분하였습니다. 교리적으로 기독교인들과 다른 입장인 유대 지도자들은 폭력으로 대항하였습니다.

어떤 로마 황제는 엄청난 폭행으로 위력을 부렸습니다. 칼리굴라(Caligula)는 예루살렘 성전에 자신의 동상을 세우려 했습니다. 그는 유대인들을 부적절한 사람들로 여기고 로마에서 축출하였습니다. 주후 64년, 네로는 광기와 분노에 사로잡혀 – 아마도 바울과 베드로를 포함한 – 기독교인들을 몰살시키려 했습니다.

누가가 체포되어 예루살렘 공회 앞에 선 베드로와 요한에 대해 기록할 때, 거기에는 두 가지 동기가 있었습니다. 먼저 그는 믿음 때문에 고통당하는 자들에게 힘을 주고 싶었습니다. 누가복음이 닥쳐올 핍박에 대한 예수님의 경고를 기록했던 것 같이, 사도행전도 시작부터 기독 운동에 대한 저항을 보도했습니다.

또한 누가는 유대 권력자들뿐만 아니라 로마 민정 당국자들에게 기독교인은 선동가나 무력 혁명가들이 아니며, 핍박은 효과가 없을 뿐만 아니라 불필요하다는 사실을 알리고 싶었습니다.

베드로와 요한은 성전 관원들에게 체포되어 공회로 이송되었습니다. 로마인들은 점령 기간 동안에 대제사장들을 임명하여 협조를 보장받았습니다. 몇몇 존경받는 바리새인들이 공회에 있었습니다. 힘 있는 가문을 대표하는 사두개인도 마찬가지였습니다. 그들은 로마 당국자들과 손잡고, 성전 예배를 지속시키고, 질서를 유지하고, 대결을 피하면서 자신들의 생활을 유지해 갔습니다.

이미 유대 기독교인의 숫자가 오천 명이 되었습니다. 유대 지도자들은 걱정이 되었습니다. 그들의 두려움은 정치적인 것(사람들이 예수를 구세주라고 부름)과 종교적인 것(성전 예배가 공격받음)이었습니다.

베드로는 자신이 '병자에게 행한 착한 일(행 4:9)' 때문에 소송되었는지 대담하게 물었습니다. 그러고 나서 예수님의 십자가 처형과 부활에 대한 증언의 기회를 잡았습니다. 그는 예수님이 '건축자가 버린 돌(시 118:22)' 이라 했던 시편을 인용했습니다. 그러나 베드로는 '너희(행 4:11)' 를 덧붙였습니다. 베드로는 "다른 이로써는 구원을 받을 수 없다(4:12)."고 과감히 말하면서 유대 지도자를 공격했습니다. 성전 계단에서 일어난 극적인 병 고침 때문에, 권력자들은 거칠게 행동할 수 없었습니다. 그들은 베드로와 요한에게 설교하는 것을 멈추라고만 명했습니다. 베드로와 요한의 답변은 수세기에 걸쳐 기독교인들에 확증을 주고 있습니다. "하나님 앞에서 너희의 말을 듣는 것이 하나님의 말씀을 듣는 것보다 옳은가 판단하라. 우리는 보고 들은 것을 말하지 아니할 수 없다."(4:19~20)

제자들이 풀려난 뒤, 교회는 기도의 중심지가 되었습니다. 그들은 무엇을 위해 기도했을까요? 담대함이었습니다! 이것은 강력하게 응답되었습니다.(4:31; 5:12~16)

더 많은 '이적과 기적', 즉 치유와 개종 후에 '대제사장은 행동을 취했습니다

사도행전에 나타나는 헬라파 사람들은 희랍 관습과 문화에 영향을 받아 희랍어를 사용하는 유대 기독교인이다. 그 중 많은 사람들은 몇 세대 동안 팔레스틴 외부에서 살아온 유대 가족 출신이다. 그래서 그들은 유대의 유산을 그다지 많이 접해 보지 못했고, 선별의식에 대한 감각도 없었다. 그들에게는 회당이 예배의 중심지였다.

사도행전에서 히브리인들은 대개 희랍 문화의 영향을 거의 받지 않은 팔레스틴 출신으로, 아람어를 말하는 유대 기독교인들이다. 그들에게는 성전이 예배의 중심지였다. 그리고 모세의 율법을 철저히 지키는 일은 하나님의 백성으로 선별되었음을 보장하였다.

하나님을 경외하는 자들은 유대인이 아니었다. 그들은 회당이나 성전 예배에 손님으로 참석하던 이방인들이었고, 모세의 율법을 준수하던 사람들이었다. 유대교로 개종하는 할례는 받지 않았지만, 음식에 대한 규례는 따랐다.

(5:17).' 베드로와 익명의 다른 사도들은 체포되어 감옥에 수감되었습니다. 놀랍게도 감옥에서 도망하여 새벽녘에 다시 설교를 했고 다시 구금되었습니다. 그들의 답변에서 베드로는 "우리 조상의 하나님이 예수님을 살리셨다(5:30)."고 다시 확언했습니다. 담대한 증언은 경이를 가져올 수도 있고, 순교의 결과를 가져올 수도 있습니다. 그러나 증인은 담대하게, 용기 있게 남아 있었습니다.

누가는 사도들의 재판 중에(5:33~34) 용감한 인물을 소개했습니다. 그의 이름은 가말리엘로, 바리새인이자 존경받는 율법교사였고, 공회의 일원이었습니다. 처음에는 그의 충고가 신중해 보였습니다. 그러나 그는 곧 용감하게 하나님이 그들과 함께하실지도 모른다고 제언했습니다. 이처럼 하나님은 사도들을 구하는 데 바리새인을 사용하셨습니다. 사도들은 매를 맞고 풀려났습니다. "사도들은 그 이름을 위하여 능욕 받는 일에 합당한 자로 여기심을 기뻐했습니다."(5:41)

예루살렘 교회의 모습

누가는 우리가 희랍어를 말하는 유대인이 이미 교회에 있었다는 사실을 알기를 원했습니다. 바나바와 아나니아와 삽비라를 보십시오. 바나바(위로의 아들)의 원래 이름은 요셉이었습니다(4:36). 그는 팔레스틴 외부에 살고 있는 오백만 명의 유대인 중 한 사람, 즉 디아스포라 유대인이었습니다. 그는 레위 자손으로, 구브로(Cyprus)에서 요한 마가(John Mark)의 사촌으로 태어났고(골 4:10), 예루살렘에서 살고 있었습니다. 수많은 헬라화된 유대인들이 예루살렘에서 살았습니다. 그들은 희랍어로 말하고, 희랍 혹은 지중해 스타일의 옷을 입었습니다. 또 턱수염을 깎았으며, 운동 경기에 나갔습니다. 셉투아진트(70인역 성경), 즉 희랍어로 번역된 성경을 사용하였고, 때때로 모세의 율법을 철저히 지키려 하지 않았습니다.

바나바는 초기에 영적인 열정 때문에 자신의 밭을 팔아 그 돈을 '사도들의 발 앞에' 놓았습니다(행 4:37). 사도들은 곧 그의 열심을 인정했습니다. 누가는 바나바에 대해 "착한 사람이요, 성령과 믿음이 충만한 사람"이라 했습니다(11:24). 바나바는 바울이 사역을 시작하는 것을 도왔습니다. 그는 열정적인 선교 여행을 했고, 보수파와 자유파의 사절로 파송되었습니다.

아마도 누가는 이런 바나바와 대조해서, 아나니아와 삽비라 부부를 소개했을 것입니다. 그들은 재산을 판 돈의 일부를 숨겼습니다(5:1~2). 돈이 문제가 아니었습니다. 문제는 신뢰와 공동체였습니다. 베드로는 교회가 정직하기 때문에 힘이 있는 것이라고 이해했습니다. 기적은 사랑이 충만할 때 일어납니다. 사람들은 서로에게 정직했고, 서로 자신의 죄를 고백했으며, 서로를 위해 기도했습니다. 갖가지 치유가 일어나는 것은 당연했습니다.

지금 한 부부가 거짓을 숨기면서 공동체로 들어왔습니다. 그들의 속임수는 성령을 조롱했습니다. 베드로는 그 속임수가 아니니아와 삽비라에게도 그랬지만, 교회에게도 생과 사의 문제임을 알았습니다.

그리스도인의 친교생활에서 그 어떤 속임수일지라도 그 모두는, 성령이 우리 안에서 일하기 위해 필수적인 개방, 신뢰, 일치, 사랑을 위협합니다.

⬆ 세상 속으로

때때로 우리는 자신의 성실, 행위, 사역으로 증언합니다. 때때로 교회, 연구 모임, 목회자에 대해 좋은 말을 합니다.

그런데 우리의 믿음에 대해서는 언제, 그리고 어떻게 말합니까? 살아 계신 주님을 어디에서 간증할 수 있습니까? 용서, 확신, 영육의 치유, 친교와 기도의 능력 등과 같은 친밀한 주제들에 대해 누구에게 말할 수 있습니까?

성령께서 전도할 사람을 보내 주시도록 기도하십시오. 효과적으로 증언할 수 있는 능력을 위해서도 기도하십시오. 말하기 전에 먼저 잠시 듣는 것이 필요할지도 모릅니다. 지혜와 용기를 위해 기도하십시오.

세상 속에서의 하나님 말씀

하나님의 말씀에서 얻은 이 메시지가 이번 주 내 사역의 나침반이 될 것입니다.

나는 이러한 방법으로 응답할 것입니다.

♡ 안식일

안식일은 영적 휴식과 갱신을 위한 시간을 제공합니다. 우리는 성령을 위해 기도하며 기다리도록 배웠습니다. 나는 서두릅니까? 영적 갱신이 필요합니까? 이사야 40장 28~31절을 묵상하십시오. 마음에 성령이 머물도록 기도하십시오.

⊚ 더 알아보기

■ 참고 도서들에서 유대교와 기독교 전통에서의 오순절의 의미와 오순절을 어떻게 지키는지 찾아보십시오. 오순절이 언제 기독교에 왔으며, 어떤 다른 교단들이 그것을 축하하는지 알아보십시오.

기독교 공동체의 시작

날마다 마음을 같이하여 성전에 모이기를 힘쓰고 집에서 떡을 떼며
기쁨과 순전한 마음으로 음식을 먹고 하나님을 찬미하며
또 온 백성에게 칭찬을 받으니 주께서 구원받는 사람을 날마다 더하게 하시니라
(사도행전 2:46~47)

이 과의 주제

예루살렘

영성 훈련

봉사 아무 조건 없이 타인을 위해 봉사하는 것은, 하나님이 우리에게 주신 선물을 돌려드리는 것과 같습니다.

⬆ 우리의 모습

때때로 우리는 뭔가 특별하고도 짜릿한 삶을 원합니다. 하지만 매일의 삶은 같은 자리에 머무르기 일쑤입니다. 맡은 책임을 완수하고 나면 에너지는 모두 고갈되고 맙니다. 그래서 우리는 기회가 올 때마다 새로운 경험, 도전적인 삶을 시도합니다.

✞ 내려놓기

성경 공부를 하기 전에 먼저 하나님께 기도를 드립니다. 아래의 시편 말씀이 좋은 길잡이가 될 것입니다.

> 여호와께서 나를 위하여 보상해 주시리이다 여호와여 주의 인자하심이 영원하오니 주의 손으로 지으신 것을 버리지 마옵소서 (시편 138:8)

이번 주 기도 제목을 구체적으로 적어 기도합시다.

👂 귀 기울이기

복음의 증인들은 이스라엘 유대인들을 필두로 이방화 된 유대인, 사마리아인, 하나님을 경외하는 자, 외국인, 이방인들에게 복음을 전파했습니다. 이런 포교가 스데반의 피 흘림에서 비롯되었다는 사실에 주목하십시오. 스데반의 성서 해석과 증언을 잘 이해하려면 그의 설교를 잘 읽어야 합니다.

사울의 회심이 획기적인 선교와 강력한 글들을 이끌어 냈습니다. 바울은 예수 그리스도가 베드로, 야고보, 요한을 부르신 것과 마찬가지로 자신을 불렀다고 확실히 믿었습니다.

연결고리 : 비슷한 점과 다른 점을 찾아보십시오.

D1 | 사도행전 6장(일곱 집사와 스데반)

D2 | 사도행전 7장(스데반의 설교, 첫 번째 순교자)

D3 | 사도행전 8장(사마리아의 빌립, 베드로, 요한; 에디오피아인)

D4 | 사도행전 9:1~31(사울의 회심)

D5 | 갈라디아서 1장(사도 바울)

D6 | 교재 내용

🔴 말씀 속으로

새로 태어난 기독교인들은 서로의 집에서 노래하고 기도하고 하나님을 찬양하면서 음식을 나누었습니다(행 2:46~47). 그들은 음식을 먹을 때마다 성스러운 식탁 공동체를 경험함과 동시에, 주님의 죽음을 선포하며 예수 이름으로 빵과 포도주를 나누었습니다.

그들은 필요한 모든 것을 나누었습니다. "모든 물건을 서로 통용하고(2:44)"라는 말은, 그들의 소유권을 공동체 아래 두었다는 말이 아닙니다. '내 집은 네 집이고, 내가 가진 모든 것은 네 것이다.' 라는 의미입니다. 몇몇은 바나바가 한 것처럼 자신의 소유를 팔아 공동체에 기부하였습니다. "또 재산과 소유를 팔아 각 사람의 필요를 따라 나눠 주며(2:45)." 왜 그랬을까요? 예수께서 부(富)가 가진 위험을 경고한 바 있으시고, 그 당시 많은 사람들이 종말이 가까웠다고 믿었던 것이 큰 요인이었습니다. 그러나 이에 더하여 그리스도 안에서 나누는 삶인 코이노니아는 가족의 연대처럼 강하고 친밀하게 이루어졌습니다. 아무도 굶주리거나 헐벗거나 잠자리 때문에 고통받지 않아도 되었습니다.

여기서 우리는 먹을 것을 충분히 나누어 받지 못했던 과부들에 관해 생각해 볼 필요가 있습니다. 이것이 공동체 내의 첫 번째 갈등이 되었습니다. 그 과부들은 어떤 사람들이었습니까?

그들은 예루살렘에 사는, 지금은 개종한 헬라어를 말하는 유대인들이었습니다. 그들은 디아스포라, 즉 지중해 지역에 흩어져 살던 사람들로, 상인들이자 망명자들이었고, 종교적인 추종자였으며, 고향 땅으로 되돌아온 사람들이었습니다. 누가는 그들이 헬라어를 말하고 헬라의 문화를 수용했기 때문에 그들을 헬라인이라고 불렀습니다.

모든 제자를 포함한 열두 사도의 회의가 있었습니다. 분쟁은 코이노니아의 정신을 위협했습니다. 이 일이 계속되도록 방치하는 것도, 이 문제로 사도들을 의심하는 것도 좋지 않았습니다. 사도들은 "우리가 하나님의 말씀을 제쳐 놓고 접대를 일삼는 것이 마땅하지 아니하니(6:2)"라고 말했습니다. 사도행전 전체를 통해서 사도들이 자신들의 임무를 기도, 교육, 말씀 선포, 치유로 정의하는 것을 볼 수 있습니다.

사도들은 권고합니다. "일곱을 택하라(6:3)." 이것이 사람들을 만족시켰고, 해결책이 되었습니다. 집사, 여집사, 평신도, 성직자 등의 직책 이름은 이 역사적인 순간에서 시작되었다고 볼 수 있습니다. '집사'라는 직책은 아주 후대까지 성경에 나타나지 않지만, 이 '일곱'이라는 단어는 하나의 관례가 되었습니다.

그들이 누구를 선택했는지 보십시오. 7명 모두가 "성령과 지혜가 충만하여 칭찬받는 사람들(6:3)"이었습니다. 사도들은 기도하고 '안수하였습니다(6:6).' 그런데 그들의 이름을 보십시오. 그들은 헬라 이름을 가지고 있습니다. 그들 모두가 헬라 사람이었던 것입니다(6:5). 이 얼마나 지혜롭습니까! 헬라인들의 문제였기에 헬라인을 통해 그 문제를 해결하고자 했던 것입니다. 여러 곳에서 회심이 일어나고, 심지어는 제사장들 사이에서도 그러했습니다(6:7). 사도들은 자신들이 해야 하는 일을 계속해 나갔습니다.

스데반은 성령으로 충만했기에 헬라어를 사용하는 회당에서 말하고 논쟁하고 증언하였습니다. 얼마나 범세계적이었는지 보십시오. 유대인들은 3대륙에서 왔습니다(6:9). 회당의 몇몇 사람들은 그의 설교가 모세와 성전을 거스르는 불경스러운 것이어서 문제를 일으킨다고 생각했습니다. 그래서 헬라어를 말하는 유대인들은 거짓 증인들과 스데반을 공회로 데리고 갔습니다. 공회 중에 앉은 사람들이 스데반을 보니 "그 얼굴이 천사의 얼굴과 같았습니다."(6:15)

스데반의 설교

스데반은 '부형들이여'라는 말로 시작하여 현명하게도 먼저 자신이 유대인임을 인지시키고 나서, 아브라함으로부터 시작되는 히브리인들의 역사를 살펴가기 시작했습니다. 스데반이 모세에 반하는 듯한 언급을 하기 전까지 모든 것은 순조로웠습니다(행 7:35). 스데반은 시편 105편에서 강조되는 이스라엘을 향한 하나님의 보호보다는, 106편의 주제인 이스라엘의 죄에 대하여 강조하는 설교를 했습니다.

스데반이 모세의 말 "하나님이 너희 형제 가운데서 나와 같은 선지자를 세우리라(행 7:37)."를 인용할 때 그리스도를 암시하고자 했을까요? 그는 마침내 이스라엘을 포로생활로까지 몰고 간 불순종을 책망했던 아모스를 인용합니다. 가장 효과적인 정점에서 주제의 핵심을 다룹니다. 궤와 솔로몬의 성전을 언급하면서 "지극히 높으신 이는 손으로 지은 곳에 계시지 아니하시나니(7:48)."라고 말했습니다. 그리고 신앙과 정의를 잃어버린 희생 제사 제도에 대한 이사야의 날카로운 비평과 성전에 대한 비방을 인용합니다.(사 66:1~4)

공회 의원들의 눈을 똑바로 쳐다보면서 스데반은 그들을 변절한, 예언자들이 저주했던 이스라엘과 묶어 이야기했습니다. 역사적으로 이스라엘의 죄를 돌아보는 것 이외에 스데반은 이런 이야기를 했습니다. "목이 곧고 마음과 귀에 할례를 받지 못한 사람들아, 너희도 너희 조상과 같이 항상 성령을 거스르는도다(7:51)." 스데반은 선지자의 죽음을 암시한 예수님을 회상하는 듯합니다. "화 있을진저 너희는 선지자들의 무덤을 만드는도다. 그들을 죽인 자도 너희 조상들이로다.······ 하나님의 지혜가 일렀으되 내가 선지자와 사도들을 그들에게 보내리니 그 중에서 더러는 죽이며 또 박해하리라 하였느니라. 창세 이후로 흘린 모든 선지자의 피를 이 세대가 담당하되."(눅 11:47~50)

스데반의 결론은 순교였습니다. 옛 이스라엘 백성은 오실 예수에 관하여 예언하는 사람들을 죽였고, 지금은 "그 의인을 잡아 준 자요 살인한 자가 되었습니다(행 7:52)." 최후의 기소에서 보는 것처럼 그들은 "천사가 전한 율법을 받고도 지키지 아니하였습니다."(7:53)

스데반이 감정을 건드림

스데반이 어떻게 그들의 감정을 건드렸나요? 첫째로, 그는 이스라엘의 죄에 초점을 맞추었습니다. 그와 동시대의 종교 권위자 눈에는 자신들 스스로가 이방인과 이교도에 반하는, 특히 이단에 반하는 신앙을 가지고 있다고 생각했습니다. 그들은 자신을 신앙의 요새라고 믿었습니다. 둘째로, 느부갓네살 왕이 성전을 파괴하였던 것처럼 로마 군대가 성전을 파괴할 기미가 보였을 때에 그들은 이런 모든 위협을 없애기 위하여 그들의 얼을 팔고 있었습니다. 그런데 지금 헬라어를 말하는 한 유대인이 와서 하늘은 하나님의 보좌요 땅은 하나님의 발등상이라는 것을 상기시켜 주고 있습니다(7:49). 스데반은 성전이 파괴되었다가 3일 만에 다시 재건될 것이라는 신화적인 위협을 한 사람을 신실하게 따르는 사람이었습니다(요 2:19). 셋째로, 그들의 선조들이 선지자들을 죽인 것같이 그들이 하나님의 메시아를 죽였다고 책망했습니다. 넷째로, 그들이 법을 지키지 않는 것을 꾸짖었습니다.

그러나 그들이 분노의 이를 갈 때 스데반은 하늘의 비전을 보았고, 마치 그들이 볼 수 있는 것처럼 이렇게 외쳤습니다. "보라, 하늘이 열리고 인자가 하나님 우편에

서신 것을 보노라(행 7:56)." 이 말을 그들은 불경스러운 것으로 여겼고, 그래서 스데반을 끌고 가 돌로 쳐 죽였습니다.

그래서 기록상의 첫 번째 순교자는 사도가 아니라 집사였습니다. 베테랑이 아닌 젊은 헬라파 유대인이었습니다. 그의 마지막 기도를 통해 그가 예수님의 영으로 충만했다는 사실을 알 수 있습니다. "주여, 이 죄를 그들에게 돌리지 마옵소서."(7:60)

여기 세 가지 주목할 점이 있습니다. 첫째로, 몇몇 용감한 사람이 죽음을 무릅쓰고 스데반을 장사지냈습니다. 둘째로, 스데반에게 돌을 던진 사람들이 겉옷을 벗어 사울이라고 하는 바리새인 발 앞에 두었습니다. "사울은 그가 죽임 당함을 마땅히 여기더라(8:1)." 셋째로, 유대 기독교인, 특히 헬라파 유대 기독교인을 향한 박해가 온 도시를 휩쓸기 시작했습니다. 사울과 몇몇 사람들이 집집마다 찾아다니며 신자들을 끌어내어 감옥에 집어넣었습니다.

분명한 점은 사도들이나 예수님의 동생 야고보나 아람어계 유대인처럼 보다 전통적인 유대교적 신자들은 박해당하지 않았습니다. 그러나 예루살렘 교회의 파괴가 시작되었고, 수년 내에 성령의 불과 사랑으로 형성된 이 교회가 순교를 당하거나 흩어지게 되었습니다.

빌립의 선교

누가는 사도행전 6장 5절에서 과부들을 돌보기 위해 선발된 일곱 집사들을 언급할 때에 빌립을 소개합니다. 그를 사도 빌립과 혼동하면 안 됩니다.(눅 6:14; 요 1:43~46)

누가는 요지를 설명하기 위해서 전도자 빌립을 조심스럽게 언급합니다. 박해는 하나님의 선을 위하여 사용될 것입니다. 신자들은 '두루 다니며 복음의 말씀을 전할 수 있는(행 8:4)' 유대와 사마리아의 시골 지역으로 흩어졌습니다.

초창기 신자는 유대 지역의 유대인들이었습니다. 다음은 스데반이나 빌립과 같은 헬라어권 유대인들이었고, 그 다음은 예수께서 이미 말씀하신 바와 같이 복음

이 사마리아로 전해졌습니다. 인종과 종교적인 자의식이 그리도 중요하던 세계에서 하나의 경계선이 다른 경계선들과 교차되고 있었습니다.

나와 우리 교회는 복음을 가지고 어떤 경계선들을 넘어 본 적이 있습니까?

사마리아의 군중은 빌립이 전하는 복음을 열심히 들었습니다. 하나님이 예루살렘 성전에 거하신다고 믿지 않았습니다. 그들만의 성전이 있고, 그들만의 메시아를 기다리고 있었습니다. 빌립은 영이 병든 사람들과 중풍병자, 걷지 못하는 사람 등을 고쳤으며 주술가 시몬을 회개시켰습니다.(8:9~13)

사마리아인들이 회심한다는 소식을 들은 예루살렘 교회는 베드로와 요한을 조사차 파송했습니다(8:14~17). 빌립의 사역으로는 아무도 성령을 받지 못했으나, 분명하게도 베드로와 요한이 새 신자들의 머리에 안수할 때는 성령을 받았습니다.

그런 능력에 고무받은 시몬은 베드로로부터 그 능력을 돈으로 사고자 하였습니다. 아마도 시몬은 대중 앞에서 마술을 부리는 자신을 상상하였을 것입니다. 그러나 성령은 곧 하나님이십니다. 하나님의 능력을 사서 부리겠다는 의도가 베드로를 놀라게 했습니다. 그는 크게 노하여 소리쳤습니다. "네 은과 네가 함께 망할지어다." (8:18~23)

시몬은 다시 그 기도가 이루어지지 않기를 간구하였습니다(8:24). 그가 정말 회개했는지는 알 수 없지만 초대교회는 항상 시몬을 부정적인 예로 사용했습니다. 예루살렘 신자들에게 돌아간 베드로와 요한은 복음이 사마리아인들 사이에서 어떻게 활동하였는지에 관하여 열심히 전하였습니다.(8:25)

누가의 기술은 이제 복음이 다른 경계선을 넘고 있음을 보여 줍니다. 빌립은 남으로 향하여 예루살렘에서 가사로 내려가는 길로 가라는 명령을 받았습니다(8:26). 그

길은 지중해로 연결된 이집트의 해안을 따라가는 길이었습니다. 그는 병거를 타고 가면서, 당시의 관례대로 큰 소리로 책을 읽는 한 에디오피아 흑인을 보았습니다. 그리고 그는 친숙한 구절, 곧 이사야 53장 7~8절을 듣게 되었습니다.

이 사람은 누구입니까? 여왕의 재산을 담당하는 권세 있는 공무원이었습니다(행 8:27). 그는 여왕의 다른 하인들처럼 여왕에게 위협이 될 수 없도록 거세된 자였습니다. 유대인의 법에 의하면 거세된 자들은 성전 출입과 유대교인으로 개종하는 것이 금지되어 있었습니다(신 23:1). 이에 현명하고 거액을 관장하는 이 사람은 결혼이나 가족, 신앙 공동체로부터 배제되어 있었습니다. 의심할 여지없이 그는 이사야를 읽고 있었습니다. 빌립이 "읽는 것을 깨닫느냐?"라고 질문했습니다(행 8:30). "지도해 주는 사람이 없으니 어찌 깨달을 수 있느냐?"라고 그가 대답했습니다.(8:31)

사람들은 종종 성경을 이해하는 데 도움을 필요로 합니다. 다른 사람을 어떻게 도와 주고 있습니까?

빌립은 고난받는 종의 예언과 메시아이신 예수님에 관하여 말해 주었습니다. 그러자 그는 궁극적인 질문을 했습니다. "내가 세례를 받음에 무슨 거리낌이 있느냐(8:36)?" 빌립은 수레를 멈추고 이 흑인 내시, 하나님을 경외하는 이방인에게 세례를 주었습니다. 그리고 이 에디오피아 사람은 '기쁘게' 길을 떠났습니다.(8:39)

바울의 회심

로마인이자 베냐민 지파 출신의 순수한 유대인이며, 계명을 따라 사는 바리새인이고, 랍비 가말리엘의 제자였던 사울은 이단을 정죄하는 일에 헌신했습니다. 그는 스데반의 처형을 승인했으며, 예수 믿는 자들을 감옥에 가두는 것뿐만 아니라 더 심한 일들도 했습니다. 자발적으로 다른 마을까지 가서 신자들을 박해했습니다. 사울은 신자들을 예루살렘으로 잡아올 목적으로, 대제사장에게 다메섹에 있는 회당들에 전할 공문을 요청하였습니다.(행 9:1~2)

바울의 회심에서 중요한 점은, 다른 사람의 회심은 설교나 치유, 증언으로부터 오는 데 반하여 그의 경우는 예수님으로부터 왔다는 점입니다. "오직 예수 그리스도의 계시로 말미암은 것이라(갈 1:12)." 사울은 예수님으로부터 직접 부름을 받았습니다.

다메섹에서 그는 소경이 된 채로 3일 동안 아무것도 먹지도 마시지도 않으며 누워 있었습니다(행 9:9). 어떤 용기가 아나니아에게 자신을 체포하러 온 사울을 만나러 가게 했을까요? 모세나 다른 하나님의 종들처럼 그도 하나님과 논쟁했습니다(9:13~14). 그러나 하나님이 가라고 명령하시자 지체 없이 갔습니다. 아나니아의 첫

"고자도 말하기를 나는 마른 나무라 하지 말라 여호와께서 이와 같이 말씀하시기를 나의 안식일을 지키며 …… 나의 언약을 굳게 잡는 고자들에게는 …… 아들이나 딸보다 나은 기념물과 이름을 그들에게 주며"(사 56:3~5)

사도행전 13장 9절까지는 나타나지 않는 바울이라는 이름은 그의 서신들과 전도 여행을 언급할 때 사용됩니다.

마디는 실로 놀라웠습니다. "형제 사울아(9:17)." 아나니아는 두 손을 사울에게 얹어 눈의 비늘 같은 것을 떨어지게 했으며, 그에게 음식과 물을 주었습니다.

새로운 경험을 한 사울은 이제 예수님의 증인이 되었습니다. 사역 활동 몇 년 후 갈라디아 사람들에게 쓴 편지에서 그는 자신의 회심에 대해 이렇게 회고합니다. "내가 곧 혈육과 의논하지 아니하고 또 나보다 먼저 사도 된 자들을 만나려고 예루살렘으로 가지 아니하고."(갈 1:16~17)

그는 2년 넘게 기도와 명상을 위해 아라비아에서 지냈습니다. 의심할 여지없이 바울에게 그 시간은 예수님의 광야생활, 이스라엘의 시내 산 생활과 같은 의미였습니다. 회심 직후 사울이 다메섹 회당에서 예수를 증언하고 가르치기 시작하자, 유대인들은 놀라며 당혹감을 감추지 못했습니다. 나중에는 권위자들도 바울의 문제를 염려하였고, 총독도 그를 체포할 심산으로 성문을 지켰습니다. 그러나 신자 친구들이 광주리에 바울을 담아 내려 피신을 도왔습니다.(행 9:23~25; 고전 11:32~33)

이방인을 위한 사도

바울은 회심하고 부름을 받은 지 3년 만에 예루살렘을 방문하였습니다. 그는 사역 전 기간을 통하여 사람들이 자신의 사도직 정통성에 대해 질문한다거나 그를 열등한 사도로 보는 것에 무척 방어적이었습니다. 갈라디아인들에게는 하나님이 마치 예레미야에게 그러셨던 것처럼 자신을 태어나기 이전부터 구별해 놓으셨다고 주장했습니다. 바울도 갈릴리 바닷가의 어부들과 마찬가지로 하나님의 은총으로 부름받았습니다. 그도 열두 제자처럼 부활하고 살아 계신 그리스도를 보았습니다(고전 15:8). 그 또한 성령의 능력을 압니다.

그래서 바울이 베드로를 방문하러 예루살렘에 갔을 때, 복음을 전해 들으려고 가지 않았습니다. 그는 공동체 모임에 간 것이었습니다. 예수의 동생 야고보와 이야기할 때, 그는 그리스도의 정신을 전해 받으려고 하지 않고 신자 대 신자로서 이야기를 나누고자 했습니다.

사도행전에서 누가는 격려에 능하고 사도들 간의 냉랭함을 깨는 바나바의 좋은 면들을 보여 줍니다. 그들은 아나니아처럼 사울을 두려워했습니다. 그러나 바나바는 베드로와 사울이 동료가 될 수 있도록 문을 열어 주었습니다.

몇 년이 지난 후에야 바울은 자신이 단지 사도로 부름받은 것이 아니라 특별하고 다른 방법으로 이방인의 사도가 되도록 부름받았음을 알게 되었습니다. 그리하여 교회가 "평안하여 든든히 서 가고 주를 경외함과 성령의 위로로 진행하여 수가 더 많아졌습니다."(9:31)

⌂ 세상 속으로

어느 누구도 순교자가 되길 원하지 않으며, 하나님 또한 우리가 순교당하길 원치 않으십니다. 그러나 하나님은 우리가 박해나 죽음에 직면해서도 믿음을 지키길 원하십니다.

교회는 언제나 '순교자들의 피'에 감사해 왔었습니다. 그러나 현대교회는 이런 것들에 대하여 너무 침묵을 지키고 있습니다. 왜 그럴까요?

세상 속에서의 하나님 말씀

하나님의 말씀에서 얻은 이 메시지가 이번 주 내 사역의 나침반이 될 것입니다.

나는 이러한 방법으로 응답할 것입니다.

♡ 안식일

안식일에는 시간을 내서 사람들을 찾아가십시오. 내가 격려할 수 있는 사람을 찾으십시오. 바나바가 되십시오. 신자가 되는 데 도움이 필요한 사람을 방문하고 그에게 전화하고 편지하십시오.

◉ 더 알아보기

■ 우리 교회 출신이나 우리 교회가 지원하는 선교사들의 명단을 확보하십시오. 그들이 어디에서 일하는지 염두에 두고, 그들을 위해서 기도하십시오.

선교에 대한 열정

주를 섬겨 금식할 때에 성령이 이르시되
내가 불러 시키는 일을 위하여 바나바와 사울을 따로 세우라 하시니
이에 금식하며 기도하고 두 사람에게 안수하여 보내니라
(사도행전 13:2~3)

이 과의 주제

안디옥

영성 훈련

금식 무언가를 결정하고, 방법을 찾고, 자유를 경험하기 위한 우리의 노력은 금식 중에 정진할 수 있습니다.

✋ 우리의 모습

어떤 사람은 자신의 신앙 노선이 다른 사람의 신앙 노선보다 우월하다고 생각합니다. 그러나 누구든 자신만의 신앙 노선이 있기 마련이고, 어느 하나가 다른 것들보다 우월하거나 열등하다는 생각은 옳지 않습니다. 그것은 모두 각자의 견해와 연관되어 있기 때문입니다.

✝ 내려놓기

성경 공부를 하기 전에 먼저 하나님께 기도를 드립니다. 아래의 시편 말씀이 좋은 길잡이가 될 것입니다.

> 주여 신들 중에 주와 같은 자 없사오며 주의 행하심과 같은 일도 없나이다 주여 주께서 지으신 모든 민족이 와서 주의 앞에 경배하며 주의 이름에 영화를 돌리리이다 무릇 주는 위대하사 기이한 일들을 행하시오니 주만이 하나님이시니이다
> (시편 86:8~10)

이번 주 기도 제목을 구체적으로 적어 기도합시다.

👂 귀 기울이기

당시 가장 중요한 과제는 유대계 기독교인에게 이방인의 회심과 성령 체험을 이해시키는 일이었습니다. 그리고 기적처럼 교회는 하나가 되었습니다. 사랑과 화해에 관한 한 베드로(온건론자), 야고보(보수주의자), 바나바(온건-자유주의자)와 바울(자유주의자)을 신뢰하십시오.

연결고리 : 문장의 주어(명사), 행동(동사), 행동의 목적(누가 무엇을 누구에게 했습니까? 혹은 무엇을 했습니까?) 등 문법에 주의를 기울이십시오. 특별히 동사가 독자에게 무엇을 말하는지 주의하십시오.

D1   사도행전 9:32~10:48(치유 받은 애니아와 도르가; 베드로와 고넬료)

D2   사도행전 11장(베드로의 이방인에 대한 보고, 안디옥에서 기독교인이라 일컬음을 받음)

D3   사도행전 12장(야고보의 순교와 베드로의 석방)

D4   사도행전 13~14장(바나바와 바울의 파송)

D5   사도행전 15:1~35(예루살렘 회의)
갈라디아서 2장(사도 바울)

D6   교재 내용

💧 말씀 속으로

예루살렘은 끓는 냄비처럼 들끓고 있었습니다. 예수께서 탄생하신 직후 헤롯 대왕이 죽은 이래로 외형적인 유대의 독립자치제는 완전히 사라졌습니다. 로마가 직접 그리고 거세게 유대를 통치하기 시작했습니다. 가이사 아구스도에 의해 이루어진 인구 조사는 광대한 세금 정책이었습니다. 유대인들은 로마에 바치기 위해서 짜내야 하는 조세에 분개했습니다. 유대가 공물을 다 바치지 못할 때는 로마의 대리인이 성전 재산을 압수함으로써 부족액을 채웠습니다.

예수께서 십자가에 못 박히시고 난 뒤, 정치적·사회적 상황은 더욱 악화되었습니다. 로마의 입장에서 보면, 유대의 독특한 삶의 방식과 독립 정신은 계속되는 불안의 원인이었습니다. 끊이지 않고 자유를 위해 투쟁하는 선동가, 자칭 메시아가 나타났습니다. 로마 군대는 반란이 일어날 때마다 반란군을 진압해야 했습니다.

로마 총독은 헤롯 대왕이 아구스도 황제에게 하사하기 위해 지은 지중해에 있는 인공 항구 도시 가이사랴에서 통치했고, 그곳에서 로마 군인이 끊임없이 왔습니다. 로마는 무력으로 예루살렘을 지배했을 뿐만 아니라 그들의 삶을 주관하는 대제사장까지 임명하여 그들을 지배했습니다.

아직도 명확한 이름이 붙여지지 않은, 예수님을 따르는 유대인들은 수많은 의견들 중에 메시아적 의견을 고수하는 '나사렛' 종파였습니다. 비록 오순절 이후 모든 성원이 즉각적으로 한마음이 되었지만, 그들도 점차적으로 서로 다른 견해를 가지기 시작했습니다.

예를 들면, 유대계 기독교인과 헬라계 기독교인 사이에 의견 차이들이 나타나기 시작했습니다. 이미 배운 것처럼 그 시초는 과부에 대한 이견이었습니다. 그러나 깊이 들어가면 신학적이고 도덕적인 갈등의 고리를 찾아볼 수 있습니다. 사도들이나 일찍 회심한 사람들, 예수님의 어머니 마리아와 같은 유대 땅에 살던 유대인들은 기도생활을 강화시켰고, 예수가 과격하게 해석한 바에 따라 모세의 법을 지켰으며, 정기적으로 성전에 갔고, 또 다른 사람 집에서 떡을 나누었습니다. 그러나 예수님의 부활을 경험한 후 비로소 회심을 한 예수의 동생 야고보는 점진적으로 예루살렘, 특히 히브리인을 중심으로 한 교회의 지도자가 되었습니다.

다른 한편, 스데반과 같은 헬라어를 사용하는 유대인 개종자는 율법이나 의식에 규제를 덜 받았습니다. 그들은 복음주의적인 경향이 더 강했습니다. 박해로 인해 흩어졌을 때 어디를 가나 그들은 말씀을 전하고 신앙 공동체를 만들었습니다.

당시 기독교인들은 정치적 상황을 어떻게 받아들였습니까? 헬라인이나 히브리인 누구도 열심당원은 아니었습니다. 비록 예수님이 두 선동가 사이에서 '유대인의 왕'이라는 명칭을 머리 위에 붙이고 십자가에 달리시긴 했지만, 예수를 따르던 무리는 그가 무력을 규합하러 온 것이 아니라는 것을 알고 있었습니다. 그는 정치적 혁명에 등을 돌리고 있었습니다. 세금에 관한 그의 충고는 중도적이었고, 동전에 가이사의 형상이 있는 한 세금을 내야 했습니다.

유대인의 민족주의를 상징하는 성전에 관한 태도는 어떠했습니까? 어떤 이는 마지막 때가 왔다고 믿었습니다. 정치적 긴장의 먹구름은 대참변에 대한 믿음을 강화시켰습니다. 성전이 파괴되면 앗수르와 바벨론 시대처럼 하나님의 심판을 받게 될 것이라 믿었습니다. 도시가 파괴되기 시작하면 달아나라는 예수님의 말씀을 기억하고 이미 많은 사람들이 그렇게 하고 있었습니다.

그래서 우리는 주후 30년과 유대인 봉기가 있었던 주후 66년 사이에 예루살렘 교회가 더 보수적이 되고 살아남기 위해 더 많은 유대인들이 철저히 유대교를 피난처로 삼고 있음을 볼 수 있습니다. 또 모든 피난민들이 그렇듯이 흩어진 헬라파 유대인들은 살아남기 위한 환경을 만들어 갔습니다. 주후 70년, 예루살렘 붕괴 이후로 유대 기독교인들도 죽임을 당하거나 흩어져 살아야 했습니다.

이방인을 위한 복음

베드로가 부유한 농업 지대인 샤론 지방에 자리잡고 있는, 아주 작은 유대 마을 룻다를 방문하였습니다. 이미 몇몇 신자들이 그곳에 살고 있었습니다. 베드로는 그리스도의 이름으로 8년간 중풍병으로 고생하던 애니아를 고쳐 주었습니다.(행 9:32~35)

다음에는 오늘날의 텔아비브의 항구 도시인 자파, 예루살렘에서 56km 떨어진 욥바를 방문했습니다. 이곳은 요나가 선교 명령을 저버리기 위해 배를 타러 갔던 곳입니다.

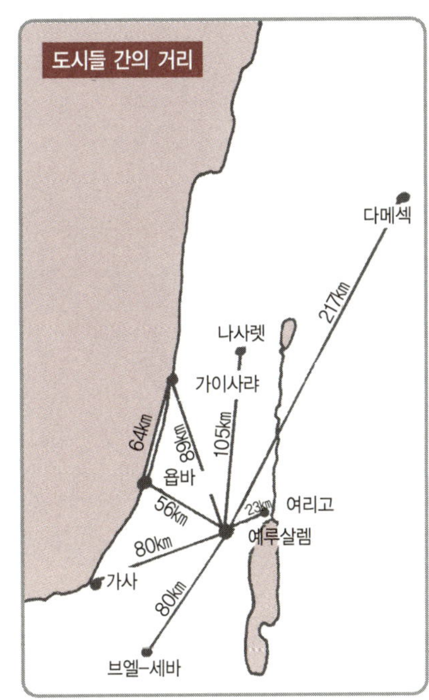

그곳에서 베드로는 헬라 이름으로는 도르가이고, 아람어와 히브리 이름으로는 '가젤'이라는 뜻의 다비다라는 여인의 집으로 청함을 받습니다(9:36). 그녀는 이방인과 가난한 사람과 과부와 고아를 잊지 말라는 모세의 가르침을 잊지 않고 도움을 필요로 하는 사람에게 늘 재빨리 달려갔습니다.(신 24:19~22)

베드로가 욥바에 도착했을 때 이미 도르가는 죽어 시신이 씻겨져 장사를 기다리며 다락방에 눕혀져 있었습니다. 베드로는 사람들을 다 내보내고 '무릎을 꿇고 기도했습니다(9:40).' 그러자 죽었던 도르가가 베드로의 도움을 받고 일어나 '성도들과 과부들'에게 인사했습니다(9:41). 도르가를 통해 보여진 증거를 보십시오! 의심할 여지없이 "많은 사람이 주를 믿게 되었습니다."(9:42)

도대체 왜 베드로가 피장(제혁업자)인 시몬의 집으로 가서 머무르며 그와 먹게 되었을까요(10:6)? 전직 어부인 베드로는 비록 피장업자가 다른 사람들이 이웃으로 삼고 싶어하지 않는 사람임에도 타인의 이목을 두려워하지 않았습니다. 유대인들 사이에서 피장업자는 의식적으로 불결한 사람이었고, 어떤 랍비에 의하면 그들은 '경멸해야 할' 대상이었습니다. 왜 그랬을까요? 직업상 계속해서 죽은 짐승을 다루어야 했고, 피부를 소독하기 위해 소변을 사용했기 때문입니다. 아마도 제혁업자 시몬이 낯선 이를 초대한 것 같습니다. 아마도 사도 시몬이 예수께서 이런 일을 하셨음을 알았던 것 같습니다. 아마도 복음의 힘이 작용한 것 같습니다.

기독교 역사에 분수령이 있다면, 그 중 하나는 베드로의 고넬료 방문일 것입니다. 빌립이 이미 가이사랴를 방문한 바 있습니다. 아마 그가 기초를 다져 놓은 것 같습니다(8:40). 로마의 직업 군인인 고넬료는 신실한 신자가 되었습니다(10:2). 이 방인인 그는 하나님을 경외하였고 기도와 성경 공부와 구제에 힘썼습니다. 그는 기도하던 중에 천사에게 욥바에서 피장업자와 머무르는 베드로에 관하여 듣고, 곧 신임하는 병사와 하인 두 명을 보내 가이사랴로 초대했습니다.(10:7~8)

이 특사들이 해안을 따라 욥바로 향할 때, 베드로는 기도하기 위해 시몬의 집 지붕에 올라가 있었습니다. 무아지경에 빠져 있던 그는 네 귀퉁이가 끈으로 달린 큰 보자기에 수많은 짐승과 파충류, 여러 종류의 새들이 담겨져 하늘로부터 내려오는 환상을 보았습니다. '하늘로부터'란 하나님으로부터라는 의미고, '네 귀퉁이'는 온 세상을 의미합니다. 청결한, 그리고 불결한 모든 창조물을 의미합니다.

왜 모세의 율법에 의해서 어떤 음식들은 불결한 것으로 선포되었는지를 기억해 내기란 쉽지 않습니다. 그러나 성경은 매우 분명하게 말합니다. 음식에 관한 법은, 하나님의 선별된 백성과 그렇지 않은 사람을 분명히 구별하고자 함입니다. 택함받은 백성인 유대인들은 달라야 했고, 하나님의 법에 따라 살아감으로써 자신들을 구별해야 했습니다. 할례를 받지 않거나 부정한 음식을 먹거나 안식일을 지키지 않는 것은 유대인이 되지 않고자 함입니다. 그러나 하나님께서 베드로에게 세 번 말씀하십니다. "하나님께서 깨끗하게 하신 것을 네가 속되다 하지 말라."(10:15)

하나님이 보내신 것처럼 세 남자가 나타났습니다. 베드로는 두 명의 이방인 하인과 로마 군인을 불러들여 잠자리를 청했습니다(10:23). 접대를 한 것입니다.

그 다음날 그들은 가이사랴로 향했습니다. 베드로는 고넬료의 집에서 "하나님은 사람의 외모를 보지 아니하시고(10:34)."라고 말했습니다. 그러고 나서 예수님의 사역과 십자가와 부활에 대해 말했습니다. 그는 또 부활하신 예수님에 대한 자신의 체험을 말했고, 예수를 믿는 자는 누구든지 죄 사함 받는 것을 증거했습니다.

베드로가 설교하는 중에 성령이 그들 위에 임하셨습니다. 베드로와 함께 간 유대인 신자들은 놀라지 않을 수 없었습니다. 베드로는 고넬료와 그의 집안 식구들에게 세례를 베풀었고, 그와 그의 유대인 신자들은 고넬료와 수일간 더 머무르면서 식탁 공동체에 함께 참여했습니다.

베드로의 환상에 의해 벌어진 이 엄청난 변화를 보십시오. 나의 태도나 행동을 이렇게 엄청나게 변화시킬 수 있는 상황은 어떤 것입니까?

예루살렘으로 돌아간 베드로는 고넬료와 함께 먹은 것 때문에 보수적인 유대인 신자들로부터 힐책을 받습니다(11:1~3). 점차 누가는 그들을 '할례파' 라 부르기 시작합니다. 천 년을 넘게 지켜오던 음식법의 전통이 재고의 필요성 아래 놓이게 된 것입니다. 다른 사도들만이 아니라 예수님의 동생 야고보도 이 자리에 있었음을 기억하십시오. 베드로가 말을 마칠 때에 "하나님께 영광을 돌려 이르되 그러면 하나님께서 이방인에게도 생명 얻는 회개를 주셨도다(11:18)." 하였습니다. 기독교는 유대교의 한 종파로 남는 대신 유대주의를 깨고 전 세계로 퍼져 나가기 시작한 것입니다.

처음 기독교인이라 일컬음을 받음

수리아의 **안디옥**(행 11:19~30)과 같은 이름을 가진, 그러나 규모면에서 훨씬 작은, 바울이 기독교 공동체로 처음 만들었던 아시아의 안디옥을 혼동하지 마십시오(13:13~52). 몇몇 신자들이 박해를 이유로 예루살렘으로부터 안디옥으로 흘러들었습니다(11:19). 또 구브로와 오늘날의 시리아인 구레네에서 온 사람들도 있었습니다(11:20). 이 신자들이 증거하고 기도할 때에 다른 사람들은 여전히 개종하고 있었습니다. 아람어를 말하는 유대인, 헬라어를 말하는 유대인, 하나님을 경외하는 이방인, 그리고 아주 평범한 이방인까지도 있었습니다.

예루살렘 교회가 이런 성령의 역사를 경험할 때에 안디옥에 파송한 사람은 판단

신약 시대 수리아의 수도였던 **안디옥**에는 오만 명 정도의 사람들이 살았다. 300년 전 알렉산더 대왕의 장군 아들 이름을 따라 안디오쿠스라고 불렸던, 지중해 연안 동북쪽 귀퉁이에 있는 보론테스 강가에 위치한 안디옥은 항구 도시였다. 도시 계획이 잘 되어 바둑판처럼 보였다. 또한 극장과 운동 경기장, 아름다운 건물들을 자랑하는 세계적인 도시였으며, 수리아인 헬라인 로마인 등 세계 각지에서 모인 사람들이 살았다. 유대인 인구는 지중해 연안 주요 도시들과 마찬가지로 10% 정도에 지나지 않았다.

이 정확하고 사람을 사랑할 줄 아는 바나바였습니다(11:22). 이 변화가 얼마나 대단한 것인지, 사람들이 얼마나 가르침과 설교와 양육을 필요로 하는지를 깨닫게 되었을 때, 그는 다소로 가서 바울을 안디옥으로 데리고 왔습니다. 당시에 그들은 특별한 명칭 없이 '예수를 믿는 자들', '길을 따르는 자들' 혹은 '사도들'로 불렸습니다. 아마도 비웃는 어조로 '그리스도-신자들(Christ-ers)'이나 기독교인이라고 불렸던 것 같습니다.(11:26)

성령은 뜨겁게 타올랐습니다. 가끔씩 예언을 하는 자도 있었습니다. 한 예로 예루살렘에서 온 아가보라는 자는 "천하에 큰 흉년이 들리라(11:28)."고 예언했습니다. 신자들은 이 환상을 심각하게 받아들여서, 기금을 조성해 바나바와 바울을 통해 이미 큰 위험 속에 있는 예루살렘에 보냈습니다.

투옥된 베드로

예루살렘에서는 종교저 박해가 정치적인 것으로 바뀌었습니다. 헤롯 대왕의 손자인 헤롯 아그립바 1세는 신자들은 물론이고 유대법을 지키는 자들까지 투옥시키기에 이르렀습니다. 그가 대제사장과 협력하였는지, 유대 지도자들의 호응을 얻기 위해서 그리하였는지(12:3) 혹은 반란을 두려워해서 그리하였는지는 알 길이 없습니다. 그는 예수님의 동생 야고보를 처형했으며, 베드로를 투옥시켰습니다.

믿지 못할 베드로의 탈출 이야기(12:6~11)는 신비와 초조함과 유머로 가득 차 있습니다. 여종 로데가 베드로의 목소리를 확인했으면서도 너무 놀라 문 열어 주는 것을 잊은 장면을 보고 누가 웃지 않을 수 있을까요? 현실화될 것을 기대하지 않고 드린 기도가 응답되었을 때, 누가 놀라움에 고개를 젓지 않을 수 있을까요?

그때의 긴장감을 느낄 수 있습니다. 베드로는 손을 들어 조용히 할 것을 명한 뒤에 재빨리 자신이 경험한 신비로움을 말하고 야고보에게 전할 말만을 남긴 채 어둠 속으로 사라졌습니다.

헤롯 아그립바 1세는 정치적인 음모와 로마와의 제휴로 정상을 향한 고삐를 꽉 잡고 있으면서 예루살렘 대제사장과도 밀접한 관계를 유지했습니다. 마침내 그는 주후 41년에 헤롯 대왕이 다스리던 모든 지역을 통치할 수 있는 권한을 로마로부터 넘겨받았습니다. 3년 뒤에 그는 가이사랴에서 자신의 지시로 "신의 소리요 사람의 소리는 아니라(12:22)."고 소리치는 이들 앞에서 눈부신 은실 의복을 입은 채 거들먹거리며 왕좌에 앉았습니다. 그러나 어느 날 갑작스럽게 병으로 쓰러진 뒤, 비참한 최후를 맞이하게 됩니다(12:20~23). 누가는 그를 하나님의 사역을 무모하게 막으려다 헛되이 죽은 이로 묘사합니다.

첫 선교사들

안디옥 교회에서는 성령의 역사가 활발하게 일어나고 있었습니다(행 13:1). 전 세계로부터 온 기독교 지도자들이 그곳에 모여들었습니다. 바나바의 사촌 요한 마

가도 왔습니다. 바울도 그곳에 왔으며, 니게르(흑인)라 불리는 시므온과 구레네 사람 루기오도 있었습니다. 베드로를 포함한 여러 사도들이 와서 설교했습니다.

금식이 그들 예배의 핵심이었습니다. 안디옥 교회가 기도하며 금식할 때에 성령이 임재하셨습니다. 누가는 예수님을 사역으로 이끌고 오순절을 경험하게 한 그 성령이 지금 그들의 선교 열정 위에도 함께하는 것이라 굳게 믿었습니다. "내가 불러 시키는 일을 위하여 바나바와 사울을 따로 세우라(13:2)." 성령이 말했습니다.

그리하여 교회는 기도하고 금식하고 바나바와 바울의 머리 위에 손을 얹은 후 '두 사람을 보냈습니다(13:3).' 어디로 갔을까요? 바울의 첫 번째 선교 여행지를 지도에서 유심히 살피십시오. 오늘날의 터키 남쪽 해안에 있는 구브로의 동서쪽 항구를 보십시오. 그 다음 안디옥의 내부 도시들, 이고니온, 루스드라, 더베를 눈여겨보십시오. 바다와 육지를 합하여 그는 1000마일도 넘게 여행하였습니다.

선교 여행의 계속되는 패턴을 기억하십시오. 처음에는 증언할 수 있는 회당으로 갔습니다. 동정심이 많은 사람의 집에서 유숙하였습니다. 그들의 메시지는 혼동과 분열을 일으켰지만, 몇몇 유대인과 하나님을 경외하는 이방인들은 개종하였습니다. 저항하는 유대인 사회로부터 비난과 공격이 쏟아져 왔으며, 어떤 때는 바울이 돌팔매질을 당하기도 했습니다(14:19). 그 격노가 너무 심해 어떤 유대인은 도시마다 따라다니며 그들을 박해했습니다. 그러자 바울은 이사야 49장 6절의 권위를 빌어 "우리가 이방인에게로 향하노라."고 했습니다.(행 13:46~48)

예루살렘 회의

안디옥으로 여행한 몇몇 보수적인 유대 지역의 유대인 신자들은 새로운 이방인 기독교인들이 할례받지 않은 것에 대하여 아연실색했습니다(행 15:1~2). 그들의 생각에는 유대 기독교인으로 개종할 수는 있지만, 할례를 받지 않으면 구원을 받을 수 없기 때문입니다(15:1). 바울과 바나바는 두 가지 이유로 이 문제를 설명했습니다. 첫째, 그들은 할례받지 않은 이방인들에게서 회개와 용서, 진정한 개종의 표식, 성령의 경험을 목격한 바 있습니다. 그러므로 할례는 더 이상 구원에 선행하는 전제 조건이 아닙니다. 둘째, 바울이 이해하는 바로는 개종자가 모세의 율법을 받아들인다면 그 사람은 이미 모든 것을 받아들인 것입니다. 할례는 의식적인 것 이상을 의미하여 율법의 모든 의무 조항에 사람을 얽매이게 합니다.

이것은 성령과 분열이 없는 교회에 대한 찬사입니다. 사도들에게 아직도 권위가 있기 때문에, 안디옥 교회는 예루살렘에 대표단을 파견했습니다. 양쪽 의견을 충분히 들은 후 베드로는 다시 그의 환상과 고넬료에게 성령이 부어진 것을 말했습니다.

보수적 히브리 율법 준수의 권위자이던 야고보는 다음과 같은 중보안을 내놓았습니다. '할례는 필요치 않습니다(이 결정은 바나바와 바울을 만족시켰습니다). 그러나 다른 사항들은 너무 민감한 것들이라 만약 그들이 위반하면 어떤 유대인이라도 거부감을 가질 것입니다. 이교도의 제단에 바쳐졌다가 상점에서 팔리는 고기는 먹지 마십시오. 피를 마시지 말며, 피가 빠지지 않은 고기를 먹지 마십시오. 난잡한 성관계나 간음을 하지 마십시오(15:19~20).' 이것에 모두가 동의했습니다. 안디옥의 회중은 환호했고, 교회의 단일성은 유지될 수 있었습니다. 이제 복음의 문은 유대인과 이방인, 온 세계를 향해서 열렸습니다.

⬆ 세상 속으로

오늘의 세계는 고대 시대와 마찬가지로 서로 간의 대화를 힘들게 하는 여러 언어, 인종, 문화 단체로 형성돼 있습니다. 그러나 성령은 신자들의 선교 사역을 통해 이 경계들을 넘을 수 있도록 합니다. 대부분의 교회들은 대단히 제한적이라 문화적으로는 안락합니다. 그래서 우리 대부분은 어떻게 세상 밖으로 나가야 하는지를 모릅니다. 어떻게 하면 나 스스로 배울 수 있을까요? 제자 훈련 모임이 혼자 스스로 할 수 있을 때까지 함께 이 울타리를 넘는다면 어떨까요?

> **세상 속에서의 하나님 말씀**
> 하나님의 말씀에서 얻은 이 메시지가 이번 주 내 사역의 나침반이 될 것입니다.
>
>
> 나는 이러한 방법으로 응답할 것입니다.

♡ 안식일

안디옥 교회는 성령이 그들에게 선교사를 보내라고 명령했을 때 금식했습니다. 금식은 일종의 금욕으로 이해할 수 있습니다. 이번 안식일에 간소한 식사와 조용한 명상을 시도해 보십시오.

◎ 더 알아보기

■ 성경 시대에 존재했던 도시와 지역, 나라의 많은 명칭들이 지금은 사라져 버렸거나 다른 이름으로 바뀌었습니다. 현대의 지도를 사서 다양했던 선교 여행의 발자취를 따라가 보십시오. 지역들과 나라들과 도시들과 섬들과 강들을 현재 위치에 표시해 보십시오. 그리고 그것을 매일 신문에서 접하는 해외 뉴스처럼 머릿속에 간직하십시오.

이 과의 주제

빌립보

기쁨으로 행하라

그들을 데리고 자기 집에 올라가서 음식을 차려 주고
그와 온 집안이 하나님을 믿으므로 크게 기뻐하니라
(사도행전 16:34)

⬆ 우리의 모습

우리는 일이 잘 풀려 나가면 기뻐하고 그렇지 않을 때는 슬퍼합니다. 높은 신분에 있거나 충분한 돈을 가지고 있으면 사람들이 잘 대해 줄 것이고, 그러면 행복할 것이라고 생각합니다. 사람들은 세상에서 어떻게 살아야 하는지를 말해 주지만, 그것들은 대부분 행복한 삶과는 거리가 먼 방법들입니다.

✝ 내려놓기

성경 공부를 하기 전에 먼저 하나님께 기도를 드립니다. 아래의 시편 말씀이 좋은 길잡이가 될 것입니다.

> 지존자여 십현금과 비파와 수금으로 여호와께 감사하며 주의 이름을 찬양하고 아침마다 주의 인자하심을 알리며 밤마다 주의 성실하심을 베풂이 좋으니이다
> (시편 92:1~2)

이번 주 기도 제목을 구체적으로 적어 기도합시다.

영성 훈련

찬양 자기중심적인 존재에서 하나님 중심적인 존재로 옮겨가면, 우리의 삶은 걱정에서 기쁨으로 변합니다.

✆ 귀 기울이기

이 과에서는 역사와 사도행전과 바울 서신을 통해서 얻은 빌립보에 관한 정보를 한 곳에 정리해 놓았습니다. 하나님이 바울에게 확실한 환상을 보여 주셨기 때문에 그는 빌립보로 질주해 갔습니다. 빌립보에 있는 루디아의 집에서와 데살로니가에 있는 회당에서, 그리고 아덴에서 선교 방법의 차이점을 살펴보십시오.

연결고리 : 성경 내용을 자신의 말로 이해하는 연습을 하십시오. 한 사건을 묘사하는 본문을 골라 연습하십시오.

D1 | 사도행전 15:36~16:15(바울의 2차 전도 여행과 마게도냐의 환상)

D2 | 사도행전 16:16~40(바울이 귀신들린 소녀를 치료하다, 빌립보의 간수)

D3 | 사도행전 17장(데살로니가, 아덴)

D4 | 빌립보서 1~2장(감옥 안에서 기뻐하는 바울, 그리스도의 겸양)

D5 | 빌립보서 3~4장(경고, 그리스도 안에서의 바울의 승리, 기뻐함)

D6 | 교재 내용

🔖 말씀 속으로

바울은 진실한 사람이었고, 바나바는 사랑의 사람이었습니다. 바울은 요한 마가가 향수에 빠져서 그들의 1차 전도 여행을 마치지 않고 떠난 것을 알고 있었습니다(행 15:37~38). 바나바는 그 소년이 그의 사촌이고(골 4:10) 베드로의 친구라는 사실을 알고 있었습니다.

기독교인들이 서로 의견이 다를 때, 그들은 때때로 악수를 하고 헤어졌습니다. 바울과 바나바도 이렇게 했고, 하나님은 그들의 갈등을 선교 열정으로 승화시키셨습니다. 바나바는 요한 마가를 데리고 구브로로 향해 갔고, 바울은 예루살렘 회의로부터 발송된 회유의 편지를 전달했던 실라를 데리고 아시아로 향했습니다.(행 15:37~41)

바울은 지금의 터키 지역을 잘 알고 있었습니다. 그는 큰 항구 도시인 다소에서 자랐으며, 그의 1차 전도 여행은 내륙 도시들을 도는 것이었습니다. 그들은 전도 여행 중에 교회들을 격려하고 개종자를 산출했으며, 안디옥과 예루살렘 소식을 전하였습니다.

루스드라에서 그들은 바울의 초기 회심자로 보이는, 아버지는 헬라인이고 어머니는 유대인인 디모데라는 신실한 청년을 만났습니다(16:1). 바울은 그에게 전도 여행에 동참할 것을 요구했는데, 후에 이들은 아버지와 아들 같은 관계가 되었습니다. 일 년 뒤에 로마 교회에 보내는 편지에서 바울은 그를 '나의 동역자(롬 16:21)'라고 불렀습니다. 그가 감옥에서 최후의 날을 보내고 있을 때, 바울에게 가장 기쁜 일은 디모데의 방문을 받는 것이었습니다. "디모데의 연단을 너희가 아나니 자식이 아버지에게 함같이 나와 함께 복음을 위하여 수고하였느니라."(빌 2:22)

왜 바울이 디모데에게 할례를 받도록 하였을까요(행 16:3)? 헬라인이 할례 없이 개종할 수 있는 권한을 확보하였음에도 불구하고 디모데는 특이한 경우였습니다. 먼저 그의 어머니가 유대인이었고, 무엇보다 할례는 지금까지도 그들의 정체성을 부여하는 첫째 조건입니다. 유대인이나 유대 기독교인 모두 바울이 할례받지 않은 유대인과 여행하는 것을 달갑지 않게 생각했습니다.

고린도전서 9장 19~23절을 보십시오. "내가 여러 사람에게 여러 모습이 된 것은(9:22)"이라는 바울의 말이 무엇을 의미할까요?

....

....

이상한 일이 벌어졌습니다. 바울은 계속해서 아시아를 여행하고자 했으나 성령이 개입하셨습니다(행 16:6). 그들은 여행 일정을 흑해로 잡고 있었으나 '예수의 영이 허락하지 아니' 하셨습니다(16:7). 바울은 트로이 근처에 있는 항구 도시 드로아에서 한밤중에 아주 강한 환상을 보았습니다. 한 남자가 나타나서 청하기를 "마게도냐로 건너와서 우리를 도우라(16:9)."고 했습니다.

바울과 실라와 디모데는 배를 탔습니다. 우리는 사도행전 16장 10절에서 어투의 변화를 볼 수 있습니다. 갑자기 주어가 '우리'로 바뀐 것으로 보아, 누가가 이 그룹에 동참한 것으로 보입니다. 도대체 이 이방인 의사는 어디서 온 사람입니까? 우리는 모릅니다. 그러나 그는 사도행전 16장 10~17절, 20장 5~15절, 21장 1~18절, 27장 1절~28장 16절에서 자신을 전도 여행 참여자로 묘사합니다.

그들은 자신들이 하나님이 원하시는 곳으로 간다는 신념만을 가지고 항해에 올랐습니다. 하루의 항해 끝에 그들은 사모드라게라는 섬에 도착했고, 그 다음날 네압볼리라는 곳에 이르렀습니다. 빌립보를 향한 항구는 16km 정도 떨어져 있었습니다.

언제 나의 운명을 바꿔 놓을 수 있는, 되돌릴 수 없는 결단을 필요로 하는 삶의 분수령을 지나왔습니까?

....

....

로마 식민지

빌립보는 기원전 1세기 후반에 마르크 안토니에 의해 설립된 로마 식민지입니다. 빌립보에는 여러 인종들이 살고 있었기 때문에 다양한 종교가 있었습니다. 빌립보는 로마신, 헬라신, 스토아 철학자들, 그리고 이집트인과 몇몇 신비적 집단의 영향 아래 있었습니다. 복음이 처음으로 순전한 이방인 영역으로 향하게 되었고, 바울은 유럽에 그의 첫 교회를 세울 준비가 되어 있었습니다.

바울은 언제나 회당에서부터 그의 사역을 시작했는데 빌립보에는 회당이 없었습니다. 몇 안 되는 유대인과 하나님을 경외하는 몇 명의 이방 여인들이 안식일에 도시 밖에 있는 강둑에서 열린 기도 모임에 참석했을 뿐인데, 바로 그곳이 바울과 디모데와 실라와 누가가 선교를 시작한 곳입니다.(행 16:13)

뛰어난 여인인 루디아가 말씀을 경청했습니다. 두아디라라는 곳에서 온 그녀는 독립적인 사업가로 고급 자색 옷감과 옷을 파는 여자였습니다(16:14). 왕의 색깔인 사색은 수리아와 베니게 앞바다의 연체동물로부터 채취되는 것이기 때문에 가격이 비쌌습니다.

루디아는 세례받기를 원했습니다. 그녀는 그녀의 집안에 딸린 모든 식구들, 하인과 아이들과 노예까지 세례받기를 원했습니다. 그리고는 선교사들을 집에 모셔 들었습니다. 이것이 루디아에 관해 우리가 알고 있는 것 전부입니다. 바울은 빌립보 교회에 편지하면서 그녀의 호의에 관해 언급하지 않았습니다. 요한이 일곱 교회에게 쓴 계시록에서 볼 수 있듯이, 그녀의 고향은 후에 아주 큰 기독교 교회의 터전이 됩니다.(계 2:18~29)

한밤의 노래

일반적으로 전도자들은 회당에서 신학적인 문제와 부딪혔으나 빌립보에서의 문제는 '경제'였습니다. 바울이 여자 점쟁이를 고침으로 인하여 그녀 주인의 수입을 끊어 버린 셈이 되었습니다.(행 16:16~19)

빌립보에서는 로마법이 성행하고 있었으나 이 여인의 두 주인은 친구들이 있었습니다. 그들은 바울과 실라를 치안 판사와 대중 앞으로 끌고 가 옷을 찢고 때린 후에 감옥에 넣었습니다(16:20~23). 성실한 로마 군인으로 보이는 이 간수는 "그들을 깊은 옥에 가두고 그 발을 차꼬에 든든히(16:24)" 채웠습니다.

여러 모습들이 영감적으로 나타나는데, 등에서는 피가 흐르고 발은 차꼬로 채워진 바울과 실라는 다른 죄수들이 듣는 가운데 한밤중에 찬송을 부르고 시편을 읊었습니다(16:25). 한 시편은 "밤에는 그의 찬송이 내게 있어(시 42:8)."라고 선언합니다. 인생의 어두운 밤중에 하나님을 찬양하는 것, 이 얼마나 영적인 승리입니까!

빌립보는 지진이 많은 지역입니다. 이 지진은 강력하고도 천우에 의한 것이었습니다(행 16:26). 로마 군인은 자신의 의무를 다하지 못한 것에 대하여 비관하여 자결하려 했을 것입니다. 옥문이 열린 것을 본 그는 죄수들이 도망쳤다고 생각해 자신

의 칼을 빼들고 죽음을 택하려 하였습니다(16:27). 이때 바울이 그를 막았습니다. 이 일이 있은 후, 그와 그의 가족은 예수의 이름으로 세례를 받았습니다. 이 이방인 간수는 유대인 전도자들의 상처를 씻어 주고 그들에게 먹을 것을 준 뒤 "그와 온 집안이 하나님을 믿음으로 크게 기뻐하였습니다."(16:34)

바울과 그 무리는 위엄 있게 루디아의 집으로 가서 새신자들을 격려한 후 떠났습니다.(16:40)

세속화된 도시

남서쪽으로 이동하는 중에 전도자들은 여러 능력을 행했습니다. 바울과 그 무리는 '관례대로(17:2)' 회당으로 갔습니다. 알다시피 개종한 무리들 중에는, '경건한 헬라인의 큰 무리와 적지 않은 귀부인(17:4)' 이 있었습니다. 새로이 형성된 교회는 '적지 않은 귀부인과 남자들(17:10~12)' 이 있고 말씀을 잘 듣는 베뢰아로 전도자들을 파송했습니다. 문제가 생겼을 때 디모데와 실라가 남았습니다. 여기에 누가에 대한 언급은 없습니다. 바울은 혼자 서둘러 수도로 향했습니다.

다른 여행자와 마찬가지로 바울은 빛나는 눈으로 아덴을 향해 갔습니다. 그의 고향인 다소는 문화와 교육의 중심지였습니다. 그러나 아덴에 필적하진 못했습니다. 제국의 군사와 정치의 중심부인 로마도 학문과 철학과 예술과 문화면에서는 아덴에 못 미쳤습니다.

바울은 회당에서 변론하고 온갖 뉴스와 소문이 떠도는 장터에서 사람들과 대화했습니다(17:17). 제우스, 나이키, 비너스, 넵튠 등 헬라와 로마의 신상이 가는 데마다 있었습니다. 25만 명이 살고 있던 아덴 시는 그야말로 세계 최고의 도시였습니다. 오늘날의 관광객은 2400년 된 아덴 신전의 몰락을 보지만, 바울은 이 건축의 경이로움을 반짝이는 눈으로 바라보았습니다.

소크라테스와 플라톤과 아리스토텔레스의 도시인 아덴은 철학적인 배경뿐만 아니라 민주주의 전통도 자랑합니다. 그러나 이 민주주의도 귀족 계층이나 교육받은 사람, 또는 재산가들에게만 한정되어 있었습니다. 인구 대부분은 노예였습니다.

교육받은 사람들 사이에서는 종교적·철학적 사변의 소용돌이가 멈추지 않았습니다. 쾌락주의자들은 만족을 줄 수 있는 일이라면 무엇이든지 하여 개인의 행복을 추구해야 한다고 믿었습니다. 육체와 정신 모두 중요하나 죽으면 모든 게 끝난다고 믿었기 때문입니다.

스토아학파는 우주에는 질서가 있으며 이성이 최고 권위이자 운명이 우리의 삶을 주관한다고 믿었습니다. 우주는 주기적이고 시간의 제한이 없습니다. 영은 사라지지 않습니다. 만약 우리가 자연법과 조화를 이루며 산다면 우리는 내적 평안을 얻고 유복해질 것입니다. 그러나 스토아주의는 냉철하고 이성적이어서 하나님과의 관계도, 용서의 기회도 언급하지 않습니다.

신비적인 소수 종파는 덜 이성적인 반면 감정적입니다. 그 목표는 영원한 삶입니다. 방법은 신비 종교에 가담해서 신들의 삶으로 들어가기를 준비 – 금식과 금욕과 밤에 생활하거나 한 주간을 어두운 동굴에서 지내는 것 등 – 하는 것입니다. 그들은 신들과 함께 하는 순간을 경험하고, 특별한 지식에로의 비밀스런 입회를 원했습니다.

거의 종교라고 볼 수 없는, 몇 세기를 걸쳐, 심지어는 오늘날까지도 기독교를 혼란시키는 영지주의는 지식이나 지혜라는 의미의 그노시스(gnosis)에서 온 말인데, 정신은 선하고 물질, 특히 육체는 악한 것이라는 헬라적 사고에서 나왔습니다. 창조된 물질적 질서는 우리를 몰락으로 내치는 현실의 그림자일 뿐입니다. 인간의 구원은 정신적 지혜를 획득하고 물질적 세계를 벗어남으로써 얻어집니다.

창세기를 통해 이 논리를 반박하자면, 하나님은 창조된 모든 것이 좋다(창 1:31)고 하셨습니다. 영지주의는 신약의 성육신과도 상반됩니다. 사도신경은 영지주의를 반박하고 예수님의 온전한 인간성을 강조하기 위해, 예수님이 태어나시고 고난받으시고 십자가에 달리시고 죽으시고 장사되신 것을 고백합니다. 예수님은 인간의 가죽을 두른 영이 아닙니다. 따라서 바울이 아덴의 언덕에 올라가 아레오바고라고 불리는 옛 법정의 자리를 딛고 섰을 때 흥분의 도가니에 있었음이 틀림없습니다. 학자들과 철학자들이 새로운 사상을 듣기 위해 모여들었습니다. 그들은 이미 바울이 장터에서 떠드는 것을 들었고, 이제 정식으로 그의 말을 듣고자 하였습니다.

사도행전 17장 22~31절의 바울의 설교를 읽어 보십시오. 이미 바울은 고린도 교회에게 그가 '말과 지혜의 아름다움(고전 2:1)' 을 가지고 오지 않은 것을 말한 바 있습니다. 그러나 여기, 학자들 앞에선 완벽한 외교관이 되었습니다. 그는 잘 다듬어진 헬라어로 그들의 종교적 관심을 자극하면서, 그들에게는 낯선 하나님의 제단에 대해 말하기 시작했습니다(행 17:23). 그 제단은 모든 토대를 건드리기 위한 시도였습니다. 그리고 나서 그들이 이미 헬라어 번역판 구약성경과 경외서를 읽어 와 알고 있는 유대 역사를 말하였습니다. 그는 스토아학파와 쾌락주의자들이 변화무쌍한 신을 부정하는 것을 확인시켜 주는 헬라어 시를 인용했습니다.

그러나 바울이 예수의 부활을 말했을 때 그들은 고개를 저었습니다(17:31). 어떤 이는 조소했습니다. 그들은 영의 불멸성은 받아들일 수 있었지만, 죽음으로부터 육체가 살아나는 것에 대해서는 그렇지 않았습니다. 바울은 십자가는 "유대인에게는 거리끼는 것(어떻게 메시아가 죽을 수 있습니까?)이요, 이방인에게는 미련한 것(어떻게 사람이 죽음에서 일어날 수 있습니까?) 이라."고 나중에 쓰고 있습니다.(고전 1:23)

아주 적은 숫자가 개종했습니다. 그 시기에는 그곳에 교회가 생기지 않았던 것 같습니다. 그러나 재판장의 주요 멤버였던 디오누시오가 신자가 되었습니다. 역사에 의하면 그는 아덴의 첫 번째 주교가 되었습니다. 다마리와 다른 사람들도 개종하였습니다(행 17:34). 성령의 역사였던 것입니다.

겸손하신 구세주

우리는 누가의 시각에 비춰진 바울의 초기 유럽 교회들, 특별히 빌립보 교회에 대하여 살펴보았습니다. 이제 바울의 편지를 통해 빌립보 교회를 살펴봅니다. 시간이 흘렀습니다. 이 교회는 아마도 주후 51년경부터 시작된 것 같습니다. 이 편지는 그로부터 8~12년쯤 후에 가이사랴나 에베소 혹은 로마의 감옥에 있을 때 쓰여진 것입니다.

바울은 빌립보 교회를 사랑했습니다. 그는 3차 전도 여행 때에도 빌립보를 방문했으며, 계속적으로 자신의 동역자를 보내 격려했습니다. 이 편지는 선한 의지와 기도, 즐거운 기억들로 가득 차 있습니다. 바울과 교회가 성숙해지는 모습을 보십시오. 이 편지는 바울과 디모데로부터 왔습니다. 여기에 '성도와 감독과 집사' 들에 대한 언급이 있습니다.(빌 1:1)

바울은 왜 이 편지를 썼나요? 그들에게 자신이 얼마나 그들을 사랑하는지, 얼마나 그들과 함께 하고 싶어하는지, 그들이 사랑 속에서 성장하기를 얼마나 바라는지 말하고 싶었던 것입니다(1:3~11). 그는 마치 아이의 성장을 바라는 아버지 같았습니다. 자신이 투옥으로 인하여 더 강한 증인 되는 것을 얼마나 기뻐하는지 말하며, 걱정하는 교인들을 달래 주었습니다. 바울은 자신이 '두 갈래길' 사이에 있음을 말합니다. 이 세상을 떠나서 그리스도와 함께 머물고도 싶고, 한편으론 여기서 일하면서 그들의 성장을 지켜보고 싶다고 말입니다.(1:23~24)

이어 '대적자(1:28)'를 말할 때 그는 불화를 생각하기 시작합니다. 그가 얼마나 불일치와 분쟁과 거만한 행동을 혐오했습니까? 자신의 일만을 생각하지 말고 모든 일을 타인의 시각으로 바라봄으로써 일치 속에서 살라는 그의 요구는, 그를 찬송으로 인도했습니다. 대부분의 학자는 빌립보서 2장 5~11절 말씀을 예수님의 겸손을 찬양하는 초기 찬송이나 신앙의 노래로 이해합니다. 예배의 느낌과 아름다움을 느껴볼 수 있도록, 이 구절을 큰 소리로 읽어 보십시오. 예수님은 종이 되시고, 우리를 위해 일반 범죄자처럼 죽으셨습니다. 얼마나 겸손하고 연약한 구세주입니까! 자만한 자들에게는 얼마나 멋진 공격이며, 비천한 자들에게는 얼마나 좋은 구원의 소식입니까!

기쁜 외침

바울은 혹자에게 있어서 순수한 복음의 힘이 약해지는 것을 알게 되었습니다. 그들은 누구였습니까? 이 '손 할례당(빌 3:2)'들은 아직도 할례를 종용하는 보수적 유대인 기독교인들이었습니다. 바울은 이 문제에 대하여는 한 발자국도 양보하지 않았는데, 왜냐하면 기독교인들은 은총으로만 구원받을 수 있으며 그렇지 않다면 그들은 다시 의로움의 종교로 떨어질 것이기 때문입니다. 할례파에 있어서 이것은 오직 할례 행위만을 의미하지만, 바울에게 있어서는 모세 율법의 모든 요구사항을 받아들이는 것을 의미합니다.(갈 5:1~12)

그들의 몇몇 지도자들이 자신들의 '신용장'에 대하여 자만했기 때문에, 바울은 자신의 유대교적 기반을 자랑했습니다(빌 3:4~6). 만약 그들이 온전한 법 준수를 원한다면 바울이 그들보다 나을 것이었습니다. 바울은 관료적 형식주의는 사람을 절망으로 이끈다는 것을 알고 있었기 때문에, 그리스도에 비하면 자신은 '배설물'과 같다고 했습니다.(3:8, 롬 1:16~17)

오늘날 어떠한 도덕주의나 의로운 행위가 사람들을 새로운 개종으로 이끌고 있습니까?

바울은 다른 집단, 즉 '그리스도의 십자가의 원수'들도 비판합니다(빌 3:18). 이들은 구별하기가 쉽지는 않으나 폭식하고 술 취하고 이기적이고 훈련이 부족한 방탕자들입니다. "그들의 신은 배요 …… 땅의 일을 생각하는 자라(3:19)." 그는 이 은총에 의한 구원을 갈라디아서 5장 16~21절에서도 말합니다.

오늘날 교회 내에서는 '복음의 영'을 거스르는 일이 어떤 식으로 일어나고 있습니까?

우리는 유오디아와 순두게가 누군지 모르지만, 바울은 그의 교회에게 완벽한 조화 안에서 살 것과 이들을 받아들일 것을 권합니다.(빌 4:2)

바울은 그의 편지를 기쁨의 외침으로 끝맺습니다. 비록 투옥되었지만, 교회는 그를 즐겨 기억합니다. 그들은 도움을 두 번 보냈습니다. 그리고 지금 다시 한 번 그를 돕습니다. 바울은 그들을 이렇게 회고합니다. "나의 하나님이 그리스도 예수 안에서 영광 가운데 그 풍성한 대로 너희 모든 쓸 것을 채우시리라(4:19)." "주 안에서 항상 기뻐하라 내가 다시 말하노니 기뻐하라."(4:4)

⌂ 세상 속으로

여자들에게 관심을 집중하십시오. 우리 교회는 직장 여성이나 일하는 주부들을 어떻게 포용합니까? 공동체 생활과 성경 공부와 봉사의 기회를 어떻게 활용합니까?

교회 내에서 다른 사람들을 편안하게 해 주기 위하여 어떤 일들을 합니까? 사람들이 언제, 그리고 왜 공동체를 떠나가는지 알고 있습니까?

세상 속에서의 하나님 말씀

하나님의 말씀에서 얻은 이 메시지가 이번 주 내 사역의 나침반이 될 것입니다.

나는 이러한 방법으로 응답할 것입니다.

♥ 안식일

안식일은 이번 주 우리의 태도와 활동들을 형성할 것입니다. 이번 안식일에는 '어떻게 하기' 보다는 '어떻게 되기' 에 관심을 집중시켜 보십시오. 안식일의 '새롭게 하는 힘' 이 나를 변화시키고 내 삶의 나날들을 변화시킬 수 있게 하십시오.

더 알아보기

■ 데살로니가 교회를 격려하는 바울의 편지, 특히 데살로니가전서 4장 1~12절과 데살로니가후서 3장을 읽어 보십시오. 이들은 바울이 쓴 최초의 편지이며, 신약 최초의 저작입니다.

용기의 교제

밤에 주께서 환상 가운데 바울에게 말씀하시되 두려워하지 말며 침묵하지 말고 말하라
내가 너와 함께 있으매 어떤 사람도 너를 대적하여 해롭게 할 자가 없을 것이니
이는 이 성중에 내 백성이 많음이라 하시더라
(사도행전 18:9~10)

☻ 우리의 모습

테두리 밖에서 종교를 들여다보면, 오히려 이로부터 멀어지기 쉽습니다. 때때로 교회는 불화로 가득 찬 세속의 모임보다 더할 때가 있습니다. 교인들은 육체가 물려받은 모든 죄와 연관되어 있는 것처럼 보입니다. 그들은 아주 건방질 수도 있습니다. 그래서 그 종교 단체에 가입하는 것이 가치 있는 일이 아닌 것처럼 보이기도 합니다.

☀ 내려놓기

성경 공부를 하기 전에 먼저 하나님께 기도를 드립니다. 아래의 시편 말씀이 좋은 길잡이가 될 것입니다.

> 나의 영혼아 잠잠히 하나님만 바라라 무릇 나의 소망이 그로부터 나오는도다 오직 그만이 나의 반석이시요 나의 구원이시요 나의 요새이시니 내가 흔들리지 아니하리로다 나의 구원과 영광이 하나님께 있음이여 내 힘의 반석과 피난처도 하나님께 있도다 (시편 62:5~7)

이번 주 기도 제목을 구체적으로 적어 기도합시다.

☞ 귀 기울이기

바울은 고린도전서에서 추잡한 죄악들, 다툼, 성적 부도덕, 우상에게 바쳐진 음식을 먹는 것, 술 취함, 그리고 성례전에서 가볍게 행동하는 문제들과 씨름했습니다. 고린도후서에서는 논쟁점들이 더 미묘해집니다. 바울의 충고는 지극히 친근하고 매우 영적입니다. 그들의 연약함을 동정하기도 하고, 그들의 영적 승리를 축하하기도 합니다.

연결고리 : 본문을 여러 번 읽으십시오. 다시 읽을 때마다 이전에 깨닫지 못했던 것을 발견하게 되면 기록해 두십시오.

D1 사도행전 18장(고린도에서의 바울)

D2 고린도후서 1~3장(고린도에서 바울의 위기, 새 언약의 사역자들)

D3 고린도후서 4~6장(질그릇 속의 보화, 화해의 사역자들)

D4 고린도후서 7~9장(화해의 기쁨, 예루살렘을 위한 헌금)

D5 고린도후서 10~13장(사도로서 바울의 권위, 약한 것을 자랑함)

D6 교재 내용

⬦ 말씀 속으로

바울 시대에 권력은 로마에 있었고, 문화는 아덴에서 꽃을 피웠습니다. 하지만 활력이 넘치는 곳은 고린도였습니다. 인간에게 알려진 모든 종교, 모든 미신, 모든 방탕이 이 항구 도시에서 번성하고 있었습니다. 이 도시는 활력과 돈이 넘치고 태평성대를 누리고 있었습니다.

고린도에서의 바울

주후 50년 혹은 51년경에 바울이 고린도를 방문했을 때, 이 도시의 인구는 약 20만 명의 자유인과 약 30~40만의 노예들로 증가했습니다. 주후 49년에 글라우디오(Claudius) 황제는 기독교인과 유대인들이 회당에서 분쟁을 일으키고 난동을 부렸기 때문에 로마에서 모든 유대인들을 추방했습니다. 많은 유대인들이 고린도로 와서 거기에 적어도 하나 이상의 큰 회당을 세웠습니다.

바울은 작은 배를 탔을 수도 있고, 아덴에서 고린도까지 약 80km를 걸어왔을 수도 있습니다. 평소와 마찬가지로 그는 곧 유대인 중심지를 찾아 냈습니다. 그곳에서 그는 로마에서 쫓겨나 최근에 고린도로 온 아굴라와 브리스길라를 만났습니다. 바울처럼 그들도 장막을 만드는 사람들이었습니다. 그들은 바울을 즉시 집으로 초대했습니다.

바울은 종종 자신이 장막 만드는 일을 하기 때문에 재정적으로 독립되어 있음을 자랑스럽게 이야기했습니다. 어떤 헬라인이나 로마인들은 공부하는 것이 육체 노동보다 우월하다고 생각했지만, 유대인들은, 토라를 공부하는 학생까지 포함해서, 모든 사람이 사업을 해야 한다고 가르쳤습니다. 일에 충실해야 하는 전통적인 가치는 어떤 점에서는 신학적이었고 어떤 점에서는 실제적이었습니다. 하나님은 아담에게 얼굴에 땀을 흘려 식물을 얻어야 한다고 말씀하셨습니다(창 3:19). 그러나 유대인들은 박해 때문에 종종 이동하지 않으면 안 되었습니다. 사업은 생존을 위해 필수적인 것이었습니다.

아굴라와 브리스길라는 친절하고 호의적이고 관대했습니다. 그들이 이동할 때마다 – 고린도, 에베소, 그리고 다시 로마로 – 그들의 집은 교회가 되었고 복음이 선포되었습니다. 바울은 브리스길라를, 아마 별명 같은데, 라틴식 이름 '브리스가'라고 불렀습니다(딤후 4:19). 보통 누가와 바울은 그녀의 이름을 앞에 먼저 기록했습니다. 그녀는 상류층 출신일까요? 혹은 점점 중요해지는 지도자 역할을 감당했을까요? 혹은 두 가지 모두 해당될까요?

물론 바울과 그의 일행은 안식일마다 회당에 참여했고, 유대인들과 하나님을 두려워하는 헬라인들을 가르치고 그들과 논쟁했습니다(행 18:4). 마침 실라와 디모데가 마게도냐에서부터 합류합니다. 회당에서의 분란은 심각했고, 바울의 가르침을 심하게 거부했기 때문에 바울은 그냥 걸어 나와야 했습니다. 그는 "이후에는 이방인에게로 가리라"고 소리치며 바로 옆집, 디도 혹은 디도 유스도라고 하는 헬라인의 집으로 갔습니다(18:6). 바울은 환상 중에 두려워하지 말고 메시지를 계속 전하라는 확신을 얻었는데, 이것은 고린도에 하나님의 백성이 많이 있었기 때문입니다(18:10). 그 뒤로 바울은 용기 있게 또 많은 도움을 받으며 그곳에서 일 년 반 동안 일했습니다.(18:11)

유대인에서 이방인에게로, 회당에서 집으로 옮겨 가는 것에 주목하십시오. 가정에서 모이는 친교는 예루살렘 교회에 널리 퍼져 있었고, 가정의 환대는 소아시아와 마게도냐에서 잘 알려져 있었습니다. 그런데 드디어 가정 교회가 시작되고 있는 것입니다. 기독교인들은 교회 건물이 없었고, 회당은 점점 그들에게 등을 돌리고 있었습니다. 곧이어 바울의 서신에서 '그 집에 있는 교회(고전 16:19)'라는 말이 등장합니다. 긍정적인 면은 친밀함, 기도, 치유, 그리고 소집단 안에서 일어나는 깊은 사랑입니다. 부정적인 면은 가정을 중심으로 모이는 집단들이 다양하게 있어서, 때로 다른 지도자들과의 다양한 관점이 불화를 일으키기도 했습니다.

여행자들은 오늘날에도 고린도로 가서 갈리오 총독이 서서 사회를 보았던 고대 로마의 연단 혹은 단상의 폐허 속을 걸어볼 수 있습니다. 유명한 철학자 세네카(Seneca)의 형제며, 교양 있는 로마의 귀족 갈리오는 종교적인 논쟁을 할 시간이 없었습니다. 그는 하나님께서 말씀하신 대로, (메시아와 같은) '언어' 와 (예수와 같은) '명칭' 과 (할례와 같은) '법' 에 관한 것으로 귀찮게 하지 말라고 하면서 바울에 대한 재판을 거부하며 돌려보냈습니다.(행 18:15)

바울은 브리스길라와 아굴라를 데리고 에베소로 떠났습니다(18:18). 그는 그들을 거기에 두고 가이사랴로 건너가서 교회에 문안하고 고향 소식을 안디옥에 전했습니다. 그는 고린도로 다시 왔는데(고린도후서 2장 1절에 언급한 대로 '고통스러운 방문' 이었습니다), 그의 일정에 대해서 우리가 아는 것은 많지 않습니다. 이제 그의 서신에 나타난 고린도를 공부해 봅니다.

올바른 복음

바울은 위로하는 내용으로 시작했습니다. 고린도의 기독교인들은 고난을 당하고 있었습니다. 고난을 당하는 사람들은 하나님으로부터, 우리를 위해 고난받으신 그리스도로부터 위로를 받을 수 있습니다. 일단 위로를 받은 사람은 하나님이 우리를 위로하시듯 다른 사람을 위로할 수 있는데, 이것은 하나님께 영광을 돌릴 일입니다.

고린도 사람들은 특별한 지식을 말하는 일단의 설교자들에게 현혹당하고 있었습니다. 영지주의자들처럼, 그들은 감춰진 진리를 자랑했습니다. 신비적 제의에 빠진 사람들처럼, 그들은 비밀스런 경험을 암시했습니다. 바울은 그의 복음이 항상 올바르다고 단언했습니다. "우리가 세상에서 …… 하나님의 거룩함과 진실함으로" 행한다고 바울은 말합니다(고후 1:12). 바울과 그의 복음은 감출 것이 하나도 없었습니다.

바울의 설교와 그의 편지들에는 모호하게 두 가지 의미를 동시에 담고 있지 않습니다. 바울은 기독교인들이 당연히 행하여야 할 방법들을 지적하고 있습니다. 그가 선교 여행을 잠시 연기하기로 한 것도 변덕 때문이 아니었습니다. 그는 왔습니다. 그리고 예수는 이래도 좋고 저래도 좋은 것이 아니라고 선포했습니다. "하나님의 약속은 얼마든지 그리스도 안에서 '예(Yes)' (1:20)"이기 때문에, 예수는 거룩한 예(divine Yes)입니다.

오늘날의 많은 종교들이 엉터리 같습니다. 어떤 형태의 기독교는 복음을 팔고 있습니다. 기독교인의 진실한 삶과 수행은 어떤 것일까요?

오늘날 우리에게 올바르고 진실된 복음에 대해 고민하도록 만드는 상황은 어떤 것일까요?

바울은 공동체를 상하게 하는 사람들에게 회개를 요구하는 '통렬한 편지' 를 썼는데, 이것은 오늘날까지 전해지지 않고 있습니다. "나는 그리스도에게 속한 자라 (고전 1:12)"고 말함으로써 우리는 바울이 분파적이었는지 생각해 볼 수 있습니다. 그가 당파적이었고 분열을 조장했습니까? 혹은 그가 성적으로 비도덕적이었나? 바울은 그가 성적인 도덕성을 주장하는 야고보와 예루살렘 기독교인들에게 약속한 것을 잊을 수가 없었습니다.(고후 12:21)

방랑하는 일단의 전도자들은 자신들이 진실하다는 소개서를 지니고 다녔습니다. 상인들도 자신들의 상품을 보증하기 위해서 그렇게 했고, 전문인들도 전문성을 입증하기 위해 그렇게 했습니다. 바울은 고린도의 기독교인들이 그의 추천서라고 자랑했습니다.

나 자신을 편지라고 생각해 보십시오. 누가 그것을 썼습니까? 그 사람은 나의 삶을 자랑할 수 있을까요? 또 당신의 추천서라고 할 만한 사람은 누구입니까?

법(십계명)은 생명이 없는 돌에 새겨졌습니다. 그러나 성령이 생명을 주었습니다. 새 언약은 우리 마음에 새겨집니다.(렘 31:31~33의 약속을 보라.)

이 모든 메시지는 새벽과 같이 신선합니다. "이에 숨은 부끄러움의 일을 버리고 속임으로 행하지 아니하며 하나님의 말씀을 혼잡하게 아니하고 오직 진리를 나타냄으로 하나님 앞에서 각 사람의 양심에 대하여 스스로 추천하노라(고후 4:2)." 바울은 그들에게 공개적으로 설교하고자 하지도 않았다고 말했습니다.

메시지를 잘 간직하는 것보다 교회 안에서 훌륭하게 설교하는 것에 더 감명을 받지 않습니까? 메시지를 전하는 데 왜 용기가 필요하다고 생각합니까?

영원한 것은 보이지 않습니다

어떻게 돈과 교육받은 것과 성공을 자랑하지 않을 수 있을까요? 바울은 두 가지를 선택했습니다. 첫째로 그는 그와 다른 사도들과 선교사들이 고난을 받음으로써 어떻게 영원한 영광을 얻게 되었는지를 보여 주었습니다. 우리의 몸, 즉 우리의 삶은 '질그릇'과 같습니다(고후 4:7). 자랑할 게 아무것도 없습니다. 그러나 보화, 값을 측량할 수 없는 보화, 예수님의 구원하는 영, – 이것은 정말 자랑해야 할 것입니다. – 그 능력은 하나님께 있지 우리에게 있지 않습니다. 그것이 우리에게 살 수 있는 용기와 죽을 수 있는 용기를 줍니다. 우리는 "거꾸러뜨림을 당하여도 망하지 아니합니다(4:9)." 우리가 좌절하지 않는 것은 내적으로 새로운 힘을 공급받기 때문입니다.

둘째로 바울이 인간의 성취와 외모를 자랑하는 자들을 공격하는 방법은 궁극적이고 영원한 것을 강조하는 것입니다. 이 세상은 크기가 당신 집만하고 가시적이며 덧없는 것입니다. 이 세상은 좋은 연설을 경탄해 마지않지만, 정말 중요한 것은 그 메시지가 진리인가 그렇지 않은가 하는 것입니다. 이 세상은 훌륭한 육체를 경탄해 마지않지만, 정말 중요한 것은 그 마음속에 무엇이 들었는가 하는 것입니다. "보이는 것은 잠깐이요 보이지 않는 것은 영원함이라."(4:18)

죽음을 두려워할 필요는 없습니다. 왜냐하면 보이는 육체는 덧없는 것이기 때문입니다. 바울은 암시적으로 이스라엘의 장막을 말하며 우리는 하늘의 영원한 집에서 살 것이라고 확언합니다. 바울은 육체적인 '약속의 땅'을 강조하지 않습니다.

이 용기는 스토아학파의 용기가 아니라 예수 안에서의 소망인데, 이 소망은 이 세상이 이해할 수 없는 인내를 우리에게 줍니다. '우리는 항상 담대' 합니다(5:6). 더 나아가 우리는 이 소망을 다른 사람들에게 전하기를 원하는데, 이것은 우리를 높이기 위해서가 아니라 구세주를 높이기 위함입니다. 그리스도는 '우리에게 화목하게 하는 직분'을 주셨습니다(5:18). 우리는 다른 사람을 도울 때마다 이 소망을 발견하게 되고, 이 세상의 자랑은 다 사라지게 됩니다. 또 우리가 도운 사람은 하나님과 평화를 누리게 됩니다. 그런 일이 일어날 시간은 바로 지금입니다.

이 화해의 사역은 모든 기독교인들의 책임이기 때문에, 우리는 불신자들과 연합해서는 안 됩니다. 이 구절(6:14)은 주로 결혼을 의미하는 것으로 해석되었습니다. 그러나 이것은 사업, 사회, 가족 등 모든 종류의 결합에 해당됩니다. 성경은 다른 곳에서 세상에 남아 모든 종류의 사람들과 어울리라고 권합니다. 그러나 불신자들과의 연합은 신앙을 약화시키거나 사역을 방해할 수 있습니다.

'이 세상 안에' 있지만 '이 세상과 같지 않은' 우리가 불신자들과 연합하지 않으려면 어떤 용기가 필요할까요?

관대함

돈은 문제가 있습니다. 광야의 만나와는 달리 어떤 사람들은 너무 많이 가지고 있고, 어떤 사람들은 충분하지가 않습니다. 디모데에게 보낸 편지에서 바울은 '돈은 일만 악의 뿌리'라고 말합니다(딤전 1:6). 바울은 돈이 고용의 대가로 가치 있다는 것을 알고 있습니다. 즉, 설교가 혹은 교회의 일꾼들은 임금을 받는 것이 당연합니다(5:18). 바울은 빌립보 교회로부터 몇 번 돈을 받았고, 생계비와 격려받은 것에 대해 감사하게 생각했습니다. 다른 한편으로 그는 돈을 위해 교회에서 일하거나 설교하는 사람들을 비판했습니다(고후 11:7~11). 이런 이유로 바울은 고린도에서 계속해서 장막을 만들었고, 일전 한 푼 받지 않을 수 있었습니다.

바울이 고린도 교회에서 재정적 지원을 받았다면 이것이 더 좋은 결과를 가져왔을까요? 그는 "곡식을 밟아 떠는 소의 입에 망을 씌우지 말라."는 율법을 인용합니다(고전 9:9; 딤전 5:18). 그는 자원해서 결혼할 수 있는 권리와 재정적 지원을 받을 권리를 포기했습니다.

예루살렘의 가난한 사람들이 당하는 고난을 보고, 바울은 가난한 사람들을 위해 돈을 모금하겠다는 약속을 했습니다(갈 2:10). 빌립보와 데살로니가는 관대했습니다. 바울은 고린도 사람들도 관대해서 바울뿐만 아니라 그들 자신도 기쁨을 누릴 수 있기를 바랐습니다. 바울은 고린도전서 16장 1~3절에서 기독교인들이 헌금하는 것에 대한 기초를 마련하였습니다. 고린도후서 9장에서 그는 다음과 같은 몇 가지 주제를 언급하며 이를 더 확장합니다. '약속을 지키십시오. 시간을 지키십시오. 바울에게 창피를 주지 마십시오. 억지로 하지 말고 자의로 하십시오. 거둘 수 있도록 씨를 뿌리십시오. 하나님께서는 즐겨 내는 사람을 사랑하십니다. 하나님께서 당신의 필요를 채우실 것입니다. 헌금은 감사를 낳습니다. 그것은 예루살렘의 성자들을 돕습니다. 이것이 당신을 평가하는 기준입니다. 가난한 사람들이 하나님께 감사하고 당신을 위해 기도합니다.' "말할 수 없는 그의 은사로 말미암아 하나님께 감사하노라."(고후 9:15)

교인들에게 헌금하도록 권면할 때 이 모든 동기들을 사용합니다. 어떤 동기들이 다른 동기들보다 좋습니까? 헌금을 바칠 때 어떤 생각을 합니까? 다른 사람들이 즐겨 내도록 하기 위해 어떻게 권면합니까? 관대한 영(generous spirit)을 어떻게 설명할 수 있을까요?

소상인들

바울은 끊임없이 자신이 진실한 사도라고 주장해야 했습니다. 바울은 협잡꾼들을 저주했습니다. 바울이 지금까지 전해지지 않는 그의 편지에서 가장 신랄하게 저주한 사람들은 협잡꾼들일 것입니다. 외식하는 자들이 무슨 일을 했는지 정확히 알 수는 없습니다. 하지만 한 가지는 분명한데, 그것은 그들이 바울을 훼손시켰다는 것입니다.

바울은 사랑하는 고린도 교회가 순전하고 사랑과 기쁨이 넘치는 깨끗한 딸과 같아서 신랑 예수에게 소개할 수 있기를 간절히 바랐습니다(고후 11:2). 직무가 모호합니다. 어떤 사람들은 다른 예수를 전하거나 다른 영을 말합니다(11:4). 어떤 사람들은 자신들이 높아진 사도라고 주장합니다. 그들은 특별한 지식을 자랑했습니까? 그는 다시 돈에 대해 언급합니다. 그들은 바울이 복음을 '값없이(11:7)' 전했기 때문에 다른 사도들과 다르다고 말했습니까? 바울이 어리석은 일임에도 자신이 자랑할 것이 더 많다고 반박한 것으로 보아, 그들이 자신들의 자격에 대해 자랑했음이 틀림없습니다.

그가 육체의 쇠약함을 조소한 적이 있을까요? 바울은 '육체에 가시(12:7)'를 없애줄 것을 하나님께 세 번 기도했습니다. 그러나 바울은 하나님의 은혜가 족하다고 말했습니다. 사실 복음의 능력은, 연약함을 통해서 빛납니다.

바울은 활기는 있지만 문제가 있는 기독교인 그룹에게 쓴 편지를 사랑으로 끝맺습니다. "이 모든 것은 너희의 덕을 세우기 위함이니라(12:19)." 누가 지도자가 되었든 그는 논쟁하거나 자기만을 앞세우거나 자만하지 않았습니다. 그는 다시 그들이 모든 성적인 부도덕성을 물리친 것을 기뻐했습니다. "너희는 믿음 안에 있는가 너희 자신을 시험하고."(13:5)

육체의 가시가 제거되지 않고 끊임없이 고통을 받았음에도, 계속해서 복음을 전하고 믿었던 바울의 용기와 신앙을 어떻게 묘사하겠습니까?

우리도 그런 용기를 가질 수 있을까요? 어떻게 가능할까요? 나는 그것을 원합니까?

⌂ 세상 속으로

일치는 용기의 행위일 수 있습니다. 분명히 그것은 겸손의 행위입니다. 우리는 어떻게 우리의 교제 속에 선한 의지와 일치를 가져올 수 있을까요?

우리 교회 교인들은 다른 기독교인들과 혹은 우리 마을의 다른 신앙을 가진 사람들과 어떻게 일치를 모색할 수 있을까요?

가장 깊은 수준에서 기독교인의 바치는 생활은 필수적일 뿐만 아니라 개인적인 것입니다. 각각의 제자의 사역은 모두 다릅니다.

우리가 갖고 있는 재능을 어떻게 베풀 수 있을까요?

어떻게 하면 벌었거나 혹은 상속받은 돈을 가장 효과적으로 하나님을 위해 쓸 수 있을까요?

어떻게 하면 우리의 상상력을 하나님을 섬기는 데 사용할 수 있을까요?

시간은 귀중합니다. 어떤 사람들은 '교회의 일'이 그들 시간의 일부가 되어야 한다고 생각합니다. 그러나 우리는 나의 모든 시간이 하나님의 것이라고 이해합니다. 이 두 관점의 균형을 어떻게 잡을 수 있을까요?

나의 최우선순위는 무엇입니까? 모든 것이 다 가치 있는 것은 아닙니다. 모든 과제를 다 수행해야 하는 것은 아닙니다. 모든 종교 활동에 다 참가해야 하는 것도 아닙니다. 그러나 우리는 가치 있는 일, 해야 하는 일을 결정하고 선택해야 합니다. 나는 어떻게 용기 있는 결단을 내립니까?

세상 속에서의 하나님 말씀

하나님의 말씀에서 얻은 이 메시지가 이번 주 내 사역의 나침반이 될 것입니다.

나는 이러한 방법으로 응답할 것입니다.

♥ 안식일

안식일에 하나님을 향하여 나아가는 것이 얼마나 놀라운 일인지 생각해 보십시오. 우리는 정말 놀라운 은총으로 구원받았습니다.

🔲 더 알아보기

■ 초대교회도 오늘날의 교회와 마찬가지로 완전하지 못했습니다. 고린도 교회 교인들이 직면했던 많은 문제들과 논쟁점이 무엇이었는지 다시 생각해 볼 수 있도록 고린도전서를 훑어보십시오. 고린도전서 12~13장, 그리고 15장의 장엄한 문장들을 음미해 보십시오.

성전과 정치와 장사

너희가 믿을 때에 성령을 받았느냐
(사도행전 19:2)

⬆ 우리의 모습

하나님이 우리의 조그마한 신들, 예를 들면 돈에 대한 집착이나 맹목적인 애국심, 지나친 '권리' 주장, 그리고 우리가 자신과 남들 사이에 조심스럽게 만들어 놓은 벽들을 위협하시기 시작할 때, 우리는 이유도 없이 소리치는 군중 속으로 합류하게 됩니다.

✦ 내려놓기

성경 공부를 하기 전에 먼저 하나님께 기도를 드립니다. 아래의 시편 말씀이 좋은 길잡이가 될 것입니다.

> 내가 마음을 다 쏟아 당신을 찾사오니 당신 명령을 떠나지 않게 하여 주소서 당신께 죄를 범하지 않으려고 주신 약속을 마음에 간직하였사옵니다 야훼여, 찬송을 받으실 분이여 당신 뜻을 가르쳐 주소서 (시편 119:10~12, 공동번역)

이번 주 기도 제목을 구체적으로 적어 기도합시다.

◉ 귀 기울이기

사도행전을 읽을 때에, 독자들은 저자인 누가가 말하려고 하는 의도에 따라서 읽게 된다는 점을 기억합시다. 예를 들면, 사도행전에는 바울이 여러 교회들에게 편지를 썼다는 사실이 기록되어 있지 않습니다. 또한 교회들의 문제로 인해 바울의 편지가 필요했었다는 점도 명시하고 있지 않습니다. 그러므로 사도행전 20장에 있는 에베소 교회 장로들에게 한 바울의 설교는 매우 중요하다고 볼 수 있습니다. 교회들의 이러한 문제는 바울 이후에 누가의 시각에서 첨가되었다고 볼 수 있습니다.

연결고리 : 본래적인 의미나 일반적인 의미로 이해되는 용어들과 상징적인 의미로 이해되는 용어들을 구분하여 봅니다.

D1 | 사도행전 19장(에베소에서의 바울의 목회)

D2 | 사도행전 20:1~21:14(에베소 교회 지도자들에게 작별 인사함, 예루살렘으로 떠남)

D3 | 에베소서 1~2장(때가 차다)

D4 | 에베소서 3~4장(그리스도의 신비, 새로운 삶)

D5 | 에베소서 5~6장(서로 순종하라, 하나님의 말씀으로 완전무장)

D6 | 교재 내용

🔖 말씀 속으로

세계 7대 불가사의 중의 하나인, 아데미(Artemis) 성전은 당시 에베소의 사회·종교적 생활을 지배하였습니다. 로마인들이 디아나라고 부르는 아데미 동상은 풍요의 여신이자 그 도시의 보호자로서 당당하게 서 있었습니다. 그 동상의 일부분은 몇 천 년 전에 하늘에서 떨어진 별똥별이라고 믿어졌습니다(행 19:35). 그 장엄한 성전은 에베소 도시의 자랑이었고, 온 세상의 이야깃거리였습니다. 그 문화와 수천 년 동안이나 관련을 맺은 종교는 좀처럼 쉽게 사라지지 않는 법입니다.

성령

50만 명 이상 사는 이 거대한 중심 도시에는 세상의 모든 종교적 신념과 관습들이 만연해 있었습니다. 그러나 그 중에서도 아데미 숭배는 모든 백성이 중요시하는 대중 종교(civil religion)였습니다. 대략 5만 명 이상의 유대인들이 모여 살고 있는 지역에 유대교 회당이 있었습니다. 유대인들은 자기들의 종교 전통과 관습을 조심스럽게 유지하면서 가능한 한 충돌을 피하려고 하였습니다.

바울은 장막을 만드는 친구들인 브리스길라와 아굴라가 고린도로부터 오는 배에서 내리자마자, 유대교 회당에 있는 사람들과 접촉을 하였습니다(행 18:19). (바울이 고린도에서 유대인과는 손을 떼겠다고 한 이야기는 본심이 아니었습니다.) 에베소에서 바울은 분명코 자신의 접근 방법을 완화했거나 아니면 회당에서의 태도를 부드럽게 했음에 틀림없습니다. 왜냐하면 바울은 '유대인들과 변론을' 했으며(18:19), 그들은 바울에게 '더 오래 있기를' 청하였고, 그래서 바울은 하나님의 뜻이면 다시 돌아오겠다고 약속까지 하였기 때문입니다.(18:20~21)

아볼로는 수세기 동안 수천 명의 유대인들의 고향인 알렉산드리아 태생이었습니다(18:24). 알렉산드리아는 희랍 유대교의 중심지였고, 희랍어 70인역 성경도 그곳에서 번역되었습니다.

예수께로 개종한 유대인 아볼로는 배울 것이 많았습니다. 아무리 그가 이집트 학문 배경에서 고등교육을 받고 희랍어 구약성경에 완전히 통달했다 할지라도, 아볼로는 예수님에 대하여 아는 것이 적었습니다. 요한에게서 받았음직한 물세례도 회개를 위한 것이었습니다. 이에 브리스길라와 아굴라는 그를 데려다가 예수님에 관한 많은 정보를 가르쳐 주었고, 성령의 약속과 그 능력에 대해 이야기해 주었습니다(18:26). 평신도 두 사람이 초대교회에서 가장 능력 있는 학자이자 설교가인 사람을 기독교 선교의 장으로 이끌어 들인 것입니다.

아볼로는 고린도로 여행하면서 능력 있는 일들을 많이 행하였으며, 주로 구약성경을 재해석하는 데에 심혈을 기울였습니다. 그래서 몇몇 고린도 교회 사람들은 바울의 가르침보다 아볼로의 가르침을 더 좋아하였습니다. 그들은 편을 갈라서게 되었습니다.

바울이 그의 3차 전도 여행을 시작하려고 에베소에 돌아왔을 때에, 오늘날 우리 교회들이 당면한 문제와 같은 문제가 바울을 기다리고 있었습니다. 예를 들면, 바울이 "여러분이 믿을 때에, 성령을 받았습니까(행 19:2)?"라고 하니, 에베소 교인들은 이전의 아볼로처럼, "우리는 성령이 있다는 말을 듣지도 못하였습니다(19:2)."라고 대답하였던 것입니다. 이에 바울은 예수의 이름으로 세례를 베풀고 그들의 머리에 안수하였는데, 그때 "성령이 그들에게 내렸습니다(19:6)." 조그마한 오순절 경험(2:4)과 같은 이 순간은, 베드로가 고넬료에게 설교하던 그때(10:44)를 연상케 합니다.

바울은 "회당에 들어가 석 달 동안 담대히 하나님 나라에 관하여 강론하였습니다(19:8)." 그러나 점점 더 유대인들과 교리적인 차이가 커지게 되었습니다. 이에 바울과 제자들은 강단이 있는 회관에 따로 모였고, 관심 있는 유대인들과 이방인들이 그곳에 매일 모이기 시작하였습니다.(19:9)

여러 도시에 거주하던 많은 기독교인들은 그 이후로도 30여 년 동안이나 회당 생활의 한 부분을 차지하면서 지냈습니다. 그러나 주후 70년에 성전이 무너지자 유대교는 회당으로 집결하였고, 주후 85년경에는 선이 분명하게 그어졌습니다. 유대계 기독교인들은 점점 더 배척당하기 시작했습니다.

에베소에서 일어난 소동

바울은 **에베소**에서 거의 3년 동안이나 수고를 하였고(행 20:31), 이는 바울이 한 장소에 제일 오래 머문 것입니다. 그런데 데메드리오라고 하는 잘 알려진 장사꾼이 기독교인들이 자신의 신상 모형 제작 사업과 장신구 사업을 방해하고 있다고 선언함에 따라, 에베소는 감정의 소용돌이에 빠지게 되었습니다(행 19:23~27). 유대인들은 몇 세기 동안의 치욕스런 경험을 바탕으로 그 우상들을 조용히 지나치는 법을 배웠으나, 열광적으로 믿는 새 기독교인들은 그 신들이 신이 아니라고 자랑조로 말했습니다. 당시 은장색들은 상인 조합에 속하였었고, 데메드리오는 은으로 된 모형 신상이나 아데미 여신상의 은 동상, 액세서리, 목걸이, 부적, 장신구 등을 만들었습니다. 그는 은 상인으로부터 금속을 사다가 예술인들이나 직공을 고용하여 온 세상의 도매상인들에게 제품을 파는 일을 담당하였습니다. 그는 지역 소매 대리점과 거리의 행상인들까지 거의 독점하고 있었습니다. 당시의 기독교인들은 신학적으로도 종종 문제를 일으킬 뿐만 아니라, 때로는 정치적으로도 골칫거리였습니다. 그런데 이제 경제적으로까지 문제를 일으킨 것입니다. 자신의 경제 문제를 위협하는 것만큼 사람을 격분하게 하는 것은 없는 듯합니다.

이에 데메드리오, 노동조합, 무역상인들, 그리고 지역 제사장들이 소문을 퍼뜨리기 시작했습니다. 수천 명의 사람들이 원형극장에 모여 운동경기를 관람하는 군중처럼 소리를 지르기 시작했습니다. 수많은 군중이 두 시간 동안이나 "크다 에베소 사람의 아데미여(19:34)!"를 외쳤다고 상상해 보십시오. 평상시 아데미 여신상에 향 피우기를 잊어버리거나 그 여신을 위해 일전 한 푼도 안 바친 사람들마저도 소리를 지르고 있었습니다. 왜냐하면 이것은 애국심과 관련된 문제였기 때문입니다. 그들의 여신이 위협을 받았던 것입니다. 그 도시를 위험에서 보호해 주던 보호 장치가 위협을 받은 것입니다. 종교, 사업, 그리고 애국심이 이 은 동상에 모두 걸려 있는데 그 모든 것이 위협을 받은 것입니다.

누가는 바울이 얼마나 큰 위협에 직면했었는지를 보여 주기 위하여 이 이야기를 끌어 내었습니다. 이 사건은 에베소 시 서기장이 나와 화난 군중에게 만일 어느 사람이라도 아데미 성전을 모욕한 일이 있으면 법정에 회부될 것임을 상기시키고, 또 이 성난 군중집회는 평화를 위협하는 명목으로 로마제국의 문책을 받을 위험이 있다는 사실을 알려 줌으로써 진정되었습니다.

기독교인들은 종종 대중 종교와 갈등이 있어 왔습니다. 역사에서 이런 일이 발생한 경우를 나열해 보십시오.

에베소는 페르시아 당시나 희랍 당시에도 강력했지만, 로마제국 당시에 더 강한 도시로 발전하였다. 이 도시는 로마인이 모래로 된 방파제를 5마일 이상 건설한 항구로 시설이 향상되었다. 그러나 몇 년 후 에베소는 지진과 모래 방파제의 파괴, 모기와 말라리아 등으로 큰 타격을 입게 되었다. 그러나 신약성경에 나타난 시대는 아시아와 아프리카의 자본과 부가 이 도시로 집결하는 시기였다. 에베소는 로마제국의 가장 큰 도시 가운데 하나였으며, 아마 경세적으로도 가장 풍요한 도시였을 것이다.

클레오파트라는 마크 안토니우스를 이 에베소 항구에서 만났으며, 그들의 만남은 사랑의 밀회요 두 해군 병력이 합세되는 순간이었지만 패망의 운명을 초래하였다. 옥타비아누스는 그들의 해군 병력을 악티움 전투에서 손쉽게 제압(주전 31년)하였고, 육군 병력은 알렉산드리아에서 무너뜨렸다. 이에 클레오파트라와 안토니우스는 자살을 하고, 옥타비아누스는 아구스도 황제가 된다. 팍스 로마나(Pax Romana: 로마의 평화)는 이때부터 시작된다. 로마인들은 에베소에 24,500명이 들어갈 수 있는 원형극장을 복원한다. 그 외에도 로마인들은 도서관, 공중 목욕탕, 귀족들의 집과 모자이크가 있는 가로수 거리를 만들었다. '평화와 번영'은 그 당시의 대표적 슬로건이었다.

공개적인 절차나 정치적인 방침에 반대하는 것은 때로 하나님께 반대하거나 또는 국가에 반대하는 것처럼 보입니다. 우리 동시대 기독교인들이 세상에서나 가정에서 교회와 정치, 또는 사업과 상충되어 갈등하고 있는 경우가 있다면 어떤 것입니까?

내가 너에게 비밀을 이야기하리라

많은 성서학자들이 에베소서를 바울이 직접 쓴 편지라고 하는 반면, 일부 학자들은 이 서신을 바울의 제자들이 바울의 가르침을 생각하며 쓴 '바울 서신'이라고도 합니다. 어떤 긴 문장들이나 몇몇 새로운 낱말들은 글 쓰는 형식면에서 바울의 글과는 약간 다른 점을 보여 줍니다. 의심할 바 없이, 이 서신은 에베소 교회뿐만이 아니라 에베소 지역 전체를 상대로 쓰여진 편지입니다. 이 서신은 고린도 서신과는 달리 지역적인 문제에 대하여 언급하고 있지 않습니다. 요한계시록에서도 보면, 소아시아의 일곱 교회에 보낸 편지는 에베소 교회로부터 시작합니다.(계 2:1~7)

로마의 어느 감옥에서 쓰여진 것 같은 에베소서는 성숙한 교회생활과 매우 조심스럽게 구성된 신학을 반영하고 있습니다. 이 서신은 시간에 쫓겨 쓴 개인적인 편지라기보다는 오히려 다듬어진 보고서와 같습니다.

에베소서의 처음 두 장은 매우 복잡하고 주의 깊게 쓰여졌습니다. 예를 들면, '하나님께서 창세 전에 우리를 택하셨다(엡 1:4).'는 사상입니다. 수세기 동안 신학자들은 미리 아심과 예정하심이란 개념을 가지고 논쟁해 왔는데, 바울은 하나님은 태초부터 우리가 하나님의 자녀가 되도록 신자 되기를 원하셨다고 하였습니다.

바울은 용서를 언급하였으나(엡 1:7), 그보다는 어떤 사람이 노예가 자유로운 몸이 되도록 돈을 지불하고 그 노예를 샀다고 하는 암시적인 의미가 더 짙게 나타나 있습니다.(엡 1:7~8)

바울은 말하기를, 하나님께서는 하나님이 영원 전부터 알고 계시던 신비 즉, 그 비밀을 우리에게 알게 하셨다고 합니다. 그 비밀은 하나님이 세상의 모든 깨어진 부분들을 하나로 모으신다는 것입니다(엡 1:9~14). 바벨탑 사건 이래로 흩어진 모든 사람들은 하나로 다 불러 모아지게 된다는 것입니다. 진정으로 하늘과 땅에 있는 모든 것이 하나가 된다는 것입니다. 어떻게? 바로 우주의 심장부에 계셔서 모든 것을 끌어 모으시는 힘을 가지신 예수 그리스도 안에서 가능하다는 것입니다. 그럼 우리가 이 비밀을 어떻게 알까요? 바울의 리스트를 보십시오. 우리는 진리의 말씀을 듣고 그리스도를 믿음으로(용서를 받게 된다) '인치심', 즉 성령을 받을 때 사랑 안에서 하나가 되는 보증을 받았기 때문에(1:13~14) 우리는 그 비밀을 아는 것입니다.

바울은 이 비밀을 3장 2~15절에 이르기까지 계속 반복합니다. "내가 하늘과 땅에 있는 각 족속에게 이름을 주신 아버지 앞에 무릎을 꿇고 비노니(3:14~15)." 사람들은 비밀 종교 의식을 통해 남들이 모르는 신비를 알게 되어 남들과 구별되는 자부심을 갖습니다. 바울은 이 비밀은 원래 하나님의 것이었는데, 이제 그리스도를 통하여 모든 이들에게 알려졌다는 사실을 공포합니다.

그러면 서로 적대적인 사람들이 다양하게 모여 있는 이 세상을 하나님이 어떻게 하나로 모으신다는 것일까? 이는 바로 그리스도의 보혈로 인하여 가능합니다. 이방인들은 '이스라엘 나라 밖의 사람이라서(2:12)' 멀리 떨어져 있던 사람들이었습니다. 그런데 이제 그들은 그리스도의 보혈로 하나님과 가까워지게 되었습니다. 반면 유대 사람들은 약속과 율법으로부터 멀어지게 되었습니다. 그러나 그들도 역시 십자가에 의해서 구원을 받을 것입니다. "그는 우리의 화평이신지라 둘로 하나를 만드사 원수 된 것 곧 중간에 막힌 담을 육체로 허시고(2:14)." 십자가의 예수는 사람들 사이의 적대감을 '소멸'하셨습니다(2:16). 탕자의 비유에서 큰 아들이 돌아온 탕자를 환대하지 않았을 때 아버지가 '십자가를 지는' 듯한 심정을 가질 수밖에 없었던 것을 기억하나요? 탕자의 아버지와 같이 바울은 다음과 같은 이야기를 하였습니다. "더 이상 유대인이나 헬라인의 차이가 있을 수 없습니다(얼마나 큰 적대관계입니까?)", "더 이상 노예나 자유인의 차별이 없습니다(얼마나 큰 장벽입니까?)", "더 이상 남자나 여자의 차별이 없습니다(얼마나 오래된 역사적

오해입니까?)(갈 3:28)", "이 사람들은 이제 그리스도 안에서 아브라함과 사도들, 그리고 예언자들과 함께 예수님이 모퉁이 돌 되시는 진정한 성전의 한 부분이 되었습니다."(엡 2:19~20)

그러므로

바울은 그의 서신 전반부에서 신학을 다루고, 후반부에서 윤리적인 교훈들을 다룹니다. 그는 하나님이 무슨 일을 하셨는지 이야기한 다음, '그러므로'라는 구절로 시작하면서 우리가 무엇을 해야 하는지 이야기합니다. 에베소서에서 '그러므로' 구절은 정확히 서신 한가운데 위치합니다(엡 4:1). 하나님은 성스러운 일을 하셨고, 이제 우리 인간들이 이에 반응해야 할 차례입니다.

바울이 12명의 에베소 사람들에게 손을 얹었을 때를 기억하나요?(행 19:6~7) 그들은 성령 안에서 환상을 경험합니다. 그러고 난 뒤 바울은 성령의 선물(고전 12장)과 열매(갈 5:22~26)로 교회를 어떻게 세워야 하는지 장문에 걸쳐 쓰고 있습니다. 에베소서 4장 11~13절에서 바울은 이 성령의 선물을 나열하고 있습니다. 성령의 선물 중 가장 큰 선물은 영원한 사랑입니다.(고전 13:13)

에베소서 4장 17절에 있는 기독교인의 삶과 이방인의 삶의 방식을 대조한 것을 주의하여 보십시오. 초기에 유대인들의 율법주의와 싸웠다면 이제 바울은 이방인들의 방종함과 싸우고 있습니다. 그리스 사람들은 신명기와 출애굽기를 모르고 양육되었습니다. 모세의 율법은 이방인 기독교인들에게는 더 이상 소용이 없게 된 것입니다. 그들은 이제 그리스도의 도덕이 무엇인지 배워야 합니다. 도덕적인 요구는 모세의 제자들이나 산상수훈을 읽은 사람들에게는 익숙할지 몰라도 금방 개종한 이방인들에게는 새로운 것입니다. 그들은 예수님의 도에 대하여 배울 것이 많았습니다.

빛의 자녀

성경의 많은 구절에서 빛은 어두움과 대조가 됩니다. 바울은 에베소 교인들에게 기독교는 '…… 하라'와 '…… 하지 말라'라는 가르침의 집합체가 아니라 그리스도 안에서 새로운 삶의 방식 즉, 빛 안에 거하는 삶이 주어진 것임(엡 5:8~9)을 알리고자 하였습니다. 집 안에 선하고 적당한 거주자가 없었기 때문에 악한 영이 다른 악한 영들을 다 끌고 들어왔다는 예수님의 비유(눅 11:24~26)를 기억합니까? 바울은 '성령의 충만함'을 입어서, 기도하고 찬양하고 감사하라고 쓰고 있습니다(엡 5:18~20). 그러면 간음과, 욕심, 음탕한 이야기나 우상숭배 등이 더 이상 우리 삶의 일부분이 되지 않으리라고 이야기합니다.(5:3~5)

영화, 음악, 잡지에는 음탕함이 가득 차 있고 대중매체에는 섹스와 폭력이 만연합니다. 우리는 어떻게 이러한 빛이 결여된 상태를 피할 수 있을까요?

바울이 남편과 아내에게 한 충고에 대해서는 현재 교회 안에서 많은 혼란이 있습니다(5:21~33). 어떤 이들은 바울이 총각이어서 이해가 부족했다고 하기도 하고, 다른 이들은 바울이 남성지배적 사회의 대표적인 옹호자였다고 비난하기도 합니다. 그러나 바울은 가부장적인 문화 배경을 가진 유대인으로서 또 로마인으로서 살았던 것이 사실인 반면에, 실제로 그의 삶이 기독교인의 사회적 혁명을 대표하기도 한 것도 사실입니다. 바울은 루디아나 브리스길라와 같은 여성 지도자들을 육성하였습니다. 분명히 바울은 "남자나 여자나 다 그리스도 예수 안에서 하나이니라(갈 3:28)."고 쓰면서 선례를 남겼습니다. 또한 결혼에 관련된 에베소서의 내용을 읽는 사람들은 "그리스도를 경외함으로 피차 복종하라(엡 5:21)."고 하는 서론 부분을 주의 깊게 봐야 합니다. 이러한 바울의 상호 존중 사상은 권위적인 남편이나 순종적인 아내라고 하는 결혼 개념을 극복하게 하는 바탕을 놓아 줍니다. 그리스도와 교회의 관계에 대한 바울의 비유를 기준으로 삼았을 때, 그리스도가 교회에 대하듯이 남편이 아내를 대할 때 파괴되는 가정을 본 적이 있나요? 아니면 아내가 교회가 그리스도를 섬기듯이 남편을 섬길 때 그 가정이 파괴될까요? 바울은 그의 논지를 충분히 설명하고 난 뒤 결혼은 신비라고 하면서 부부는 서로 사랑하고 존경해야 한다고 충고하고 있습니다.(5:32~33)

우리는 고대 사회에서는 아버지가 자식들에게 엄청난 권력을 행사할 수 있었음을 보았습니다. 그런데 바울은 모세의 다섯째 계명을 이방인들에게 상기시키면서 그 계명을 조정하고 완화합니다. "또 아비들아, 너희 자녀를 노엽게 하지 말고 오직 주의 교훈과 훈계로 양육하라."(6:4)

노예 제도는 당시 지중해 연안 지역에 만연한 사회상이었습니다. 그런데 바울은 "더 이상 그리스도 안에는 노예나 자유인이 없다(갈 3:28)."고 하면서 그 사회 제도를 혁신합니다. 그러나 그 사회제도를 완전히 없애버리는 것은 불가능하므로, 그는 노예들에게 주인이 원하는 것의 배를 하라고 하면서 '그리스도에게' 봉사하듯이 하라고 권면합니다. 또 노예의 주인들에게는 "그들과 너희의 상전이 하늘에 계시고 그에게는 사람을 외모로 취하는 일이 없는 줄 너희가 앎이라(엡 6:5~9)."고 권합니다.

영적 전쟁을 수행하기 위해서 군인 같이 준비하고 있으라는 바울의 마지막 권면(6:10~17)은 예수께서 마지막 때를 준비하라고 하신 비유를 연상시킵니다. 그 영적 무기들의 하나하나를 상상해 보십시오. 그것들 하나하나를 점검해 보고, 매일 아침마다 그 복음의 무기들로 무장할 수 있는지 보십시오. 바울이 에베소서를 로마의 어느 감옥에서 썼다는 사실을 생각할 때, 간수들의 의복을 충분히 관찰할 기회가 많았다는 점은 재미있는 사실이기도 합니다.

교회 전통은 예수님의 어머니 마리아를 돌보았던 인디모데와 요한이 에베소에서 지도력을 행사했다고 가르치고 있습니다. 요한의 무덤에 세워진 성 요한의 교회는 조심스레 발굴되어졌습니다. 또 성 마리아의 조그마한 교회는 매일 기도하는 장소였음이 밝혀졌습니다.

⛪ 세상 속으로

기독교인들은 몇 세기에 걸쳐 사회의 경제적, 정치적 혹은 사회적 관습과 긴장을 유지하면서 살아왔습니다. 오늘날 그러한 긴장이 있는 곳은 어디라고 생각합니까?

신앙이 경제 혹은 사업과 갈등을 일으키는 곳은 어디라고 생각합니까?

신앙이 종교나 교회와 갈등을 일으키는 곳은 어디라고 생각합니까?

신앙이 정치나 정부와 갈등을 일으키는 곳은 어디라고 생각합니까?

신앙이 사회적 혹은 문화적 관습이나 성향과 갈등을 일으키는 곳은 어디라고 생각합니까?

만일 이들 중 어떤 상황과 갈등을 겪는 경우가 있다면, 경제적인 면이나 인격적인 면 중에 어느 곳에 더 타격을 받게 될까요?

세상 속에서의 하나님 말씀

하나님의 말씀에서 얻은 이 메시지가 이번 주 내 사역의 나침반이 될 것입니다.

나는 이러한 방법으로 응답할 것입니다.

♥ 안식일

거의 모든 이들이 섬기고 있는 우리 사회의 작은 신들에 대하여 잠시 생각해 보십시오. 그들이 이야기하는 것은 무엇입니까? 그런 것들이 우리 삶을 어떻게 지배하고 있습니까? 안식일 하루 동안 일을 안 하고 쉬면, 우리는 기술과 과학에 종속된 사회로부터 자유를 얻을 수 있습니다.

☺ 더 알아보기

■ 빌레몬은 노예 소유주였습니다. 오네시모는 도망친 노예였습니다. 둘 다 모두 기독교인이었습니다. 바울이 빌레몬에게 쓴 편지를 읽어 보십시오. 바울은 노예에게 돌아가서 주인에게 잘하라고 충고합니다. 우리가 이 서신을 어떻게 이해해야 할까요?

복음을 위한 담대함

하늘에서 보이신 것을 내가 거스르지 아니하고 먼저 다메섹과 예루살렘에 있는 사람과
유대 온 땅과 이방인에게까지 회개하고 하나님께로 돌아와서 회개에 합당한 일을 하라
전하므로 유대인들이 성전에서 나를 잡아 죽이고자 하였으나
(사도행전 26:19~20)

☝ 우리의 모습

우리 대부분은 위험을 무릅쓰고 전혀 모르는 일에 달려드는 용감한 영혼들을 말리려고
합니다. 우리는 "각별히 조심하시오." 내지는 "되도록 거기에 가지 마시오. 위험하오." 혹
은 "당신이 그 일을 하면 문제에 휩싸이게 될 거요." 등 충고를 합니다. 그러나 우리는 자신
을 두려워하고 있는 것인지 모릅니다. 아니면 자신의 삶을 극한까지 몰고 가지 못하는 스스
로를 부끄럽게 생각하는 것일 수도 있습니다.

⚱ 내려놓기

성경 공부를 하기 전에 먼저 하나님께 기도를 드립니다. 아래의 시편 말씀이 좋은 길잡
이가 될 것입니다.

> 좋은 생각 주시는 야훼님 찬미하오니 밤에도 좋은 생각 반짝입니다 야훼여, 언제나
> 내 앞에 모시오니 내 옆에 당신 계시면 흔들릴 것 없사옵니다 (시편 16:7~8, 공동번역)

이번 주 기도 제목을 적어 구체적으로 기도합니다.

✇ 귀 기울이기

지금까지 우리는 유대인과 로마인의 관습에 대해 알아보았습니다. 바울이 얼마나 유대
인들의 신경을 거스르지 않으려 조심했는지 주목하십시오. 또한 그의 '재판' 과정을 자유
를 얻기 위하여서가 아니라 복음을 증거하기 위하여 어떻게 이용하였는지 잘 관찰하십시
오. 누가는 예수님의 다음과 같은 말씀을 도용하여 사도행전을 저술해 나갑니다. "너희가
권능을 받고 예루살렘과 온 유대와 사마리아와 땅 끝까지 이르러 내 증인이 되리라." 누가
는 또한 바울이 로마에서 설교하는 것으로 사도행전을 마무리 짓습니다.

연결고리 : 성경을 큰 소리로 읽어 보십시오. 그 분위기와 메시지가 전달하는 감각을 느껴
봅니다.

D1 | 사도행전 20:1~21:16(예루살렘으로)

D2 | 사도행전 21:17~40; 22장(체포와 변호)

D3 | 사도행전 23~24장(유대인과 로마 공판)

D4 | 사도행전 25~26장(아그립바 왕 앞에서 가이사에게 상소)

D5 | 사도행전 27~28장(바울이 로마로 항해하다)
로마서 1:1~17; 14~16장(로마서의 인사 부분)

D6 | 교재 내용

🔥 말씀 속으로

긴장감이 감돌고 있습니다. 누가의 드라마는 그 절정에 이릅니다. 바울은 예수님처럼 예루살렘으로 그의 얼굴을 돌립니다. 모든 사람들은 바울에게 가지 말라고 경고합니다. 그들은 간청합니다. 그들은 눈물로 빌었습니다. 그러나 바울은 그들의 간청이 자신의 마음을 아프게 한다(행 21:13)고 하면서 당장 멈추라고 합니다. 먼저 기근을 예언하였던 아가보라는 이제 바울이 감옥에 갇힐 것을 예언합니다. 예언자 아가보를 자세히 보십시오. 그는 바울의 허리띠인지 혁대인지를 가져다가 상징적으로 자신의 손과 발을 묶고 성지에서 바울에게 무슨 일이 발생할 지를 보여 줍니다(21:10~11). 바울은 앞으로 그가 무슨 환난을 당하게 될지 성령이 이미 알려 주었다고 하는 사실을 받아들입니다(20:23). 그러나 그는 하나님의 은총의 복음을 증거하는 임무를 완성해야만 했었습니다.(20:24)

스데반과 함께 '시중들라'고 선택된 복음 전도자 빌립을 기억합니까? 빌립이 '큰 능력자'라고 하는 시몬을 회개시켰을 때 그가 사마리아에서 한 능력 있는 설교를 기억하나요? 빌립이 에디오피아 내시를 회개하게 한 역사적인 순간을 확실히 기억합니까?

이제 우리는 빌립이 바울을 자기 집에 투숙하게 하는 장면을 보게 됩니다(21:7~9). 빌립은 25년 동안 가이사랴에서 일하면서 복음을 증거하였습니다. 그 항구는 로마인들이 주둔하면서 수비하고 있었으며 고넬료가 성령을 받은 곳이었습니다. 빌립의 집은 기독교인들이 아시아와 유럽을 넘나들 때 여관으로 사용되기도 했습니다. 바울에게는 가이사랴의 빌립의 집이 예루살렘 교회와 접촉하는 지점이기도 했습니다.

바울은 유월절은 빌립보에서, 오순절은 예루살렘에서 머물려고 계획하였습니다. 그 중간에 낀 오십 일 동안 바울은 배를 타고 지중해 동부 연안을 따라 여행하면서 그 지역의 십여 개 되는 교회를 방문하고자 하였습니다.

유월절은 무교절 축제의 첫째 날이었습니다. 성 금요일이나 부활절에 대한 언급이 없는 것을 주시하십시오.(십자가와 부활은 유월절 기간 동안에 일어난 사건들입니다.) 그 날들은 아직 성일로 지켜지지 않고 있었습니다. 모든 설교는 십자가를 이야기했고, 매 주일마다 부활절을 기념하였습니다. 드로아에서 '떡을 떼려고(20:7)' 모인 철야 모임은 바울이 얼마나 열정적이었고 상황이 얼마나 긴박하였는지를 보여 줍니다. 그는 해안에서 에베소 교회의 장로들과 작별식을 합니다. 바울은 도시 안으로 들어가며 시간을 지체하는 것을 원치 않았습니다(20:36~38). 곁길로 빠지거나 잔류하고 싶지 않았던 것입니다.

인간적인 시각에서 볼 때, '바울이 예루살렘으로 가지 말아야 하는가' 라는 주장이 분명히 바울의 머릿속에서도 작용하였을 것입니다. 바울의 사역은 아직 완성되어지지 않았습니다.

예를 들면, 고린도 교회는 계속 혼란 상태에 있으며 분열되어 있었고, 에베소 교회도 좀 더 성숙한 지도력을 필요로 하고 있었습니다. 빌립보와 다른 마게도냐 교회들도 좀 더 건전한 가르침을 필요로 하였습니다. 그러나 더 큰 선교가 바울에게 박차를 가하였습니다. 그는 시작하게 하는 사람 즉, '교회 설립자' 혹은 기초 건축을 하는 사람이었습니다. 그는 심고, 다른 사람들이 물을 주었습니다. 바울은 문명화된 세계의 끝인 서바나(Spain)에 복음을 전하고자 하였습니다. 로마서 15장 23~29절을 보면, 바울이 서바나로 가는 발판을 마련하고자 로마에 가려고 했음을 보게 됩니다. 로마의 기독교 공동체는 십여 년간 번성하였습니다. 바울은 그들을 격려했지만 새로운 기반을 놓고자 하였습니다. "땅 끝까지 이르러 내 증인이 되리라(행 1:8)."는 예수님의 말씀이 그의 영혼에서 불타고 있었습니다.

그러나 바울은 예루살렘에 가야만 했습니다. 누가는 말하기를, 비록 성령이 환난을 예고했지만 성령이 그를 강제로 보낸다고 합니다. 무엇이 바울을 다그치고 있을까요? 왜 바울은 이 여행이 하나님의 뜻이라고 그토록 확신할까요?

우리는 바울이 무엇을 해 왔었는지 잊지 말아야 합니다. 그는 예루살렘에서 고난받는 성인들을 위하여 헌금을 모아 왔습니다. 바울은 빌립보와 데살로니가, 고린도와 에베소 등 이 교회 저 교회로부터 돈을 얻어 내기 위해 몇 년 동안이나 간청하기도 하고, 호소하기도 하고, 격려하기도 했으며, 심지어 교인들을 구워삶기까지 하였습니다. 왜 그랬을까요? 왜냐하면 이전에 약속한 것이 있어서였습니다. 사실 갈라디아서에 썼듯이, 그 헌금은 예루살렘 회의에서 약속된 것이었습니다(갈 2:9~10). 야고보가 그에게 원한 요구 사항들이 항상 바울의 마음속에 있었던 것입니다. 이제 가난한 사람들을 위한 헌금 약속이 이루어지게 되었습니다.

그렇다면 왜 직접 가는 대신에 다른 사람을 보내지 않았을까요? 돈을 보내는 일에 있어서 예전부터 남을 신뢰해 왔었는데도 말입니다. 바울이 예루살렘에 도착한 이야기를 잘 살펴보면 그 행간에 해답이 숨겨져 있습니다(행 21:17~26). 수금된 헌금이 이방 사람들에게 받아들여질까요? 유대 기독교인들과 이방 기독교인들이 서로 화합할 수 있을까요? 기독교 교회의 일치가 위기에 놓여 있었던 것입니다. 별의별 종류의 소문과 거짓말들이 돌아다니고 있었습니다. 바울 자신만이 야고보와 다른 사람들에게 무슨 일이 있었는지를 설명할 수 있었습니다. 헌금은 정확히 전달되어져야 했고, 선교 사업은 반드시 잘 설명되어야 했습니다.

논쟁을 일으킨 도착

바울이 이방인 가운데 성령이 크게 역사하신 일을 설명하자 무슨 일이 발생하였나요? 궁지에 몰린 유대 기독교인들은 바울이 예루살렘에 나타난 것에 놀란 것이 아니라 그 보고에 놀랐습니다(행 21:20~22). 확실히 그들은 바울이 할례를 하지 말라고 가르치며 유대인들의 관습을 비웃는 등 유대교를 욕되게 하는 소문을 당장 없애고자 하였습니다.

바울은 자신이 성전을 중심으로 한 종교생활을 모독하지도 않았고 유대 기독교인들의 경건성을 비웃지도 않았다는 사실을 어떻게 상징적으로 보여 주었습니까? 때로 헌신적인 유대인들은 거룩한 서원(誓願)을 하곤 하였습니다. 바울도 그 서원을 스스로 하기도 하였습니다(18:18). 그들은 머리를 깎지 않음으로 서원을 시작하곤 하였습니다. 그리고 특별 정결 예식과 성전에서 제물을 바침으로 마치곤 하였습니다. 예루살렘 형제들은 얼마 전에 서원을 마친 바울이 만일 성전에 가서 엄숙한 네 명의 유대 기독교인들과 칠 일 동안 정결 예식을 하고, 또한 바울이 그들이 머리를 깎도록 비용을 대준다면 모든 사람이 바울 역시 선한 유대인이라고 믿을 것이라 제안하였습니다. 바울도 이에 동의하였습니다.(21:23~24)

그러나 소용이 없었습니다. 어떤 사람이 바울이 예전에 이방인 드로비모란 사람을 성전에 데리고 온 것을 본 적이 있다고 주장하였습니다(21:28~29). 이것은 사실이 아니었지만, 온 도시는 격분하였습니다. 로마 군인들의 즉각적인 행동으로 바울은 겨우 목숨을 구했습니다.(21:30~36)

헤롯 대왕은 북동쪽으로 도시의 벽을 세우기 위하여 그리고 높은 탑에서 성전을 감시하기 위하여 성전 둘레에 있는 옛날 요새를 다시 건축하였습니다. 제사장들은 하루 일과를 위한 의상을 점검하기 위하여 매일 요새로 가곤 하였습니다. 그 날은 가이사랴 법정 대리인 직속 관할 하에 있는 천부장 글라우디오 루시아가 그 요새를 책임지고 있었습니다.

바울은 병영에 끌려들어갈 때에 글라우디오에게 예의바르게 세련된 희랍어로 말을 건넵니다. 로마 관원인 천부장은 바울이 이집트 출신의 혁명가가 아니라(21:37~39) 로마에서 태어난 로마 시민임에 깜짝 놀랍니다.

그리고 바울은 비범한 일을 합니다. 감방에 조용히 있다가 금세 자유의 몸이 될 수 있을 텐데 바울은 유대인 군중에게 연설하기를 원합니다(21:39). 놀랍지 않은가요? 얼마나 담대한가요? 바울은 왜 그랬을까요? 이 기회가 복음을 증거하기에 좋은 기회임을 알았기 때문입니다.

바울은 히브리어로 말을 바꾸어 군중을 조용하게 한 다음, 자신의 유대인 배경을 재확인하고 다메섹 도상에서의 경험과 스데반의 순교 등을 증거하였습니다. 바울이 하나님이 자신을 이방인들에게 보내셨다는 말을 하자, 군중은 다시 동요하기 시작했습니다. 그리고 이내 그들의 분노가 폭발했습니다(22:21~22). 그들은 바울이 이해하는 대로 아브라함에게 한 약속과 이사야의 예언, 그리고 요나의 선교 등을 이해하지 않았습니다.

후에, 혼란에 빠진 글라우디오가 유대교 산헤드린 사람들에게 바울의 이야기를 듣게 하여 자신의 입장을 정리하고자 '명령하였습니다(22:30).' 이때에도 역시 바울은 담대히 선포합니다. 이번에는 부활을 강조하여 바리새파 사람들과 사두개파 사람들이 서로 대립하게 만듭니다.(23:1~10)

그날 밤, 바울은 "담대하라! 네가 예루살렘에서 나의 일을 증언한 것 같이 로마에서도 증언하여야 하리라(23:11)."는 하나님의 음성을 듣습니다.

이제껏 바울을 공부했지만, 가족에 대한 언급은 없었습니다. 그런데 갑자기 조카가 등장하여 바울을 음모에서 구하는 비밀 정보를 전해 줍니다(23:16~22). 글라우디오는 적절하게 그리고 의무를 다하여서 바울을 가이사랴 총독인 벨릭스에게로 보냅니다.

감옥에서

로마는 벨릭스 안토니우스를 주후 52년에 유대 총독으로 임명합니다. 로마인들은 보통 능력 있고 경험 많고 정직한 관원을 임명하지만, 벨릭스는 예외였습니다. 공판에서(행 24장), 유대인 변호인 더둘로는 엉터리 아첨을 합니다(24:2~8). 이에 반해 바울은 좀 더 직접적이고 간단하게 벨릭스의 재판관으로서의 경력을 확인하고 총독이 유대교에 관해 많은 것을 알고 있음을 암묵적으로 인정합니다. 그래서 바울은 예루살렘에서의 자신의 행동이 유대인으로 적절한 행동이었음을 변론합니다. 즉 바울은 예배드리기 위하여 왔고 어느 누구와도 논쟁하지 않았으며, 가난한 사람을 위한 자선금을 가져왔고, 정결 예식을 위한 제사를 드렸습니다. 어느 유대인도 이 행동들로 인하여 해를 입지 않았으리라(24:10~21)고 변론을 합니다. 벨릭스는 바울이 로마법에 어긋나는 행동을 하지 않았기 때문에 죄목을 정할 수가 없었습니다.

벨릭스는 다음의 두 가지 이유가 아니었다면 바울을 석방하였을 것입니다. 벨릭스는 이미 유대교 지도자들의 신경을 여러 번 건드렸습니다. 이집트계 유대인에 의한 큰 폭동이 있었을 때, 그는 정작 당사자는 잡지 못한 채 여러 죄 없는 사람들을 죽이는 잔인한 폭동 진압을 하였습니다. 글라우디오 루시아는 바울이 혹시 그 폭동을 선동한 장본인이 아닌가 하고 착각하였습니다.

벨릭스는 또한 뇌물을 기다렸습니다. 그런데 바울을 잡아 놓았지만 아무런 돈이 나오지 않았습니다. 그래서 이유도 없이 바울을 2년 동안이나 감옥에 감금하였습니다(24:27). 로마는 벨릭스의 전반적인 행정에 당황하여 그를 주후 60년에 송환합니다. 이후로 벨릭스는 역사 속에서 사라집니다.

바울이 그 다양한 변론에서 변칙 게임을 하였다고 생각하지 마십시오. 바울은 합법저인 계략에 따라 행동한 것입니다. 유대인들에게는 아람어(히브리어)를 사용하고, 로마인에게는 희랍어를 사용하였습니다. 바울은 부활을 믿지 않는 사두개파가 이끄는 산헤드린에서 교묘하게 부활 이슈를 끄집어 내어 부활을 믿는 바리새파와 사두개파 사이의 내적 갈등을 야기했습니다. 바울은 적절하게 자신의 유대인 배경을 주장하였고, 또 이익이 될 때에는 로마 시민권을 주장하였습니다. 바울의 논리는 베스도로 하여금 큰소리로 "바울아 네가 미쳤도다 네 많은 학문이 너를 미치게 한다(26:24)."고 소리치게 합니다.

예루살렘에서 제사장들이 준비한 매질 심문은 거의 사람을 죽게끔 하는 것이었습니다. 그래서 바울은 자신의 로마 시민권을 주장합니다. 그리고 2년 동안 감옥에서 지낸 뒤 다시 예루살렘에서 공판을 받게 될 것 같으니까, 가이사에게 상소하여 좀 더 정당한 심판을 받고자 합니다. 바울은 죽을 준비를 하고 매일 매일 생존을 위해 싸워 나갔습니다. 그러나 그럼에도 변론할 때마다 예수 그리스도에 대한 신앙을 열정적으로 증거하는 바울을 주시하십시오.

또 다시 재판으로

베스도는 로마 기록에 의하면 아주 존경받을 만한 총독이었습니다. 전임자인 벨릭스의 악명을 익히 알고 있던 베스도는 도착하자마자 신속하게 움직여 예루살렘 지도자들과 접촉을 합니다. 또한 바울을 포함한 죄수들을 둘러보고는 소송 사건을 집행합니다. 그는 헤롯 아그립바 2세와도 좋은 관계를 유지하려고 하였습니다.

새로 부임한 베스도는 유대교 배경이 없던 터라, 신학적인 문제를 따라가기에 어려운 점이 많았습니다. 베스도는 바울을 예루살렘으로 송환시키려는 음모를 피하여서 정당하고 즉각적인 로마 절차를 밟아 공판을 집행합니다(행 25:4~5). 바울은 베스도가 자신을 유대인들에게 넘기거나 예루살렘으로 공판 장소를 옮길까 봐 두려워서 가이사에게 정식으로 소송을 제기합니다(25:9~11). 그러나 베스도는 화난 유대교 지도자들보다는 갈등의 원인을 정확히 이해하였습니다. 그는 이 문제가 죽은 자들 가운데서 다시 일어난(25:19) 예수라고 하는 사람이 관련된 문제라는 사실을 발견합니다.

헤롯 아그립바 2세는 그 아버지가 죽었을 때 단지 17세였습니다. 로마는 몇 년 동안 주저하다가 전통적으로 헤롯 가문에 주었던 영토인 갈릴리, 사마리아, 갈릴리 바다 주위 지경, 그리고 요단 동쪽을 점차적으로 그에게 넘겨줍니다. 유대인의 피가 약간 섞이고 이 지역에 대하여 많은 지식을 가진 헤롯 아그립바 2세는 예루살렘에 하얀 대리석을 깐 거리를 건설함으로써 유대교에 지원하고 있음을 보여 주려 하였습니다. 그러나 66년에 유대교 반란이 발발하자, 아그립바는 로마를 지지합니다.

바울이 이미 로마에 상소를 하였기 때문에, 이제 베스도와 헤롯 아그립바와 버니게 앞에서 하는 바울의 증언은 비공식적이게 됩니다. 아그립바왕이 호기심을 보인다는 이유로 바울은 종교적인 경험을 증언할 기회를 잡고 자신의 회심 이야기를 모두 털어놓습니다.(26:12~18)

바울은 증언에서 "이방인들에게서 내가 너를 구원하여 그들에게 보내어 그 눈을 뜨게 하여 …… 죄 사함과 나를 믿어 거룩하게 된 무리 가운데서 기업을 얻게 하리라(26:17~18)."는 예수의 명령을 나눕니다. 바울은 선교사로서 왕의 눈을 쳐다보며, 나는 "하늘에서 보이신 것을 내가 거스르지 아니하고(26:19),"라고 이야기합니다. 그러나 베스도의 머리가 혼란해졌을 때에 바울은 주의를 집중하고 묻습니다. "아그립바왕이여 선지자를 믿으시나이까 믿으시는 줄 아나이다(26:27)." 사람들은 모두 놀랍니다. 그 즉시 왕은 쇠고랑을 차고 있는 유대인 전도자 앞에서 공판에 놓이게 됩니다. 이에 왕은 "네가 적은 말로 나를 권하여 그리스도인이 되게 하려 하는도다."라고 대답합니다(26:28). 바울은 이에 자신이 결박당한 것 말고는 꼭 자기와 같이 기독교인이 되기를 바란다고 응답합니다(26:29). 누가는 아그립바가 "이 사람이 만일 가이사에게 상소하지 아니하였더라면 석방될 수 있을 뻔하였다(26:32)."는 말을 하였다고 기록함으로써 바울의 무죄를 다시 확인시켜 줍니다. 그러나 이전에 하나님이 바울에게 속삭인 대로 바울은 로마에 가서 증언할 것입니다(23:11). 베스도는 이것을 가능하게 하였습니다.(하나님이 요셉을 통하여 세상에 굶주린 이들을 먹이도록 바로를 쓰신 일을 기억하십시오.)

사도행전과 바울이 쓴 편지를 통하여 읽고 배운 바울에 대하여 묘사해 보십시오.

로마로의 항해

9월 중순 이후에 항해하는 것은 매우 위험합니다. 특히 11월 중순 이후에 항해하는 것은 안전을 거의 믿을 수 없는 일입니다. 바람은 매우 변덕스럽고 기후는 예측할 수 없습니다. 늦은 가을 폭풍은 갑작스럽고 격렬합니다.

누가가 사도행전 27장 1절에서 다시 한 번 '우리'라는 문장을 쓴 것을 보면, 아마 바울과 같이 여행을 하였던 것 같습니다. 연안 가까이 있는 곳에 그들이 머무렀던 항구를 하나하나 자세히 살펴보십시오. 섬에서 섬으로 이동하였던 그 움직임을 하나하나 주시하십시오. 로마의 백부장인 율리오는 여행 중에 바울을 친절히 대합니다. 그러나 그 백부장도 선장도 선주도 바울의 경고에 귀를 기울이지 않습니다(27:9~11). 그 '금식 기간(27:9)'은 아마 9월말이나 10월초에 있는 욤 키퍼(Yom Kippur), 즉 속죄일을 말하는 것 같습니다.

바울은 폭풍마저도 증언과 예언의 기회로 삼습니다. 바울은 하나님이 하나의 생명도 잃게 하지 않으시고 자신이 종국에는 가이사 앞에 서리라는 것을 이야기합니다(27:22~25). 그래서 바울은 이방인 청중 앞에서도 신앙의 메시지를 전하게 됩니다.

바울은 고린도에 있을 때 여러 번 로마에 있는 교회에 편지를 쓴 적이 있습니다. 비록 로마서는 광범위한 대중을 겨냥한 논쟁적이고 강하게 권면하는 신학적 보고서지만, 바울은 로마의 상황을 항상 염두에 두고 있었습니다. 바울이 언급하고 있는 이슈들을 조심스럽게 살펴보면, 특히 서신의 머리 부분과 결말 부분을 자세히 보면, 행간에서 벌써 사해 동포주의적인(cosmopolitan) 문제들이 일어나 있음을 발견할 수 있습니다.

배가 멜리데섬에서 난파하였으나 모두 무사하였습니다(27:39~44). 이 섬은 백부장 일행의 난데없는 상륙으로 이익을 얻었는데 그것이 바울이 섬의 추장의 아버지의 병을 고쳐 주었기 때문입니다. 성령에 대한 증언은 계속하여 퍼져 나갔습니다.(28:1~10)

드디어 바울과 그의 동료들이 로마로 가는 고대 아피온 광장을 걸어 올라가게 되었습니다. 그를 감시하는 병사들은 많지 않았습니다. 2년의 가택연금 기간 동안, 바울은 유대인이나 로마인들에게 똑같이 복음을 증거하였습니다.

바울이 유대교 지도자들을 불러 모았을 때, 그는 지도자들이 예루살렘에서 자기에게 부과된 죄목을 모르고 있음을 발견하였습니다(28:21). 비록 몇 사람밖에 신자가 되지 않아서 바울은 실망했지만 그들은 바울의 이야기를 들었습니다(28:24~28). 소아시아 지방에서 일어난 일이 로마에서 다시 반복되었습니다.

우리는 누가의 두 번째 저서인 사도행전의 마지막이 바울의 죽음에 관한 이야기로 끝나리라고 생각하기 쉽습니다. 그러나 누가의 이야기는 다른 강조점을 지닙니다. 마치 예수님이 믿지 않는 다수를 발견하였듯이, 바울도 마찬가지였습니다. 바울은 이에 이사야 선지자를 인용합니다. "너희가 듣기는 들어도 도무지 깨닫지 못

하며 …… 이 백성의 마음이 우둔하여져서 ……."(28:26~27)

누가는 다음과 같은 주요 주제에 중점을 두면서 이야기의 끝을 맺습니다. 바울은 2년 동안 '하나님의 나라'를 계속 선포하였고, '아주 담대하게 주 예수 그리스도에 관한' 일들을 가르쳤으며, 복음은 계속하여 끊임없이 전파되었습니다.

⏏ 세상 속으로

감옥에 대하여 이야기해 봅시다.

우리는 대부분 감옥 바깥에 머물면서 예수님의 가르침을 배웁니다. 교인이나 이웃 중에서 최근 감옥에 간 사람이 있습니까?

가까이에 있는 유치장이나 감옥에 제자 훈련반을 조직할 수 있을까요? 담당 목사나 지도자들에게 물어 보십시오.

죄수들은 감옥에서 성경을 읽을 수 있습니까?

단 한 명이라도 죄수와 이야기를 나눈 적이 있습니까? 없다면 어떻게 접근할 수 있을까요? 아니면 우리가 죄수들을 방문할 수 있을까요? 개인적으로 그들을 알 준비가 되어 있습니까? 그들의 가족을 도와 줄 준비가 되어 있습니까?

> **세상 속에서의 하나님 말씀**
> 하나님의 말씀에서 얻은 이 메시지가 이번 주 내 사역의 나침반이 될 것입니다.
>
>
> 나는 이러한 방법으로 응답할 것입니다.

♡ 안식일

안식일은 세상이 이야기하는 성공이라는 단어와는 잘 맞지 않는 개념입니다. 나는 감옥에 있지 않습니다. 그러나 어떤 사람들은 감옥에 있습니다. 나는 재판 과정 중에 있지 않습니다. 그러나 어떤 사람들은 그러합니다. 나는 매 맞고 있지 않습니다. 그러나 어떤 사람들은 그러합니다. 의를 위해 핍박받는 온 세상의 기독교인들을 위하여 기도합시다.

🔲 더 알아보기

■ 유대인으로서 바울은 이스라엘이 하나님의 언약 백성으로 선택되었음을 알고 있었습니다. 그러나 선교사로서 많은 이스라엘 사람들이 복음을 거부했음을 알고 있었습니다. 로마서 3~4장, 그리고 9~11장까지 잘 읽고, 하나님이 이스라엘을 다시 그리스도에게로 인도하실 것이라는 바울의 신념을 발견해 봅시다.

삶의 우선순위

너희는 그의(하나님의) 나라를 구하라
그리하면 이런 것들을 너희에게 더하시리라
(누가복음 12:31)

⬆ 우리의 모습

나는 대부분 중요한 일에 나를 제일 앞으로 놓습니다. 매순간 새로운 결정은 위기가 됩니다. 위기 때마다 몸이 사방으로 밀리고 끌려 당기는 듯한 느낌입니다. 바로 앞에 있는 일을 하는 데에만 시간을 소비하고 정말 중요한 것은 연기합니다. 그래서 종종 삶이 균형을 잃은 것같이 느껴집니다.

✤ 내려놓기

성경 공부를 하기 전에 먼저 하나님께 기도를 드립니다. 아래의 시편 말씀이 좋은 길잡이가 될 것입니다.

> 주여 주는 대대에 우리의 거처가 되셨나이다 산이 생기기 전, 땅과 세계도 주께서 조성하시기 전 곧 영원부터 영원까지 주는 하나님이시니이다 ⋯⋯ 우리에게 우리 날 계수함을 가르치사 지혜로운 마음을 얻게 하소서 (시편 90:1~2, 12)

이번 주 기도 제목을 구체적으로 적어 기도합시다.

👂 귀 기울이기

읽은 내용 가운데 우선순위가 무엇인지 지칭하는 성경 구절들을 기억해 봅시다. 우리 삶을 정돈해 주고, 하나님이 원하시는 대로 만드는 방법에 초점을 맞춘 성경 구절들을 살펴보십시오. 여기에 기록되지 않은 우선순위의 목록을 생각해 보십시오.

연결고리 : 성경이 말하는 것이 무엇인지 정확히 관찰하고, 한 낱말 한 낱말 주의를 기울여 가면서 읽으십시오. 성경에 없는 내용을 스스로 집어넣어 읽는 것을 피하십시오.

D1 하나님 먼저 – 출애굽기 20:1~6; 누가복음 12:22~34; 사도행전 4장

D2 시간 – 시편 92편; 전도서 12:1~7; 출애굽기 20:8~11; 창세기 2:1~3; 신명기 5:12~15; 출애굽기 25:1~8

D3 돈 – 출애굽기 35:4~5, 21~22; 36:5~7; 고린도전서 16:1~3; 고린도후서 9장; 신명기 26:1~15

D4 가족 – 에베소서 6:1~4; 5:21~33; 신명기 6:1~9; 고린도전서 7장

D5 타인에 대한 개방성 – 누가복음 8:40~48; 누가복음 10:25~37; 사도행전 3:1~10

D6 교재 내용

말씀 속으로

우리는 어떻게 우주와 조화를 이루는 삶을 살 수 있을까요? 어떻게 하나님의 박자에 맞추어 걸어갈 수 있을까요? 어떻게 그물 엮이듯이 우리의 생각과 행동들을 카이로스(kairos), 즉 하나님의 시간과 엮이게 할 수 있을까요? 어떻게 예수 그리스도의 제자로서 걸어 나아갈 수 있을까요?

하나님 먼저

모세오경과 복음서는 우리 삶에 하나님을 먼저 놓을 것을 가르치고 있습니다.

출애굽기 20장 1~3절의 첫째 계명이나 신명기 5장 6~7절을 다시 한 번 읽어 보십시오. 이것이 나에게 의미하는 바가 무엇인지 설명해 보십시오.

____

____

먼저 그 나라와 그 의를 구하라고 하는 예수님의 가르침(눅 12:22~31; 마 6:25~33)을 다시 읽어 봅시다.

예수께서 "이런 것들을 너희에 더하여 주실 것이다(눅 12:31)."라고 하신 말씀의 의미가 무엇인지, 생각하는 바를 써 보십시오.

____

____

사도행전 4장 13~22절에 보면, 베드로와 요한이 앞으로 예수의 이름으로 가르치지 말 것을 명령받자, 그들은 다음과 같이 응답합니다. "하나님 앞에서 너희의 말을 듣는 것이 하나님의 말씀을 듣는 것보다 옳은가 판단하라. 우리는 보고 들은 것을 말하지 아니할 수 없다." 이 극적인 사건을 다시 읽어 보십시오.

이것이 당신에게 말하는 바는 무엇입니까?

____

시간

일반적인 것을 믿는 것은 쉽습니다. 하지만 우리가 구체적이어야 할 때, 어려움이 생깁니다. 시간을 생각해 봅니다. 우리는 어떻게 우리의 시간을 하나님의 시간과 조화를 이루게 할 수 있을까요?

수확의 첫 열매를 하나님께 바치듯이, 새로운 날의 첫 호흡을 '주 찬양하여라' 라고 해야 합니다. 시편기자는 "여호와께 감사하며 주의 이름을 찬양하고 아침마다 주의 인자하심을 알리며 밤마다 주의 성실하심을 베풂이 좋으니이다(시 92:1~2)."라고 이야기합니다.

우리의 삶을 어떻게 정돈해야 아침에 깨자마자 처음으로 하나님과 이야기할 수 있을까요?

____

____

요한은 요한계시록에서 예수님을 "알파요 오메가요 처음과 마지막이라(계 21:6)."고 부르고 있습니다. 하루의 시작과 끝에 예수님의 이름을 속삭이십시오. 바울은 에베소 교회에 해가 지기 전까지 화를 풀라고 권면하고 있습니다. 화난 채로 잠자리에 들지 마십시오.(엡 4:26)

자기 전에 옷을 벗으면서 분노나 죄의식, 공포도 벗어 버릴 수 있을까요? 내가 하루를 마감하는 방식을 묘사해 보십시오.

____

____

창세기는 안식일의 원리가 우주의 모든 조직이나 우리의 정신과 몸의 세포 조직에 잘 나타나 있다고 암시하고 있습니다. 모세오경은 안식일을 언약법으로 강조하고 있습니다. 넷째 계명(출 20:8~11)을 다시 읽으십시오. 심지어 예수님은 자신이 안식일의 주인이라고 하시고(엡 6:5), 또 안식일이 우리를 위하여 있다고 하시면서(막 2:27) 도덕주의적 율법 규례를 느슨하게 만드셨습니다.

안식일의 여러 차원을 발견하거나 안식일에 대한 다양

한 표현들을 접하게 되면서 어떤 통찰을 얻게 됩니까?

계속 개발하고자 하는 습관은 무엇입니까?

돈

성경은 우리에게 첫 예물을 하나님께 드리라고 요구합니다. 출애굽기 34장 26절, 고린도전서 16장 2절, 고린도후서 9장 6~9절을 다시 읽어 보십시오. 십일조는 비율에 맞춘 헌물일 뿐 아니라 첫 열매입니다. 예수님은 바리새인들에게 경고하면서도 십일조에 관한 언약 부분은 폐지하지 않으셨습니다. 예수님은 바리새인들이 하나님의 정의와 사랑은 무시하면서 십일조 규례에만 신경을 쓴다며 그들에게 꾸지람을 하신 것입니다.

그러나 예수님은 재산의 반을 바친 삭개오(눅 19:8)나 가난한 과부의 동전 두 닢(21:1~4), 어떤 여인의 옥합에 든 값비싼 향유(7:36~50) 등 엄청난 양의 헌물을 바친 이들에게도 칭찬을 아끼지 않으셨습니다. 바울은 고린도 교회에 "각각 그 마음에 정한 대로 할 것이요 인색함으로나 억지로 하지 말지니 하나님은 즐겨 내는 자를 사랑하시느니라(고후 9:7)."고 말했습니다.

경제적 우선순위 문제에서 하나님을 제일 앞에 두는 습관이 우리 몸에는 얼마나 잘 배어 있을까요?

헌금을 낼 때에 관대한 마음과 호의적인 마음으로 할 수 있도록, 자신이 얼마나 열려 있는지 현재 자신의 모습을 반성해 보십시오.

너무 가난하면, 의식주 문제에 연연하게 됩니다. 반면 너무 부자가 되면, 자기가 가진 소유물에 연연하게 됩니다. 우리는 어떤 식으로 소유물에 연연하게 됩니까? 얼마만큼의 시간을 소유물을 획득하고 관리하고 돌보는 데에 할당하고 있습니까?

가족을 위한 책임

가족은 저마다 독특한 형태이고, 시간이 바뀜에 따라 다른 모습으로 바뀌기도 합니다. 출애굽기 20장 12절과 에베소서 6장 1~4절을 읽어 보십시오. 부모님을 공경하는 것은 무엇을 의미할까요?

어떤 제자들은 결혼한 사람이었습니다. 에베소서 5장 22~33절이 의미하는 바가 무엇이라고 생각합니까?

창세기 2장 21~24절과 에베소서 5장 31절을 보면, 부모에게 순종하는 것보다 결혼이 조금 더 높은 순위인 것 같습니다. 이에 대해 어떻게 생각합니까?

어떤 부모가 성공적인 부모라고 할 수 있을까요? 신명기 6장 1~9절까지 읽어 보십시오. 나는 부모로서 혹은 보호자로서 자녀들에게 신앙을 가르치는 데에 얼마만큼 성공적이라고 생각합니까?

어떤 제자들은 결혼을 하지 않았습니다. 혼자 사는 것과 결혼에 관한 바울의 가르침에 대하여 어떻게 생각합니까?(고전 7:8, 25~38)

다른 사람들의 필요에 대한 개방성

우리는 누가복음과 사도행전을 읽으면서 계획에 없었던 사역이 많았음을 알게 되었습니다. 그러므로 많은 돌봄과 연민의 행위는 하나님이 우리에게 주시는 은총의 몫입니다. 예수님은 기대하지 않았던 요청에 대해 항상 준비하고 계셨습니다.

누가복음 8장 40~48절을 읽어 보십시오. 회당 지도자의 집을 방문하는 길에 예수님은 간절한 여인의 청을 들어 그녀를 치유하십니다.

선한 사마리아 사람의 비유에서도(10:25~37), 선한 사마리아 사람은 하던 일을 멈추고 도울 준비를 합니다.

기도하러 성전에 올라가던 베드로와 요한은 우연히 절름발이를 만나기도 합니다.(행 3:1~10)

기독교인으로서 또는 제자로서 어떻게 하면 나 자신을 남들에게 개방하도록 훈련하고 항상 신경 쓸 수 있을지 생각해 보십시오.

어느 순간 어떤 중요한 일이 발생했을 때 손쉽게 그 변화에 대응하기 위하여 우리는 어떤 자세로 일하고 어떤 자세로 여가를 선용해야 할까요? 사람들이 도움을 필요로 할 때 그들을 위해 얼마나 재빨리 달려갈 수 있습니까?

전도서 저자는 상황에 따라 우리의 반응이 달라져야 함을 이야기하고 있습니다. 즐거움에 관하여서 전도서 3장 1~14절을 읽어 봅시다.

세상 속에서의 하나님 말씀

하나님의 말씀에서 얻은 이 메시지가 이번 주 내 사역의 나침반이 될 것입니다.

나는 이러한 방법으로 응답할 것입니다.

♥ 안식일

안식일은 하나님이 주님이심을 선포합니다. 또한 삶의 우선순위를 정립하도록 요구하며, 우리를 둘러싼 세상과는 다른 가치관을 요구합니다.

우선순위 기도문

창조주 하나님이 말씀하십니다. "좋구나, 매우 좋구나."

세상에 있는 모든 것, 시간의 흐름, 가정의 축복, 재능과 기술의 연마, 공동체의 모임, 양식을 나누고 열심히 일하는 것

모든 것이 좋고 모든 것이 선물입니다.

다함께 : 하나님, 우리는 당신께 감사하고 당신의 거룩하신 이름을 높여 찬양합니다. 당신은 우리에게 은총 위에 은총을 베푸셨습니다! 밤하늘을 바라보며 우리는 당신의 무한하고 위대하신 창조 업적에 경이를 느낍니다. 우리는 이 모든 선물을 관리할 청지기로서 부름을 받았습니다.

모든 것이 좋습니다.

놀랍습니다. 은혜입니다. 우리는 참으로 기쁩니다. 가슴이 떨립니다.

그리고 우리는 타락합니다!

아 하나님, 그것은 과거의 정원 모습입니다. 당신의 음성은 가깝고도 명확하게 들렸습니다. 너는 어디에 있느냐?

우리에게 지금 무슨 질문을 하고 계십니까?

어떻게 이런 일이 일어났습니까? 우리는 두려워 떨고 있습니다.

긴장감이 감도는 황량한 벌판에서,

기대의 폭풍우 속에서,

필요의 소용돌이,

상반되는 요구들의 홍수,
모든 것은 다 급박하고, 모든 것은 엄청나게 중요합니다.

목소리들이 부르짖으며 서로 대적합니다.

좌측 : 가족이 부르짖습니다. "우리를 먼저 생각하라. 우리가 제일 중요하다. 우리는 너의 과거와 미래를 연결하여 준다! 우리를 먼저 생각하라. 그러면 모든 것이 형통하리라."

우측 : 경력이 부르짖습니다. "우리에게 절하라. 너의 성공은 우리에게 달려 있다. 무릎 꿇고 절하라. 그러면 모든 것이 형통하리라."

좌측 : 만나와 부가 부르짖습니다. "너의 안전을 위하여 우리를 신뢰하라. 그러면 모든 것이 형통하리라."

우측 : 교회가 부르짖습니다. "나를 섬기라. 내가 너에게 구원을 베풀리라. 나를 섬기라. 그러면 모든 것이 형통하리라."

좌측 : 공동체와 지구가 부르짖습니다. "우리에게 너의 생명을 바치라. 너의 생명과 인류의 생명은 우리에게 달려 있다. 너의 생명을 바치라. 그러면 모든 것이 형통하리라."

우측 : 우리의 달력이, 시계가, 휴대폰이, 전화기가 부르짖습니다. "우리에게 중심을 두어라. 충실하라. 그러면 모든 것이 형통하리라."

다함께 : 그러나 우리의 모든 것이 잘 풀리지 않습니다.

우리는 균형을 잃었고, 중심을 잃었으며, 압도당해 버렸습니다.

이 모든 목소리는 침묵 속에서 조용히 속삭이시는 그분의 목소리를 잡아먹고 말았습니다.

"네가 여기서 무엇을 하고 있느냐? 나의 아이야."

다함께 : 아 하나님, 우리를 용서하소서.

세상의 모든 것이 수천의 소리를 내며 부르짖습니다.

우리는 정신을 잃고 고민하며 완전히 부서져 버렸습니다.

우리를 다시 하나로 회복하소서.

우리의 눈을 열어 보게 하소서. 우리의 귀를 열어 듣게 하소서. 우리의 입술을 열어 세상의 모든 것들에게 이야기하게 하소서.

"그래, 너희는 보기에 좋다. 그러나 너희는 하나님이 아니니라."

"그래, 너희는 보기에 좋다. 그러나 너희는 하나님이 아니니라."
"하나님만이 하나님이시니라."

다함께 : 황량한 벌판에 길을 만드신 분은 하나님이십니다. 폭풍우를 잠잠케 하신 분도 하나님이십니다. 소용돌이 한가운데서 말씀하시는 분도 하나님이십니다. 홍수를 썰물처럼 보내 없애시는 분도 하나님이십니다. 부드럽게 선포하시는 분도 하나님이십니다.

"너는 용서받았느니라."

"그리스도의 이름으로, 너는 용서받았느니라."

다함께 : 아멘, 아멘.

창조주 하나님이 말씀하십니다. "너는 보기에 좋다. 매우 좋다. 모든 것이 좋구나."

세상에 있는 모든 것, 시간의 흐름, 가정의 축복, 재능과 기술의 연마, 공동체의 모임, 양식을 나누고 열심히 일하는 것.

모든 것이 좋고 모든 것이 선물입니다.

다함께: 우리는 모든 것을 받았습니다. 하나님, 당신은 이 모든 선물의 근원이시며, 모든 생명을 주신 분입니다. 당신은 처음이요 나중이며, 알파와 오메가이십니다. 우리의 생명은 당신께 달렸습니다. 당신이 우리를 먼저 사랑하셨듯이, 우리는 당신을 제일 먼저 사랑합니다. 우리는 이 모든 선물을 받아들이고, 사랑하고, 돌봄으로 당신을 사랑하고자 합니다. 우선순위를 정하고자 하는 우리의 고뇌 속에서, 우리를 도우사 깨닫게 하소서. 당신이 제일 먼저임을, 당신이 최우선임을 ……

하나님의 은총과 그리스도의 사랑과 성령의 권능이 우리 삶에 넘쳐흐르기를 축원하옵나이다.

아멘.

성만찬

성만찬 예식은 유월절(출 12:1~28)과 마지막 만찬(눅 22:7~23), 그리고 성찬식(고전 11:23~26)에서 유래한 것이다. 성만찬은 기독교 예배의 중심이다. 이제 함께 특별히 애찬을 나누고 감사축제를 드릴 때, 떡을 떼며 그리스도가 다시 오시기까지 주님의 죽음을 기념한다(고전 11:26). 다음 예문을 사용하거나 교회에서 제공하는 성만찬 예식 순서를 따라 진행한다.

말씀과 식탁의 예배

개회기도

전능하신 하나님, 당신은 모든 마음을 관찰하시고, 모든 바람을 아시기에 당신께 숨길 비밀은 하나도 없습니다. 성령의 뜨거운 역사로 우리 마음의 생각을 깨끗하게 하소서. 그리하여 당신을 온전히 사랑하게 하시고, 당신의 거룩하신 이름을 영화롭게 하소서. 우리 주 예수 그리스도의 이름으로 기도합니다. 아멘.

고백과 용서

자비로우신 하나님, 당신을 온 마음을 바쳐 사랑하지 못하였음을 고백합니다. 우리는 순종하는 교회가 되는 데 실패하였습니다. 우리는 당신의 뜻을 행하지 않았습니다. 우리는 당신의 율례를 깨뜨렸습니다. 우리는 당신의 사랑을 거슬렀습니다. 우리는 가난한 자의 울부짖음을 듣지 않았습니다. 간절히 기도하오니, 용서하소서. 우리를 기쁜 순종으로 자유롭게 하소서. 우리 주 예수 그리스도의 이름으로 기도합니다. 아멘.

침묵으로 기도한다.

사회자가 청중에게
여기 기쁜 소식이 있습니다. 우리가 아직 죄인이었을 때에 그리스도께서 우리를 위하여 돌아가셨습니다. 그러므로 그리스도는 우리를 향한 하나님의 사랑을 확증하셨습니다. 예수 그리스도의 이름으로, 당신은 용서를 받았습니다!

청중이 사회자에게
예수 그리스도의 이름으로, 당신은 용서를 받았습니다.

사회자와 청중
하나님께 영광을 돌립니다. 아멘.

평화의 인사

이제 서로 화해와 사랑의 인사를 나눕시다.

하나님의 평화의 인사를 나눈다.

감사

주님이 당신과 함께하시길 바랍니다.
당신과도 함께하시길 바랍니다.
마음 문을 여십시오.
주님께 우리의 마음 문을 엽니다.
주 우리 하나님께 감사합니다.
감사와 찬양을 드리는 것이 합당합니다.
언제든지 어느 곳에서든지 천지를 지으신 당신께 감사를 드리는 것은 합당한 일이며 선하고 기쁜 것입니다. 당신은 우리를 당신 형상대로 만드시사 우리에게 생기를 불어넣어 주셨습니다. 우리가 등을 돌리고 우리의 사랑이 실패하였을 때에도, 당신의 사랑은 여전하셨습니다. 당신은 우리가 포로되었을 때에 구원하셔서, 우리의 주인이신 하나님이 되시는 계약을 맺으셨고, 예언자를 통하여 우리에게 말씀하셨습니다. 그러므로 온 세상에 있는 당신의 백성과 하늘에 있는 모든 것들과 함께 우리는 당신의 이름을 찬양하며 끝없는 찬양을 드립니다.

당신은 거룩하십니다. 당신의 아들 예수 그리스도는 복되십니
다. 당신의 영이 그에게 기름을 부으시사 가난한 자에게 복음
을 전하게 하시고, 포로 된 자에게 자유를, 눈먼 자에게는 다
시 보게 함을 전파하며, 눌린 자를 자유케 하고, 당신이 당신
의 백성을 구원하실 때에 때가 이르렀음을 선포하게 하셨습니
다. 그는 병자를 고치셨고, 주린 자를 먹이셨으며, 죄인과 함
께 식사하셨습니다. 그의 고난과 죽음, 부활의 세례로 당신은
당신의 교회를 태어나게 하셨고, 우리를 죄와 사망에서 구원
하셨으며, 물과 성령으로 새 언약을 만들어 주셨습니다.

주 예수님이 승천하실 때에, 당신의 말씀과 성령의 권세로서
항상 우리와 함께하실 것이라고 약속하셨습니다. 우리를 위하
여 자신을 내어놓으시던 날 밤, 예수님은 떡을 떼어 축복하시
고 저희에게 주시며 이르시되, "받아먹으라. 이것은 내가 너희
를 위하여 주는 내 몸이니라. 너희가 이를 행하여 나를 기념하
라." 저녁 먹은 후에 잔을 드사 사례하시고 저희에게 주시며
이르시되, "너희는 다 이것을 마시라. 이것은 죄사함을 얻게
하려고 많은 사람을 위하여 흘리는 바 나의 피, 곧 새 언약의
피니라. 너희가 마실 때마다 이를 행하여 나를 기념하라." 그
러므로 예수 그리스도 안에서 행하신 당신의 전능하신 업적을
기념하여 우리가 신앙의 신비를 선포할 때에, 우리를 위하여
돌아가신 그리스도와 연합하여 거룩한 산 제사로서 우리 자신
을 찬양과 감사 가운데 바칩니다.

여기 모인 이들과 이 떡과 포도주 위에 당신의 성령을 부으소
서. 이 떡과 포도주를 우리를 위한 그리스도의 몸과 피로 만드
시사 우리가 그의 피로 구원을 받은 세상을 위한, 그리스도의
지체가 되게 하소서. 당신의 영으로 우리가 그리스도와 하나
되게 하시며, 우리가 서로 하나 되게 하시고, 그리스도가 최
후의 승리로 다시 오실 때까지 우리를 온 세상을 향한 선교로
하나 되게 하소서. 그때에 우리가 천국의 향연을 즐기게 하소
서. 당신의 아들 예수 그리스도와 당신의 거룩한 성령과 전능
하신 아버지께 모든 권세와 영광이 지금으로부터 영원까지

있사옵나이다. 아멘.

주기도문

이제 다 같이 하나님의 자녀로서의 확신을 가지고 기도합시다.

떡을 뗌

집례자는 조용히 떡을 떼고 이야기한다.
오로지 한 떡이 있기에, 우리는 많지만 하나의 지체입니다. 이
에 우리는 하나의 떡을 뗍니다. 우리가 떼는 이 떡은 그리스도
의 몸 안에서 서로 나누는 것입니다.

집례자는 조용히 잔을 들고 이야기한다.
우리가 감사를 드리는 이 잔은 그리스도의 피 안에서 서로 나
누는 것입니다.

떡과 잔을 나눔

떡과 포도주를 분배하며 다음 말들을 주고받는다.
당신을 위해 주신 그리스도의 몸입니다. 아멘.
당신을 위해 주신 그리스도의 피입니다. 아멘.

모두 받았으면, 주의 식탁을 정돈한다.

집례자나 회중 전체가 다음 기도를 드린다.

이것은 미 연합감리교회 찬송가에 있는 예문을 번역한 것입니다.